# KLASSISCHE
# TRAUMAUTOS

# KLASSISCHE TRAUMAUTOS

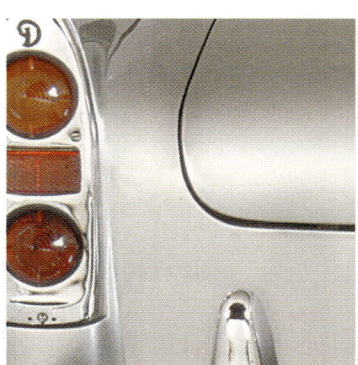

## QUENTIN WILLSON

coventgarden

## coventgarden
BEI DORLING KINDERSLEY

PRODUZIERT FÜR
DORLING KINDERSLEY VON

**PHIL HUNT** (REDAKTION)
**MARK JOHNSON DAVIES**
(GESTALTUNG)

LEKTORAT
**NICKI LAMPON**

BILDREDAKTION
**KEVIN RYAN**

CHEFLEKTORAT
**SHARON LUCAS**

CHEFBILDLEKTORAT
**DEREK COOMBES**

DTP-DESIGN
**SONIA CHARBONNIER**

HERSTELLUNG
**LOUISE DALY**

Die Deutsche Bibliothek – CIP-Einheitsaufnahme

Ein Titeldatensatz für die Publikation ist bei
Der Deutschen Bibliothek erhältlich.

Titel der englischen Originalausgabe:
Cars: A Celebration

© Dorling Kindersley Limited, London, 2001
Ein Unternehmen der Penguin-Gruppe
Text © Quentin Willson, 2001

© der deutschsprachigen Ausgabe by
Dorling Kindersley Verlag GmbH,
München, 2002
Alle deutschsprachigen Rechte vorbehalten

Übersetzung Martin Kliche, Ulm

ISBN 3-8310-9019-X

Druck und Bindung:
MOHN Media GmbH, Gütersloh

Besuchen Sie uns im Internet
**www.dk.com**

# INHALT

EINFÜHRUNG
8–17

## AUTO-GALERIE

**AC** Ace-Bristol
20–23

**AC** Cobra 427
24–27

**AC** 428
28–31

**ALFA ROMEO** Spider
32–33

**AMC** Pacer
34–37

**ASTON MARTIN** DB4
38–41

**ASTON MARTIN** V8
42–45

**AUDI** Quattro Sport
46–49

**AUSTIN** Mini Cooper
50–53

**AUSTIN-HEALEY** Sprite Mk1
54–57

**AUSTIN-HEALEY** 3000
58–61

**BENTLEY** R-Type Continental
62–65

**BENTLEY** Flying Spur
66–67

**BMW** Isetta
68–71

**BMW** 507
72–75

**BMW** 3.0CSL
76–79

**BMW** M1
80–81

**BUICK** Roadmaster (1949)
82–85

**BUICK** Roadmaster (1957)
86–89

**BUICK** Limited Riviera
90–93

**BUICK** Riviera (1964)
94–97

**BUICK** Riviera (1971)
98–101

**CADILLAC** Serie 62
102–105

**CADILLAC** Eldorado (1953)
106–109

**CADILLAC** Cabriolet
110–113

**CADILLAC** Eldorado (1976)
114–117

**CADILLAC** Seville
118–121

**CHEVROLET** Corvette
122–125

**CHEVROLET** Bel Air (1957)
126–129

**CHEVROLET** Bel Air Nomad
130–133

**CHEVROLET** 3100 Stepside
134–135

**CHEVROLET** Impala
136–139

**CHEVROLET** Corvette Sting Ray
140–143

**CHEVROLET** Corvair Monza
144–147

**CHEVROLET** Camaro RS
148–151

**CHEVROLET** Corvette Stingray
152–155

**CHEVROLET** Monte Carlo
156–159

**CHEVROLET** Nova SS
160–163

**CHEVROLET** Camaro SS396
164–167

**CHRYSLER** Imperial
168–171

**CHRYSLER** New Yorker
172–175

**CHRYSLER** 300F
176–179

**CHRYSLER** 300L
180–183

**CITROËN** Traction Avant
184–187

**CITROËN** 2CV
188–191

**CITROËN** DS Décapotable
192–195

**CITROËN** SM
196–199

**CONTINENTAL** Mk II
200–203

**DAIMLER** SP250 Dart
204–207

**DATSUN** Fairlady
208–211

**DATSUN** 240Z
212–215

**DELOREAN** DMC 12
216–219

**DESOTO** Custom
220–223

**DE TOMASO** Pantera GT5
224–227

**DODGE** Custom Royal Lancer
228–231

**DODGE** Charger R/T
232–235

**EDSEL** Bermuda
236–239

**EDSEL** Corsair
240–243

**FACEL** Vega II
244–247

**FERRARI** 250 GT SWB
248–251

**FERRARI** 275 GTB/4
252–253

**FERRARI** 308 GTB
254–255

**FERRARI** Dino 246 GT
256–259

**FERRARI**
Berlinetta Boxer
260–263

**FERRARI** Daytona
264

**FERRARI** 400 GT
265

**FERRARI**
Testarossa
266–269

**FIAT** 500D
270–273

**FORD** GT40
274–277

**FORD**
Thunderbird (1955)
278–281

**FORD**
Fairlane 500 Skyliner
282–285

**FORD** Falcon
286–289

**FORD**
Galaxie 500XL Sunliner
290–293

**FORD**
Thunderbird (1963)
294–297

**FORD** Mustang
298–301

**FORD**
Shelby Mustang GT500
302–305

**GORDON KEEBLE** GT
306–309

**HOLDEN** FX
310–311

**HUDSON** Super Six
312–315

**HUDSON** Hornet
316–319

**JAGUAR** XK120
320–323

**JAGUAR** C-Type
324–327

**JAGUAR** XK150
328–329

**JAGUAR** E-Type
330–333

**JENSEN** Interceptor
334–335

**KAISER** Darrin
336–339

**KAISER**
Henry J. Corsair
340–343

**LAMBORGHINI** Miura
344–347

**LAMBORGHINI**
Countach
348–351

**LANCIA**
Aurelia B24 Spider
352–355

**LANCIA** Stratos
356–359

**LANCIA**
Delta HF Integrale
360–363

**LAND ROVER** Serie 1
364–367

**LINCOLN** Capri
368–371

**LINCOLN**
Continental
372–375

**LINCOLN**
Continental Mk IV
376–379

**LOTUS** Elite
380–383

**LOTUS** Elan Sprint
384–387

**MASERATI** Ghibli
388–391

**MASERATI** Kyalami
392–395

**MAZDA** RX7
396–399

**MERCEDES**
300SL Flügeltürer
400–403

**MERCEDES** 280SL
404–407

**MERCURY** Monterey
408–411

**MERCURY** Cougar
412–415

**MG** TC Midget
416–419

**MG** A
420

**MG** B
421

**MORGAN** Plus Four
422–425

**MORRIS**
Minor MM Cabriolet
426–429

**NSU** Sport Prinz
430–433

**OLDSMOBILE** Starfire
434–437

**OLDSMOBILE** 4-4-2
438–441

**PACKARD** Hawk
442–445

**PANHARD** PL17 Tigre
446–449

**PEUGEOT** 203
450–453

**PEUGEOT** 504
454–457

**PLYMOUTH** Fury
458–461

**PLYMOUTH** Barracuda (1964)
462–465

**PLYMOUTH** 'Cuda (1970)
466–469

**PONTIAC** Chieftain
470–473

**PONTIAC** Bonneville
474–477

**PONTIAC** GTO
478–481

**PONTIAC** Trans Am
482–485

**PORSCHE** 356
486–489

**PORSCHE** 356B
490–493

**PORSCHE** Carrera 911 RS
494–495

**RAMBLER** Ambassador
496–499

**RENAULT** 4CV
500–503

**RENAULT** Alpine A110
504–507

**ROLLS-ROYCE** Silver Cloud
508–511

**SAAB** Sonett
512–515

**SAAB** 99 Turbo
516–519

**SIMCA** Aronde Plein Ciel
520–523

**SKODA** Felicia
524–527

**STUDEBAKER** Avanti
528–531

**SUNBEAM** Tiger
532

**TOYOTA** 2000GT
533

**TRIUMPH** TR2
534–537

**TRIUMPH** TR6
538–541

**TUCKER** Torpedo
542–545

**VOLKSWAGEN** Käfer Cabriolet
546–549

**VOLKSWAGEN** Golf GTi
550–453

**VOLVO** P544
554–557

**VOLVO** P1800
558–559

**WILLYS** Jeep MB
560–563

REGISTER
564–574

DANK
575–576

# EINFÜHRUNG

VOR NOCH GAR NICHT SO LANGER ZEIT feierte das Automobil seinen hundertsten Geburtstag. Mit dem ersten Benz begann 1885 eine Entwicklung, die die Welt verändern sollte. Das Auto jener Tage ist zwar in den heutigen Modellen nicht mehr wiederzuerkennen, doch es hat das Leben der Menschen nachhaltig verändert. Kaum einer anderen mechanischen Erfindung fühlen sich ihre Nutzer so eng verbunden, und keine andere versetzt sie in den gleichen Rausch von Freiheit, Geschwindigkeit, Stärke und Sinnlichkeit. Autos sind nicht nur Gebrauchsgegenstände, die zweckmäßig genutzt werden, sondern die charismatischsten und verführerischsten Produkte des 20. Jahrhunderts. Wir sind von ihnen völlig abhängig, sei es als Transportmittel oder als Statussymbole. Sie bevölkern unsere Straßen, aber auch unsere Literatur und Kultur. Der Schriftsteller Stephen King beschrieb den Besitz eines Auto als »eine Parodie auf den

**VERSTOPFTE STADT**
Überfüllte Straßen sind ein Preis, den wir für die Massenproduktion zahlen müssen. Und in der Stadt wird nicht viel schneller gefahren als vor 100 Jahren – häufig sogar langsamer.

**DAS ERSTE AUTO**
Das Originalmodell von Karl Benz ist weit entfernt vom technischen Standard moderner, zuverlässiger Autos.

Liebesakt«, und er hat recht. In einer Zeit, in der Maschinen verehrt werden, ist das Auto König.

Doch jetzt ist womöglich Schluss. Wir, die Autofreaks unter den Verbrauchern, mögen so besessen sein wie früher, doch Gesellschaft und Natur stöhnen unter der Last der Benzinkutschen. Selbst Karl Benz konnte sich in seinen kühnsten Träumen nicht vorstellen, wie viele Autos jemals produziert werden sollten, und er konnte nicht ahnen, wie viel Schaden sie verursachen würden. Die Entwicklung des Autos tritt in eine schwierige Phase ein. Emotional verzeihen wir dem Auto zwar fast alles, aber letztlich wissen auch wir, dass seine Tage gezählt sind. Verbrauchsarme Autos sind bisher die einzige Antwort auf Umweltverschmutzung und zahlreiche Katastrophen. Zum ersten Mal in ihrer Geschichte erkennt die Automobilindustrie, dass nicht nur das Ende des Ölzeitalters, sondern auch die globale Erwärmung Krisen sind, die ohne grundlegende Änderungen nicht zu lösen sind. Wir sehen individuelle Mobilität als ein unveräußerliches Bürgerrecht an, doch ihr Erscheinungsbild wird sich ändern. Sehr bald schon werden wir auf die Faszination von Autos verzichten und alternative, weniger glamouröse Formen von praktischem und umweltfreundlichem Transport akzeptieren müssen.

### PHÄNOMENALES WACHSTUM

Das Automobil hat nun den kritischen Punkt seiner Entwicklung erreicht. Der amerikanische Fuhrpark wuchs seit 1970 sechsmal schneller als die Weltbevölkerung, zweieinhalbmal schneller als die Zahl der Haushalte und doppelt so schnell wie die Zahl neuer Fahrer. Die Amerikaner stellen nur 5 % der Weltbevölkerung, besitzen jedoch 36 % aller Fahrzeuge weltweit. Mit 6,1 Millionen Kilometern Straßen und Autobahnen stehen in den USA jedem Auto 36,5 Meter Asphalt zur Verfügung. In Großbritannien fahren 20 Millionen Autos auf 402 500 Kilometern Straßen – alle 18 Meter ein Auto. Diese Autos verursachen die Hälfte des weltweiten Ölver-

### ÖSTLICHES POTENZIAL
Länder wie China und Indien liegen, was den motorisierten Verkehr betrifft, noch unter dem Niveau des Westens. Wahrscheinlich werden die vielen Fahrräder in den nächsten Jahrzehnten durch Autos ersetzt.

## Der Smart
Die Zukunftsvision von Mercedes existiert bereits – ein umweltfreundliches Auto mit niedrigem Verbrauch und einfach zu ersetzenden Teilen.

brauchs und produzieren 15 % der Treibhausgase. In London, Tokio und New York bewegt sich der Verkehr nur noch im Schneckentempo vorwärts. Zu Fuß ist man dort tatsächlich schneller.

Die Luftverschmutzung in Athen ist so hoch, dass sich die Zahl der Todesfälle bei Smog verfünffacht. In Brasilien hat sie ein solches Niveau erreicht, dass nach einem Rotationssystem ein Fünftel aller Fahrzeuge täglich überhaupt nicht fahren darf. In Prag führt die Dunstglocke dazu, dass Polizisten jeglichem Verkehr außer Versorgungsfahrten die Zufahrt zur Stadt verweigern. Die furchtbarste Vorstellung besteht jedoch darin, dass 2030 mehr als eine Milliarde Autos auf der Erde fahren dürften. Diese monströse Zahl bedeutet, dass die Automobilindustrie in den nächsten 30 Jahren mehr Autos produzieren wird als im gesamten letzten Jahrhundert.

Die vergangenen fünf Jahre gehörten deshalb mit zu den schwierigsten des Automobils. Die Hersteller produzierten zu viel, Regierungen wurden zu fanatischen Gegnern, Gesetze wurden immer drakonischer, die Ölreserven sind unsicher und jeder vernünftige Mensch weiß, dass dieser Verkehr todbringend ist. Weltweit gehören Autobesitzer daher zu den am höchsten besteuerten und reglementierten Gesellschaftsgruppen. Unfallopfer, hohe Geschwindigkeiten, globale Erwärmung, verstopfte Straßen, Staus und Asthma – die Klagen gegen das Auto nehmen zu. Einmütig wird es als Verursacher angesehen. Wenn der weltweite Autoverkehr weiterhin unkontrolliert bleibt, wird es bald zu einem enormen Verkehrskollaps kommen. Und sollten Autos die Luft wie bisher verpesten, werden wir alle ersticken. Wenn China und Indien morgen das Verkehrsniveau des Westens erreichen, sind nächste Woche die Ölvorräte erschöpft. Berechnungen haben ergeben, dass wir in den letzten 100 Jahren fast 1000 Milliarden Barrel Öl verbraucht haben und dass die Menge, die wirtschaftlich erschlossen werden kann, noch ca. 800 Milliarden Barrel beträgt. Der Ölverbrauch stagniert jedoch nicht bei 750 000 Barrel pro Tag, sondern wächst jährlich um vier Prozent. In Taiwan stiegen die Ölimporte in den letzten vier Jahren um 70 % und in China bereits um 37 %.

## Die Krise der Branche
Die großen multinationalen Automobilhersteller, einst die größten Konsumkräfte weltweit, stöhnen ebenfalls unter der Last. Einer nach dem anderen

bleibt auf der Strecke als Opfer von Überproduktion, Schwerfälligkeit, behördlichem Zwang, globaler Umstrukturierung sowie der nicht bewältigten Logistik von weltweitem Angebot und Nachfrage. Wer hätte jemals gedacht, dass Mercedes-Benz oder DaimlerChrysler in finanzielle Schwierigkeiten geraten können, dass große Firmen wie Ford oder Opel ängstlich ihre Bilanzen betrachten und sich fragen, wie alles nur so schrecklich falsch laufen konnte? Von den vielen Autofirmen, die in den 50er und 60er Jahren gegründet wurden, werden nach strategischen Fusionen und Übernahmen in ein paar Jahren vielleicht noch sechs internationale Unternehmen existieren. Und die Manager werden es genauso schwer haben wie ihre Autos.

Doch die Metamorphose der Automobilindustrie und des Autos, der »große Umschwung«, vollzieht sich bereits anhaltend und erbarmungslos. Schon heute können wir emissionsfreie Autos kaufen. Umweltfreundliche Wagen wie der Toyota Prius, der Honda Insight oder der EV1 von GM stellen eine praktische Alternative zu den herkömmlichen Verbrennungsmotoren dar. Der sparsame und kleine Smart von Mercedes ist eine ermutigende Zukunftsvision. Gegenüber konventionellen Motoren benötigt er nur halb so viel Benzin und Platz. Wasserstoffzellen, langlebige Batterien, Hybridmotoren und Autos, die zwei verschiedene Kraftstoffe nutzen können, werden in wenigen Jahren serienreif sein. Dieser Umschwung ist bereits unumkehrbar. Der konventionelle Verbrennungsmotor wird so nicht länger existieren. Die Entwicklungsingenieure aller Hersteller suchen weltweit nach Lösungen für eines der größten technischen Probleme unserer Zeit – die Entwicklung eines neuen Antriebs und Kraftstoffes, die unsere Welt und auch unsere Zukunft schützen.

## EIN POSITIVER BEITRAG

Vor lauter Umweltbewusstsein wird jedoch allzu schnell vergessen, wie wichtig und nützlich das Auto im letzten Jahrhundert war. Es schuf Millionen Arbeitsplätze und neue Reisemöglichkeiten für breite Bevölkerungsschichten. Ohne das Auto hätten wir heute eine andere Gesellschaft. Gäbe es das Auto nicht bereits, wir müssten es noch einmal erfinden. Die Ehrlichen unter uns empfinden es als Glück unserer Generation, dass sie die größten Jahre des Automobils miterleben durften. Zukünftige Historiker werden davon schwärmen, wie erschwinglich und doch glamourös die Autos des 20. Jahrhunderts waren. Und wenn man dann in zehn Jahren Batterien auflädt oder Wasserstofftanks nachfüllt, wird man an Autos wie den Ford Mustang, den Jaguar E-Type und den Porsche 356 als Kunstwerke denken. Dann werden die Kultautos von heute erst ihren vollen Kultstatus erreichen und bewundert werden als Produkte eines goldenen Zeitalters, in dem der Verbraucher eine unvorstellbar große Auswahl hatte – und noch Vollgas fahren konnte.

## KREATIVE KLASSIKER

Dieses Buch handelt von den Klassikern, es ist ein Loblied auf Genialität, Stil, technische Kühnheit

### NEUER KRAFTSTOFF
Da die Ölvorräte in einigen Jahren zur Neige gehen, entwickeln die Hersteller neue Motoren, die mit alternativen Kraftstoffen angetrieben werden.

und Schönheit des Automobils. Das letzte Jahrhundert brachte unglaubliche Autos hervor, die so nie wieder produziert werden. Früher wurden Autos von einer Hand voll ausgesuchter, inspirierter Visionäre entworfen. Heute grübeln und diskutieren hunderte Designer, Ingenieure, Juristen und Buchhalter über Form, Design und Größe ihrer geplanten Produkte. Der Jaguar E-Type wurde buchstäblich von nur einem Mann entworfen – gleiches gilt für den Ferrari Dino oder den Porsche 356. Auch aus diesem Grund berühren uns diese Klassiker so sehr. Der künstlerische Impuls des Designs wurde nur selten durch die Anforderungen eines rein wirtschaftlich denkenden Managements verwässert.

## Künstlerisches Design

Wenn wir uns den Jaguar E-Type vorstellen, sicher das schönste Auto der Welt, sehen wir eine Silhouette mit außergewöhnlich ausbalancierten, proportionierten und harmonischen Linien. Seine überwältigende Erscheinung strahlt eine beispiellose Magie, Schnelligkeit, Erotik, Stärke und Schönheit aus. Für viele von uns ist die kritisch prüfende Betrachtung eines alten Jaguar vielleicht das einzige, was wir uns wirklich unter Kunstgenuss vorstellen können.

Und auch wenn andere dies bezweifeln, ist es durchaus berechtigt, alte Autos als Kunstwerke zu behandeln. Amerikanische Autos der 50er und 60er Jahre waren künstlerisch ebenso kühn wie die Bilder von Andy Warhol. Die auffälligen Ornamente der Straßenkreuzer in zweifarbigen Pastelltönen mit ihren zahllosen Chromsymbolen waren technisch nicht notwendig, sondern dienten einzig unserem ästhetischen Vergnügen. Harley Earl, der Chefdesigner von GM, drückte es so aus: »Jeder Augenblick, in dem wir einen Cadillac betrachten, ist wie ein schöner Traum.« Im 20. Jahrhundert reizten die Designer ihre Ideen vollends aus. Weil sie stilistische Grenzen kaum kannten, entstanden gekrümmte Frontscheiben, Doppelscheinwerfer, verstellbare Lenkräder und elektrische Fensterheber. Die unablässige Beschäftigung mit »gutem Design« schuf bessere, noch raffiniertere und bequemere Autos.

Das Design europäischer Autos der 50er und 60er war dagegen puristischer. Im Gegensatz zu den transatlantischen Auswüchsen wurden hier wirtschaftliche und einfache Formen bevorzugt. Der Ferrari 250 Lusso ist eines der schönsten Autos der Welt. Sein künstlerischer Wert liegt in der sanft abfallenden Form, den straffen, muskulösen Flanken sowie der schlichten Eleganz seiner Linien. Wir staunen nicht über Heckflossen oder verchromte Kühlergrills, sondern bewundern seine klassische, unkomplizierte Schönheit. Das gleiche trifft auch auf den AC Ace mit seinem dezenten und doch schwungvollen Profil zu, das überhaupt keinen Zierrat und keine stilistischen Auswüchse besitzt. Nur wenige Autos haben so schlichte Linien und noch weniger sind so überwältigend schön. Ob die Karosserie in Detroit oder in Thames Ditton geformt wurde, spielt keine Rolle, die Designer hatten dasselbe Ziel – etwas zu schaffen, das sinnlich genug war, um sofort eine Beziehung zu seinem Betrachter aufzubauen. Für den Betrachter des 20. Jahrhunderts wurde das Auto somit zu einer völlig neuen Kunstform.

## Geschwindigkeitsrausch

Doch diese Kunst war auch mit gewaltiger Stärke ausgestattet. Karl Marx schrieb: »Die Natur baut keine Maschinen [...]. Sie sind Produkte der menschlichen Industrie [...], vergegenständlichte Wissenskraft.« Und diese Kraft macht Autos zur Droge. Die Flügeltüren und die Benzineinspritzung des Mercedes Benz 300SL von 1950 sind beeindruckend, seine muskulöse Form ist herzerwärmend, doch die größte Anziehung geht doch davon aus, dass er mehr als 240 km/h schnell ist – die Rennversion schaffte sogar 280 km/h. Als der

300SL 1954 auf den Markt kam, waren 240 km/h eine unvorstellbare Reisegeschwindigkeit, die dem Fliegen sehr nahe kam. Dass der schöne und technisch brillante Flügeltürer seinen Besitzer auf beispiellose Geschwindigkeit bringen konnte, machte ihn sofort zur Legende und zu einem der begehrtesten Konsumartikel der Welt. Das Gleiche geschah 1968 mit dem Ferrari Daytona. Als die Fachpresse seine Spitzengeschwindigkeit von 280 km/h erwähnte, wurde das Auto über Nacht zum Kultobjekt. Dank Bildern und Berichten von atemberaubenden Testfahrten störte sich niemand am schwerfälligen Handling und der schlechten Verarbeitung. Beim Daytona ging es nur um eines.

Die scheinbar endlosen Kraftreserven schneller Autos faszinieren uns nach wie vor, und deshalb versuchen Designer und Werbefachleute immer wieder den Eindruck von Stärke zu erwecken. Neben der mechanischen Potenz, gemessen in Pferdestärken, zählt auch die finanzielle, gemessen am Kaufpreis. Beides vermag Autokäufer anzuziehen. In Los Angeles, wo der Verkehr so dicht ist, dass selbst das Originalgefährt von Karl Benz mühelos mithalten könnte, findet man mehr Porsche-, Ferrari- und Mercedesfahrer als irgendwo anders auf der Welt. Sie erreichen nie ihre Spitzengeschwindigkeit und können nur selten mit Vollgas beschleunigen, doch solche Wagen werden auch nicht als reine Transportmittel gekauft, sondern als Aphrodisiaka, Schmuckstücke und Symbole von Macht.

Aldous Huxley sagte einmal, Geschwindigkeit sei die einzige wirklich moderne Erfahrung. Damit meinte er, dass die Erregung beim schnellen Fahren ein Gefühl ist, das nicht natürlich vorhanden

### Der 59er Cadillac Cabriolet
Die Autos der 50er spiegelten die Ära wider, in der sie gebaut wurden. Heckflossen waren seinerzeit der letzte Schrei.

ist. Die Menschen, oder vielmehr die Autobauer, haben das Tempo erfunden. In 100 Jahren technischer Entwicklung stieg die Spitzengeschwindigkeit von steinzeitlichen 8 km/h auf unglaubliche 400 km/h – und das bezieht sich nicht nur auf Prototypen, sondern auf Straßenversionen, die für jeden betuchten Verbraucher erhältlich sind. Die Geschwindigkeit und ihre technischen Quantensprünge sind eine der beachtlichsten Leistungen der Industrie. Seit jenem ersten Auto von Karl Benz entstand Stück für Stück eine der brillanteren technischen Kreationen in der Geschichte der Menschheit. All die Kreativität, Intelligenz, Fantasie und Hartnäckigkeit, die in die Entwicklung des Autos einflossen, machen es zu etwas Besonderem. Wenn man für einen Moment die Kritik an Autos beiseite lässt und sich klarmacht, wie weit das Auto in einem einzigen Jahrhundert verbessert wurde, wird man verblüfft sein. Verglichen mit Gebäuden, Kleidung, Möbeln, Telefonen, Fernseher und vielen anderen von Menschen geschaffenen Produkten, ist das Auto in seiner technischen Brillanz unerreicht.

**MERCEDES BENZ 300 SL MIT FLÜGELTÜREN**
Der Flügeltürer verblüffte bei seinem ersten Auftritt, weil er Schönheit mit Kraft verband.

### ZUVERLÄSSIGE TECHNIK

Diese Brillanz hat viele Aspekte. Von der cleveren Raumnutzung des Mini oder Fiat 500 über die massenhafte Zuverlässigkeit des VW Käfer bis zu den sagenhaften Geschwindigkeiten des Porsche GTR und McLaren F1 wurden Autos in vieler Hinsicht äußerst raffiniert. Autos entsprachen nicht nur immer höheren Standards, sondern wurden auch immer zuverlässiger. Wenn man bedenkt, was ein Auto zu leisten hat, wie viele tausend Kilometer es zurücklegen muss und wie wenig es von vielen Autofahrern gepflegt wird, grenzt es an ein Wunder, dass alles funktioniert. Und meistens funktioniert ja sogar alles sehr gut.

Eines muss man den Ingenieuren der Automobilindustrie neidlos zugestehen: Es werden keine wirklich schlechten Autos mehr produziert. Inzwischen ist ein Punkt erreicht, an dem fabrikneue Autos keine Defekte aufweisen und praktisch eine Lebensdauer von über 240 000 km haben. Je nachdem, wie gut ein Wagen gepflegt wird, sind auch 400 000 km kein Ding der Unmöglichkeit. Höchste Qualität und Zuverlässigkeit sind heute keine Wunschträume mehr, sondern alltägliche Wirklichkeit.

### LIEBENSWERTE MACKEN

Tief in unserem Inneren jedoch, und das ist ein Teil unserer bizarren Hassliebe zu diesem Gefährt, wollen wir gar keine vollkommen perfekten Autos. Natürlich erwartet unser rationales Bewusstsein einwandfreie Autos. Unbewusst bevorzugen wir jedoch ältere Modelle mit kleinen Macken, aber viel Temperament. Ihre Geräusche und Gerüche, ihr Knarren und Ächzen faszinieren uns. Wir erfreuen uns an quietschenden Getrieben und aufheulenden Motoren. Als Toyota 1990 den Lexus LS 400 auf den Markt brachte, verbannte man alle Motorgeräusche und -vibrationen aus dem Innenraum und schuf ein Luxusauto, in dem absolute Friedhofsruhe herrschte. Wenige Jahre später musste Toyota wieder Geräusche zulassen, da sich die Fahrer sonst zu sehr isoliert fühlten. Das fehlerfreie Auto erfüllt das Ideal einer Maschine, aber vielleicht fahren wir letztlich lieber Autos, die wie Menschen sind: manchmal schrullig, aber gerade dadurch auch interessant.

Inzwischen ist den Herstellern dieser Widerspruch im Kaufverhalten schmerzlich bewusst geworden. Jahrzehntelang haben sie versucht, technisch ausgereifte Autos zu verkaufen. Jetzt müssen sie feststellen, dass die Kunden am liebsten ein Auto mit Persönlichkeit und Charakter besitzen wollen und ausdrücklich nicht solche Autos, die Waschmaschinen und Wäschetrocknern gleichen. Datsun Cherry und Toyota Corolla zum Beispiel, in den 70er und 80er Jahren millionenfach produziert, waren äußerst zuverlässig, aber ungefähr so aufregend wie eine Schlaftablette.

### ZURÜCK IN DIE VERGANGENHEIT

Aus diesem Grund konnte man in den letzten Jahren eine Vielzahl ungewöhnlich aussehender,

**LEXUS LS 400**
Wollen wir tatsächlich einwandfreie Autos? Ironischerweise musste Lexus, während alle nach technischer Perfektion strebten, seinen völlig isolierten LS 400 wieder mit Fahrgeräuschen ausstatten.

bewusst altmodisch gestylter Autos entdecken. Der Audi TT mit seinem kleinen Innenraum und dem runden Profil wurde ebenso wie der Mazda MX-5, der Dodge Viper und der Plymouth Prowler zu einem großen Erfolg. Ford brachte eine neue Version des Thunderbird von 1955 heraus, DaimlerChrysler den wilden Pronto Cruiser, der einem heißen Ofen von 1940 gleicht. Beide Wagen wurden mit stürmischem Applaus begrüßt und

**MCLAREN F1**
Der McLaren F1 ist das beste Beispiel dafür, dass Geschwindigkeit das oberste Gebot bei den Superautos bleibt. Er beschleunigt in 3,3 Sek. auf 100 km/h und erreicht mehr als 370 km/h Spitzengeschwindigkeit.

**MERCEDES A-KLASSE**
Die A-Klasse von Mercedes setzt den Trend für die Entwicklung neuer Autos – außen schmal und kompakt, jedoch mit sehr geschickt ausgenutztem Innenraum.

verkaufen sich glänzend. Selbst ein Massenproduzent wie Rover versieht seinen Rover 75 mit alten Stilelementen. Maßvoller Chromzierrat, ein Innenraum wie der des P6 aus den 60ern und Türen, die von den damaligen P5-Limousinen und Coupés stammen könnten, veranlassten italienische Fachjournalisten, den Rover 75 zum schönsten Auto 1999 zu wählen.

## KARGE ZUKUNFT

Dieses plötzliche Aufblühen schlichten Stils und nostalgischen Designs wird nicht lange anhalten. Die Zukunft wird die Autos und die Art, wie wir sie wahrnehmen, für immer verändern. Kleinwagen wie der Audi A2 mit Aluminiumkarosserie und die A-Klasse von Mercedes, bei der der Motor unter dem Boden sitzt, werden den Stil in den kommenden Jahrzehnten prägen. Es wird neue Materialien und Motoren geben, bessere Raumnutzung und geringeren Verbrauch – eine Kombination aus Technik und sozialen Zwängen, bei der das Automobil quasi neu erfunden wird. In Zukunft werden wir uns eher einen Wagen mieten anstatt ihn zu kaufen. Für einen Monatsbeitrag können wir für die Stadt einen Kleinwagen leihen, im Winter einen Allradantrieb, für den Urlaub einen Kleinbus oder im Frühling ein Motorrad. Aber auch der Autokauf wird anders sein. In wenigen Jahren werden der herkömmliche Händler und sein Autohaus der Vergangenheit angehören, weil Autos über das Internet geordert werden. Die Händler werden sich auf Service und Reparaturen konzentrieren, während der Kunde direkt vom Hersteller kauft. Autokäufer werden anspruchsvoller sein als je zuvor und stärker auf Preis-Leistungs-Verhältnis, Service und Qualität achten. Hersteller, die den neuen Anforderungen der Kunden nicht entsprechen, werden nicht überleben.

Doch die größte Gefahr für das Auto und unser Fahrvergnügen droht vom Staat. Weltweit stempeln Regierungen das Auto als zerstörerisch ab. In einer Art Beißreflex werden Tempolimits erlassen, Überwachungskameras installiert und Autofahrer mit so hohen Steuern belastet, dass manch einer mehr Kfz-Steuer als Einkommensteuer bezahlt. In Deutschland beträgt der Steueranteil am Benzinpreis ca. 70%. Trotzdem erklären Politiker, dass keine weiteren Straßen gebaut werden, da diese noch mehr Verkehr anziehen würden. Über drakonische Strafen für Tempoüberschreitungen und satellitengestützte

Tempoüberwachung, welche die Geschwindigkeit automatisch reduzieren und kontrollieren soll, wird immer wieder diskutiert. Auch die Entwicklungen in anderen Ländern machen es ganz deutlich: Das goldene Zeitalter des Automobils geht seinem Ende entgegen.

Doch ein Trost bleibt. Autoklassiker wie die in diesem Buch werden überleben. Dieses Kulturerbe wird weitgehend unbehelligt bleiben. Solange die Geldmittel vorhanden sind, können wir uns einen MGA, einen Austin-Healey oder einen Sunbeam Tiger kaufen, die meisten sind sorgfältig gepflegt und originalgetreu restauriert. Der Gesetzgeber kümmert sich nicht um sie, und Umweltschützer sehen in ihnen keine Bedrohung. Wenn wir dann noch eine freie Strecke mit einigen schwungvollen Kurven finden, können wir den Zauber des Autofahrens im 20. Jahrhundert noch einmal erleben.

Und nun genießen Sie dieses Buch und schwelgen Sie in der Geschichte eines der fesselndsten Produkte der Industriegesellschaft. Sie werden dann hoffentlich verstehen, wie viel uns das Auto gegeben hat und wie häufig man ihm Unrecht getan hat. Bei aller politischen Korrektheit dürfen wir uns nicht scheuen, das Automobil und seinen Beitrag zu Technik, Kunst, Literatur und Popkultur und nicht zuletzt zu unserem Spaß und Komfort zu würdigen.

**AUSTIN-HEALEY 3000**
Modelle wie der Austin-Healey werden immer als exquisite Vertreter einer Zeit angesehen werden, in der Autos noch von Hand angefertigt wurden.

# AUTO-GALERIE

# AC Ace-Bristol

## Der schönste britische Roadster seiner Zeit

Mit dem herrlichen AC Ace katapultierte sich die bis dahin eher brav wirkende Thames Ditton Company ins Rampenlicht der Sportwagenwelt. Schlagartig galt die Firma als die richtige Adresse für den tweedgekleideten englischen Mittelstand. Zeitlos elegant, schnell, gutmütig und mechanisch unkompliziert, bildete der Ace die Basis für den legendären AC Cobra (*siehe Seiten 24–27*). Unter seiner schlanken Leichtmetallkarosserie kamen, je nach Wunsch, verschiedene Motoren zum Einsatz, entweder der AC-eigene UMB 2,0, der leistungsfähige 2,0-l-Bristol 100D2 oder das muntere, 2,6 l starke Kraftwerk des Ford Zephyr. Der AC fährt sich, wie er aussieht. Seine Form sicherte ihm einen Platz in den Annalen des Motorsports. Gegen sein schlichtes, elegantes Design sieht ein Ferrari kopflastig und plump aus. Der Ace mit Bristol-Maschine ähnelt dem Tojeiro-Prototyp von 1953 am stärksten.

Das mit Aluminium abgedeckte Stahlrohrgerüst in Superleggera-Bauweise folgt den Linien des Ferrari 122 von 1949.

Späteren Modellen wurde ein neues Heck mit größerem Kofferraum spendiert.

Der Ace war denkbar schlicht – eigentlich nur ein Kasten für Motor, Fahrer und ein wenig Gepäck.

Klappbare Plexiglasseitenscheiben verhindern Turbulenzen im Cockpit.

**Typ** AC Ace-Bristol (1956–61)

**Produktion** 463

**Karosserie** zweitüriger Sportzweisitzer

**Bauweise** Kastenrahmen, Leichtmetallkarosserie

**Motor** 2,0-l-OHV-Sechszylinder

**Leistung** 105 PS bei 5000 U/min (optional 125 PS bei 5750 U/min)

**Getriebe** Bristol-Viergang-Schaltgetriebe (optional Overdrive)

**Fahrwerk** Einzelradaufhängung vorn, Querblattfedern und Dreieckslenker hinten

**Bremsen** Trommelbremsen, ab 1957 Scheibenbremsen vorn

**Höchstgeschwindigkeit** 188 km/h

**0–100 km/h** 9,5 Sek.

**Verbrauch** 13,2 l/100 km

Sein wohlgeformtes Profil gilt als Triumph der Form über die Funktion.

**INNENAUSSTATTUNG** Anzeigen und Schalter wurden »in bester britischer Tradition« wahllos über das Armaturenbrett verstreut. Die großen Anzeigen sind der Tachometer und der Drehzahlmesser, der bis 6000 U/min reicht.

**MOTOR** Der vom BMW 328 abgeleitete, 125 PS starke 2,0-l-Bristol-Motor wurde für den Ace in Sonderausführung angeboten. Unter anderem verfügte er über einen Dreifachvergaser.

Ein Lenkrad wie im Austin-Healey *(siehe Seiten 54–61)* und Daimler SP Dart *(siehe Seiten 204–207)*

Der breite Kühlergrill versorgt den großen Kühler mit ausreichend Luft.

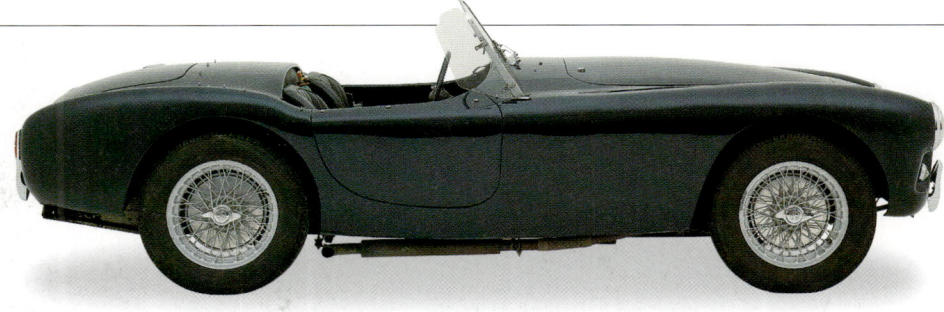

### Rennpferd

Der Motor liegt weit hinten und bringt so mehr Gewicht auf die Hinterachse. 1957 fuhr ein Ace beim 24-Stunden-Rennen von Le Mans die 3,781 km lange Strecke mit einem Schnitt von 156 km/h und war so der schnellste Wagen mit Bristol-Motor.

Wer ganz hart immer mit offenem Verdeck fährt, kann mit dieser Persenning wenigstens seine Füße trocken halten.

# AC Cobra 427

## Amerikanische Stärke und britische Eleganz

AUS DER ALLIANZ des traditionsreichen britischen Herstellers AC (die im Jahr 1902 gegründete Firma war einer der ältesten Automobilbauer Großbritanniens) und des charismatischen Rennfahrers Carroll Shelby ging der legendäre AC Cobra hervor. Hierbei handelte es sich um eine mit amerikanischen Ford-V8-Motoren bestückte Weiterentwicklung des Ace (*siehe Seiten 20–23*) – angefangen mit den 4,2-l- und 4,7-l-Mustang-Motoren. 1965 verwendete Shelby in Le Mans einen 7,0-l-Motor. Obwohl der 427 für dieses Rennen nicht schnell genug war und sich auch nicht gut verkaufte, ist er dennoch eines der aggressivsten und beeindruckendsten Autos, die je gebaut wurden. Der hier abgebildete Wagen war seinerzeit der am schnellsten beschleunigende Serienwagen der Welt, er schaffte es 1967 bei Testfahrten in 4,4 Sekunden von 0 auf 100 km/h und erreichte eine Höchstgeschwindigkeit von 265 km/h.

Wegen der Leistung (und des Sounds) waren Renn-Cobras mit Sidepipes ausgestattet.

Die Magnesium-Leichtmetallräder von Halibrand wurden später durch Starburst-Felgen ersetzt.

Die extrem leichte und sehr stabile Karosserie besteht aus Aluminiumblechen, die auf einen Rundrohr-Stahlrahmen gezogen wurden.

**Typ** AC Cobra 427 (1965–68)

**Produktion** 316

**Karosserie** zweitüriger Sportzweisitzer

**Bauweise** Rundrohr-Stahlrahmen mit Leichtmetallbeplankung

**Motor** 7,0-l-V8

**Leistung** 425 PS bei 6000 U/min

**Getriebe** vollsynchronisiertes Viergang-Getriebe

**Fahrwerk** Einzelradaufhängung mit Schraubenfedern

**Bremsen** Scheibenbremsen

**Höchstgeschwindigkeit** 265 km/h

**0–100 km/h** 4,4 Sek.

**Verbrauch** 18,9 l/100 km

**INNENAUSSTATTUNG** Die schlichte Innenausstattung entspricht ganz dem Stil britischer Sportwagen der 60er – schwarz-weiße Instrumente, Schalensitze und Holzlenkrad.

**MOTOR** Der 7,0 l mächtige 427er wurde jahrelang erfolgreich bei Stock-Car-Rennen eingesetzt und zeigte sich auch stundenlangem Vollgas gewachsen. Die Straßenversion liefert 300 PS bis 425 PS.

**RENNLEISTUNG**
Auch die kleinen 4,7-l-Cobras geben 222 km/h her und beschleunigen in knapp unter sechs Sekunden auf 100 km/h. Die Rennversionen des Motors gaben bis zu 500 PS her.

Um Gewicht zu sparen, dienen verchromte Rohre als Stoßstangen.

Zuerst wurde ein 4,2-l-Motor eingebaut, später der 4,7-l-V8 des Ford Mustang.

## CARROLL SHELBY

Der 427 sieht schon im Stand schnell aus. An Stelle der Grazie des Ace dominieren hier die mächtige Frontpartie, das gewölbte Heck und die breiten Reifen.

Bevor er mit 29 in einem geliehenen MG TC ein Straßenrennen in Oklahoma gewann, war Carroll Shelby aus Dallas Hühnerfarmer, Fernfahrer und Hamburgerverkäufer. 1959 gewann er in Le Mans, sieben Jahre später verhalf er Ford dort zu einem Sieg. Er entwickelte den besten Mustang aller Zeiten, beriet Rootes beim Sunbeam Tiger und schuf natürlich den Cobra. Trotz Herz- und Nierentransplantationen ist Shelby noch sehr aktiv, vor allem für wohltätige Zwecke. Er lebt mit seiner Frau in Kalifornien.

Das Fahrwerk der 4,7-l-Version wurde für den 427 komplett überarbeitet und mit einer per Computer entworfenen Nickabstützung für das Anfahren und Bremsen ausgestattet.

# AC 428

## Ein Kraftpaket mit schönen Formen

ES IST NICHT einfach, den 428 zu beschreiben. Seine langgestreckte Eleganz verbindet die brutale Kraft des Cobra mit der Leichtigkeit eines Maserati. Dieser großartige Wagen kombiniert britische Ingenieurskunst mit amerikanischer Motorenstärke und italienischem Design. Die Cabrioletversion des 428 wurde im Oktober 1965 auf dem Autosalon in London vorgestellt, das Fließheckcoupé war rechtzeitig für den Genfer Autosalon im März 1966 fertig. Mit der Serienfertigung gab es von Anfang an Schwierigkeiten – vor 1967 war kein Wagen zu haben, und bis März 1969 waren erst 50 Stück gebaut worden. Dies lag zum Teil daran, dass der 428 zwischen den teuren Italienern Ferrari und Maserati und den preiswerteren Briten Aston und Jensen stand. Die Produktion wurde in kleiner Stückzahl bis in die 70er fortgesetzt, zur Ölkrise im Oktober 1973 waren die Tage des 428 jedoch gezählt.

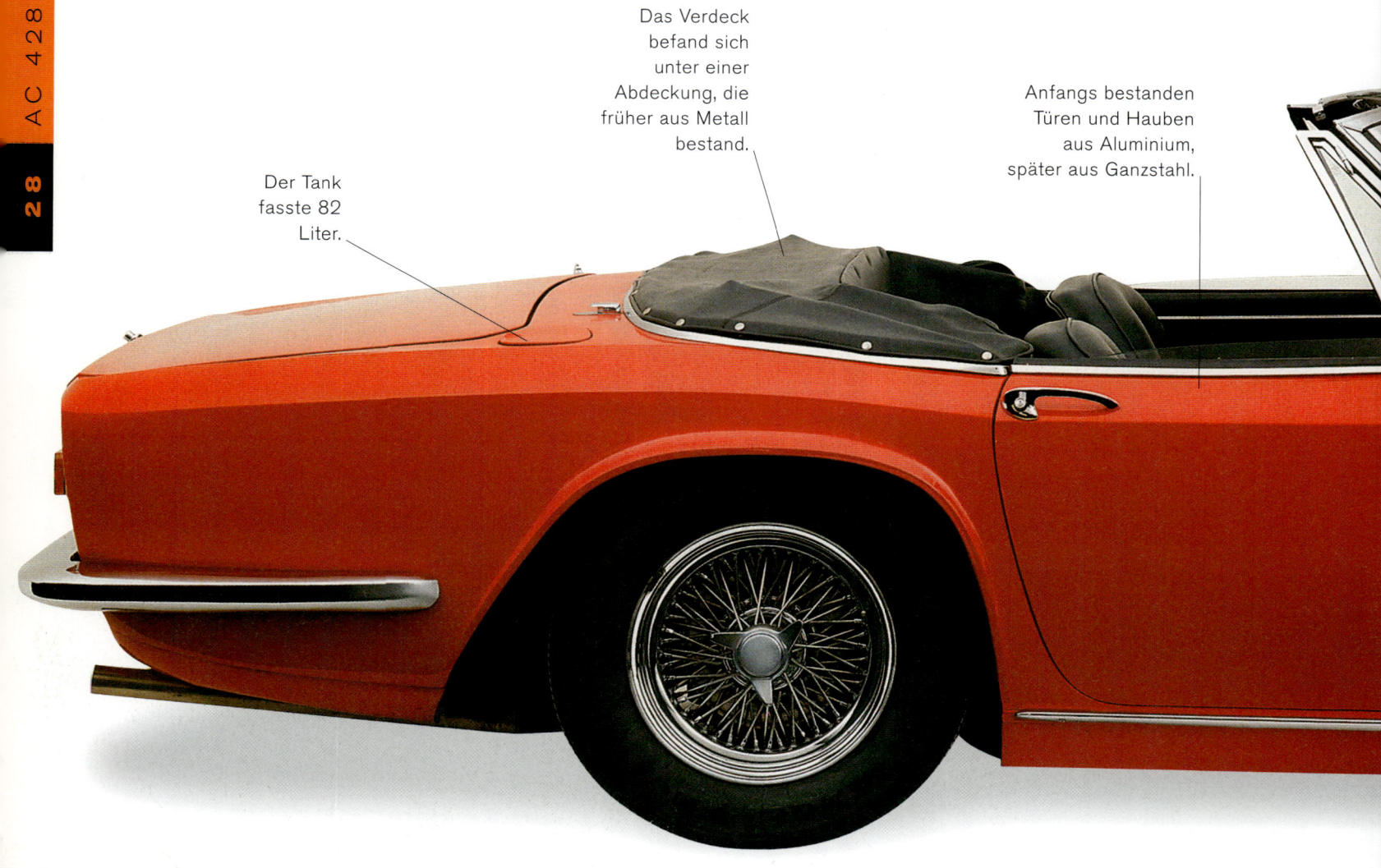

Der Tank fasste 82 Liter.

Das Verdeck befand sich unter einer Abdeckung, die früher aus Metall bestand.

Anfangs bestanden Türen und Hauben aus Aluminium, später aus Ganzstahl.

**Typ** AC 428 (1966–73)

**Produktion** 80 (51 Cabriolets, 29 Fließheck-Coupés)

**Karosserie** Zweisitzer-Cabriolet oder Zweisitzer-Fließheck-Coupé

**Bauweise** Zentralrohrfahrgestell mit separatem Ganzstahlaufbau

**Motor** Ford 6,9-l- oder 7,0-l-V8

**Leistung** 345 PS bei 4600 U/min

**Getriebe** Ford-Viergang-Getriebe oder Dreigang-Automatik; Salisbury Hinterachs-Sperrdifferenzial

**Fahrwerk** Doppelquerlenker mit Schraubenfedern bzw. Teleskopdämpfern

**Bremsen** servounterstützte Girling-Scheibenbremsen

**Höchstgeschwindigkeit** 224 km/h

**0–100 km/h** 6,1 Sek.

**Verbrauch** 18,9–23,8 l/100 km

Für die Aufhängung wurden vorn Trapezlenker mit Schraubenfedern und Teleskopdämpfern verwendet.

Die Motorhaube ist, wie beim Cobra, vorn angeschlagen. Die darunter entstehende Hitze konnte das Öl buchstäblich zum Kochen bringen.

Wer eines dieser raren Autos besitzt, nennt einen richtigen Boliden sein eigen – und zwar einen mit Klasse.

**INNENAUSSTATTUNG** Die Schalter sind zwar munter verstreut, die Instrumente hat der Fahrer aber klar im Blick. Der Tacho (ganz links) zeigt optimistische 180 mph (290 km/h), der Drehzahlmesser (ganz rechts) reicht bis 8000 U/min.

**MOTOR** Bis 1967 hatte der 428 denselben 6,9-l-Motor wie der Cobra. Der exakte Hubraum waren 427 Kubikzoll, daher auch der ursprüngliche Name. 1967 bekam er den ein Kubikzoll größeren Motor des Ford Galaxie *(siehe Seiten 290–293)*.

Einige Teile stammen von anderen Firmen, wie die Rücklichter von Fiat.

Bis 1922 hieß die Firma Autocarrier – daher die Abkürzung »AC«.

# ALFA ROMEO Spider

## Ein romantischer Flitzer

DUSTIN HOFFMANN FUHR den Alfa Spider in dem Film *Die Reifeprüfung* zur Musik von Simon and Garfunkel und machte ihn so zu einem der beliebtesten italienischen Kultautos. Dies überrascht bei näherer Betrachtung seiner Tugenden kaum: Ein wunderbarer Leichtmetallmotor mit doppelten obenliegenden Nockenwellen, präzise Lenkung, wirkungsvolle Bremsen, fein abgestimmtes Fahrwerk und ein positives Erscheinungsbild. Er wurde nicht zu Unrecht »der Ferrari des armen Mannes« genannt. 1966 wurde er auf dem Genfer Autosalon vorgestellt. Alfa startete einen weltweiten Wettbewerb, um einen Namen für sein neues Baby zu finden. Nach über 140000 Einsendungen einigte man sich schließlich auf den Namen Duetto. Obwohl er ähnlich teuer wie der viel schnellere und exklusivere Jaguar E-Type (*siehe Seiten 330–333*) war, wurden in 26 Produktionsjahren über 100000 Einheiten des Spider verkauft.

**Der Spider ist aufgrund seines Designs einer der schönsten Alfas der Nachkriegszeit.**

Trotz des Reserverades bietet er für einen Sportwagen erstaunlich viel Platz.

Das Verdeck des Spider ist leicht zu bedienen. Es kann mit einer Hand geöffnet werden, ohne den Sitz zu verlassen.

Schlechter Stahl und die nicht ausreichenden Wasserabläufe sorgen für eine hohe Rostanfälligkeit.

**Typ** Alfa Romeo 1300 Junior Spider (1968–78)

**Produktion** 7237

**Karosserie** zweitüriger Zweisitzer

**Bauweise** Ganzstahlmonocoque

**Motor** Leichtmetall mit zwei Nockenwellen und 1,3 l

**Leistung** 89 PS bei 6000 U/min

**Getriebe** Fünfgang-Getriebe

**Fahrwerk** Einzelradaufhängung vorn, Starrachse mit Schraubenfedern hinten

**Bremsen** Scheibenbremsen

**Höchstgeschwindigkeit** 170 km/h

**0–100 km/h** 11,7 Sek.

**Verbrauch** 9,7 l/100 km

Der DOHC-Motor hatte einen hemisphärischen Brennraum. Die Mitte der 70er in die USA verkauften Modelle erreichten wegen des vorgeschriebenen Katalysators nur noch 159 km/h.

Alfa Romeo Spider

# AMC Pacer

## Fast genauso breit wie hoch

DIE ÖLKRISE VON 1973 traf die amerikanische Psyche härter als der russische Vorsprung im Weltall in den 50ern. Unbeschränkter Individualverkehr galt praktisch als Bürgerrecht, und plötzlich sah sich Amerika der schrecklichen Aussicht gegenüber, mehr als 40 Cent für eine Gallone Sprit zahlen zu müssen. Anleger mit Automobilaktien erlebten ihr ganz persönliches Watergate. Als Reaktion darauf wurde der Kompaktwagen wieder zum Leben erweckt und der Kleinwagen erfunden. Der äußerst beliebte Gremlin war 1970 der erste AMC auf dem Kleinwagenmarkt, der 75er Pacer war jedoch ein anderes Kaliber. Er wurde als »erster breiter Kleinwagen« angepriesen und hatte den Innenraum einer Limousine, die Nase eines europäischen Pendlerbusses und überhaupt keine Heckpartie. Mit seiner Sparsamkeit war es dagegen gar nicht so weit her, was jedoch die Amerikaner vor lauter Schuldgefühlen nicht bemerkten.

Mitte der 70er wurde der Pacer als das »Auto des 21. Jahrhunderts« angepriesen.

Ursprünglich waren Stoßstangen aus Kunststoff geplant, der jedoch aus Kostengründen durch Stahl ersetzt wurde.

Die aerodynamische Scheibe sparte Sprit und reduzierte Innengeräusche.

Kritiker nannten ihn »einen Football auf Rädern« sowie »einen großen Frosch«.

# Pacer

**Typ** AMC Pacer

**Produktion** 72 158 (1975)

**Karosserie** dreitürige Limousine

**Bauweise** Einheitsaufbau aus Stahl

**Motor** 3,8-l-, 4,2-l-Sechszylinder

**Leistung** 90–95 PS

**Getriebe** Dreigang-Getriebe mit optionalem Overdrive, Torque-Command Dreigang-Automatik optional

**Fahrwerk** Schraubenfedern vorn, Halbelliptikblattfedern hinten

**Bremsen** Scheibenbremsen vorn, Trommelbremsen hinten

**Höchstgeschwindigkeit** 169 km/h

**0–100 km/h** 14,6 Sek.

**Verbrauch** 11,8–15,6 l/100 km

**INNENAUSSTATTUNG** Die sportlichen Frontsitze und Plastikarmaturen waren typisch amerikanisch. Der Pacer besaß die größte Fensterfläche aller US-Limousinen seiner Zeit, wodurch die optionale Aircondition fast zwingend wurde.

**RÜCKANSICHT** Das Heck des Pacer diente als Vorlage für das schöne Heck des Porsche 928, der ebenfalls eine gute Sicht nach hinten bot. Der Pacer wurde 1977 um 10 cm verlängert und als Kombi angeboten.

Das Magazin *Motor Trend* bezeichnete seine Form als »die innovativste von allen US-Kleinwagen«. Die Ehre galt Richard Teague, der auch den 84er Jeep Cherokee entwarf.

Er war sogar vorn anpassungsfähig, denn 26 % aller Pacer hatten vorn Ruhesitze.

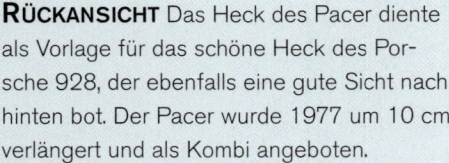

Der Pacer besaß einen wenig sparsamen 4,3-l-Sechszylinder. Trotz der Ölkrise war auch ein 5-l-V8-Motor erhältlich.

Gegenüber dem Chevelle oder dem Torino war er sehr geräumig und bot mehr Kopf- und Beinfreiheit.

# ASTON MARTIN DB4

## Ein britischer Klassiker

Mit der Vorstellung des DB4 im Jahre 1958 begannen für Aston Martin goldene Zeiten – mit ihm begann die Reihe der klassischen Aston-Sechszylinder der DB-Serie, die dem Unternehmen zu Weltruhm verhalfen. Die Aston-Modelle der frühen Nachkriegszeit waren sportliche Straßenwagen, mit dem DB4 gewann Aston Martin jedoch eine neue Dimension der Eleganz, weshalb der DB4 oft als der klassische Gran Turismo bezeichnet wird. Der bei aller Wuchtigkeit doch sehr elegante Leichtmetallaufbau stammt von Carrozzeria Touring aus Mailand, den DOHC-Reihensechszylinder hatte Tadek Marek ursprünglich als Rennmotor entwickelt. Kurzum: Der DB4 sieht hervorragend aus und fährt sich wie eine Rakete. Sein Nachfolger DB5 wird uns immer als glamouröser Dienstwagen aus den ersten James-Bond-Filmen in Erinnerung bleiben, ihm folgte als krönender Abschluss der Reihe der DB6.

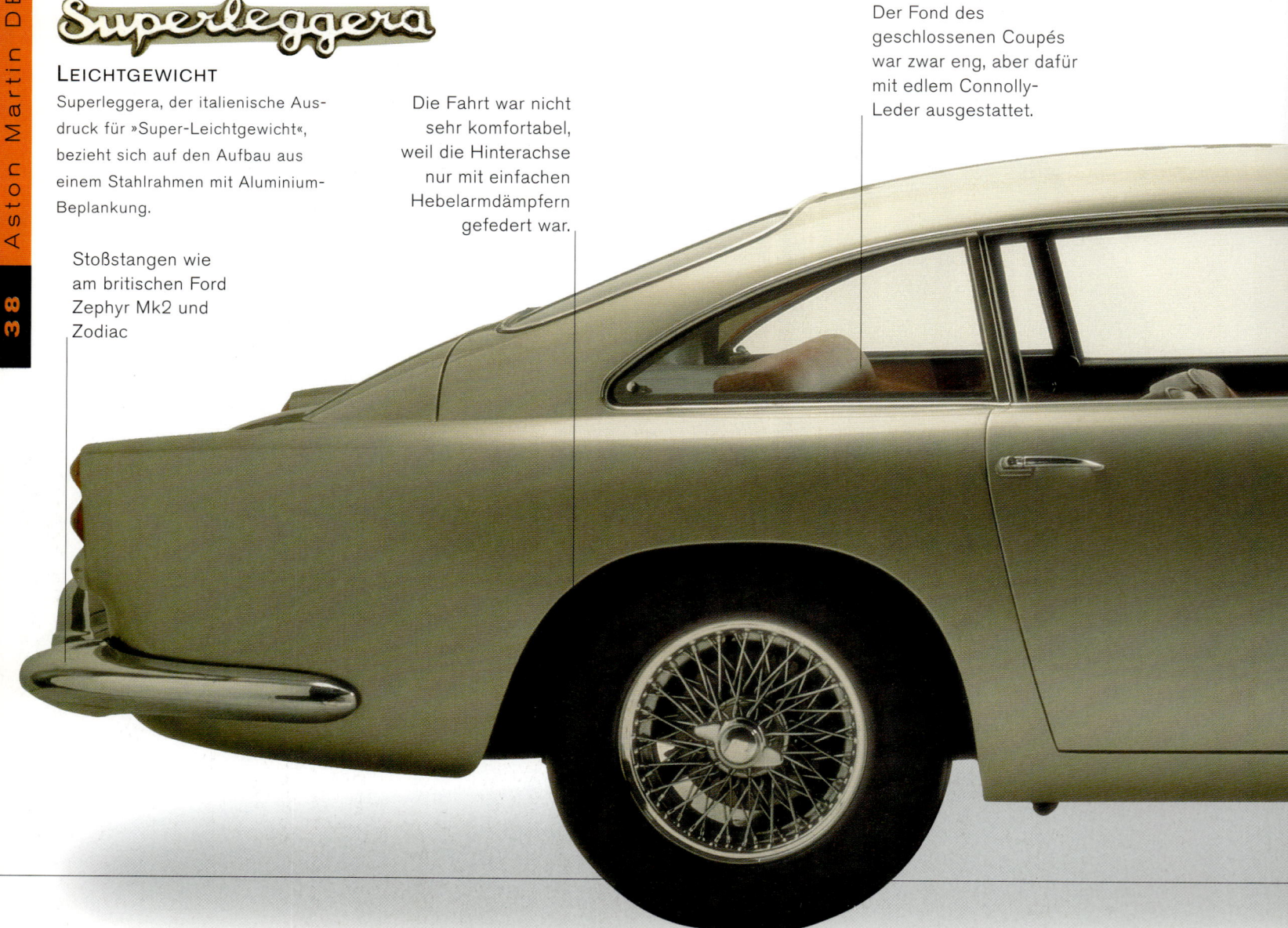

**Leichtgewicht**
Superleggera, der italienische Ausdruck für »Super-Leichtgewicht«, bezieht sich auf den Aufbau aus einem Stahlrahmen mit Aluminium-Beplankung.

Stoßstangen wie am britischen Ford Zephyr Mk2 und Zodiac

Die Fahrt war nicht sehr komfortabel, weil die Hinterachse nur mit einfachen Hebelarmdämpfern gefedert war.

Der Fond des geschlossenen Coupés war zwar eng, aber dafür mit edlem Connolly-Leder ausgestattet.

**Typ** Aston Martin DB4 (1958–63)

**Produktion** 70 Cabrios, 1040 Stahldach-modelle, 95 DB4 GT mit Stahldach

**Karosserie** Coupé mit Stahldach, Cabriolet

**Bauweise** Pressstahl und Rundrohrrahmen mit Aluminiumbeplankung

**Motor** 3,6-l- bzw. 3,7-l-Reihensechszylinder

**Leistung** 240 PS bei 5500 U/min

**Getriebe** Viergang-Getriebe (optional Overdrive)

**Fahrwerk** unabhängige Dreieckslenker mit Schraubenfedern und Teleskopdämpfern vorn, von Längslenker und Wattgestänge geführte Starrachse mit Schraubenfedern und Hebelarmdämpfern hinten

**Bremsen** Scheibenbremsen

**Höchstgeschwindigkeit** 225 km/h

**0–100 km/h** 8,4 Sek.

**Verbrauch** 12,8–27,8 l/100 km

Vorn saßen Dreieckslenker mit Schraubenfedern und Teleskopdämpfern.

**INNENAUSSTATTUNG** Die Instrumente wurden ohne Rücksicht auf ihre Funktion sehr unergonomisch über das gesamte Armaturenbrett verteilt.

**MOTOR** Er sieht dem Jaguar-Reihensechszylinder sehr ähnlich, Tadek Mareks Entwurf ist aber leistungsfähiger und komplizierter. Die dreifachen SU-Vergaser zeigen, dass es sich hier um einen 20 PS stärkeren Vantage-Motor handelt.

Sein Auftreten ist aggressiv und maskulin, aber noch nicht brutal, eher seriös und kultiviert.

Der Abblendspiegel findet sich auch in vielen Jaguar-Modellen.

Rücklichter und vordere Blinker wurden vom Land Rover übernommen.

## MICHAEL CAINE

In *Charlie staubt Millionen ab* hatte Michael Caine 1969 die Auswahl zwischen einem Lamborghini Miura, mehreren Mini Coopers, zwei Jaguar E-Types und einem Aston Martin DB4. Sein Lieblingsauto war der silberne Aston Volante 163 ELT, Baujahr 1962, der am Ende des Films von einem Bulldozer der Mafia von einer Klippe geschoben wird. Für die Stuntszene verwendete man einen umgebauten Lancia, weil der echte Aston zu wertvoll war. Caine fuhr ihn in den Siebzigern noch eine Weile, und es gibt ihn noch immer – vollständig restauriert und in Originallackierung.

Die geschwungene Form machte die Heckklappe zu einem der schwierigsten Fertigungsteile.

Aston Martin DB4

# ASTON MARTIN V8

## Das standesgemäße Auto für Adel und Agenten

DER DBS V8 WURDE von einem handgefertigten 5,3-l-Motor angetrieben und war von Aston als der Verkaufsschlager für die 70er geplant. Mit seinen nahezu zwei Tonnen Gewicht war er ein richtiger Goliath. Er basiert auf dem Sechszylinder-DBS von 1967 und erschien im April 1970. Seine berauschende Höchstgeschwindigkeit von 257 km/h verschaffte dem neuen Spitzenmodell von Aston einen Platz auf dem Wunschzettel vieler Millionäre. 1972 wurde der DBS in Aston Martin V8 umbenannt. Während der Wirtschaftskrise produzierte die Fabrik in Newport Pagnell 1975 nur 19 Wagen, was Astons Finanzberater natürlich sehr beunruhigte – die Firma aber hielt durch. Der V8 wurde bis 1989 gebaut, aus ihm entstanden auch der legendäre, 400 PS starke Vantage und das großartige Volante-Cabriolet. Diese Autos sind Relikte aus einer Zeit, in der Umweltbewusstsein noch ein Fremdwort war.

Der DBS war der erste Aston Martin mit separatem Fahrgestell und wich vom traditionellen Superleggera-Aufbau der DB-Reihe ab.

Die fließenden Linien sind als Markenzeichen auch beim aktuellen DB7 zu finden.

Der dezente Heckspoiler passt gut in die Linienführung.

Der Aluminiumaufbau entstand in Handarbeit.

## ASTON MARTIN

**Typ** Aston Martin V8 (1972–89)

**Produktion** 2842 (einschließlich Volante und Vantage)

**Karosserie** Viersitzer-Coupé

**Bauweise** Aluminiumaufbau, Stahlplattformfahrwerk

**Motor** 5,3-l-Leichtmetall-DOHC-V8

**Leistung** nicht verfügbar – ca. 345 PS, Vantage ca. 400 PS

**Getriebe** Dreigang-Automatik oder Fünfgang-Handschaltung

**Fahrwerk** Einzelradaufhängung vorn, DeDion-Achse hinten

**Bremsen** Scheibenbremsen

**Höchstgeschwindigkeit** 259 km/h, Vantage 278 km/h

**0–100 km/h** 6,5 Sek., Vantage 5,6 Sek.

**Verbrauch** 21,7 l/100 km

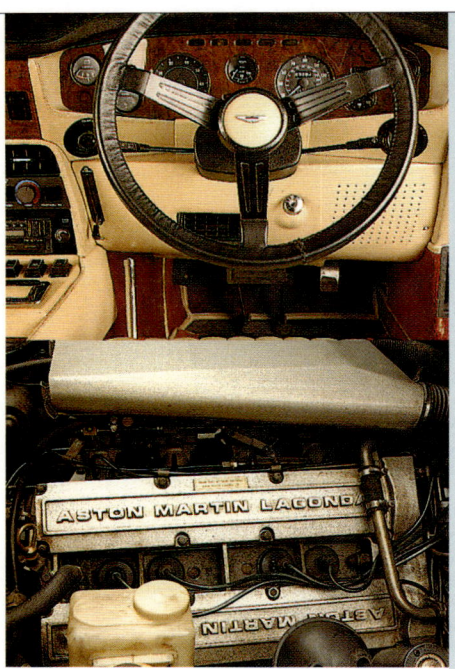

**INNENAUSSTATTUNG** Der DBS wurde immer wieder sorgfältig überarbeitet, ohne dass der Stil verändert wurde. Leder- und Holzausstattung, Klimaanlage, elektrische Fensterheber und Kassettenradio galten als Standard. Fast alle V8-Modelle wurden mit TorqueFlite-Automatik bestellt.

ASTON MARTIN LAGONDA

**MOTOR** Der V8-Leichtmetallmotor wurde erstmals im Lola-Rennwagen eingesetzt. Der massive Luftfilter verbirgt ein Quartett von Doppel-Weber-Vergasern. Sie verbrauchten 21,7 l auf 100 km, bei geruhsamer Fahrt auch etwas weniger.

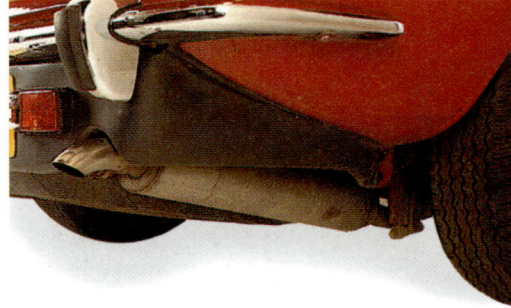

DOPPELAUSPUFF
Handgearbeitete Stoßstangen verdecken die mächtigen Auspuffrohre, die den Klang des V8 gut unterstützen. In *Der Hauch des Todes* fuhr Timothy Dalton als James Bond einen V8 von 1984. In *Goldfinger* von 1964 debütierte Aston als James-Bond-Marke mit einem DB5.

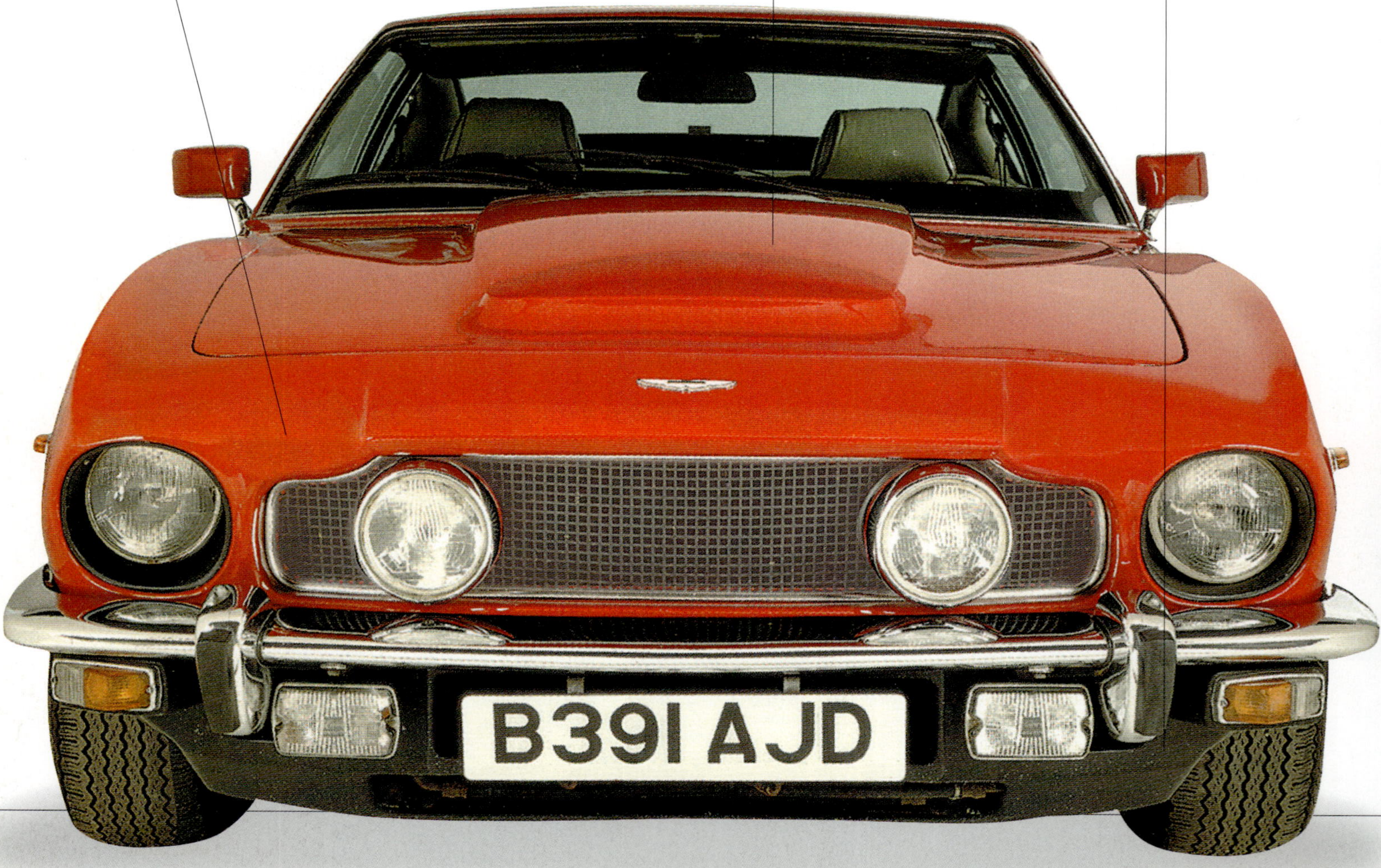
Die scharfkantige Nase gilt als Markenzeichen des DBS.
Die Ausbuchtung schaffte Platz für die vier Vergaser.
Frontspoiler und Unterwanne reduzieren den Auftrieb.
B391 AJD

Als ein Auto mit unglaublicher Präsenz war der Aston V8 gerade gut genug für James Bond, König Hussein von Jordanien oder Peter Sellers – auch Prinz Charles besaß einen DB6 Volante.

Die Rückansicht wirkt durch den enormen Überhang etwas überladen.

Das schmale Fenster schränkte die Sicht nach hinten stark ein.

# AUDI Quattro Sport

## Der bahnbrechende Rallye-Sieger

DER 250 KM/H SCHNELLE Quattro Sport war der teuerste und exklusivste Audi, der je verkauft wurde. Der kurze Radstand, ein 300 PS starker Leichtmetall-Motor und der Aufbau aus aluminiumverstärkten Glasfasern und Kevlar verliehen ihm fast das Charisma und die Leistung eines Ferrari GTO. Der Quattro verbesserte das Ansehen des Vierradantriebs enorm. Vor 1980 scheiterten allradgetriebene Sportwagen an den hohen Kosten, dem Gewicht und ihrer lausigen Straßenlage. Schlechtes Handling, Getriebe-Probleme und ein unersättlicher Durst galten bei Vierrad-Antrieb als unvermeidbar. Als Walter Röhrl 1982 mit einem Quattro Rallye-Weltmeister wurde, hatte Audi das Gegenteil bewiesen. Der bewundernswerte Audi-Motor erreichte in der Wettbewerbsausführung 400 PS. Er wurde bis 1987 weiterentwickelt und erreichte zuletzt sogar 509 PS bei 8000 U/min.

### BAUR-LOGO
Einige Aufbauteile wurden von der deutschen Karosseriebau-Firma Baur gefertigt, die auch die ersten Cabrios der BMW-3er-Serie gebaut hatte. 22 Arbeiter schweißten die Karosserie zusammen.

Insgesamt ist der Quattro Sport hart abgestimmt, hat aber eine sehr gute Lenkung.

Das Zentraldifferenzial stammte vom VW Polo.

Die breiten Kotflügel für die 9Jx15-Räder kennzeichnen den Quattro.

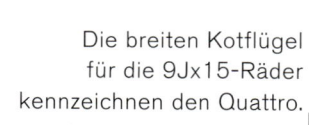

Der Quattro Sport wirkt aus allen Blickwinkeln kernig und aggressiv.

**Typ** Audi Quattro Sport (1983–87)

**Produktion** 220

**Karosserie** Monocoque aus Kevlar, Aluminium, Glasfaser und Stahl

**Motor** 2,1-l-Fünfzylinder mit Turbolader

**Leistung** 304 PS bei 6500 U/min

**Getriebe** Fünfgang-Getriebe mit Allradantrieb

**Fahrwerk** Einzelradaufhängung

**Bremsen** innenbelüftete Scheibenbremsen mit abschaltbarem ABS

**Höchstgeschwindigkeit** 250 km/h

**0–100 km/h** 5 Sek.

**Verbrauch** 16,7 l/100 km

**INNENAUSSTATTUNG** Die typisch deutsche Gestaltung des Armaturenbretts ist unspektakulär, klar, sauber und einfach zu bedienen. Die Halblederausstattung stellt den einzigen Luxus dar. Er sieht aus wie ein Viersitzer, aber die Rückbank bietet kaum Platz.

**MOTOR** Das Leichtmetall-DOHC-Aggregat mit vier Ventilen pro Zylinder, einem riesigen KKK-K27-Turbolader und Bosch-LH-Jetronic-Einspritzung – bei 2,1 l und fünf Zylindern – ist 22,7 kg leichter als die Serienmotoren. Das Torsen-Zentraldifferenzial verteilt die Kraft zu je 50 Prozent nach vorn und hinten. Die hintere Differenzialsperre ist ab 24 km/h unwirksam.

Mit einem Widerstandsbeiwert von 0,43 ist die Aerodynamik ziemlich schlecht.

# AUSTIN Mini Cooper

## Klein, aber oho

DER MINI COOPER gilt als eine der großen Legenden des britischen Motorsports – dieser kleine Teufel hatte einen großen Einfluss auf den Rallye-Sport der Sechziger. Seine geringe Größe und der Vorderradantrieb verschafften dem Cooper ein vorzügliches Handling, wodurch er seinen größeren Konkurrenten oft Haken schlagen und den Sieg wegschnappen konnte. Der heiße Mini bietet eine perfekte Mischung aus genauer Steuerung und großartigem Handling.

Der Konstrukteur des Mini, Alec Issigonis, wollte eher ein Auto für die Massen bauen und war von der Idee, den Mini zu tunen, nicht sonderlich angetan. Glücklicherweise nahm die BMC (British Motor Corporation) Coopers Idee trotz Issigonis' anfänglicher Bedenken auf und produzierte probehalber 1000 Wagen, was sich schließlich als sehr gute Entscheidung erwies, wie die beachtlichen Verkaufszahlen belegen.

Der Cooper S, der 1963–67 gebaut wurde, hatte breitere Räder, Gürtelreifen, ein anderes Typenschild und zwei Motoren mit 970 cm³ oder 1,0 l zur Wahl.

Durch den tiefen Schwerpunkt und die extreme Außenlage der Räder fuhr der Mini wie auf Schienen.

Der Standard-Cooper kostete 569, der Cooper S bereits 695 Pfund.

Nur die Windschutzscheibe war aus Glas, alle anderen Scheiben aus leichterem Plexiglas.

**Typ** Austin Mini Cooper (1963–69)

**Produktion** 145 000 (alle Modelle)

**Karosserie** Limousine

**Bauweise** Ganzstahl-Zweitürer-Monocoque, vorn und hinten auf Unterrahmen befestigt

**Motor** Vierzylinder mit 970, 997, 998, 1071 oder 1275 cm³

**Leistung** 65 PS bei 6500 U/min bis 76 PS bei 5800 U/min

**Getriebe** Viergang-Getriebe, 1. Gang nicht synchronisiert

**Fahrwerk** vorn und hinten Einzelradaufhängung mit Gummikegeln und Dreieckslenkern (ab Ende 1964 hydroelastisch)

**Bremsen** Lockhheed-Scheibenbremsen vorn, Trommelbremsen hinten

**Höchstgeschwindigkeit** 161 km/h

**0–100 km/h** 13,4 Sek.

**Verbrauch** 9,4 l/100 km

Austin Mini Cooper 51

**INNENAUSSTATTUNG** Der Cooper besaß eine typische Rallye-Ausstattung: Moto-Lita-Holzlenkrad, Feuerlöscher, Halda-Streckenmesser, Drehzahlmesser, Stoppuhr und Kartenleuchte. Nur Tacho und Heizungsschalter sind Serienteile.

**MOTOR** Der exakt 1071 cm³ große Serie-A-Motor dreht bis 7200 U/min und erreicht dabei 72 PS. Kurbelwelle, Pleuel, Ventile, Kipphebel und Getriebe sind verstärkt; auch die Ölpumpe fällt beim Cooper größer aus. Dazu gab es Lockheed-Scheibenbremsen und Bremskraftverstärker.

Der Rallye-Erfolg des Mini Cooper in den Sechzigern bewies die Weitsicht der British Motor Corporation.

Bei Rallye-Nachtfahrten mussten die Scheinwerfer vor Steinschlag geschützt werden.

Der Kühlergrill war für Reparaturen schnell abnehmbar.

## JOHN COOPER

Der 1923 in Surrey geborene Cooper erbte die Autoleidenschaft von seinem Vater, der eine Werkstatt betrieb. 1946 baute John den Cooper-Jap Mark 1, ein Fahrzeug mit Motorradmotor. Als er Alec Issigonis traf, fragte er ihn, ob er den damals gerade vorgestellten Mini tunen dürfe. Der Rest ist Rallye-Geschichte.

Die Rennsportabteilungen wechselten oft Nummernschilder, Karosserieteile und Fahrwerk, daher sind die ehemaligen Werks-Cooper schwer zu identifizieren.

Der auf dem Dach montierte Scheinwerfer war von innen drehbar.

Austin Mini Cooper

# AUSTIN-HEALEY Sprite Mk1

## Ein Sportwagen in bester britischer Tradition

EXPERTEN BEHAUPTEN, dass man in der Vorderansicht eines gut gestalteten Autos ein erkennbares Gesicht findet. Das niedlichste Gesicht hat wohl dieser freche kleine Bursche mit seinem über beide Ohren grinsenden Kühlergrill und den Scheinwerfern, die wie weit offene, erstaunt blickende Augen wirken – daher auch der Spitzname »Froschauge«. Die Gestaltung folgte jedoch vor allem praktischen Erwägungen. Die Donald Healey Motor Company und Austin hatten schon beim Austin-Healey 100 zusammengearbeitet. 1958 wurde sein kleiner Bruder Sprite geboren, ein einfacher Sportwagen im unteren Preissegment, der auf Motor und Getriebe des Austin A35 zurückgriff und auch einen Schuss Morris Minor in sich trug. Doch das Froschauge war tatsächlich ein echter Sportwagen mit entsprechend herrlichem Sound. Und mit knapp dreieinhalb Metern Länge ist er auch gar nicht so klein, wie er wirkt.

Der Kofferraum hat keine Klappe, er ist nur über die Rücksitze zu erreichen.

Das Plexiglasfenster bietet nur beschränkte Sicht nach hinten.

Das Design ist von klassischer Schlichtheit. Nicht einmal ein Türgriff stört die fließenden Linien.

**Typ** Austin-Healey Sprite MkI (1958–61)

**Produktion** 38 999

**Karosserie** Sport-Zweisitzer

**Bauweise** Aufbau und Fahrwerk aus einer Einheit

**Motor** BMC A-Serie, 948 cm$^3$, vier Zylinder, OHV

**Leistung** 43 PS bei 5200 U/min

**Getriebe** Viergang-Getriebe mit Synchronisation (2–4)

**Fahrwerk** Einzelradaufhängung mit Schraubenfedern und Dreieckslenkern vorn, Starrachse mit viertelelliptischen Blattfedern hinten

**Bremsen** hydraulische Trommelbremsen

**Höchstgeschwindigkeit** 135 km/h

**0–100 km/h** 21,4 Sek.

**Verbrauch** 6,3–8 l/100 km

Austin-Healey Sprite Mk1

**INNENAUSSTATTUNG** Der Tacho liegt rechts, der Drehzahlmesser links, und der gut platzierte kurze Schaltknüppel sorgt für sehr bequemes Fahren.

**MOTOR** Der Serienmotor von Austin-Morris war ein kleines Prachtstück. Er kam zum erstenmal in der Austin A35-Limousine zum Einsatz und trieb auch viele Minis *(siehe Seiten 44–47)* an. In den Sprite wurde er mit verstärkten Ventilfedern und Zwillings-SU-Vergasern eingebaut, dadurch erreichte er 50 PS.

Der kleine Radstand macht sich in Kurven bezahlt; die Bodenfreiheit ist mit 13 cm größer bemessen, als es aussieht.

Donald Healeys Originalentwurf sah versenkte Scheinwerfer im Stile des Lotus Elan *(siehe Seiten 384–387)* vor, die aber zu teuer waren.

Das harte, raue Fahrverhalten ist typisch für britische Sportwagen. Dieser wendige kleine Wagen fühlt sich auf engen Straßen besonders wohl.

## DONALD HEALEY

Nach seinem großen Sieg bei der Rallye Monte Carlo 1931 hätte Donald Healey eine Rennsportlegende werden können. Er baute aber lieber Autos, als sie zu fahren, und entwickelte nach dem Krieg Healey-Sportwagen mit Alvis- und Riley-Motoren. Höhepunkt seiner Karriere war 1952 der Riesenerfolg des Austin-Healey, den er mit Leonard Lord von Austin entwickelte. Wohl niemandem hat das Prestige britischer Sportwagen mehr zu verdanken als Donald Healey.

# AUSTIN-HEALEY 3000

## Schnell und kultiviert

DER HEALEY 100 war die Sensation auf der Earl's Court Motor Show 1952. Leonard Lord von Austin lieferte dafür zuerst nur die Motoren, nach dem großen Erfolg dieses Sportwagens wollte er aber auch an seinem Bau teilhaben. So wurde der Healey über Nacht zum Austin-Healey 100. Donald Healey hatte zwischen dem Jaguar XK120 (*siehe Seiten 320–323*) und der billigeren T-Serie (*siehe Seiten 416–419*) von MG eine Lücke im amerikanischen Sportwagenmarkt gefunden, ungefähr 80 Prozent der Produktion gingen in die USA. Über die Jahre wurde dieser rohe Klotz zunehmend zivilisierter. Im Jahre 1956 bekam er an Stelle des Vierzylinders einen Sechszylindermotor, 1959 wurde dann der Austin-Healey 3000 geboren. Dieser kultivierte Wagen hatte nicht nur Scheibenbremsen vorn und seitliche Kurbelfenster, er war auch schneller. Hier wird das letzte Modell dieser Baureihe, der 3000 Mk3, vorgestellt.

Die beiden wichtigsten Faktoren bei der Modellpflege waren die Anforderungen des amerikanischen Marktes und der Einfluss von Austin.

Die Speichenräder waren je nach Modell Option oder Serie. Weißwandreifen fand man in der Regel auf amerikanischen Exemplaren.

1962 erhielt der 3000 eine Panoramascheibe und Kurbelfenster. Die einst sehr rauen Sportwagen wurden so etwas bequemer.

## Austin Healey 3000 MkIII

**Typ** Austin-Healey 3000 (1959–68)

**Produktion** 42 926 (alle 3000er-Modelle)

**Karosserie** Sport-Zweisitzer, 2+2-Roadster, 2+2-Cabriolet.

**Bauweise** Fahrwerk/Aufbau getrennt

**Motor** 3,0-l-Reihensechszylinder-OHV

**Leistung** Mk1: 124 PS bei 4600 U/min
Mk2: 132 PS bei 4750 U/min
Mk3: 150 PS bei 5250 U/min

**Getriebe** Viergang-Getriebe mit Overdrive

**Fahrwerk** Einzelradaufhängung mit Schraubenfedern, Dreieckslenker und Querstabilisator vorn; halbelliptische Blattfedern hinten; rundum Hebelarmdämpfer

**Bremsen** Scheibenbremsen vorn, Trommelbremsen hinten

**Höchstgeschwindigkeit** 177–193 km

**0–100 km/h** 9,9–11,3 Sek.

**Verbrauch** 8,3–16,7 l/100 km

Austin-Healey 3000

59

**INNENAUSSTATTUNG** Einst spartanisch, wurde das Cockpit des Austin-Healey durch die Holzverkleidung und das abschließbare Handschuhfach zunehmend luxuriöser und mit Leder und Teppichen vervollständigt.

**MOTOR** Im größten der sogenannten Big Healeys arbeitete ein 3,0-l-Triebwerk, daher auch die Bezeichnung 3000. Dieser kernige Motor liefert stattliche 150 PS.

Das Design war von Anfang an ein Hauptmerkmal und erreichte im Mk3 seinen Höhepunkt.

Aus dem traditionellen Gittergrill der Healeys entstand dieses breite Grinsen des großen Healey.

Der 3000 wurde über die Jahre schwerer und bekam entsprechend andere Reifen.

## WERBEANZEIGE

Die Werbung der damaligen Zeit präsentierte den 3000er als Vollblut-Sportwagen für die Oberschicht. Obwohl er im Lauf der Jahre komplexer und schwerer wurde, behielt er sein ursprüngliches sportliches Flair.

Der erste Prototyp hatte noch kurze Heckflossen, in der Serie erhielt er dann ein rundes Heck.

Vor seiner Überarbeitung konnte das Verdeck zwei Personen zehn Minuten lang beschäftigen.

Austin-Healey 3000

# BENTLEY R-Type Continental

## Eines der schönsten Autos, die es je gab

Bei seiner Einführung 1952 war der Bentley Continental der schnellste Viersitzer der Welt, die Presse bejubelte ihn als einen »modernen fliegenden Teppich«, der die Kilometer nur so fraß. Heute gilt er als eines der edelsten Coupés aller Zeiten. Entworfen für den typischen englischen Lord, besaß er eine besondere zeitlose Schönheit, die den anderen Wagen dieser Ära fehlte. Rolls-Royce wollte einen schnellen Tourer für seine gut situierten Kunden schaffen. Zu diesem Zweck mussten die Abmessungen und das Gewicht reduziert werden. Der Aluminiumaufbau brachte Gewichtsersparnis, während die aerodynamisch glatte Form durch Windkanaltests entstand. Die angedeuteten Heckflossen waren keine Dekoration, sondern sorgten für einen besseren Geradeauslauf. Diese avantgardistischen Entwicklungen waren nicht billig. 1952 war der R-Type Continental der teuerste Serienwagen der Welt.

Heute erinnert dieses Modell an den Optimismus Großbritanniens in den Fünfzigern.

Dieser Wagen verträgt einen kräftigen Druck auf das Gaspedal, wobei seine mächtigen Bremsen sehr beruhigend auf die Passagiere wirken.

Der Continental besitzt eine verblüffende Ähnlichkeit mit dem Pininfarina-R-Type, einem Prototyp für den Pariser Autosalon 1948.

Der Continental verbrachte viel Zeit im Windkanal, um den Luftwiderstand zu reduzieren.

**Typ** Bentley R-Type Continental (1952–55)

**Produktion** 208

**Karosserie** zweitürige, viersitzige Limousine

**Bauweise** Stahlfahrwerk, Leichtmetallaufbau

**Motor** 4,5-l- und 4,8-l-Reihensechszylinder

**Leistung** nicht verfügbar, wird als »ausreichend« beschrieben

**Getriebe** vollsynchronisiertes Viergang-Getriebe, optional Automatik

**Fahrwerk** Einzelradaufhängung mit Dreieckslenkern und Schraubenfedern vorn, Starrachse mit Blattfedern hinten

**Bremsen** Scheibenbremsen vorn, Trommelbremsen hinten

**Höchstgeschwindigkeit** 185 km/h

**0–100 km/h** 14 Sek.

**Verbrauch** 14,5 l/100 km

**INNENAUSSTATTUNG** Wunderschön und sehr detailliert, zeugt die Instrumententafel von der außergewöhnlichen Eleganz des Continental. Die ersten R-Types hatten den Schalthebel rechts.

**MOTOR** Der Continental wurde durch einen 4,5-l-Reihensechszylinder angetrieben – im Mai 1954 wurde er auf 4,8 l modifiziert. Er erreichte 80 km/h im ersten Gang.

Der sehr teure Bentley R-Type war zunächst nur für den Export bestimmt.

Die Nebelscheinwerfer wurden während des Überholvorgangs eingeschaltet.

Der Kühler des Continental wirkt sportlicher als sein Pendant von Rolls Royce.

## W.O. BENTLEY

Bentley, genannt W.O., baute 1920 Motor und Chassis für das erste Auto unter seinem Namen. Nach 3000 verkauften Exemplaren und mehreren Le-Mans-Siegen kam Bentley Motors durch den Börsenkrach von 1931 in Geldnot und wurde von Henry Royce gekauft. W.O. zog sich 1935 zurück und wurde technischer Direktor von Lagonda.

Das Heckfenster war ein Rückfall in die Vorkriegszeit.

Bentley R-Type Continental

# BENTLEY Flying Spur
## Luxuskarosse mit Rolls-Royce-Motor

ALS ERSTER VIERTÜRIGER Continental war der Flying Spur der wohl schönste Nachkriegs-Bentley. Anfangs erlaubte Rolls-Royce dem Karosseriebauer H. J. Mulliner nicht, den Namen Continental zu benutzen und beharrte darauf, dass nur zweitürige Wagen ihn tragen dürften. Nach Monaten des Drucks von Mulliner ließ RR sich erweichen und verlieh dem Wagen das klangvolle Prädikat »Continental«. Nicht nur diese Bezeichnung des 1957 vorgestellten Flying Spur, auch das S1-Fahrgestell stammte vom Continental. 1959 erbte er den 220 PS starken Kurzhub-RR-Leichtmetall-V8-Motor, und im Juli 1962 erhielt er Doppelscheinwerfer. Durch diese nochmalige Aufwertung wurde er zum Besten seiner Klasse weltweit, und zwar unter dem Namen S3 Flying Spur. Obwohl er viel mit dem damaligen Standard-Bentley gemeinsam hatte, kostete er 2500 Pfund mehr.

Die Zylinderköpfe und -blöcke sowie die Kolben des V8-Motors sind aus Aluminium.

**Typ** S3 Bentley Continental H. J. Mulliner Flying Spur (1962–66)

**Produktion** 291

**Karosserie** viertüriger Fünfsitzer

**Bauweise** Aluminiumaufbau, separates kreuzverstrebtes Stahlkastenfahrwerk

**Motor** 6,2-l-V8

**Leistung** nicht verfügbar

**Getriebe** Viergang-Automatik

**Fahrwerk** Einzelradaufhängung mit Schraubenfedern und Dreieckslenkern vorn, halbelliptische Blattfedern hinten

**Bremsen** Girling-Trommelbremsen

**Höchstgeschwindigkeit** 185 km/h

**0–100 km/h** 11,3 Sek.

**Verbrauch** 20,4 l/100 km

Obwohl die Kunden bis zu 18 Monate auf ihren Wagen warten mussten, galt das Endprodukt als Höhepunkt des guten Geschmacks.

Edler Schalthebel, feines Leder, Walnussholz und feines englisches Tuch am Dachhimmel: purer Luxus für den Fahrer

# BMW Isetta

## Erstaunlich sparsam und erstaunlich kompakt

SEIT DEM LEGENDÄREN Kabinenroller Isetta hat sich BMW als Autohersteller etabliert. Mit einem der in den 50er Jahren meist verkauften Motoren Deutschlands war der sonderbare kleine Stadtwagen einer von vielen sparsamen Kleinwagen, die im kriegszerstörten Europa als preiswerte Autos gebaut wurden. BMW fertigte die Isetta in Lizenz von ISO aus Italien und baute den eigenen 295-cm³-Motor ein. Die Isetta war der erste in einer ganzen Reihe von praktischen und erfolgreichen Kabinenrollern. Mit einem Anflug von Humor fuhren damals auch betuchtere Käufer und Rennfahrer die robuste, wirtschaftliche und moderne Isetta. Obwohl sie so viel wie ein kompletter Morris Minor (*siehe Seite* 426–429) kostete, verkaufte sie sich überraschend gut. Heutzutage erzielt sie hohe Preise, und ein gut erhaltenes Exemplar kostet tatsächlich mehr als ein restaurierter MGB GT.

**EINFACHER EINSTIEG**
Beim Öffnen der Tür klappten Lenkrad, Armaturenbrett und Instrumente zur Seite und erleichterten das Einsteigen.

Die Isetta war in einer Zeit, als Benzin wie flüssiges Gold gehandelt wurde, fantastisch sparsam.

# ISETTA

**Typ** BMW Isetta »Plus« (1959)

**Produktion** 200 000 (gesamt)

**Karosserie** Dreisitzer-Kabinenroller

**Bauweise** Stahlaufbau und -chassis

**Motor** BMW 295-cm³-Einzylinder

**Leistung** 13 PS

**Getriebe** Viergang-Schaltgetriebe

**Fahrwerk** unabhängige Federung vorn, Blattfederung hinten

**Bremsen** Girling-Hydraulikbremsen

**Höchstgeschwindigkeit** 89 km/h

**0–100 km/h** nicht verfügbar

**Verbrauch** 3,6 l/100 km

**INNENAUSSTATTUNG** Der äußerst karge Innenraum besaß nur einen zentralen Tacho sowie Starter und Blinkerhebel. Eine Heizung gab es als Zusatz, lediglich bei der Plus-Ausstattung war sie ebenso wie eine Kartentasche an der Innenseite der Tür Standard.

**MOTOR** Der luftgekühlte Viertakter war ausgereift und leistete passable 89 km/h. Er stammte von Motorrädern, war sehr zuverlässig und lief ohne größere Probleme. Das Getriebe besaß vier Vorwärtsgänge, den Rückwärtsgang gab es als Zubehör.

**WERBUNG**
Die Isetta wurde als »perfekter Zweitwagen« angepriesen und war sehr sparsam, kostete jedoch viel.

Kaum zu glauben: Eine Isetta-Werksversion beendete sogar das Mille-Miglia-Rennen (1610 km) mit einer Durchschnittsgeschwindigkeit von 79,8 km/h.

Die verchromten Scheinwerfer waren ein zeitgenössisches Zubehör. Dadurch sieht die Front der Isetta wie ein Gesicht aus.

Die dünnen, langlebigen, schlauchlosen Dunlop-Reifen waren so groß wie beim Mini.

**KEIN PARKPROBLEM**
Die Isetta fand in der schmalsten Lücke Platz, und der Fahrer konnte direkt auf den Gehweg aussteigen.

Die Isetta ließ sich überraschend gut handhaben, obwohl der Schwerpunkt hinten lag und sie nur drei Räder besaß.

BMW Isetta

**71**

Der Lufteinlass des Motorradmotors bestand aus einfachen Schlitzen vor dem Hinterrad.

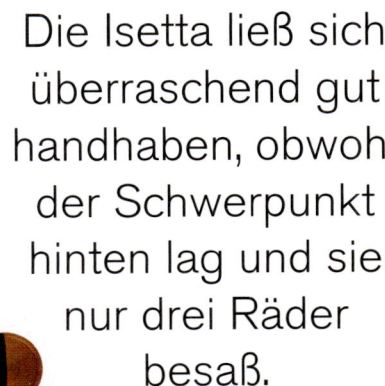

Diese seltene Plus-Version ist im originalen Riviera-Blau lackiert und wurde im März 1959 zugelassen.

# BMW 507

## Sinnlich, schnell und sündhaft teuer

MITTE DER FÜNFZIGER hätte niemand ein so aufregendes Auto wie den 507 von BMW erwartet. Das Erbe der Firma stammte aus den Jahren vor dem Zweiten Weltkrieg und hatte im herrlichen 328 seinen Höhepunkt erreicht. BMW nahm die Produktion erst 1952 mit der kurvigen, plumpen Sechszylinder-Limousine 501 wieder auf. 1955 präsentierten die Bayern auf der Frankfurter IAA den 507, entworfen von Albrecht Graf Goertz. Sein Stil und die unauffällige, aber dennoch dramatische Haltung luden zum Träumen ein. BMW hoffte auf eine finanzielle Sanierung und rechnete mit vielen Verkäufen des 507 auf dem lukrativen amerikanischen Markt. Aber das exotische Äußere und die Leistung des BMW waren dem exorbitanten Preis nicht angemessen. Die Produktion, weitgehend in Handarbeit, endete im März 1959 nach gerade 252 Stück – manche sagen, es seien 253 gewesen. Tatsächlich brachte der 507 BMW an den Rand des Ruins.

Wie alle modernen BMWs enthielt der 507 einen Werkzeugsatz.

Mit Ausnahme der letzten, vorn mit Scheibenbremsen ausgerüsteten Modelle haben alle 507er rundum Alfin-Trommelbremsen.

Die Türgriffe waren dezent wie die Stoßstangen, aber schlecht bedienbar.

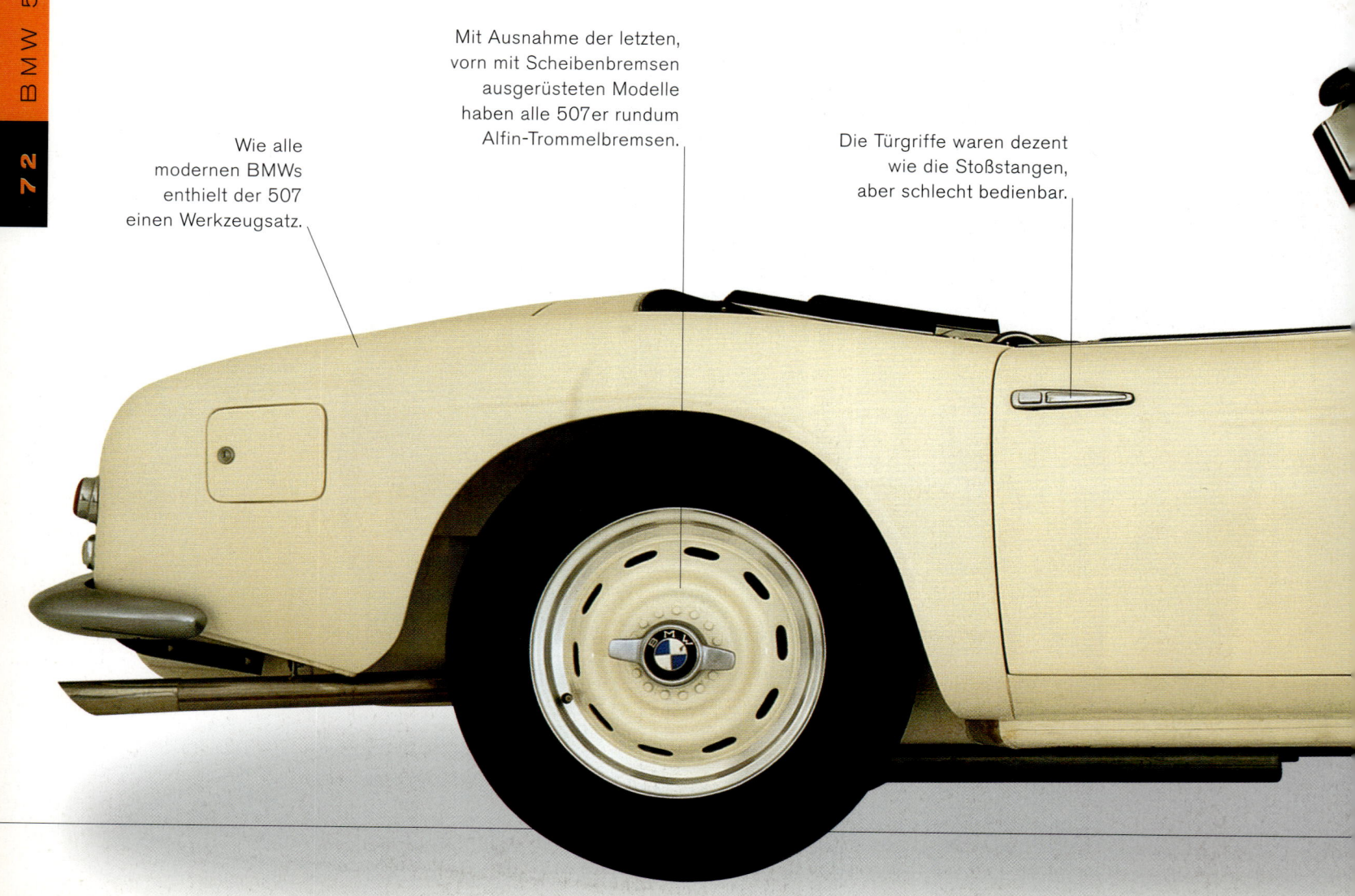

Das sehr leicht zu öffnende Verdeck sieht man nur selten im geschlossenen Zustand.

**Typ** BMW 507 (1956–59)

**Produktion** 252 (253)

**Karosserie** Sport-Zweisitzer

**Bauweise** Kasten- und Rundrohr-Stahlfahrwerk; Aluminiumaufbau

**Motor** 3,1-l-Aluminium-V8, zwei Ventile pro Zylinder

**Leistung** 150 PS bei 5000 U/min; später teilweise 160 PS bei 5600 U/min

**Getriebe** Viergang-Getriebe

**Fahrwerk** Trapezlenker, Drehstabfedern und Teleskopdämpfer vorn; Starrachse mit Drehstabfedern hinten

**Bremsen** rundum Trommelbremsen, später Scheibenbremsen vorn

**Höchstgeschwindigkeit** 201 km/h; 217–225 km/h mit optionaler 3,42:1-Gesamtübersetzung

**0–100 km/h** 9,4 Sek.

**Verbrauch** 15,6 l/100 km

Die Aluminium-Karosserie von Albrecht Goertz erinnert an einen Zeitgenossen, den geringfügig billigeren Mercedes 300SL Roadster.

**INNENAUSSTATTUNG** Das Instrumentenbrett besteht aus der zentralen, von Tacho und Drehzahlmesser flankierten Uhr. Bei manchen Autos konnten die Außenspiegel von innen verstellt werden. Der Hupenring lässt den Einfluss des amerikanischen Designs jener Zeit erkennen.

**MOTOR** Der 3,2-l-Aluminiummotor war leicht und kraftvoll. Wie beim Porsche finden sich auch hier Zwillings-Zenith-Vergaser. Die getunte 160-PS-Version schaffte 225 km/h.

Insgesamt zieren den 507 neun der stilisierten BMW-Propeller, wenn man den in der Mitte des Lenkrads mitzählt.

Der Aufbau besteht aus Aluminium über einem einfachen Stahlrohrrahmen.

Der 507 neigt zum Untersteuern. Durch das Spiel mit dem Gas ist gezieltes Driften möglich.

Der BMW besitzt einen gesunden Ton, er röhrt genau so, wie man das von einem V8 erwartet.

BMW 507

75

# BMW 3.0 CSL

## Ein eleganter Tourer mit Rennpotenzial

SCHON EIN BUCHSTABE kann große Unterschiede ausmachen. In diesem Fall ist es das L am Ende des Namens, das den BMW 3.0 CSL zu etwas Besonderem macht. Das BMW-CS-Coupé der späten 60er und frühen 70er war ein eleganter und gut aussehender Tourer. Doch das L machte ihn zur Legende. Der Buchstabe steht für »Leichtmetall« und wirkt am Heck des 3.0 durchaus Respekt einflößend. Der Original-CSL von 1974 hatte einen 2985-cm³-Motor mit 180 PS und keine vordere Stoßstange; der Aufbau bestand aus Aluminium und dünneren Stahl-Karosserieblechen. Im August 1972 erhielt er einen auf 3003 cm³ modifizierten Motor mit 200 PS für den Wettbewerbseinsatz in der Gruppe 2. Der wilde Heckflügel der Homologationsversion brachte das Blut junger Rennfahrer in Wallung. Insgesamt wirkt der CSL eher mild als wild – er ist bestimmt einer der schönsten Wagen seiner Generation.

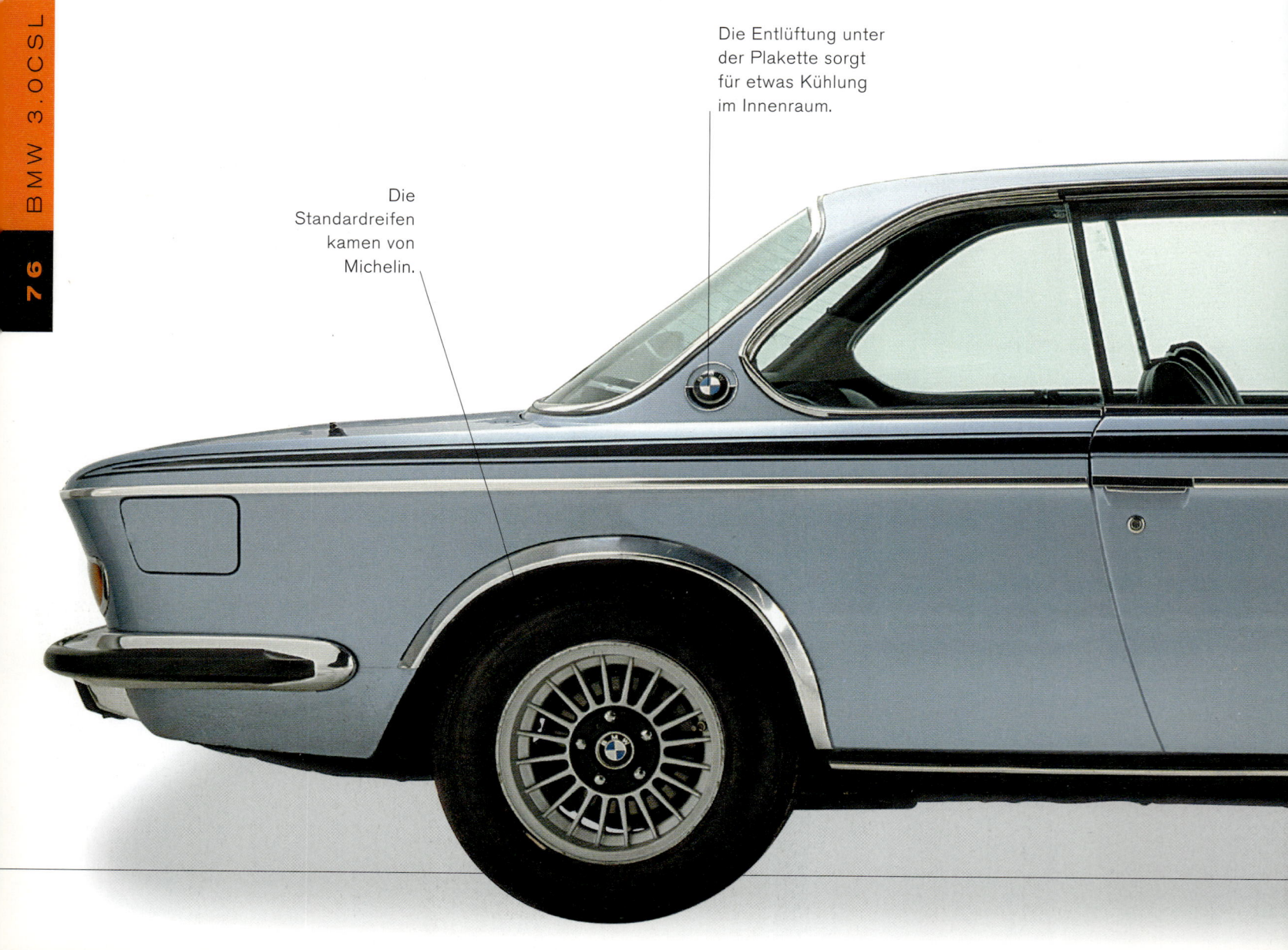

Die Entlüftung unter der Plakette sorgt für etwas Kühlung im Innenraum.

Die Standardreifen kamen von Michelin.

**Typ** BMW 3.0 CSL (1971–74)

**Produktion** 1208 (alle Versionen)

**Karosserie** zweitüriges Coupé ohne B-Säule

**Bauweise** Stahl-Monocoque, Stahl- und Aluminiumaufbau

**Motor** 2985-cm³-, 3003-cm³- oder 3,1-l-Reihensechszylinder

**Leistung** 200 PS bei 5500 U/min*

**Getriebe** Viergang-Getriebe

**Fahrwerk** MacPherson-Federbeine und Querstabilisator vorn; Schräglenker, Schraubenfedern und Querstabilisator hinten

**Bremsen** servounterstützte, innenbelüftete Scheibenbremsen

**Höchstgeschwindigkeit** 217 km/h*

**0–100 km/h** 7,6 Sek.*

**Verbrauch** 11,4–12,8 l/100km*

*Werte für 3003-cm³-Motor

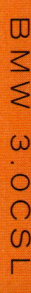

**INNENAUSSTATTUNG** Rechtslenker-CSL, wie dieser, erhielten Scheel-Schalensitze, Teppichausstattung, elektrische Fensterheber vorn und hinten, Servolenkung und einen Hauch von Holz. Das Lenkrad stammt aus dem CS/CSi. Die großzügige Verglasung sorgt bei Sonne für große Hitze.

**MOTOR** In Rennausführung erreicht der 3,2-l-Reihensechszylinder beinahe 400 PS, mit Turbolader sogar nahezu 500 PS. Straßenausführungen kommen mit Einspritzung immerhin auf 200 PS. Der Rennmotor wurde später von 3,2 l auf 3,5 l vergrößert.

Um die Homologation zu erreichen, mussten mindestens 500 Straßenausführungen mit den aerodynamischen Schürzen bestückt sein. Die meisten wurden als Bausätze geliefert und dann angebaut – oder eben nicht.

Das »L« für »Leichtmetall« besagt, dass hier Aluminium und besonders dünner Stahl verarbeitet wurden.

Wagen für den deutschen Markt hatten vorn keine Stoßstange und hinten eine aus Fiberglas, der abgebildete Wagen mit Metallstoßstangen ist ein britisches Modell.

# BMW M1

## Einer der herausragendsten Straßenwagen aller Zeiten

DER M1 – ein einfacher Name, ein einfaches Konzept. Das »M« steht für Motorsport GmbH, die eigenständige Wettbewerbs-Abteilung von BMW, und die »1« für eine Premiere: Er war der erste Rennsportwagen von BMW, der nicht aus einer Limousine oder einem Coupé entwickelt wurde. Die Münchner bauten einen ehrgeizigen Renner, dessen Straßenversion von den Erfolgen auf der Rennstrecke profitieren sollte. Der erste Prototyp fuhr 1977, die Produktion des M1 begann im Jahr 1978. Bis zum Ende der Produktionszeit 1980 waren insgesamt nur 457 Stück entstanden. Ob im Renndress oder als Straßenversion, der M1 ist eines der seltensten und begehrenswertesten der modernen BMW-Modelle. Trotz seiner nur kurzen Rennkarriere gilt der M1 als einer der herausragendsten Straßenwagen aller Zeiten – ein Kraftpaket, das sich dabei aber ausgesprochen angenehm fährt.

Im Gegensatz zu anderen Superautos besitzt der M1 eine funktionierende Lüftung, auch die Sitzposition des Fahrers ist sehr gut gewählt.

# M1

**Typ** BMW M1 (1978–80)

**Produktion** 457

**Karosserie** Sport-Zweisitzer mit Mittelmotor

**Bauweise** Stahl-Gitterrohrrahmen mit Glasfaseraufbau

**Motor** 3,5-l-Reihensechszylinder mit Vierventilkopf, DOHC

**Leistung** 277 PS bei 6500 U/min

**Getriebe** ZF-Fünfgang-Getriebe und Sperrdifferenzial

**Fahrwerk** Schraubenfedern, Dreieckslenker und Bilstein-Gasdruckdämpfer

**Bremsen** servounterstützte, innenbelüftete Scheibenbremsen

**Höchstgeschwindigkeit** 261 km/h

**0–100 km/h** 5,6 Sek.

**Verbrauch** 9,4–11,8 l/100 km

# BUICK Roadmaster (1949)

## Ein zukunftsweisendes Design der Nachkriegszeit

DER 49ER ROADMASTER mischte den Markt kräftig auf. Seine niedrige Silhouette, die gerade Motorhaube und das Fließheck machten ihn zu einem Gedicht in Stahl. Ned Nickles gestaltete auf einem C-Body von GM den ersten Buick der Nachkriegszeit in wirklich neuem Gewand. Der 49er prahlte mit zwei neuen, mutigen Motiven: mit Ventiports (Lüftungsringen) und einem aggressiven 25-zähnigen Kühlergrill. Harley Earls Vorliebe für den Flugzeugbau zahlte sich aus, und Buick verkaufte in diesem Jahr fast 400 000 Exemplare. Zwar hatte der Roadmaster eine geteilte Windschutzscheibe, keine Servolenkung und nur einen Achtzylinder-Reihenmotor, doch er sah prächtig aus und war mit der neuen Dynaflow-Automatik ausgestattet. Dem Roadmaster gehörte wie dem 49er Cadillac die Zukunft, und er war die erste Blüte eines Jahrzehnts des extravaganten Autodesigns.

Die Kühlerfigur, der Kühlergrill und die Ventiports waren auffällige Merkmale, die zu berühmten Markenzeichen von Buick wurden.

Nachdem sich ein Highschool-Rektor beschwert hatte, dass einige Schüler in die offenen Ventiports seines Roadmaster pinkelten, wurden diese beim Rest der Baureihe versiegelt.

Jahrelang prahlten die Werbetexter: »Wenn bessere Autos gebaut werden, dann wird Buick sie bauen.«

**Typ** 1949 Buick Roadmaster Serie 70 Sedanette

**Produktion** 18 415 (1949)

**Karosserie** zweitüriges Fließheck-Coupé

**Bauweise** Stahlkarosserie und -chassis

**Motor** 5,2-l-Achtzylinder-Reihenmotor

**Leistung** 150 PS

**Getriebe** Zweigang-Dynaflow-Automatik

**Fahrwerk** Schraubenfedern vorn und hinten

**Bremsen** Trommelbremsen vorn und hinten

**Höchstgeschwindigkeit** 161 km/h

**0–100 km/h** 17,7 Sek.

**Verbrauch** 14,2 l/100 km

**INNENAUSSTATTUNG** Das Armaturenbrett war beim 49er neu und wurde als »fahrerzentriert« bezeichnet. Der Tachometer war so angebracht, dass man ihn direkt durch das Lenkrad sah. Die geteilte Frontscheibe bestand sogar aus gewölbtem Glas.

**MOTOR** Der Roadmaster besaß einen Fireball-5,2-l-Achtzylinder-Reihenmotor aus Eisen. Er leistete 150 PS und hatte Stromberg- oder Carter-Vergaser. Weil die Zündung an das Gaspedal gekoppelt war – man startete, indem man das Pedal ganz durchtrat –, sprang er stets mit einem lauten Röhren an.

Einfache Buicks besaßen drei Ventiports, der Roadmaster jedoch vier.

Die klassischen Vertikalstreben wurden ab 1955 ersetzt.

Zu seiner Zeit war der herrlich protzige Roadmaster nur eine Stufe unter einem Cadillac. Einen Roadmaster zu besitzen bedeutete, sein Ziel erreicht zu haben.

Die exklusiven Art-déco-Rücklichter verschmolzen mit den Kotflügeln.

Buick Roadmaster (1949)

85

# BUICK Roadmaster (1957)

## Die Individualität weicht dem Flugzeug-Look

1957 WARFEN DIE Sechziger in den USA schon ihre Schatten voraus. Little Richard erspielte sich mit *Lucille* den großen Erfolg, und Elvis landete neun Hits in Serie. Jack Kerouac schrieb seinen unsterblichen Roman *On the Road*, und ganze Wagenladungen begeisterter Amerikaner folgten ihm auf den neuen Highways ins »Gelobte Land« Kalifornien. Die Heckflossen wuchsen, Chrom wurde wie mit der Maurerkelle aufgetragen und General Motors gestaltete für mehrere Millionen Dollar die Buick-Modellreihe um. Der Roadmaster von 1957 war flach und mächtig, massive 5,46 Meter lang und 1,83 Meter breit. Die Leistungspalette reichte bis 300 PS, es gab schicke Heckflossen, Sweepspear-Karosserieteile und reichlich Chromverzierungen. Die vier Ventiports am vorderen Kotflügel waren ein Markenzeichen von Buick, sie gehen zurück auf den Original-Roadmaster von 1949. Der Stil des Jet-Zeitalters kam allerdings noch nicht richtig an.

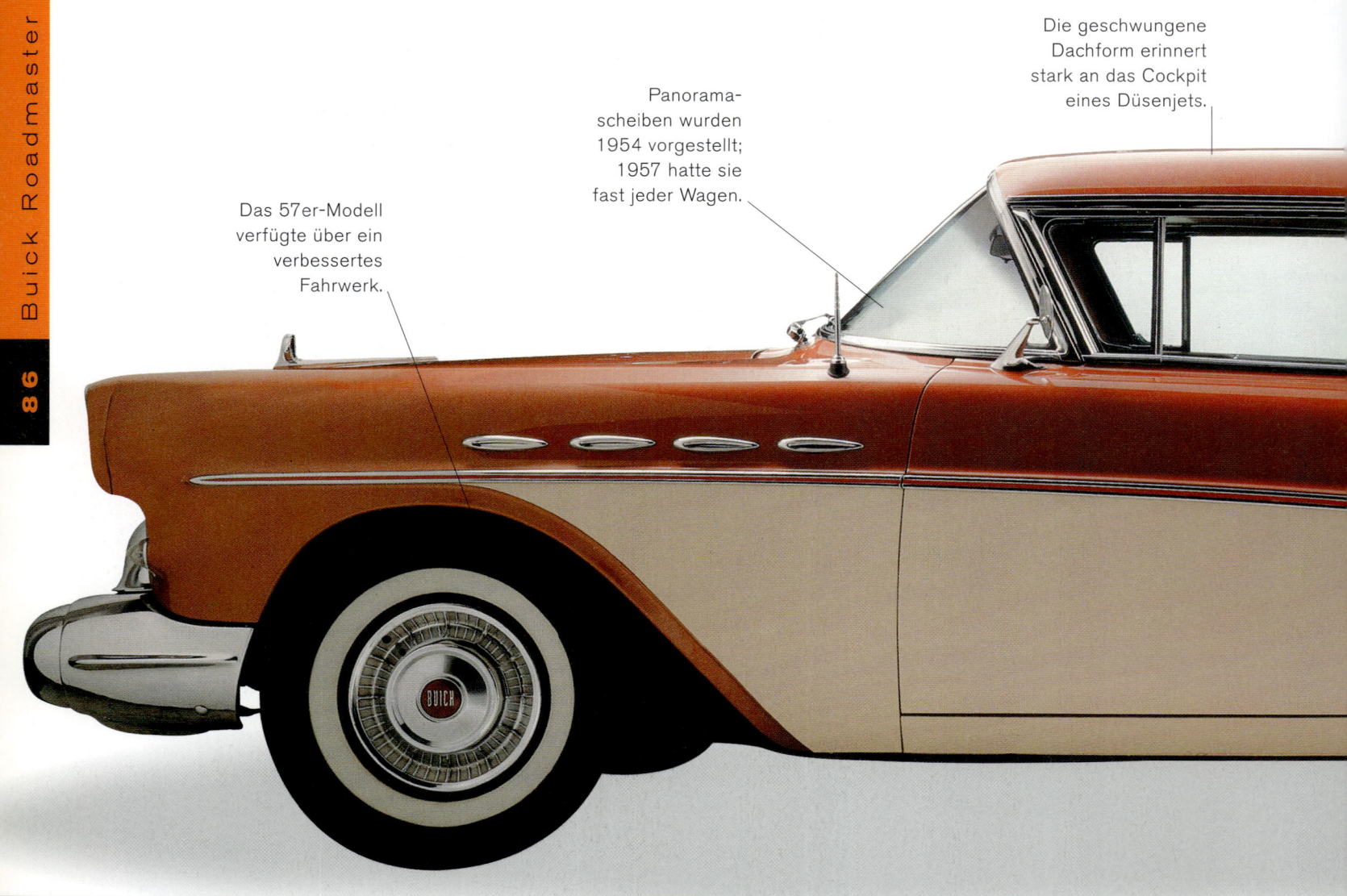

Die geschwungene Dachform erinnert stark an das Cockpit eines Düsenjets.

Panoramascheiben wurden 1954 vorgestellt; 1957 hatte sie fast jeder Wagen.

Das 57er-Modell verfügte über ein verbessertes Fahrwerk.

**Typ** Buick Roadmaster (1957)

**Produktion** 36638

**Karosserie** zweitüriges Fünfsitzer-Coupé

**Bauweise** Kreuzstrebenfahrwerk mit Stahlaufbau

**Motor** 5,9-l-V8

**Leistung** 250 PS bei 4400 U/min

**Getriebe** Dynaflow-Zweigang-Automatik

**Fahrwerk** Einzelrad-Schraubenfedern

**Bremsen** hydraulisch servounterstützte Trommelbremsen

**Höchstgeschwindigkeit** 180 km/h

**0–100 km/h** 11 Sek.

**Verbrauch** 23,8 l/100 km

Buick Roadmaster (1957)

**INNENAUSSTATTUNG** Sonderausstattung: Breitbandtacho, beleuchtetes Handschuhfach, Tageskilometerzähler und farblich abgestimmte Verkleidung. Ab 1955 gab es 10 verschiedene Dessins für den Innenraum zur Auswahl.

**MOTOR** Der mächtige 5,9-l-V8 von Buick lieferte bis zu 300 PS, gab 180 km/h her und beschleunigte in 11 Sekunden von 0 auf 100 km/h. Das Dynaflow-Getriebe besaß variable Laufradschaufeln zur Kraftübertragung. Der V8 hat eine 10:1-Verdichtung und benötigt Benzin mit 100 Oktan.

In den Fünfzigern wurde der Automobilbau stark von der Flugzeugtechnik beeinflusst; der Roadmaster von 1957 machte da keine Ausnahme.

Die großen Beulen sollen Turbinen andeuten.

Servolenkung und Dynaflow-Automatikgetriebe waren beim Roadmaster seit 1953 Standard.

Der Kühlergrill stellt eine Rückkehr zum klassischen Design dar, das 1955 abgesetzt worden war.

## Flossen hoch!

1957 setzte die Heckflossenmode endgültig zum Höhenflug an. Leider sahen um diese Zeit fast alle amerikanischen Autos so aus, was dem Roadmaster seinen individuellen Charakter raubte und Buicks Image als Edelmarke schadete.

# Der Roadmaster war das luxuriöseste Buick-Modell und trug sein Emblem mit Stolz.

Der Kofferraum war riesig und damit genau richtig für die Großeinkäufe konsumfreudiger Nachkriegsfamilien.

Die Heckscheibe war klein, getönt und damit keine große Hilfe beim Rückwärtsfahren.

Buick Roadmaster (1957)

# BUICK Limited Riviera

## Glanz und Glitter in Überlänge

WENN DEIN GLÜCK dich verlässt, setzt du alles auf Chrom. Während die glitzernden Straßenkreuzer immer weniger werden, stemmt sich der 58er Limited gegen diesen Trend. Mit 5,78 Meter Länge und fast 2 Tonnen Gewicht ist der Limited der empirische Beweis, dass 1958 für Buick nicht das glücklichste Jahr war. Trotz des funkelnden Kitsches und des wiederentdeckten Markenzeichens verkaufte sich der gewölbte Buick kaum noch. Die Dynaflow-Automatik von GM erreichte nicht den Standard der Hydra-Matic, und die Bremsen des Limited funktionierten nicht richtig. Außerdem lag der Preis des Limited in diesem Jahr, für die Industrie ein Rezessionsjahr, im Bereich von Cadillac – 33 Dollar mehr als die Serie 62. Die gesamte Produktion des Limited erreichte 1958 nur 7436 Einheiten. In den späten 50er Jahren verlor Detroit das Interesse an ihm, und der 58er Limited befand sich auf dem Weg ins Abseits.

Buicks Antwort auf einen Flugzeugträger war eine Orgie in Chrom. Der hintere Teil des Limited schien ein fünftes Rad zu benötigen, um das schwere, überhängende Heck zu tragen.

Die Air-Poise-Federung war ein Zubehör, bei dem Druckluftkammern für eine weiche Fahrt sorgen sollten. Das System versagte jedoch häufig.

Neben diesem viertürigen Riviera bot die Serie 700 auch Zweitürer, verlängerte Chassis sowie Cabriolets.

**Typ** Buick Limited Riviera Serie 700 (1958)

**Produktion** 7436 (1958, alle mit Serie-700-Karosserien)

**Karosserie** Zwei- und Viertürer, Sechssitzer-Hardtop, zweitüriges Cabriolet

**Bauweise** Monocoque aus Stahl

**Motor** 6-l-V8

**Leistung** 300 PS

**Getriebe** Flight-Pitch-Dynaflow-Automatik optional

**Fahrwerk** Schraubenfedern mit Dreieckslenker vorn, Starrachse mit Schraubenfedern hinten; Air-Poise-Federung optional

**Bremsen** Trommelbremsen vorn und hinten

**Höchstgeschwindigkeit** 177 km/h

**0–100 km/h** 10 Sek.

**Verbrauch** 21,7 l/100 km

**INNENAUSSTATTUNG** Der Innenraum war mit grauem Stoff und Vinyl oder Cordaveen verkleidet. Die Sitze waren mit Schaumstoff gepolstert. Hupenringe waren in den 50ern in fast allen US-Autos Standard. Servolenkung und -bremsen waren notwendig und ebenso serienmäßig wie eine elektrische Uhr, ein Zigarettenanzünder sowie elektrische Fensterheber.

**MOTOR** Der kopfgesteuerte B12000-Motor hatte 6 Liter Hubraum und leistete 300 PS. Diese Daten lesen sich fantastisch, im Straßenverkehr erwies sich der Limited jedoch als schwerfällig. Das war aber gar nicht so schlecht, da die Bremsen nicht besonders zuverlässig waren.

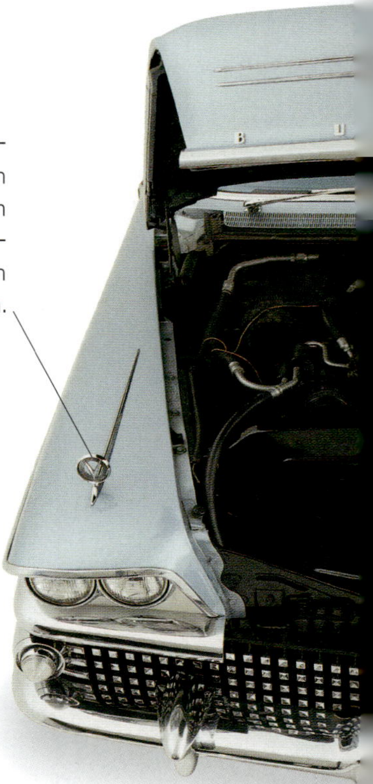

Die Kotflügelfiguren wirkten absurd, waren jedoch beim Einparken des riesigen Buick hilfreich.

Der »Fashion-Aire Dynastar«-Kühlergrill bestand aus nicht weniger als 160 verchromten Quadraten mit je vier polierten Seiten.

Der Limited besaß als einziger 15 völlig sinnlose Chromleisten auf den Heckflügeln.

Im Kofferraum hätte eine ganze Fußballmannschaft Platz gehabt.

Das Heck des Buick bestand aus einem wilden Durcheinander von Kurven, schrägen Flossen und horizontalen Leuchten.

Buick Limited Riviera

# BUICK Riviera (1964)

## Amerikas Antwort auf den Bentley Continental

DER CHEF-DESIGNER von GM, Bill Mitchell, war laut einem Gerücht 1958 von einem Rolls-Royce begeistert, den er hinter einem Hotel vorbeizischen sah. »Was wir wollen«, sagte Mitchell, »ist eine Kreuzung zwischen einem Ferrari und einem Rolls.« Bereits im August 1960 hatte er seine Vorstellung mit einem Lehmmodell in Originalgröße umgesetzt. Der 63er Riviera nahm es als eines der ansehnlichsten Autos weltweit mit dem Ford T-Bird auf und war GMs Versuch, einen »neuen großen amerikanischen Klassiker« zu schaffen. Und es funktionierte. Der Riviera, einzigartig und elegant, war eine geschickte Mischung aus scharfen Kanten und schlichten Kurven, mit genau dem richtigen Anteil Chrom verziert. Unter den exquisiten Linien befanden sich ein Kastenrahmen, ein 7-l-V8, Servobremsen sowie eine Turbine-Drive-Zweigang-Automatik. Zur Wahrung der Exklusivität beschloss Buick, jährlich nur 40 000 Stück zu bauen.

Der Riviera bediente (wie Aston Martin, Maserati und Jaguar) den unter Amerikas Eliten verbreiteten Wunsch nach aristokratischer Gediegenheit.

Weißwandreifen und verchromte Formel-V-Stahlräder waren optional.

Der Riviera war relativ kompakt und beträchtlich kürzer und leichter als alle anderen Buicks.

**Typ** Buick Riviera (1964)

**Produktion** 37958 (1964)

**Karosserie** zweitüriges Hardtop-Coupé

**Bauweise** Stahlaufbau und -chassis

**Motor** 7-l-V8-Motor

**Leistung** 340–360 PS

**Getriebe** Zwei- oder Dreigang-Automatik

**Fahrwerk** Schraubenfedern vorn und hinten

**Bremsen** Trommelbremsen vorn und hinten

**Höchstgeschwindigkeit** 193–201 km/h

**0–100 km/h** 8,3 Sek.

**Verbrauch** 17,5–23,8 l/100 km

**INNENAUSSTATTUNG** Der luxuriöse Riviera war ein Viersitzer, dessen Rücksitze geteilt waren und wie Schalensitze aussahen. Die beherrschende V-förmige Mittelkonsole dehnte sich von den Sitzen bis zur Instrumententafel aus. Das Innere hatte ein europäisches Ambiente, was für diese Zeit unüblich war.

**MOTOR** Im 64er war ein 7-l-Wildcat-V8, der dank zwei Vierfach-Vergasern bis zu 360 PS leistete. Das Magazin *Car Life* testete einen 64er mit dem Wildcat-Aggregat und beschleunigte ihn in spritzigen 8 Sek. auf 100 km/h. Den 65er gab es auch mit 360 PS, Sperrdifferenzial und »Giro-Poise«-Rollausgleich.

Conway Twitty, der Sänger von Schlagern wie *It's Only Make Believe* erwarb diesen 64er Riviera und versah ihn mit seinem eigenen Nummernschild.

Der 63er und der 64er Riviera hatten klassische exponierte Doppelscheinwerfer. Aus unbekannten Gründen versteckte Buick beim 65er die Scheinwerfer hinter elektrischen Klappen.

Der Riviera überzeugte durch gestochen scharfe Linien und elegantes Understatement. Speziell das Heck war ein Musterbeispiel für Minimalismus.

## BILL MITCHELL

Bill Mitchell, als Vizepräsident der Designabteilung von GM verantwortlich für den Buick Riviera, den Oldsmobile Toronado und die Mako Shark Corvette, hatte von seinem Vater, einem Buick-Händler, alles über Autos gelernt. Mit der Kreation des Cadillac Sixty Special von 1938 wurde er ein Protegé von Harley Earl. Die breiten, niedrigen Formen der US-Autos der 60er werden im Wesentlichen ihm zugeschrieben. Da er auch in den 70ern noch bei GM war, wurde er aber auch für das hässliche Design jener Zeit verantwortlich gemacht. Der Trend zu kleineren Autos war ihm zuwider, weshalb er sich 1977 zurückzog, um als Berater für Goodyear und Yamaha zu arbeiten.

Als Zubehör gab es einen ferngesteuerten Kofferraumdeckel.

# BUICK Riviera (1971)

## Ein ungewöhnliches Luxus-Coupé

DER 63ER RIVIERA war einer der meistverkauften Buicks, er lag jedoch Ende der 60er Jahre weit hinter Fords luxuriösem Thunderbird. Immerhin verkaufte sich der Riviera besser als sein Stallgefährte, der radikale, frontangetriebene Toronado, doch 1971 riskierte Buick mit der Vorstellung des neuen und etwas gewöhnungsbedürftigen Riviera mehr. Das neue Modell wurde beinahe zur Karikatur seiner selbst, es war größer und ungestümer als jemals zuvor. Das Design des noblen und Aufsehen erregenden Wagens mit dem Spitznamen »Bootsheck« hatte seine Wurzeln im geteilten Rückfenster des 63er Sting Ray. Er war so elegant wie Jackie Onassis und so schlagkräftig wie Muhammad Ali. In der Grundausstattung kostete er 5251 Dollar und unterbot seinen Erzrivalen T-Bird um einiges. Der Designer Bill Mitchell erkor ihn zu seinem absoluten Lieblingsauto. Mit dem Riviera hatte Buick ein echtes Edel-Coupé.

Der 7,5-l-V8 leistete 315 PS und konnte in 8,8 Sekunden auf 100 km/h beschleunigen.

Das Styling des Riviera war vielleicht exzessiv, ergab jedoch trotz der Fließhecklinien und der massiven Heckscheibe einen geräumigen Fünfsitzer.

Getönte Scheiben sorgten für Kühle im Inneren. Als Sitze dienten Vinyl-Bänke mit Einzelsitzen oder Schalensitze vorn.

## Riviera BY BUICK

**TYP** Buick Riviera (1971)

**PRODUKTION** 33 810 (1971)

**KAROSSERIE** zweitüriges Coupé

**BAUWEISE** Stahlaufbau und Kastenrahmen

**MOTOR** 7,5-l-V8

**LEISTUNG** 315–330 PS

**GETRIEBE** Turbo-Hydra-Matic-Dreigang-Getriebe

**FAHRWERK** unabhängige Schraubenfedern vorn, selbsteinstellende pneumatische Stoßdämpfer hinten

**BREMSEN** Scheibenbremsen vorn, Trommelbremsen hinten

**HÖCHSTGESCHWINDIGKEIT** 201 km/h

**0–100 KM/H** 8,8 Sek.

**VERBRAUCH** 18,9–23,8 l/100 km

**INNENAUSSTATTUNG** Die Kabine im 70er-Stil war feudal, jedoch aus Plastik. Ab 1972 konnte die Rücksitzbank 60:40 geteilt werden – ziemlich ordentlich für ein Coupé. Die unendliche Zubehörliste konnte den Preis gewaltig erhöhen. Das verstellbare Lenkrad war Standard.

**MOTOR** Der Riviera besaß das größte Aggregat von GM, den mächtigen 455. Bei der stärkeren Gran-Sport-Version lief der V8 ruhiger und runder und bot reichen Käufern satte 330 PS. Ein Kritiker befand: »Es gibt nichts Besseres aus den USA.«

Solche gewagten Linien wie die des spitz zulaufenden Kühlergrills waren neu für ein Serienmodell.

Mit 3,1 m Radstand war das 71er »Bootsheck« länger als frühere Rivieras.

100 Buick Riviera (1971)

Das Heck war ein Klassiker von Bill Mitchell, der ihm seinen Stempel aufprägte. Der Chefdesigner formte auch das Heck des 63er Sting-Ray-Coupés.

### Klotziges Heck
Die kräftigen Seiten fließen in das Bootsheck – ein Heck, wie es sich nur ein US-Designer ausdenken kann. Es fand auch durchaus seine Kritiker.

Elektrische Heckklappen sind nicht neu – der 71er Riviera hatte sie schon als Extra.

Die Heckscheibe war nach unten gewölbt, der Blick nach hinten aber leicht beeinträchtigt.

Buick Riviera (1971)

# CADILLAC Serie 62

## Ein Klassiker des amerikanischen Designs

WIR SCHULDEN DEM 49er Cadillac viel. Er brachte uns die Heckflossen und einen V8 mit hoher Kompression. Harley Earl setzte mit diesen Heckrudern Maßstäbe, und John F. Gordon entwickelte den leistungsstarken Motor. Sie definierten die Grundbegriffe des amerikanischen Nachkriegsautos. Im Jahr 1949 rollte der millionste Cadillac vom Band, und die atemberaubende Serie 62 entstand. Sie war eine Offenbarung – attraktiv und schnell. Sogar die überheblichen Briten und Italiener nickten anerkennend, und der unglaubliche Preis von 3000 Dollar brachte den Wettbewerb zum Stillstand. In Inseraten prahlte Cadillac: »Der neue Cadillac ist nicht nur das schönste Auto der Welt – seine Erscheinung bedeutet eine Herausforderung an die Vorstellungskraft.« Mit dem 49er Cadillac begann ein amerikanischer Traum ganz eigener Art: die schönste Ära der amerikanischen Autos.

Die Art-Déco-Göttin tauchte als Markenzeichen erstmals nach dem Krieg auf und blieb bis 1956 unverändert.

Der neue, tonangebende OHV-5,4-l-V8 leistete 160 PS.

Die Seitenfenster und Frontsitze waren hydraulisch verstellbar.

Designer Bill Mitchell ließ sich von dem Kampfjet P-38 Lockheed Lightning inspirieren.

**Typ** Cadillac Serie 62 (1949)

**Produktion** 92 554 (1949, alle Karosserien)

**Karosserie** zweitüriges Fünfsitzer-Fließheck

**Bauweise** Stahlaufbau und -chassis

**Motor** 5,4-l-V8

**Leistung** 162 PS

**Getriebe** Hydra-Matic-Viergang-Automatik

**Fahrwerk** Schraubenfedern vorn, Blattfedern hinten

**Bremsen** Trommelbremsen vorn und hinten

**Höchstgeschwindigkeit** 161 km/h

**0–100 km/h** 14 Sek.

**Verbrauch** 16,7 l/100 km

**INNENAUSSTATTUNG** Viel Chrom im Inneren signalisierte Qualität. Die Kabine war graublau oder braun mit passenden Wollteppichen und besaß Leder- bzw. Stoffsitze. Saginaw-Servolenkung und Viergang-Automatik waren serienmäßig.

**HECK** Die vom Flugzeugdesign inspirierten Heckflossen wurden zu Cadillacs Markenzeichen und erreichten beim 59er Modell unglaubliche Höhen. Der Tankdeckel saß bei Cadillac seit 1941 unter einem Rücklicht. Auch die Chromschlitze gingen auf die Ansaugöffnungen bei Jets zurück.

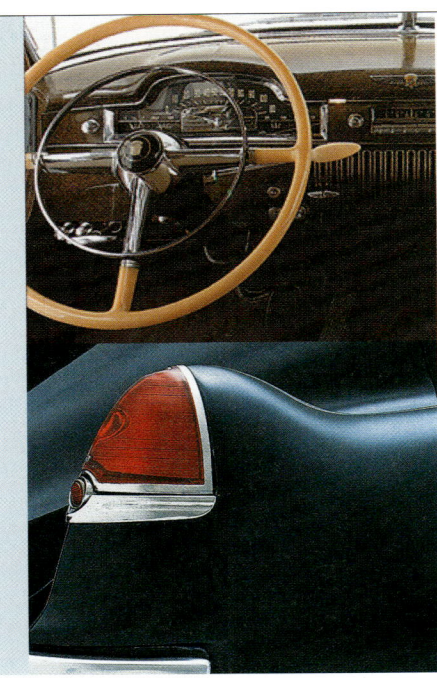

Cadillacs Anzeigen tönten, dass der 49er »das schönste Auto der Welt« sei, und die Öffentlichkeit war von der einfachen, aber schönen Form ergriffen.

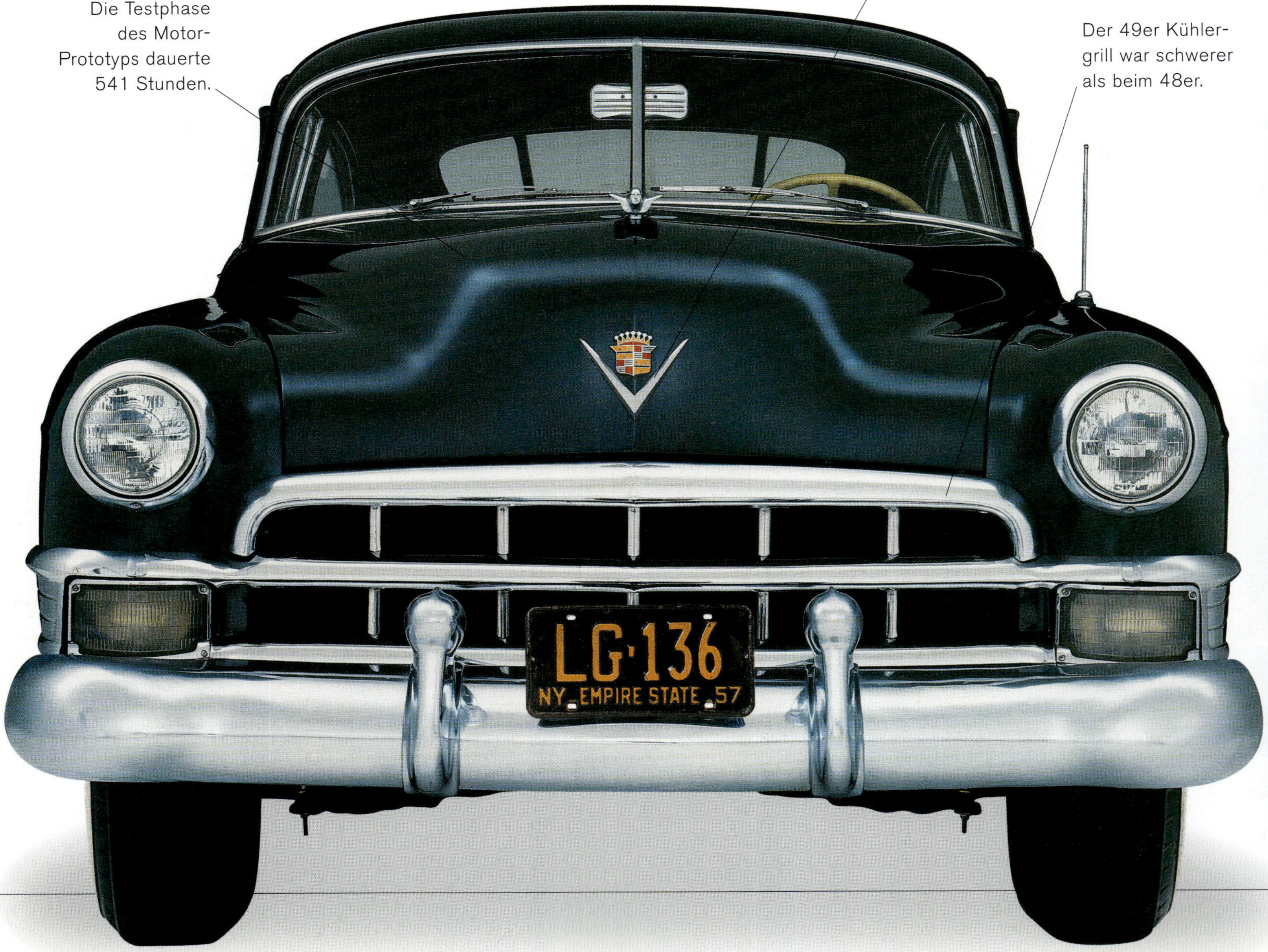
Das »V« unter dem Wappen steht für den V8-Motor; das Wappen blieb bis 1952 unverändert.
Die Testphase des Motor-Prototyps dauerte 541 Stunden.
Der 49er Kühlergrill war schwerer als beim 48er.
LG·136
NY EMPIRE STATE 57

Kleinere Änderungen nach 1948 betrafen unter anderem das eckigere Heck.

## HARLEY EARL

Der Doyen des amerikanischen Automobildesigns begann seine Karriere in Hollywood, wo er die Autos der Stars verschönerte. Zum Inbegriff für den Glamour, Kitsch und Überfluss der 50er Jahre wurde er aber erst durch den Wechsel zu GM nach Detroit. Earl prägte das Image des amerikanischen Straßenkreuzers und machte Autos zu Objekten der Begierde.

Cadillac Serie 62

# CADILLAC Eldorado (1953)

## Das Flaggschiff unter den Cadillacs

IM AMERIKA DER frühen Fünfziger gab es keinen bezaubernderen Wagen als den 53er Eldorado. »Ein besonderer Wagen – sogar im Vergleich mit anderen Cadillacs«, versicherte der Werbetext. Der erste Eldorado-Caddy wurde schon bald als der ultimative und begehrenswerteste amerikanische Luxuswagen bezeichnet, er stand auch in den Garagen von Marilyn Monroe und Präsident Eisenhower. Aufgelegt als eine limitierte Ausgabe, wies der 53er einige Stilmerkmale der avantgardistischen Motorama-Studien von Harley Earl auf. Earl war Cadillacs Chef-Designer und die Motorama seine jährliche Schau futuristischer Wagen, wo er seinen Launen Ausdruck in Stahl verlieh. Mit einem Preis von 7750 Dollar war der Eldorado fast doppelt so teuer wie ein normales Cadillac-Cabriolet und kostete fünfmal so viel wie ein Chevrolet. 1954 halbierte Cadillac den Preis – sofort schossen die Verkaufszahlen in die Höhe.

Als Flaggschiff von Cadillac genoss der Eldorado hohes Ansehen. Der 5,4-l-V8 steckt in einer sehr eleganten Karosserie.

Zu seiner Zeit war der 53er Amerikas stärkster Wagen, mit einem Grauguss-V8, Vierfach-Vergaser und Keil-Zylinderkopf.

**Typ** Cadillac Eldorado Cabriolet (1953)

**Produktion** 532

**Karosserie** fünfsitziges Cabriolet

**Bauweise** Stahlaufbau

**Motor** 5,4-l-V8

**Leistung** 210 PS bei 4150 U/min

**Getriebe** Dreigang-Hydra-Matic-Automatik mit zwei Fahrstellungen

**Fahrwerk** Einzelradaufhängung und Mac-Pherson-Federbeine vorn, Starrachse mit Blattfedern hinten

**Bremsen** Trommelbremsen

**Höchstgeschwindigkeit** 187 km/h

**0–100 km/h** 13,4 Sek.

**Verbrauch** 14,3–20 l/100 km

Cadillac Eldorado (1953)

## Cadillac Eldorado (1953)

Der Eldorado war der langsamste Cadillac und 136 kg schwerer als das Standard-Cabriolet.

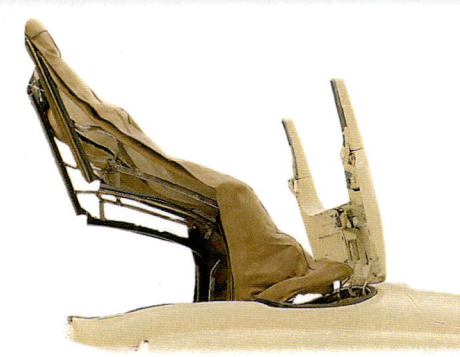

### GLATTES DESIGN
Das Verdeck aus Orlon-Acryl verschwand sauber unter einer Stahl-Verdeckabdeckung, kein hässlicher Verdeckwulst beeinträchtigte die Linienführung. Der elegante Knick auf Höhe des Türgriffs imitierte ein typisches Merkmal britischer Sportwagen.

Der verchromte, handbetätigte Suchscheinwerfer trug gleichzeitig den Außenspiegel.

Durch die Klimaanlage stieg sein Gewicht auf 2177 kg – dafür waren 187 km/h Spitze noch reichlich schnell.

Der Doppelauspuff ragt durch die Stoßstange – es war der Beginn des »Jet-Zeitalters«, das seinen Höhepunkt mit den 107 cm hohen Flossen des 1959er Cadillac Cabriolet fand.

**INNENAUSSTATTUNG** Zur Serienausstattung des Cabriolet gehörten Hydra-Matic-Schaltung, hydraulische Fensterheber, Leder- und Stoffausstattung, getönte Scheiben, Schmink- und Außenspiegel sowie ein Radio mit automatischem Sendersuchlauf.

**EMBLEM** Cadillac ließ seinen berühmt gewordenen »Schild« 1906 als Warenzeichen registrieren. Das Motiv geht auf das Wappen des 1658 geborenen französischen Adligen Antoine de la Mothe Cadillac zurück. Das goldene »V« erinnert an das goldene Firmenjubiläum im Jahr 1952.

Alpinweiß, Aztekrot, Azurblau und Artisanocker waren als Farben verfügbar.

Die Cadillac-Panoramascheibe wurde erstmals am 53er gezeigt.

Das heckmontierte Reserverad gab es als Zubehör zum Nachrüsten.

Die Beulen auf den Stoßstangen hießen nach einem vollbusigen Starlet jener Tage »Dagmars«.

Cadillac Eldorado (1953)

109

# CADILLAC Cabriolet

## Ein Designklassiker, der eine ganze Epoche verkörpert

Kein Wagen symbolisiert das Amerika der Rock'n'Roll-Ära besser als der Cadillac von 1959 – ein raketenförmiges Raumschiff als Kreuzer auf den Highways des reichsten und mächtigsten Landes der Erde. Mit 107 Zentimeter hohen Heckflossen markiert der 59er Cadillac den Zenit amerikanischen Autobaus. Er wog zwei Tonnen, war 6,1 Meter lang, 1,83 Meter breit und symbolisierte Geld, Selbstvertrauen und unbestrittene Macht. Unter der riesigen Motorhaube residiert ein 6,3-Liter großer V8 – mit einem Verbrauch von 35 Litern auf 100 Kilometer. Er sieht zwar aus wie ein Düsenjet, hat aber das Handling eines Öltankers. Dennoch stellt der 59er Eldorado ein herrliches Denkmal der letzten Jahre des grenzenlosen amerikanischen Optimismus dar. Ein Auto, das man wie einen Roman über die ausgehenden 50er in den USA lesen kann – ein Bildnis des amerikanischen Traums.

Die riesige Motorhaube entspricht dem Selbstverständnis der amerikanischen Gesellschaft.

Durch die extreme Länge der Motorhaube war der Wagen sehr anfällig für unangenehme Vibrationen.

Bei geöffnetem Verdeck hatte der Cadillac ein pfeilförmiges Profil.

**Typ** Cadillac Eldorado Convertible (1959)

**Produktion** 11130

**Karosserie** zweitüriges Sechssitzer-Cabriolet

**Bauweise** X-Rahmenfahrwerk, Stahlaufbau

**Motor** 6,3-l-V8

**Leistung** 325/345 PS bei 4800 U/min

**Getriebe** GM Hydra-Matic-Dreigang-Automatik

**Fahrwerk** Schraubenfedern mit optionaler Freon-Gasfederung

**Bremsen** hydraulisch servounterstützte Trommelbremsen

**Höchstgeschwindigkeit** 180 km/h

**0–100 km/h** 10,7 Sek.

**Verbrauch** 35,7 l/100 km

Cadillac Cabriolet 111

Die Chrom-Zierleisten schützten den Lack vor Kratzern.

**INNENAUSSTATTUNG** Massenweise Chrom gab dem Innenraum ein geradezu barockes Aussehen. Als Extras gab es Bremskraftverstärker, Servolenkung, Automatikgetriebe, Zentralverriegelung, getönte Scheiben sowie elektrisch betätigte Sitze, Fenster und Kofferraumhaube.

**MOTOR** Der monströse 6,3-Liter-V8-Motor im Grauguss-Block mit fünffach gelagerter Kurbelwelle und Hydrostößel lieferte unglaubliche 325 PS bei 4800 U/min. Der Wendekreis lag zwar bei 7,3 Metern, aber die Servolenkung brauchte nur dreieinhalb Drehungen von Anschlag zu Anschlag.

## In jenem Modelljahr der Exzesse war der Eldorado das amerikanische Auto schlechthin.

Doppelscheinwerfer waren damals für amerikanische Autos ein Muss.

Die flache Panoramascheibe sieht aus, als sei sie von einem Kampfjet entliehen.

Mit einem 95,5-Liter-Tank sowie 13 Litern Getriebeöl und 5,7 Litern Kühlmittel war der 59er ein echter Schluckspecht.

## REKORDFLOSSEN

Die 107 Zentimeter hohen Heckflossen sind unübertroffen. Sie wurden noch durch das niedrige Profil des 59ers betont: Die Bordkante lag noch 8 cm tiefer als beim 58er-Modell, das selbst schon nicht besonders hoch war.

Die extravaganten Chrom-Ecken der Rücklichter sehen aus wie Turbinen.

Der Kofferraum bot Platz für bis zu fünf Ersatzräder.

Die Sitze lagen 10 cm tiefer als beim 57er-Modell.

Im folgenden Modelljahr wurden die Flossen um 15,5 Zentimeter gestutzt.

Cadillac Cabriolet 113

# CADILLAC Eldorado (1976)
## Das letzte große Riesen-Cabrio

IM JAHR 1976 waren Cadillacs so aufgebläht, dass sie im Schnitt 21,7 l/100 km verbrauchten und etwa so wendig waren wie eine Planierraupe. Trotz des 8,2-l-V8 leistete der 76er Eldorado nur 190 PS bei einer Höchstgeschwindigkeit von nur 175 km/h. Cadillac musste etwas ändern und entwickelte den 75er Seville. Der 76er Eldorado markierte jedoch aus einem anderen Grund das Ende einer Ära – er war das letzte amerikanische Cabriolet. Cadillac war der letzte Automobilhersteller, der das Faltdach aus seiner Modellreihe verbannte. Nach der Ankündigung, die Produktion des Cabriolets werde Ende 1976 auslaufen, entbrannte auf dem Markt ein Kampf um die letzten 200 Exemplare. Manche versuchten sogar sich vorzudrängeln, indem sie sich für entfernte Verwandte des Cadillac-Gründers ausgaben. Ein 72-jähriger Mann aus Nebraska kaufte gleich sechs Wagen. Eine große amerikanische Institution nahm ihren Abschied.

Die Nachfrage nach diesen letzten Cabriolets war so groß, dass einige für 20 000 Dollar, also fast den doppelten Listenpreis, den Besitzer wechselten.

Höhere Komprimierungsraten und kleinere Vergaser senkten den Verbrauch überraschend stark.

Der verchromte, elektrisch verstellbare Außenspiegel hatte ein eingebautes Thermometer für die Außentemperatur.

Für die Sitze standen Merlin Plaid, Velours, Mansion Knit oder 11 Lederarten zur Auswahl.

**Typ** Cadillac Eldorado Cabriolet (1976)

**Produktion** 14 000 (1976)

**Karosserie** zweitüriges Sechssitzer-Cabriolet.

**Bauweise** Stahlaufbau und -chassis

**Motor** 8,2-l-V8

**Leistung** 190 PS

**Getriebe** Hydra-Matic-Dreigang-Turboautomatik

**Fahrwerk** unabhängige Schraubenfedern vorn und hinten mit automatischer Niveauregulierung

**Bremsen** Scheibenbremsen vorn und hinten

**Höchstgeschwindigkeit** 175 km/h

**0–100 km/h** 15,7 Sek.

**Verbrauch** 21,7 l/100 km

Cadillac Eldorado (1976)

**INNENAUSSTATTUNG** Technisch fortschrittliche Extras waren immer Cadillacs Stärke. Der Eldorado konnte mit Airbag, Dual-Comfort-Vordersitzen sowie sechsfach verstellbaren Sitzen geliefert werden. Die Twilight-Sentinel-Option regulierte die Scheinwerfer gemäß den Lichtverhältnissen automatisch.

**MOTOR** Bereits durch das Abgassystem gedrosselt, führte der Zwang zum Benzinsparen dazu, dass der 8,2-l-V8 in Sachen Geschwindigkeit unangenehm lethargisch war. Alle Eldorados besaßen serienmäßig einen Katalysator.

Das Cadillac-Wappen geht auf die französische Familie Cadillac im Jahr 1650 zurück. Die Modelle Calais und DeVille erhielten 1966 französische Namen.

Das 76er Cabriolet besaß mit 5,70 m Länge und 2 m Breite eindrucksvolle Daten.

Eldorados gab es in 21 verschiedenen Lackierungen und sechs Dachfarben.

# CADILLAC Seville

## Ein erfolgreich gesund geschrumpfter Caddy

In den frühen 70er Jahren verbrauchten Cadillacs im Schnitt 25 l/100 km. Die Energiekrise von 1974 machte die korpulenten Produkte zu einem leichten Ziel: Eine beliebte Karikatur dieser Tage zeigte einen Cadillac-Besitzer, der die Hand vor die Augen hielt und mit dem Revolver auf seinen dem Untergang geweihten Eldorado zielte. Plötzlich gab das Establishment hastig seine Benzinschlucker für einen BMW oder Mercedes in Zahlung. Beim Seville dagegen, der 1975 auf den Markt kam, waren Größe, Fahrverhalten, Handhabung und Verbrauch bewusst an europäische Gepflogenheiten angepasst. Er besaß nur wenige Verzierungen und war eine halbe Motorhaube kürzer als die übrigen Cadillacs. Die Medien bezeichneten ihn als »den besten Cadillac der letzten 26 Jahre«. Natürlich stellte er einen Kompromiss dar (es gab sogar eine Dieselversion!), jedoch verkaufte sich der verkleinerte Wagen vom ersten Tag an gut.

Der Seville kostete 13 700 Dollar, ein vergleichbarer Mercedes 6000 Dollar mehr. Die Verkaufszahlen des neuen Autos beunruhigten Mercedes sehr.

In der engeren Auswahl für den Namen waren auch Sierra, Medici und Minuet.

Verstellbares Lenkrad, Benzinverbrauchsanzeige, verstellbare Sitze und Intervallscheibenwischer waren Standard.

**Typ** Cadillac Seville (1978)

**Produktion** 56 985 (1978)

**Karosserie** viertürige Limousine

**Bauweise** selbsttragende Stahlkonstruktion

**Motor** 5,7-l-V8

**Leistung** 170 PS

**Getriebe** Turbo-Hydra-Matic-Dreigang-Automatik

**Fahrwerk** Schraubenfedern vorn, Blattfedern hinten mit Niveauregulierung

**Bremsen** belüftete Scheibenbremsen vorn, Trommelbremsen hinten

**Höchstgeschwindigkeit** 185 km/h

**0–100 km/h** 12 Sek.

**Verbrauch** 18,2 l/100 km

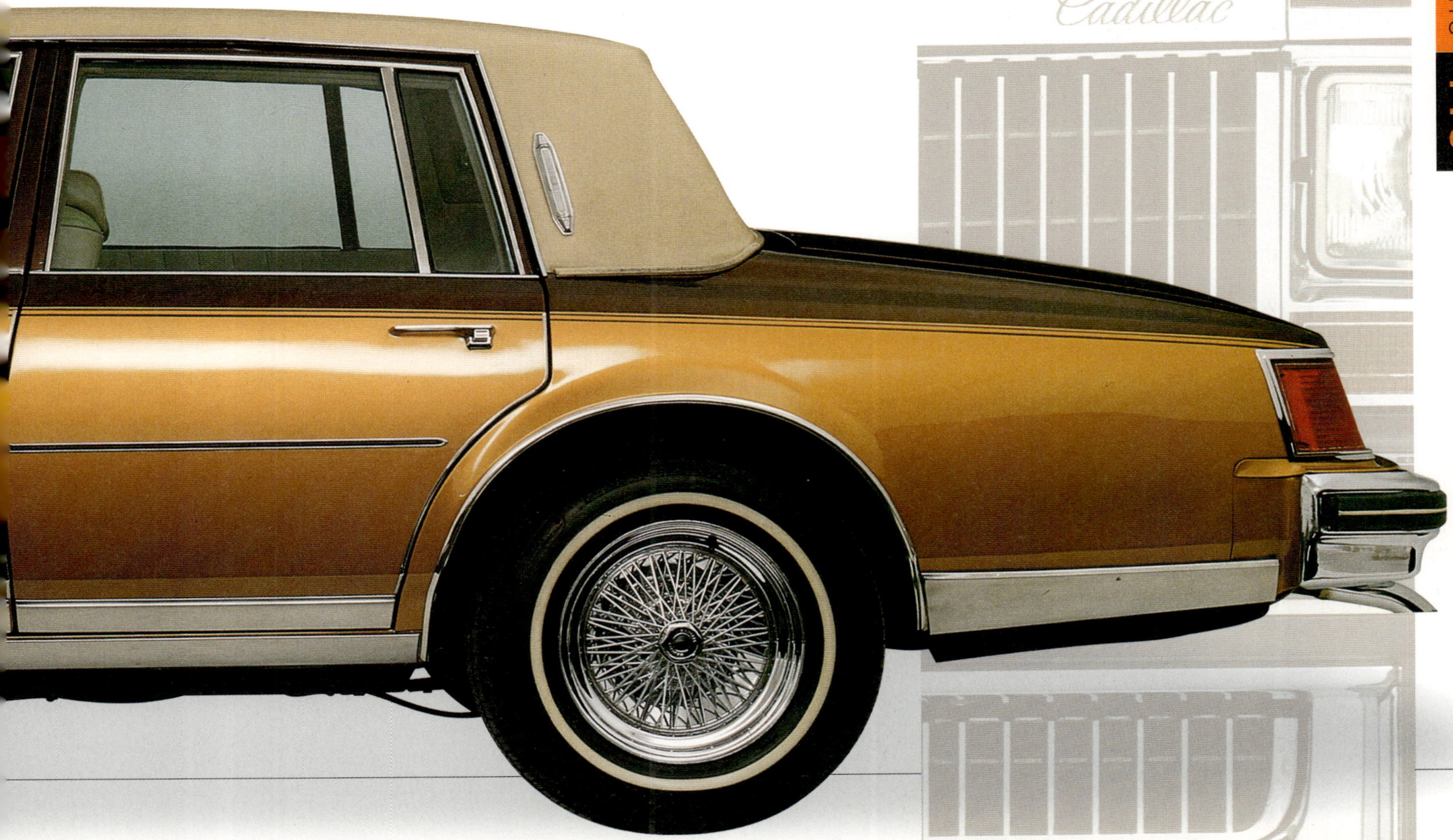

**INNENAUSSTATTUNG** Für den Innenraum gab es Dover-Stoff in sieben Farben oder optional Sierra-Grain-Leder in zehn Tönen. Ein weiteres Extra war ein neuer Computer mit elf Anzeigen z. B. für Tankfüllung, Innen- und Außentemperatur, Drehzahl und voraussichtliche Ankunftszeit.

**MOTOR** Der 75er Seville hatte den 5,7-l-V8-Standardmotor von Oldsmobile mit elektronischer Einspritzung. Er war auf einem Stahlrahmen montiert und mit Isoflex-Dämpfern an der Karosserie befestigt, um Härte und Geräuschvibrationen zu reduzieren. Der erste Diesel in der Geschichte Cadillacs kam 1978, ein 5,7-l-Diesel-V8.

Kühlergrill und Wappen sorgen für den unverkennbaren Cadillac-Look.

Die »Freedom«-Batterie von Delco musste nicht aufgeladen werden.

Das Magazin *Fortune* nannte den Seville eines der besten Designprodukte der USA.

Der dezente Rumpf ist weit entfernt vom Überfluss der großen Cadillacs. Er besaß ein sanft fallendes Heck, einfache Rücklichter und Stoßstange sowie versteckte Auspuffrohre.

Die Karosserie bestand aus nicht rostendem Zincrometal und wurde siebenmal lackiert.

Cadillac Seville

121

# CHEVROLET Corvette

## Ein Traumauto, das Wirklichkeit wurde

DIE ERSTE CORVETTE von 1953 war die Karikatur eines europäischen Roadsters und mehr ein Schaustück als ein Auto. In seiner typischen Arroganz achtete Harley Earl stärker auf das Aussehen als auf die Leistung. Er erkannte jedoch, dass die Käufer zunehmend unruhiger wurden und nach Neuerungen Ausschau hielten, und so entdeckte er einen riesigen Markt für ein neues Kultauto. Die Kunststoff-Corvette brachte etwas wohlkalkulierte Abwechslung in das gleichförmige Angebot. Die ersten Modelle waren vielleicht beengt und langsam, sahen jedoch aus, als kämen sie direkt von der Drehscheibe der Motorama – und dem war auch so. Sie zu bauen war allerdings ein Albtraum, und eine Zeit lang machte GM mit jedem einzelnen Exemplar des experimentellen Modells Verluste. Das nahm man allerdings gerne in Kauf, denn dafür hatte Chevrolet nun ein neues, sportliches Image.

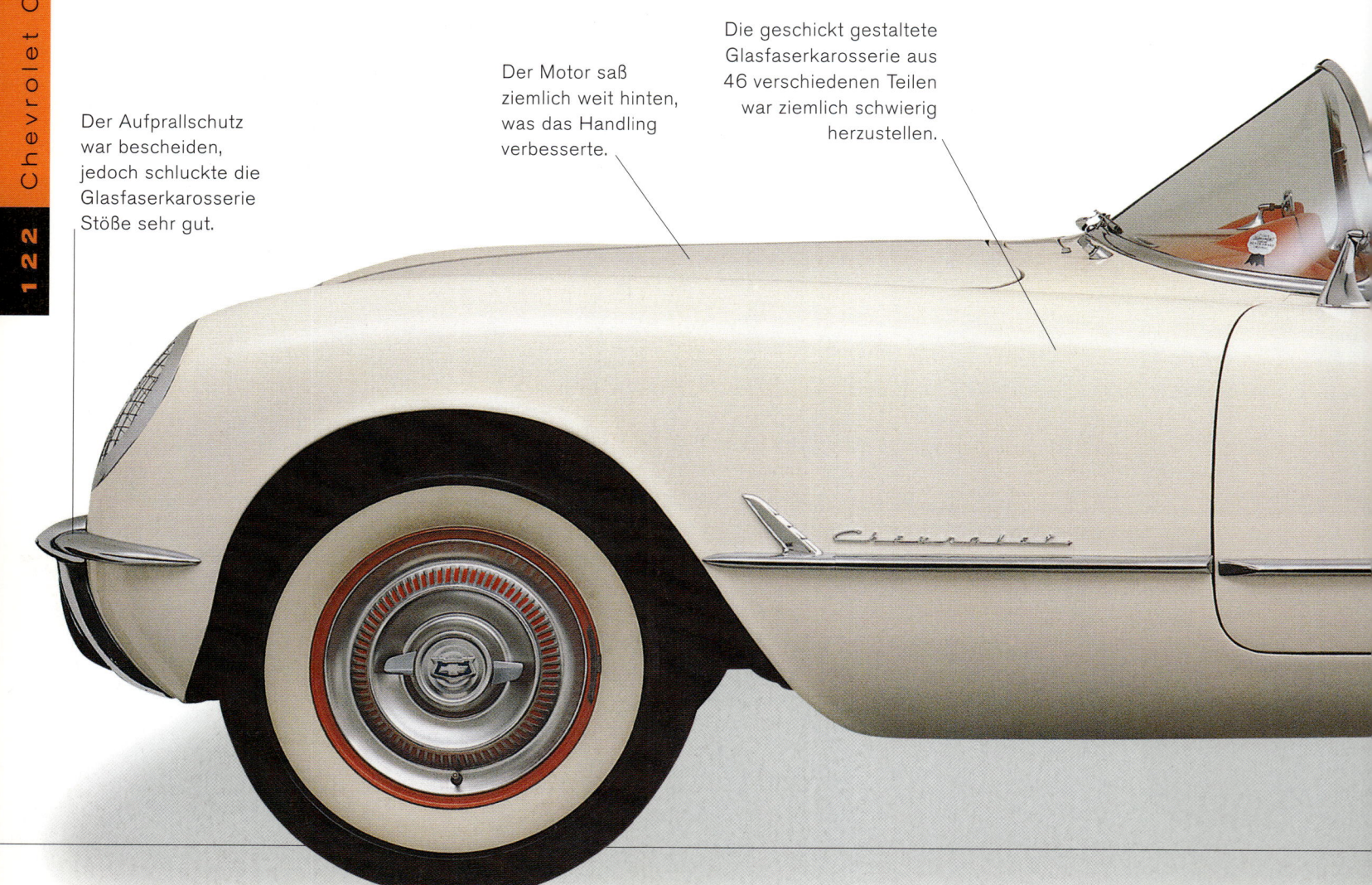

Der Aufprallschutz war bescheiden, jedoch schluckte die Glasfaserkarosserie Stöße sehr gut.

Der Motor saß ziemlich weit hinten, was das Handling verbesserte.

Die geschickt gestaltete Glasfaserkarosserie aus 46 verschiedenen Teilen war ziemlich schwierig herzustellen.

Die erste Corvette verkaufte sich so schlecht, dass sie beinahe schon nach einem Jahr eingestellt worden wäre.

**Typ** Chevrolet Corvette (1954)

**Produktion** 3640 (1954)

**Karosserie** zweitüriger, zweisitziger Sportwagen

**Bauweise** Glasfaseraufbau, Stahlchassis

**Motor** 3,9-l-Sechszylinder

**Leistung** 150 PS

**Getriebe** Powerglide-Zweigang-Automatik

**Fahrwerk** Schraubenfedern vorn, Blattfedern hinten mit Starrachse

**Bremsen** Trommelbremsen vorn und hinten

**Höchstgeschwindigkeit** 172 km/h

**0–100 km/h** 8,3–12,5 Sek.

**Verbrauch** 14,3 l/100 km

**INNENAUSSTATTUNG** Das an ein Flugzeugcockpit erinnernde Armaturenbrett wirkte sehr futuristisch. Erst 1958 wurden die Anzeigen für den Fahrer übersichtlicher angeordnet. Wie bei ihren britischen Vorbildern waren die Türgriffe der 54er Corvette innen.

**MOTOR** Der verbesserte Blue-Flame-Sechszylinder war trotz Dreifachvergaser, höherer Kompression und oben liegender Nocken alt und schwach. Mit 172 km/h Höchstgeschwindigkeit hatte sie nicht die Klasse eines Jaguar XK120. Erst 1955 erhielt Corvette einen V8.

Die Form der Corvette basierte auf dem Ausstellungsmodell EX-122 von 1952, das als eines der wenigen Motorama-Traumautos praktisch unverändert in Serie ging.

Wie Earl später zugab, war der Haifisch-Kühlergrill von Ferrari abgekupfert.

Schutzgitter vor den Scheinwerfern kamen von europäischen Rennwagen, wurden jedoch als Stilbruch kritisiert.

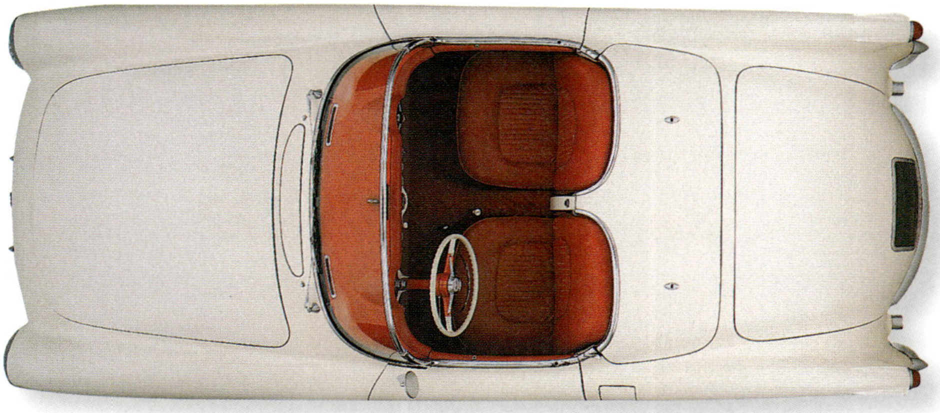

Die ersten Autos besaßen für die Kennzeichen Plastikrahmen, die beschlugen. Um die Feuchtigkeit aufzusaugen, baute Chevrolet zwei Beutel Trockenpulver ein.

Nach außen versetzte Blattfedern unterstützten die Kurvenstabilität.

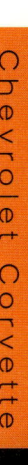

Chevrolet Corvette

125

# CHEVROLET Bel Air

## Der nostalgische Inbegriff der Fünfzigerjahre

CHEVROLET NANNTE SEINE 57er-Reihe »süß, glatt und frech«. Der Bel Air war genau das, was sich Amerika wünschte – ein Junior-Cadillac. Er besaß Flossen, sah gepflegt und nobel aus und war mit Ed Coles Super-Turbo-Fire-V8 ausgestattet, dem ersten Serienmotor, der pro Kubikzoll ein PS leistete. Der Bel Air war die erste »Einspritzer«-Limousine in Massenproduktion mit einer Ramjet-Einspritzung. Chevrolets Werbetexter überschlugen sich, und der Bel Air wurde zum König der Straße. Die Produktion überstieg in diesem Jahr 1,5 Millionen und lehrte Ford das Fürchten. Der Boom wurde jedoch schwächer, als die Vereinigung der Automobilhersteller die einseitige Fixierung auf immer höhere Motorenleistung kritisierte. Heute ist der Bel Air eines der begehrtesten amerikanischen Sammlerautos und die perfekte Verkörperung des jungen Amerika Mitte der 50er. Die Country-Sängerin Billie Jo Spears verewigte ihn in einem Lied.

> Als der Bel Air auf den Markt kam, wurde sein klassisches Design zu Recht bejubelt.

Die von Buick abgeguckten Ventiports gab es am Bel Air nur ein paar Jahre lang.

**Typ** Chevrolet Bel Air Cabriolet (1957)

**Produktion** 47 562 (1957)

**Karosserie** zweitüriges Cabriolet

**Bauweise** Stahlaufbau und Kastenrahmen-Chassis

**Motor** 4,3- und 4,6-l-V8

**Leistung** 162–283 PS (4,6-l-V8 mit Einspritzung)

**Getriebe** Dreigang-Schaltgetriebe mit optionalem Overdrive, Zweigang-Powerglide-Automatik und Turboglide optional

**Fahrwerk** unabhängige Schraubenfedern vorn, Blattfedern mit Starrachse hinten

**Bremsen** Trommelbremsen vorn und hinten

**Höchstgeschwindigkeit** 145–193 km/h

**0–100 km/h** 8,3–12,5 Sek.

**Verbrauch** 20 l/100 km

**INNENAUSSTATTUNG** Das charakteristische zweifarbige Innere war ein Vergnügen. Zu den Extras gehörten andere Innenfarben, elektrisches Verdeck, getöntes Glas, Schminkspiegel, belüftete Sitzpolster und sogar ein Taschentuchspender.

**TANKDECKEL** Ähnlich wie bei Lincoln und Cadillac setzte Chevrolet den Tankdeckel bei seinen Modellen in die hintere Chromleiste der linken Heckflosse.

### LUFTIGER STIL

Chevrolet wollte wie alle anderen Hersteller auch vom Flugzeugzeitalter profitieren, tatsächlich jedoch sah dieser 55er Bel Air neben einem Kampfjet ausgesprochen plump aus.

Das Bel-Air-Cabriolet gab es auch mit elektrischem Verdeck.

Bel Airs mit dem V8-Einspritzer waren enorm schnell.

Der 57er Bel Air repräsentiert Amerikas blühendstes Jahrzehnt besser als jedes andere Auto dieser Zeit. Wie Hula-Hoops, Autokinos und Rock'n'Roll wurde er zu einem Symbol der Fünfzigerjahre.

Die Ersatzrad-Halterung im Continental-Stil war eine De-Luxe-Option und gab dem Cabrio den letzten Schliff.

Chevrolet Bel Air

129

# CHEVROLET Bel Air Nomad

## Stilvoll in Stadt und Land

WENN SIE GLAUBEN, der sportliche Kombi sei von BMW oder Mercedes entwickelt worden, haben Sie falsch geraten. Chevrolet begann damit bereits 1955. Der Bel Air Nomad war eine Weiterentwicklung von Harley Earls Traumwagen, der auf dem Chevrolet Corvette basierte. Auch wenn er anderen 55er Bel Airs ähnelte, war der V8-Nomad der teuerste Chevrolet aller Zeiten. Obwohl *Motor Trend* den 57er Nomad als »eines der schönsten Autos des Jahres« beschrieb, war seine Ausstrahlung als Zweitürer begrenzt. Die große Fensterfläche ließ den Innenraum zu heiß werden, und auch die undichte Hecktür trug nicht eben zu seiner Popularität bei. Die Verkäufe überschritten nie die magische Grenze von 10 000 Stück, und 1958 wurde der Sportkombi, der heute als wegweisend gilt, aus dem Programm genommen. Earls Idee war zweifellos gut, aber ihre Umsetzung ließ leider zu wünschen übrig.

Der Motorama-Nomad wurde im Januar 1954 vorgestellt und war so erfolgreich, dass 1955 eine Serienversion angekündigt wurde.

An allen vier Rädern arbeiteten starke Trommelbremsen.

Der Nomad war eine Alternative zu den praktischen, aber unschönen Wagen mit Holzaufbauten, die in Amerikas Vorstädten allgegenwärtig waren.

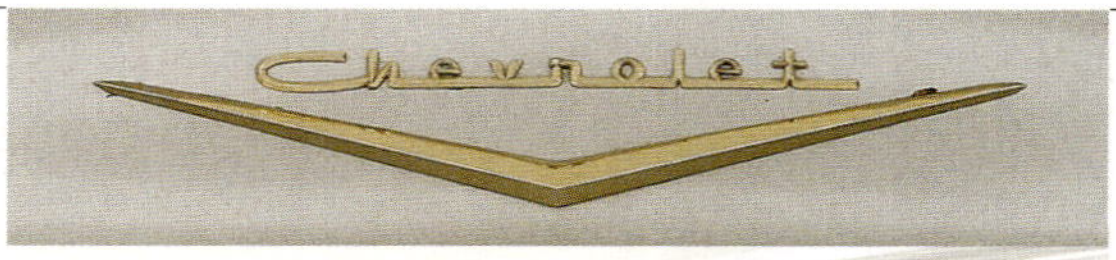

## Chevrolet

**Typ** Chevrolet Bel Air Nomad (1957)

**Produktion** 6103 (1957)

**Karosserie** zweitüriger Kombi

**Bauweise** Stahlaufbau und -chassis

**Motor** 3,9-l-Sechszylinder, 4,3-l-V8

**Leistung** 123–283 PS

**Getriebe** Dreigang-Schaltgetriebe mit optionalem Overdrive, Powerglide-Zweigang-Automatik und Turboglide optional

**Fahrwerk** Schraubenfedern vorn, Blattfedern hinten

**Bremsen** Trommelbremsen vorn und hinten

**Höchstgeschwindigkeit** 145–193 km/h

**0–100 km/h** 8,3–11,5 Sek.

**Verbrauch** 14,9–18,9 l/100 km

**INNENAUSSTATTUNG** Elektrische Sitze, getöntes Glas und Sicherheitsgurte waren Sonderzubehör. Die verzierte Hecktür verbarg einen riesigen, mit Linoleum ausgelegten Laderaum.

**MOTOR** Ein 3,9-l-Sechszylinder war Standard, optional gab es einen 4,3-l-V8 mit Carter- oder Rochester-Vergaser nach Wahl. Für 484 Dollar mehr gab es einen leistungsstärkeren Einspritzer.

Die Dachlinien der Motorama-Corvette wurden für den Nomad in nur zwei Tagen angepasst.

Getöntes Glas und zweifarbige Innenverkleidung gab es optional.

Chevrolet verwendete außen dieselbe Verzierung wie bei anderen Bel Airs, um den Preis zu senken.

Der Nomad hatte als erstes Auto Dachwellen, die nicht konstruktionsbedingt waren.

Die klassische Hecktür von Harley Earl wurde direkt von der Motorama-Corvette übernommen und vielfach gelobt.

Obwohl man ihn als Harley-Earl-Design ausgab, wurde der Nomad in Wirklichkeit von Claire MacKichen und Carl Renner gestaltet.

Chevrolet Bel Air Nomad

133

# CHEVROLET 3100 Stepside

## Funktional und formschön

MITTE DER FÜNFZIGER befand sich Chevrolet auf einem Höhenflug. Mit der Corvette, dem Bel Air und dem neuen V8 war die Firma unumstritten Amerikas bester Autohersteller. Der grenzenlose Optimismus war sogar in so alltäglichen Produkten wie Lieferwagen sichtbar. Der maßgebliche Transporter von Chevrolet war der 57er Pick-up. Er besaß nicht nur den Viertakter-V8 mit oben liegenden Ventilen, sondern auch verschiedene Extras und eine attraktive neue Form – kein Wunder also, dass man ihn einen »verkleideten Cadillac« nannte. Vom 56er-Modell unterschied er sich durch den trapezförmigen Kühlergrill und die flache Motorhaube. Er hatte klare, gut proportionierte Linien, nur wenig Chrom und integrierte Kotflügel und zählt zu den dauerhaftesten Leistungen des amerikanischen Automobildesigns. Chevrolet verbesserte damit das Image des Pick-up spürbar: »praktisch« und »schön« schlossen sich nicht mehr aus.

Der kleine V8-Motor leistete 150 PS. Seit 1955 hatten alle Chevrolets eine freiliegende Antriebswelle an Stelle einer geschlossenen.

Der Stepside war innen so gestaltet wie außen und hatte ein Handschuhfach, verchromte Schalter und einen V-förmigen Tacho.

Die Stufe hinten ermöglichte den Zugang zur Ladefläche und gab dem 57er den Namen Stepside (Seitenstufe).

## Chevrolet 3100

**Typ** Chevrolet 3100 Stepside (1957)

**Produktion** nicht verfügbar

**Karosserie** zweitüriger Pick-up mit kurzer Ladefläche

**Bauweise** Stahlaufbau und -chassis

**Motor** 3,9-l-Sechszylinder, 4,3-l-V8

**Leistung** 130–150 PS

**Getriebe** Dreigang-Schaltgetriebe mit optionalem Overdrive, Dreigang-Automatik optional

**Fahrwerk** Schraubenfedern vorn, Blattfedern hinten

**Bremsen** Trommelbremsen vorn und hinten

**Höchstgeschwindigkeit** 129 km/h

**0–100 km/h** 18 Sek.

**Verbrauch** 16,7 l/100 km

# CHEVROLET Impala

## Das Debüt eines zukünftigen Klassikers

IN DEN SECHZIGERN begann der ungebremste Konsum abzunehmen. Amerika wandte sich von der Politik des Wachstums ab, und Chevrolet verkleinerte aus Rücksicht darauf die Flossen des Impala. Die ausgebreiteten Flügel des alten 59er verschwanden und wurden durch ein stumpferes Heck ersetzt. Amerikas weiße, protestantische Bevölkerung entdeckte ihr soziales Gewissen – die Exzesse der 50er Jahre waren nicht mehr gefragt. Wohlgemerkt war der 60er Impala kein Mauerblümchen. Der überzogenen Verzierungen überdrüssig, fanden die US-Autohersteller ein neues Zauberwort: Leistung. Die Autobahnen waren eine lange Betonpiste, das Superbenzin war billig und Sicherheit und Umweltschutz waren ein Albtraum, der erst noch kommen würde. Für 333 Dollar erhielt das Sport Coupé einen 5,7-l-Special-Super-Turbo-Thrust-V8-Motor mit 335 PS. Der 59er Impala war zügellos, doch man gewöhnte sich bald an ihn.

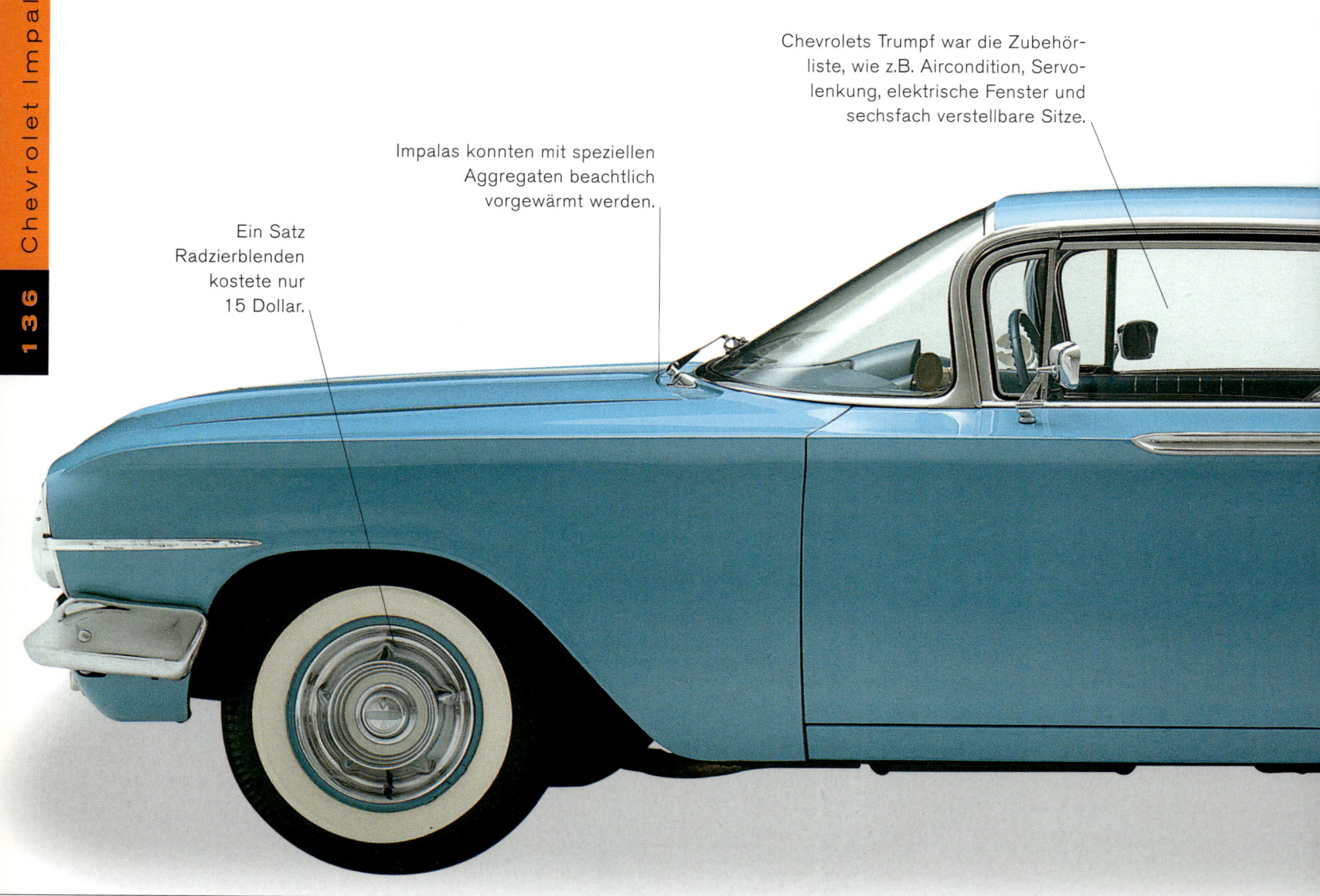

Chevrolets Trumpf war die Zubehörliste, wie z.B. Aircondition, Servolenkung, elektrische Fenster und sechsfach verstellbare Sitze.

Impalas konnten mit speziellen Aggregaten beachtlich vorgewärmt werden.

Ein Satz Radzierblenden kostete nur 15 Dollar.

Typ Chevrolet Impala (1960)

Produktion nicht verfügbar

Karosserie zweitüriges Coupé

Bauweise Stahlaufbau, separates Chassis

Motor 3,9-l-Sechszylinder-Reihenmotor, 4,6-l- und 5,7-l-V8

Leistung 135–335 PS

Getriebe Dreigang-Schaltgetriebe, Viergang-Schaltgetriebe optional, Powerglide-Zweigang-Automatik, Turboglide-Automatik

Fahrwerk obere und untere Dreiecklenker, Schraubenfedern vorn, Schraubenfedern mit Starrachse hinten

Bremsen Scheibenbremsen vorn und hinten

Höchstgeschwindigkeit 145–217 km/h

0–100 km/h 9,4–18,8 Sek.

Verbrauch 17,5–23,8 l/100 km

Chevrolet Impala

137

**INNENAUSSTATTUNG** Innen glänzte der Impala mit Leistungsmerkmalen: zentraler Tachometer, vier Anzeigen und ein Sportlenkrad mit gekreuzten Flaggen. Das sportliche Lenkrad stammte von der Corvette. Dieses Auto hatte elektrische Fensterheber und zwei Sonnenblenden.

**MOTOR** Käufer konnten zwischen zwei V8-Motoren mit 170 bis 335 PS wählen. Geizkragen konnten den alten Blue-Flame-Sechszylinder erwerben, der nur mickrige 135 PS leistete. Hier ist der 4,6-l-V8 mit 185 PS abgebildet. Zusätzlich gab es Positraction, Hochleistungsfedern und Servobremsen.

Der Impala erschien 1958 in limitierter Stückzahl und wurde in den Sechzigern zum beliebtesten Auto Amerikas.

Die Schraubenfederung des Impala war der Blattfederung der Konkurrenten überlegen.

Die Front des Impala sollte ruhig und weit entfernt von den Zähne zeigenden Kühlergrills der 50er Jahre sein.

Die reduzierten Heckflossen wurden notwendig, weil das Heck des 59ers einfach zu gefährlich war.

Der Impala besaß gezähmte Flossen, die wie die ausgebreiteten Flügel einer Möwe aussahen.

Chevrolet Impala

# CHEVROLET Corvette Sting Ray

## Die attraktivste Version der Corvette

DER CHEVROLET CORVETTE ist Amerikas ureigenster Sportwagen. Die Corvette wurde im Jahr 1953 eingeführt und ist auch 40 Jahre später noch begehrenswert. Bis zum Jahr 1992 wurden über eine Million Stück verkauft. Zugegebenermaßen hat sich die Corvette über die Jahre hin verändert, im Wesentlichen ist sie sich allerdings treu geblieben. Andere amerikanische Sportwagen, wie der Ford Thunderbird (*siehe Seiten 278–281*), gaben sämtliche sportlichen Ambitionen auf, legten an Gewicht und Dimensionen zu, nicht aber die Corvette. Jede Corvette-Generation hat ihre Eigenheiten. Viele Kenner sind sich jedoch einig, dass die Corvette erst mit dem Sting Ray richtig ausgereift gewesen sei. Sting Rays gab es nur von 1963 bis 1967, ihre Vorläufer waren der Sting Ray Special Racer und der Prototyp XP720. 1968 wurde die Corvette erneut umgestaltet und hieß dann Stingray (*siehe Seiten 152–155*).

Der kühne Entwurf von Bill Mitchell war ein Durchbruch, er brachte viele Vorstellungen des neuen GM-Chefdesigners zum Ausdruck.

Der Sting Ray erhielt 1965 Scheibenbremsen an Stelle von Trommelbremsen.

Ab 1964 gab es Cabrios mit einem hübschen abnehmbaren Hardtop statt des hier abgebildeten Verdecks.

**Typ** Chevrolet Corvette Sting Ray (1963–67)

**Produktion** 118 964

**Karosserie** zweitüriges Sport-Cabriolet oder Fließheck-Coupé

**Bauweise** Fiberglasaufbau, kreuzverstrebtes Kastenprofil-Stahlfahrwerk

**Motor** 5,4-l-, 6,5-l- oder 7,0-l-OHV-V8

**Leistung** 250–375 PS (5,4 l), 390–560 PS (7,0 l)

**Getriebe** Dreigang-Schaltgetriebe, optional Viergang- oder Powerglide-Automatik.

**Fahrwerk** Einzelradaufhängung; Trapezlenkerachse mit Schraubenfedern vorn, Querblattfedern hinten

**Bremsen** bis 1965 Trommelbremsen, dann Scheibenbremsen

**Höchstgeschwindigkeit** 245 km/h*

**0–100 km/h** 5,6 Sek.

**Verbrauch** 17,5–33,3 l/100 km

*Wert für 7,0-l-Motor

Chevrolet Corvette Sting Ray

**INNENAUSSTATTUNG** Die Innenausstattung erinnert an das Batmobil. Die zweigeteilte Tafel stammt aus früheren Corvette-Versionen. Das Holzlenkrad rückt sehr nahe an den Brustkorb heran, optional gab es eine Servolenkung. Drehzahlmesser, Uhr und Sicherheitsgurte waren Standard.

**MOTOR** Für den Sting Ray standen drei V8-Motoren mit Leistungen von 250 PS bis 560 PS zur Verfügung. Hier ein Sting Ray von 1966 mit dem »kleinen« 5,4 l und Holley-Vierfachvergaser. Serienmäßig war ein Dreigang-Schaltgetriebe.

Bis 1963 waren alle Corvettes Sport-Cabriolets. Erst der Sting Ray wurde auch als Coupé angeboten.

Die Klappscheinwerfer waren hinter elektrisch betätigten Klappen versteckt; dies trug zur besseren Aerodynamik bei.

Die Größe des Buckels in der Haube gibt Auskunft über den Motor, hier ein »kleines« Modell.

### 63er Coupé

Die geteilte Heckscheibe wurde nur 1963 eingesetzt. Bill Mitchell, der Chefdesigner von GM, war sehr stolz auf sie, aber humorlose Kritiker und die Fachpresse fanden, sie sei plump und blockiere die Sicht nach hinten. Heute sind diese Modelle die begehrtesten Sting-Ray-Coupés.

Eine Hinterachse mit positiver Traktion gab es als Extra für 42 Dollar.

Chevrolet Corvette Sting Ray

# CHEVROLET Corvair Monza

## Viel geliebt und viel geschmäht

UM 1960 WURDEN nur noch wenige Straßenkreuzer verkauft und mehr Kleinwagen importiert, bis der Wunsch nach ökonomischen Kompaktwagen schließlich auch Detroit erreichte. Dann kam Chevrolets abenteuerliche Antwort auf den VW Käfer (*siehe Seiten 546–549*), der schöne Corvair mit Heckantrieb, der nur halb so viel wie ein Ford Thunderbird (*siehe Seiten 294–297*) kostete. Doch schon bald stellten sich Probleme ein. Durch die drakonische Kostenreduzierung hatte es GM versäumt, in das Fahrwerk einen wichtigen Stabilisierungsstab für nur 15 Dollar einzubauen, sodass die Corvairs zum Übersteuern neigten. Das Fahrwerk wurde 1965 erneuert, doch das kam zu spät. Schlechte Nachrichten verbreitete auch Ralph Nader, der in seinem Buch *Unsafe at Any Speed* den Corvair vernichtend kritisierte. Der neue Ford Mustang (*siehe Seiten 298–301*), der zum beliebten Kompaktwagen wurde, trug ebenfalls zum Misserfolg des Corvair bei.

Speichenräder kosteten 59 Dollar. Für 29 Dollar gab es Weißwandreifen als Zubehör.

Obwohl Sparsamkeit wichtig war, fuhren 53 % der Corvairs mit Automatik.

Splitterfreie Spiegel waren serienmäßig.

# Corvair

**Typ** Chevrolet Corvair Monza (1966)

**Produktion** 60 447 (1966, nur Monza)

**Karosserie** zwei- und viertürige, Viersitzer-Coupé und Cabriolet

**Bauweise** Einheitsaufbau aus Stahl

**Motor** 2,7-l-Sechszylinder-Heckmotor

**Leistung** 95–140 PS

**Getriebe** Dreigang-Schaltgetriebe, optional Viergang-Schaltgetriebe und Powerglide-Zweigang-Automatik.

**Fahrwerk** Schraubenfedern vorn und hinten

**Bremsen** Trommelbremsen vorn und hinten

**Höchstgeschwindigkeit** 169–193 km/h

**0–100 km/h** 11,5–15,8 Sek.

**Verbrauch** 14,3 l/100 km

**INNENAUSSTATTUNG** Vinylausstattung, Schalensitze und Teleskop-Lenksäule wirkten sehr europäisch. Das Lenkrad und die vertieften Instrumente hätten direkt aus einem BMW stammen können. Die Anzeigen spiegelten nicht, und der Teppichboden versprühte einen Hauch von Luxus.

**MOTOR** Der Corvair wurde mit einem luftgekühlten, liegenden Leichtmetall-Sechszylinder gebaut. Serienmäßig war ein 2,7-l-Motor mit vier Rochester-Vergasern, die 140 PS leisteten. Der stärkere Turbomotor leistete 180 PS und erreichte 185 km/h.

> Nach wenigen Änderungen in den ersten fünf Jahren zeigte die 65er Karosserie einen starken italienischen Einfluss und beeindruckte die Presse.

Als Zubehör gab es einen an der Frontscheibe befestigten Kompass und ein handgeschliffenes Walnusslenkrad.

Der große Kofferraum befand sich unter der vorderen Haube.

Käufer konnten zwischen 15 Farben wählen, einige davon gab es jedoch nur beim Corvair Monza.

*Chevrolet Corvair Monza*

Der längere, breitere und niedrigere Corvair verkaufte sich anfangs gut, jedoch sanken die Verkäufe ab 1966 angesichts seines Rivalen Ford Mustang und Naders Buch.

## RALPH NADER

In seinem Buch *Unsafe at Any Speed* kritisierte der Verbraucherschützer Ralph Nader 1965 den Sicherheitsstandard amerikanischer Autos. Aufhänger war der Corvair, dessen gefährliche Instabilität laut Nader hunderte von Unfällen verursacht habe, bei denen Menschen überfahren wurden. GM beauftragte Privatdetektive, die Naders Ruf schädigen sollten. Als das aufflog, erhielt Nader 425 000 Dollar Schmerzensgeld.

Chevrolet Corvair Monza

# CHEVROLET Camaro RS

## Muskelspiel gegen Mustang

IM FRÜHLING 1966 ging in der amerikanischen Automobilindustrie das Gerücht um, General Motors wolle einen Konkurrenten für den Ford Mustang (siehe Seiten 298–301) auf den Markt bringen. Unter dem Codenamen Panther wurde der Presse am 29. Juni 1966 schließlich der Camaro vorgestellt, in den Verkaufsräumen der Händler war er dann ab dem 21. September 1966 zu finden. Der Wagen war nach der Baukasten-Philosophie entwickelt: Es gab eine Grundausstattung, und der Kunde konnte nach seinem Belieben Sonderausstattungen hinzufügen. Das Zusammenstellen des eigenen Camaro erinnerte ob der Vielzahl der Optionen und der komplizierten Regeln jedoch an das Ausfüllen der Steuererklärung. Die Zusatzausstattungen reichten von äußerst bequemen Kopfstützen bis zum verstellbaren Lenkrad. Es gab auch ganze Pakete, so etwa das Rallye-Paket, das den Camaro zum unangefochtenen König der Straße machte.

1967 und 1969 wurde der Camaro auf der Rennstrecke in Indianapolis eingesetzt. Diese Modelle wurden teilweise als Cabriolets in Serie nachgebaut.

Durch den verlängerten Radstand beträgt der Überhang vorn 93 cm.

Auch bei geschlossenem Verdeck bleibt die Linienführung erhalten.

# Chevrolet camaro

**Typ** Chevrolet Camaro RS Cabriolet (erste Generation von 1967–70)

**Produktion** Modelljahr 1967: 10 675 RS-Cabriolets, 195 765 Coupés und 25 141 Cabriolets

**Karosserie** zweitüriges Viersitzer-Cabriolet

**Bauweise** Stahlmonocoque

**Motor** 5,4-l-Small-Block-V8

**Leistung** 275 PS bei 4800 U/min

**Getriebe** Drei- oder Viergangschaltung, Zwei- oder Dreigang-Automatik

**Fahrwerk** Einzelradaufhängung vorn, Blattfedern hinten

**Bremsen** Trommelbremsen, vorn optional Servoscheibenbremsen

**Höchstgeschwindigkeit** 177 km/h

**0–100 km/h** 8,6 Sek.

**Verbrauch** 15,6 l/100 km

Chevrolet Camaro RS   149

Der Markt nahm den Camaro sehr positiv auf. Sein Design ist klarer, europäischer, weniger kantig als das des Mustang.

Der RS erhielt aufgeklebte Zierstreifen.

Nur zwei Personen fanden auf dem Rücksitz bequem Platz, zu dritt wurde es ziemlich eng.

1968 wurden die runden Spiegel durch rechteckige ersetzt.

**INNENAUSSTATTUNG** Die Instrumententafel war überladen mit Plastik und Blenden aus Kunststoff-Furnier, typisch für diese Zeit. Serienmäßig gab es farblich abgestimmte Vinylverkleidung. Schalensitze vorn waren Serie, Strato-Rücksitze gab es als Zubehör.

**MOTOR** Das Basis-Triebwerk des Camaro war der aus Grauguss gefertigte 5,4-l-Small-Block-V8, im SS kam die leicht modifizierte Version mit 5,7 l zum Einsatz. Die Verdichtung liegt bei 8,8:1, und er liefert 210 PS bei 4600 U/min.

Der mittig angebrachte Tankdeckel trug das RS-Emblem.

Die schwarzen Rahmen der Rücklichter gibt es nur beim RS.

# CHEVROLET Corvette Stingray
## Der schnellste, stärkste Sportwagen auf dem Markt

Die Fachpresse drosch auf den 69er Shark ein, sah in ihm einen Tiefpunkt in der Geschichte der Corvette und den Anfang eines neuen Trends zu mehr Image und technischer Spielerei oder einfach Schrott. Statt die Corvette zu testen, listete das Magazin *Car and Driver* die Mängel auf und erklärte ihn für »zu schrecklich zum Fahren«. Bei GM breitete sich verhaltene Wut aus. Der 69er war offen gestanden nicht die beste Corvette aller Zeiten. Die Form war überzogen, der Kofferraum winzig, auf den Sitzen rutschte man umher, und die Bauweise war allgemein minderwertig. Zwei große Motoren, der 5,4-l- und der große 7,0-l-Motor (in drei Versionen), entschädigten etwas. Die stärkste L88-Version, die in 5,9 Sek. auf 100 km/h beschleunigte und 257 km/h Höchstgeschwindigkeit erreichte, konnte sofort Rennen bestreiten. Die Öffentlichkeit liebte trotz harscher Kritik ihr Image, die technischen Spielereien und das Motorengeräusch.

> GM-Chef Bill Mitchell bewunderte Haie – »sie sehen aufregend aus« – und wollte ein Auto mit ähnlichen Linien entwerfen.

Die F70x15-Reifen gab es in mehreren Ausführungen, z.B. mit weißer Schrift.

Die Hälfte aller 1969 produzierten Autos waren Coupés mit zwei Klappverdecken und entfernbarer Scheibe – dadurch wurde der Stingray fast zum Cabriolet.

**Typ** Chevrolet Corvette Stingray (1969)

**Produktion** 38 762 (1969)

**Karosserie** Zweisitzer-Sportcoupé und Cabriolet

**Bauweise** Glasfaseraufbau, getrenntes Chassis

**Motor** 5,4-l- oder 7,0-l-V8

**Leistung** 300–500 PS

**Getriebe** Dreigang-Schaltgetriebe, Viergang-Schaltgetriebe optional, Turbo Hydra-Matic Dreigang-Automatik

**Fahrwerk** obere und untere Dreiecklenker, Schraubenfedern vorn, Einzelrad mit Querfederbein und Blattfedern hinten

**Bremsen** Scheibenbremsen vorn und hinten

**Höchstgeschwindigkeit** 188–274 km/h

**0–100 km/h** 5,9–8,0 Sek.

**Verbrauch** 28,6 l/100 km

Chevrolet Corvette Stingray

**INNENAUSSTATTUNG** Ein großer Nachteil der 69er waren die stark geneigten Sitze, welche die typische Arm-aus-dem-Fenster-Haltung verhinderten. Während Teleskoplenkersäule und Lederverkleidung optional waren, gab es das Handschuhfach seit 1968 serienmäßig.

**MOTOR** Neben der Basisversion 427 gab es die 500 PS starke ZL1-Rennversion (max. 274 km/h). Um jugendliche Raser abzuschrecken, wurde der ZL1 ohne Heizung gebaut. Von ihm wurden nur zwei Stück jemals verkauft.

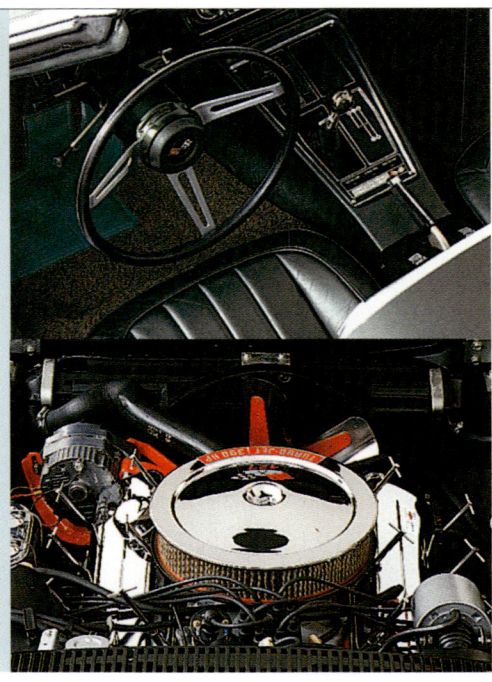

**VOM HAI INSPIRIERT**
Der Prototyp Mako Shark wurde 1960 gebaut, aus ihm entstand der 63er Sting Ray. Aus einem weiteren Prototyp, dem 66er Mako Shark II, entstand die Stingray-Generation 1968–72.

Der Gepäckträger ergänzte den kleinen Kofferraum.

Die Radkästen wurden 1969 um 20 cm verbreitert und fassten nun Breitreifen.

# CHEVROLET Monte Carlo

## Eine Herausforderung für den T-Bird

ALS WELTWEIT GRÖSSTER Automobilhersteller startete Chevrolet in die 70er Jahre mit dem Monte Carlo von 1970, der dem Ford Thunderbird (*siehe Seiten 294–297*) Marktanteile abnehmen sollte. Er sollte »Kraft und Eleganz in einem sportlichen Luxuspaket« verkörpern. Erhältlich war er nur als Coupé mit Servo-Scheibenbremsen vorn, Holztäfelung innen sowie verschiedenen Motoren, vom serienmäßigen 5,7-l-V8 bis zum mächtigen 7,5 l. Die Grundversion kostete 3123 Dollar und damit weniger als die 5000 Dollar, die für einen Thunderbird verlangt wurden. Der T-Bird war jedoch so weltgewandt wie Dean Martin, wogegen der Monte Carlo Fords Elan nicht erreichte. Trotz eines sechswöchigen Streiks, in dessen Folge 100 000 Wagen weniger verkauft wurden, fand der Monte Carlo 145 000 Käufer. Verglichen mit nur 40 000 verkauften T-Birds wurde Chevrolets neues Luxuspaket ein Riesenhit.

Die lange Motorhaube und der kurze Kofferraum versprachen hohe Leistung.

Die gute Aerodynamik und die fast perfekte Gewichtsverteilung machten den Monte Carlo zu einer spritzigen Rennmaschine.

Die glatten Radkappen waren bei den Käufern nicht beliebt und wurden 1971 durch verchromte Speichen ersetzt.

Die Radioantenne war in der Windschutzscheibe versteckt.

# Monte Carlo

**Typ** Chevrolet Monte Carlo (1970)

**Produktion** 145 975 (1970)

**Karosserie** zweitüriges Fünfsitzer-Coupé

**Bauweise** Stahlaufbau und -chassis

**Motor** 5,7-l-, 6,6-l- oder 7,5-l-V8

**Leistung** 250–360 PS

**Getriebe** Dreigang-Schaltgetriebe, Powerglide-Zweigang-Automatik optional, Turbo Hydra-Matic Dreigang-Automatik

**Fahrwerk** Schraubenfedern vorn, Blattfedern hinten

**Bremsen** Trommelbremsen vorn und hinten

**Höchstgeschwindigkeit** 185–211 km/h

**0–100 km/h** 8,3–14,6 Sek.

**Verbrauch** 14,3–18,9 l/100 km

**INNENAUSSTATTUNG** Der Monte war der luxuriöseste Chevrolet des Jahres. Kritisiert wurde nur die geringe Beinfreiheit vorn und hinten.

**MOTOR** Der mächtige 7,5-l-Motor, ein Extra für bescheidene 147 Dollar, beschleunigte den Monte Carlo in weniger als 8 Sekunden auf 100 km/h.

> Der Monte nutzte das gleiche Chassis wie der neu entworfene 69er Pontiac Grand Prix.

Das Vinyl-Dach für 120 Dollar gab es in Blau, Dunkelgold, Schwarz, Grün oder Weiß.

Die Reflektoren erhielten 1972 vertikale Parklichter.

Die Einfach-Scheinwerfer saßen in rechteckigen Reflektoren, und der gitterförmige Kühlergrill war einfach und nüchtern.

Die karierte Rennfahne als Emblem passte nicht ganz zur Zielgruppe, die eher aus gesetzteren Herren in mittleren Jahren bestand.

Ein weiteres Extra, das hier montiert ist, war der Querstabilisator.

Chevrolet Monte Carlo

# CHEVROLET Nova SS

## Wie zum Tunen geschaffen

DER NAME NOVA wurde erstmals 1962 für Chevrolets neuen Kompaktwagen, den Chevy II, verwendet. Die Super-Sport-Version (kurz SS) des Nova entwickelte sich aber zu einer Klasse für sich – einer Art Bonsai-Dragster, mit dem man noch echte Straßenrennen veranstalten konnte, obwohl der PS-Fetischismus schon im Schwinden begriffen war. Der starke 5,7-l-V8 bot der riesigen Tuning-Industrie die perfekte Grundlage zum Nachrüsten mit Krümmern, Vergasern, Zylinderköpfen und Verteilern. Einige Experten verstiegen sich sogar, den Nova SS als das 70er-Jahre-Äquivalent zum 57er Chevrolet zu sehen. Vor dieser lebhaften, zähen und frechen Killerbiene war kein Straßenkreuzer und kein Tempolimit sicher. Der Nova SS war schnell, aber auch selten: 1971 wurden nur 7016 Wagen mit dem SS-Emblem gebaut. Ab 1972 wurde er nicht mehr gebaut, aber die letzten 71er bleiben in guter Erinnerung.

Die Form des Nova hielt sich ähnlich wie bei Buick, Oldsmobile und Pontiac 11 Jahre.

Noble Sportmag-Fünfspeichen-Felgen gab es als Zubehör.

Auf Grund neuer Vorschriften wurden am Nova seitliche Reflektoren angebracht.

Das Motto der Werbung für den Nova war: Große Leistung, kleiner Preis.

**Typ** Chevrolet Nova SS (1971)

**Produktion** 7016 (1971)

**Karosserie** zweitüriges Fünfsitzer-Coupé

**Bauweise** Einheitsaufbau aus Stahl

**Motor** 5,7-l-V8

**Leistung** 245 PS

**Getriebe** Dreigang-Schaltgetriebe, Viergang-Schaltgetriebe optional, Dreigang-Automatik

**Fahrwerk** Schraubenfedern vorn, Blattfedern hinten

**Bremsen** Scheibenbremsen vorn, Trommelbremsen hinten

**Höchstgeschwindigkeit** 193 km/h

**0–100 km/h** 6,5 Sek.

**Verbrauch** 14,3 l/100 km

**INNENAUSSTATTUNG** Der Nova besaß Armlehnen vorn, ein Lenksäulenschloss sowie Zündschlüssel-Alarm. Die SS-Version hatte ein Sportlenkrad und zusätzliche Instrumente. Klimaanlage und Mittelkonsole waren Zubehör.

**MOTOR** Der Zwei- oder Viertakter-5,7-l-V8 lief mit Normalbenzin und leistete 245 PS. Chevrolet plante, den 7,4-l-V8 der Chevelle in den Nova SS einzubauen, ließ jedoch bedauerlicherweise diese Idee fallen.

Vorn wurden Scheiben-, hinten Trommelbremsen verwendet.

Ein Vierzylinder wurde 1971 nicht mehr angeboten, weil weniger als 1% des 70er Nova damit verkauft wurden.

Der Nova glich einer verkleinerten Chevelle und erhielt bei seinem Debüt 1968 blendende Kritiken.

Breite E70x14-Reifen mit weißer Schrift waren Standard beim SS.

Ein neues Gesetz von 1968 machte den Einbau einer Heckscheibenheizung erforderlich.

Chevrolet Nova SS  163

# CHEVROLET Camaro SS396

## Ein Sportwagen mit individueller Note

NACH SEINEM ERFOLGREICHEN Debüt 1967 erlebte der Camaro 1972 ein schwieriges Jahr. Schleppende Verkaufszahlen und ein 174 Tage dauernder Streik im Werk in Lordstown, Ohio, ließen Camaros knapp werden. In diesem Jahr wurden nur 68656 Stück produziert. Noch schlimmer war, dass 1100 halb fertiggestellte Autos nicht dem bevorstehenden Gesetz zum Aufprallschutz von 1973 entsprachen, sodass GM diese Einheiten verschrotten musste. Aus der Vorstandsetage drangen Gerüchte nach außen. Sollte der Camaro eingestellt werden? Das Super-Sport-Paket (SS) wurde 1972 ebenfalls gestoppt. Das Magazin *Road & Track* bedauerte sein Verschwinden und lobte den SS396 als »das beste Auto, das 1971 in Amerika gebaut wurde«. In den frühen 70ern verkauften sich Autos schlecht – doch der Camaro sollte wiederkommen; fünf Jahre später war er zurück. Er wurde über 250 000-mal verkauft.

Der Camaro nahm es mit den europäischen Sportwagen auf und wurde zu einem der anerkanntesten amerikanischen GTs der Siebziger.

Der legendäre 7,4-l-V8 mit wahnsinnigen 425 PS war ganz sicher nicht für Zaghafte geeignet.

Die aerodynamischen Konturen des Camaro wurden mit Hilfe eines Computers entworfen.

**Typ** Chevrolet Camaro SS396 (1978)

**Produktion** 6562 (1972)

**Karosserie** zweitüriges Coupé

**Bauweise** Stahlaufbau und -chassis

**Motor** 5,7 l, 6,5 l, 6,6-l-V8 (SS)

**Leistung** 240–330 PS

**Getriebe** Dreigang-Schaltgetriebe, Viergang-Schaltgetriebe optional, Automatik

**Fahrwerk** Schraubenfedern vorn, Blattfedern hinten

**Bremsen** Servo-Scheibenbremsen vorn, Trommelbremsen hinten

**Höchstgeschwindigkeit** 201 km/h

**0–100 km/h** 7,8 Sek.

**Verbrauch** 18,9 l/100 km

Chevrolet Camaro SS396 — 165

**Chevrolet Camaro SS396**

Chevrolet investierte viel Geld in leistungsstarke Autos. Der Camaro war neben der Chevelle ein erfolgreicher Rennwagen in den frühen 70ern.

Besondere Instrumente, die Mittelkonsole und das Comfort-Tilt-Lenkrad waren optional.

**INNENAUSSTATTUNG** Die Standard-Innenausstattung wurde 1972 wenig überarbeitet. Die Türverkleidung erhielt nun Kartenfächer und Münzspeicher unter dem Türgriff. Die hohen Rücksitze zeigen, dass dieses Modell nach 1970 gebaut wurde.

**MOTOR** Für alle Geldbörsen und alle Fahrertypen bot der Camaro verschiedene Motoren. Der V8 kostete nur 96 Dollar mehr als der träge Sechszylinder-Reihenmotor. Auf dem Bild ist der 6,5-l-V8 zu sehen.

Nur der SS396 besaß ein schwarzes Heck.

Ein Gleitschutz-Spray verbesserte die Haftung.

# CHRYSLER Imperial

## Luxuslimousine mit begrenztem Erfolg

In seinem silbernen Jubiläumsjahr 1950 hatte Chrysler mit allerlei Schwierigkeiten zu kämpfen. Die Wirtschaftsbehörde hatte die Automobilpreise eingefroren, vier Monate lang wurde gestreikt und ernsthafte Engpässe bei Kohle und Stahl beeinträchtigten die Wirtschaft. Der 50er Imperial war ein Chrysler New Yorker mit einem besonderen Dach und einer Innenausstattung, die von der Derham Body Company geliefert wurde. Der Imperial war Chryslers Juwel und sollte sich mit den Besten von Cadillac, Packard und Lincoln messen. Chrysler setzte mit Ausco-Lambert-Scheibenbremsen, Prestomatic-Automatik und einem MoPar-Kompass die besten Technologien ein, die man aufbieten konnte. Sehr zum Ärger von Chrysler wurden 1950 nur 10650 Autos verkauft, und der V8 mit halbrunden Brennräumen wurde erst ein Jahr später fertig. Edel hin oder her – das altbackene Styling ließ die Kunden ziemlich kalt.

Der Crown Imperial hatte als erster US-Wagen serienmäßige Scheibenbremsen

Mit einem halbautomatischen Getriebe brauchte der Fahrer die Kupplung nur beim Anfahren zu benutzen.

Die Windschutzscheibe bestand aus zwei flachen Scheiben. Der Imperial sah dadurch eher altmodisch aus.

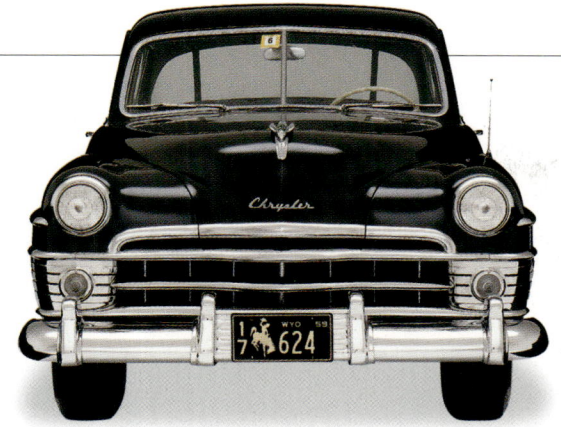

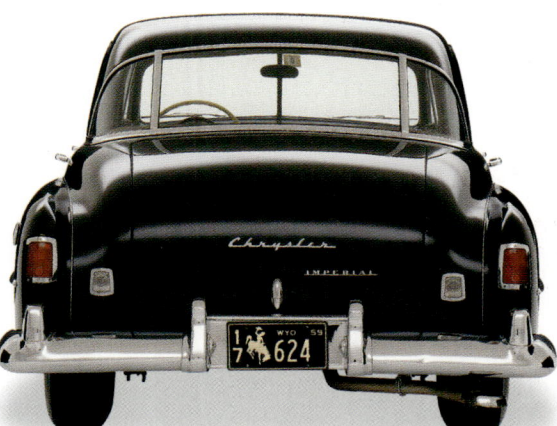

Ruhm erlangten sie bei den MGM Studios, die einen Kamerawagen auf Basis des Imperial für viele Filmproduktionen nutzten.

## Imperial

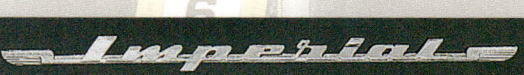

**TYP** Chrysler Imperial (1950)

**PRODUKTION** 10 650 (1950)

**KAROSSERIE** viertürige Limousine

**BAUWEISE** Stahlaufbau und -chassis

**MOTOR** 5,3-l-Achtzylinder-Reihenmotor

**LEISTUNG** 135 PS

**GETRIEBE** Prestomatic-Halbautomatik

**FAHRWERK** Schraubenfedern vorn, Starrachse hinten

**BREMSEN** Trommelbremsen vorn und hinten, Scheibenbremsen vorn optional

**HÖCHSTGESCHWINDIGKEIT** 161 km/h

**0–100 KM/H** 13,5 Sek.

**VERBRAUCH** 17,5 l/100 km

Chrysler

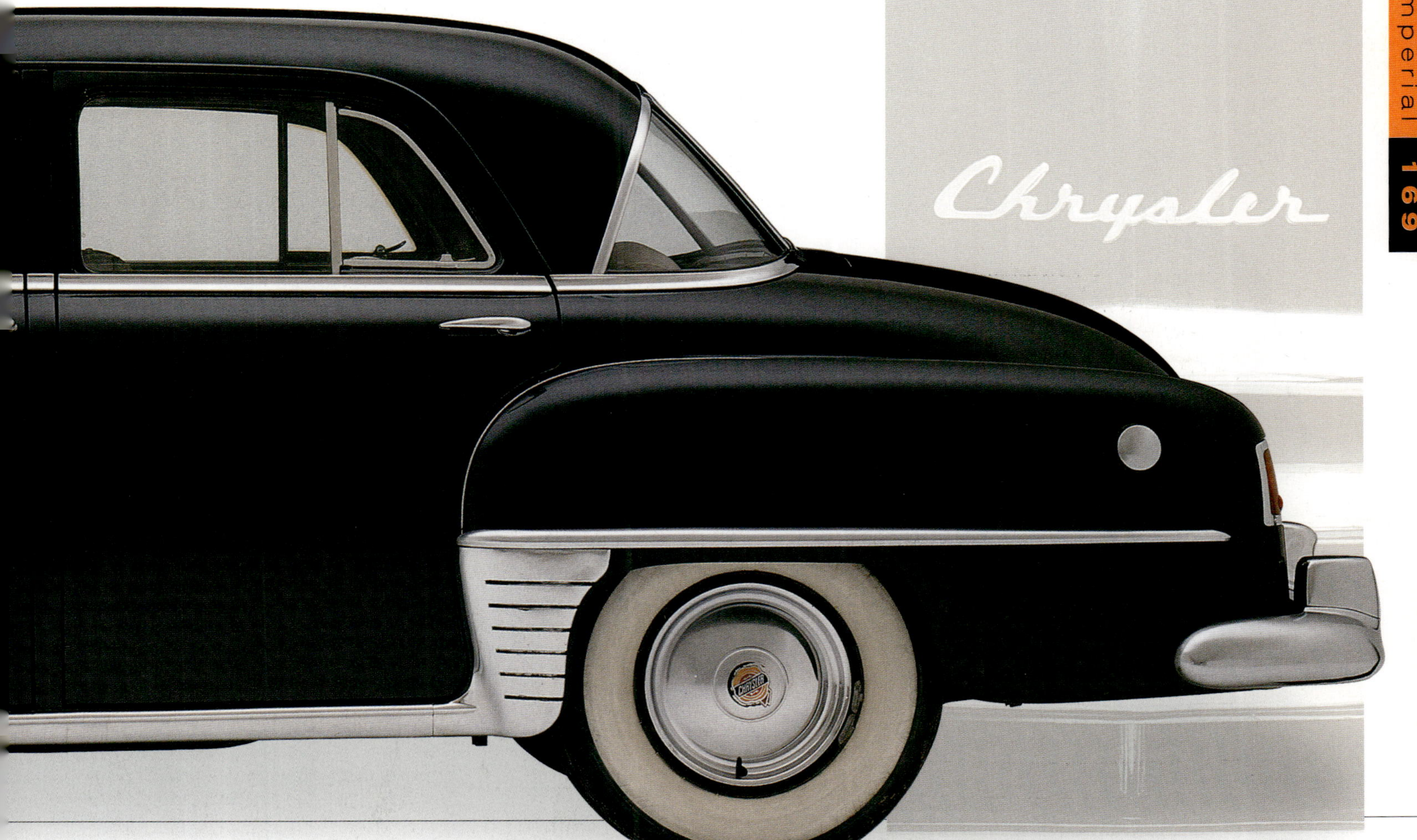

**INNENAUSSTATTUNG** Die Ausstattung der Chrysler war so zurückhaltend und konservativ wie die Menschen, die sie fuhren. Der Zündschlüssel wurde 1950, im Jahr der ersten elektrischen Fensterheber, durch einen Anlasserknopf ersetzt.

**MOTOR** Der Achtzylinder-Reihenmotor, ein Gusseisenblock mit fünf Hauptlagern, entwickelte 135 PS. Ein Carter-Einfachvergaser und die Prestomatic-Automatik mit Flüssigkeitsgetriebe waren serienmäßig.

Der gefeierte Designer Virgil Exner stieß 1949 zu Chrysler, kam jedoch zu spät, um das Aussehen des auslaufenden Imperial zu verbessern.

Der Radstand betrug 334 cm und war 36 cm kürzer als der Crown Imperial.

Die Scheibenwaschanlage war ein Sonderzubehör.

## CHRYSLER 1950

Gewölbte Chrysler gehörten 1950 zu den größten Autos. Der Imperial hatte einen Kühlergrill wie ein Cadillac, und der Crown Imperial nahm es als verlängerte Limousine mit dem Cadillac 75 auf.

Der Imperial wog 454 kg weniger als der Crown Imperial.

Die neue »Clearbac«-Heckscheibe bestand aus drei durch Chromsäulen getrennten Scheiben.

# CHRYSLER New Yorker

## Preisgekrönt und wunderschön

WARUM BAUT KEINER mehr so schöne Autos? Der 57er New Yorker war das erste und beste Beispiel der »Fortschritts«-Politik von Chrysler. Bei einem durchschnittlichen Wochenlohn von 82,32 Dollar sah das viertürige Hardtop aber nicht nur sensationell gut aus, es war mit 4259 dollar auch sensationell teuer. Der herrliche Anblick machte Chryslers Konkurrenten nervös: Das Styling wurde mit zwei ersten Preisen ausgezeichnet, das Fahrwerk besaß hochmoderne Drehstäbe, und der Motor war einer der weltweit angesehensten – der Fire Power mit halbrunden Verbrennungskammern. Obwohl Chrysler in das »bezauberndste Auto seiner Generation« 300 Millionen Dollar investierte, waren die Verkaufszahlen enttäuschend. Ein Problem war die Rostanfälligkeit in Verbindung mit schlampiger Verarbeitung; ein anderes bestand in der niedrigen Produktivität – lediglich 10948 viertürige Hardtops wurden gebaut.

Die Torsion-Aire-Federung war sehr komfortabel.

Die TorqueFlite-Automatik wurde hier erstmals genutzt.

Im Vergleich zu den Exzessen dieser Ära waren die niedrige Gürtellinie, die riesigen Fenster und das geschmeidige Profil des New Yorker bemerkenswert subtil.

# CHRYSLER

**Typ** Chrysler New Yorker (1957)

**Produktion** 34 620 (alle Karosserietypen 1957)

**Karosserie** viertüriges Sechssitzer-Hardtop

**Bauweise** Monocoque

**Motor** 6,4-l-V8

**Leistung** 325 PS

**Getriebe** TorqueFlite-Dreigang-Automatik

**Fahrwerk** Dreiecklenker vorn mit Längsdrehstabfedern, Semielliptikblattfedern hinten

**Bremsen** Trommelbremsen vorn und hinten

**Höchstgeschwindigkeit** 185 km/h

**0–100 km/h** 12,8 Sek.

**Verbrauch** 21,7 l/100 km

**INNENAUSSTATTUNG** Der New Yorker hatte alles: elektrische Fensterheber, sechsfach verstellbare Sitze, Plattenspieler, Radio, Lautsprecher hinten, Heizung, Handbremsen-Warnsystem, Aircondition und getöntes Glas – eine beeindruckende Ausstattung für ein Auto von 1957.

**MOTOR** Das Spitzenmodell hatte einen Spitzenmotor; er war 1957 die größte erhältliche Produktionseinheit. Bohrung und Hub waren vergrößert und die Kolbenverdrängung um fast 10 % gesteigert. Er war effizient, benötigte Normalbenzin und konnte getunt werden.

Die Form des New Yorker erntete umfassendes Lob und erhielt zwei Ehrenauszeichnungen sowie zwei erste Plätze vom Industrial Designer Institute.

Zusätzlich gab es Captive-Aire-Reifen, die keine Luft verlieren sollten.

Das einheitliche Design wurde von nur einem Mann entworfen – Virgil Exner.

Das Heck und das Dach sind eher zurückhaltend als zu perfekt gestylt.

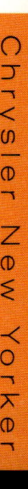
Chrysler New Yorker

# CHRYSLER 300F

## Eine Limousine mit großer Leistung

Chrysler pries den 300F als »feuerrot und furios« an. Das war zwar eine eher seltsame Werbeaussage, jedoch war der 300F tatsächlich feuerrot und eine echte Rennmaschine mit bis zu 225 km/h Spitzengeschwindigkeit. Furios war vor allem die Staudruck-Luftansaugung des keilförmigen 6,8-l-V8. Staudruck-Tuning war schon lange ein Mittel, Drehzahl und Leistung bei Dragsters zu verbessern, und verlieh dem 300F höllische Kräfte. Der 300F der sechziger Jahre, eines von Virgil Exners gelungensten Designs und das beste aus dem Hause Chrysler seit 1957, hatte einen Einheitsaufbau, ein französisches Pont-A-Mousson-Viergang-Getriebe und Vordersitze, die sich zum Fahrer drehten, sobald dieser die Tür öffnete, sowie eine beleuchtete Instrumententafel. Bei einem Preis von 5411 Dollar überraschte es jedoch nicht, dass nur 964 Coupés verkauft wurden. Trotzdem war der 300F gut für das Image von Chrysler.

> Die 300er-Serie wurde 1955 eingeführt, als Chrysler die erste Limousine mit mehr als 300 PS in Serie baute.

Die selbsttätigen Sitze waren 1960 neu und drehten sich automatisch nach außen, wenn sich eine Tür öffnete.

Der Motor brachte beim Flying-Mile-Rennen 1960 in Daytona lauter 300Fs auf die ersten sechs Plätze. Der schnellste schaffte 233 km/h.

Drehstabfedern sorgten für gutes Handling.

# Chrysler

**Typ** Chrysler 300F (1960)

**Produktion** 1212 (1960, beide Karosserien)

**Karosserie** zweitüriges Coupé und Cabriolet

**Bauweise** Einheitsaufbau aus Stahl

**Motor** 6,8-l-V8

**Leistung** 375–400 PS

**Getriebe** Dreigang-Automatik, Viergang-Schaltgetriebe optional

**Fahrwerk** Drehstabfedern vorn, Blattfedern hinten

**Bremsen** Trommelbremsen vorn und hinten

**Höchstgeschwindigkeit** 225 km/h

**0–100 km/h** 7,4 Sek.

**Verbrauch** 23,8 l/100 km

### WERBEMATERIAL

Für den 300F wurde die Floskel vom »schönen Scheusal« geprägt. Bei dem Modell von 1963 ließ man das einzige Mal den Buchstaben nach der »300« weg. Es hätte sich um den »300I« gehandelt, was im Schriftbild womöglich verwirrend ausgesehen hätte

Getönte Solex-Scheiben waren Sonderzubehör.

Der 300F war Amerikas stärkstes Auto. Eine getunte Version erreichte bei einem einmaligen Rennen auf dem Salzsee von Bonneville erstaunliche 304 km/h.

**INNENAUSSTATTUNG** Die »Astra-Dome«-Instrumente waren nachts durch Elektrolumineszenz beleuchtet, die sanft durch die milchigen Scheiben schimmerte. Die Vorrichtung war sehr aufwändig und bestand aus sechs verschiedenen Plastik-, Glas- und Phosphorschichten.

**MOTOR** Der V8-Motor hatte einen Hubraum von 6,8 Litern und leistete 375 PS. Er hatte zwei Carter-Vierfachvergaser und war ein ausgesprochen qualitätvolles Stück Ingenieurskunst. Besonders viel Mühe war auf die optimale Platzierung der Vergaser verwendet worden.

Die scharfen Flossen wurden von Ralph Nader in *Unsafe at Any Speed* als »potenziell tödlich« kritisiert.

Die fragwürdige Heckverzierung hieß »Flight-Sweep« und war auch für andere Chrysler-Modelle erhältlich.

Elektrische Antennen waren wie Golden-Tone-Radios Zubehör.

Chrysler 300F

# CHRYSLER 300L

## Das letzte Modell einer langen Serie

1955 STARTETE CHRYSLER seine Serie 300 »Letter Car« (Buchstabenauto). Der 300C war das stärkste Auto des Jahres 1957 und begründete einen Autotyp, der sich ein gutes Jahrzehnt halten sollte: die Rennlimousine für gehobene Ansprüche. Vom 300B im Jahr 1956 bis zu diesem 300L von 1965 markierte Chrysler die Modellwechsel mit fortlaufenden Buchstaben – mit Ausnahme des Buchstabens »I«. 1965 war zugleich das letzte Jahr für die besonderen Autos der Buchstaben-Serie. Der 300L war mit Hochleistungsreifen und -fahrwerk ausgestattet und wurde von einem leistungsstarken 6,8-l-Motor mit 360 PS und Carter-Vierfachvergaser angetrieben. Mitte der 60er änderte sich allerdings die Lage, und Chrysler investierte Geld in die »Muscle Cars« wie den Charger und den GTX, damals ein äußerst lebhaftes Marktsegment. Der 300L war der letzte Überlebende einer Ära, in der Sportwagen die Länge von Güterzügen hatten.

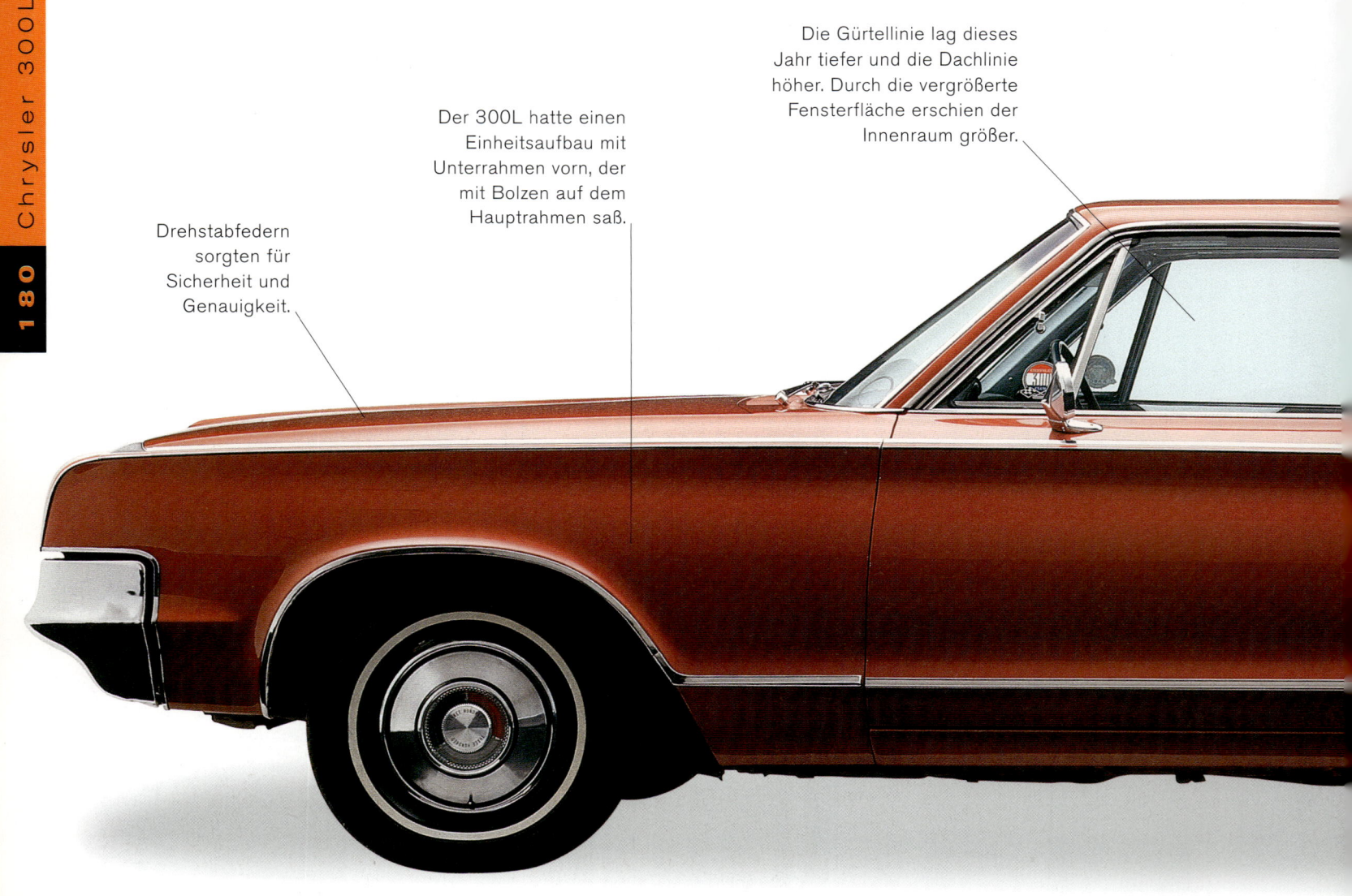

Drehstabfedern sorgten für Sicherheit und Genauigkeit.

Der 300L hatte einen Einheitsaufbau mit Unterrahmen vorn, der mit Bolzen auf dem Hauptrahmen saß.

Die Gürtellinie lag dieses Jahr tiefer und die Dachlinie höher. Durch die vergrößerte Fensterfläche erschien der Innenraum größer.

**Typ** Chrysler 300L (1965)

**Produktion** 2845 (1965)

**Karosserie** zweitüriges Coupé und Cabriolet

**Bauweise** Einheitsaufbau aus Stahl

**Motor** 6,8-l-V8

**Leistung** 360 PS

**Getriebe** Dreigang-Automatik, Viergang-Schaltgetriebe optional

**Fahrwerk** Drehstabfedern vorn, Blattfedern hinten

**Bremsen** Trommelbremsen vorn und hinten

**Höchstgeschwindigkeit** 177 km/h

**0–100 km/h** 9,2 Sek.

**Verbrauch** 20–23,8 l/100 km

Chrysler 300L

**INNENAUSSTATTUNG** Schalensitze vorn und eine Mittelkonsole waren beim L serienmäßig, ebenso ein neuer Automatikschalthebel ohne Drucktaste. Die Sitze hinten waren wie Schalensitze geformt, tatsächlich boten sie jedoch Platz für drei Personen.

**MOTOR** Der V8 hatte 45 PS mehr als die Standardmotoren der Serie 300. Er war widerstandsfähig, zuverlässig und zeigte sehr respektable Leistungen. Der 300L war schnell, agil und lief ruhiger als die meisten anderen Autos der Serie.

Als das berühmte 300er-Namensschild in sein letztes Jahr ging, war der Funke erloschen. Der 300L war nicht so schnell wie seine Vorgänger und auch weniger extravagant.

Rotes oder schwarzes Leder gehörte als letzter Schrei zur Luxusausstattung.

Bei eingeschalteten Scheinwerfern leuchtete auch das Emblem.

Der Wettbewerb war 1965 hart: Der 300L musste sich gegenüber dem Oldsmobile Starfire, dem beneidenswert schönen Buick Riviera sowie dem Marktführer Ford Thunderbird behaupten.

Der riesige Kofferraum bot viel Stauraum.

Die Hinterachse konnte mit positiver Traktion ausgestattet werden.

# CITROËN Traction Avant

## Mehr als zwei Jahrzehnte lang an der Spitze

DER VON POLITIKERN und Künstlern geliebte Traction Avant war sowohl für Citroën als auch für die internationale Automobilindustrie ein Wendepunkt. Sein Entwurf gleicht einem Wunder, er war der erste Serienwagen in Monocoque-Bauweise mit Vorderradantrieb und Drehstabfedern. So begann Citroëns Karriere ungewöhnlicher Konstruktionen. Der Traction Avant wurde binnen nur 18 Monaten entwickelt, wodurch die Entwicklungskosten enorm stiegen. 1934 musste Citroën deshalb 8000 Arbeiter entlassen, sie wurden auf Drängen der Regierung von Michelin übernommen. In über 23 Jahren wurden mehr als eine Dreiviertelmillion Limousinen, Coupés und Cabriolets verkauft. Er erntete weltweites Lob für seine Straßenlage, die hydraulischen Bremsen, den Fahrkomfort und die Kurvenlage. Citroëns kühne Limousine gilt als der innovativste Serienwagen seiner Zeit.

Die unabhängige Radaufhängung mit Drehstabfedern, Dreieckslenker, Schubstrebe, Reibungsstoßdämpfer und Schneckenlenkung (später Zahnstangenlenkung) ergaben ein gutes Fahrverhalten.

Die Haube ist seitlich zu öffnen.

Trotz seiner 1,9 l schaffte der Avant nur 46 PS.

1954 galt der Sechszylinder-Traction Avant wegen seiner hydropneumatischen Federung als etwas ganz Besonderes.

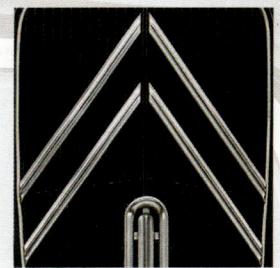

**Typ** Citroën Traction Avant (1934-55)

**Produktion** 758 858 (einschließlich Sechszylinder)

**Karosserie** fünfsitzige viertürige Limousine

**Bauweise** Stahlmonocoque, Frontantrieb

**Motor** 1,9-l-Reihenvierzylinder

**Leistung** 46 PS bei 3200 U/min

**Getriebe** Dreigang-Getriebe

**Fahrwerk** Einzelradaufhängung

**Bremsen** hydraulische Trommelbremsen

**Höchstgeschwindigkeit** 113 km/h

**0–100 km/h** 26 Sek.

**Verbrauch** 12,3 l/100 km

**INNENAUSSTATTUNG** Das Dreigang-Getriebe liegt vor dem Motor und ist im zweiten und dritten Gang synchronisiert. Die Kraftübertragung besorgen eine Cardin-Antriebswelle und Gleichlaufgelenke an der Achse. Der Schalthebel in der Instrumententafel lebt in der DS von 1955 *(siehe Seiten 192–195)* weiter.

**MOTOR** Maurice Sainturat entwarf einen neuartigen Motor. Der Kurzhub-Vierzylindermotor mit dreifach gelagerter Kurbelwelle und über Stößelstangen betätigten, obenliegenden Ventilen bringt gleichmäßige sieben PS (nach der damaligen französischen Zählung).

Mit seinem aerodynamischen Design, der selbsttragenden Bauweise und den Kotflügeln ohne Trittbretter war der Traction Avant eine technische und ästhetische Meisterleistung.

Motor, Getriebe, Kühler und Vorderradaufhängung waren zur einfacheren Wartung auf einem Fahrschemel montiert.

Michelin produzierte Pilote-Räder und Reifen für den Traction.

1952 überarbeitete Citroën den Kofferraum und gab ihm einen bauchigen Deckel.

Enge Parklücken waren nichts für den Avant.

Citroën Traction Avant

# CITROËN 2CV

## Das Kultauto schlechthin

Selten wurde ein Wagen so heftig kritisiert wie der Citroën 2CV. Bei seiner Vorstellung 1948 auf dem Pariser Autosalon beschrieben Journalisten ihn als primitives Stadtauto und in Paris ging der Ausspruch um: »Ist der Dosenöffner im Preis enthalten?« Dabei wurde übersehen, dass dieser Wagen gar nicht mit anderen Autos konkurrieren sollte. Seine tatsächlichen Rivalen waren Pferd und Karren, die Citroën-Chef Pierre Boulanger durch sein *toute petite voiture* – sehr kleines Auto – ersetzen wollte. Die Aufhängung sollte so weich sein, dass man im 2CV einen Korb roher Eier unbeschadet über ein Feld transportieren konnte. Aller Häme zum Trotz ging er schließlich doch als »Ente« in die Geschichtsbücher ein und verkaufte bis zu seinem endgültigen Ableben im Jahre 1990 über fünf Millionen Exemplare. Die Fans sagen über den 2CV: »Entweder liebt man ihn, oder man versteht ihn nicht.«

Vorkriegsentwürfe besaßen sogar nur einen Scheinwerfer.

Die Konstrukteure liebäugelten zwar mit einem rahmenlosen Wagen, der Preis erlaubte aber nur einen Stahlblech-Plattformrahmen.

Der gesamte Aufbau besteht aus verschraubten Anbauteilen, die mit 16 Schrauben am Rahmen befestigt sind.

# CITROËN

**Typ** Citroën 2CV (1949–90)

**Produktion** 5 114 966 (einschließlich Kastenwagen)

**Karosserie** viertürige Limousine mit Rolldach, zweitüriger Kastenwagen

**Bauweise** Stahl-Plattformrahmen, Stahlaufbau

**Motor** luftgekühlter Zweizylinder-Boxermotor mit 375 cm³, 425 cm³, 435 cm³ oder 602 cm³

**Leistung** 9, 12, 18 oder 29 PS

**Getriebe** Viergang-Schaltung, Frontantrieb

**Fahrwerk** Einzelradaufhängung mit Schraubenfedern

**Höchstgeschwindigkeit** 69 km/h (347 cm³), 79 km/h (425 cm³), 85 km/h (435 cm³), 116 km/h (602 cm³)

**0–100 km/h** 31,2 Sek. (602 cm³)

**Verbrauch** 5,1–6,3 l/100 km

**INNENAUSSTATTUNG** Der Tacho und ein Amperemeter waren die einzigen Instrumente. Die Tankanzeige bestand aus einem Peilstab. Anfangs war die Türverkleidung aus gewachstem Tuch, heute eine Rarität.

**MOTOR** Der ursprüngliche 375 cm³ große luftgekühlte Zweizylindermotor, der hier zu sehen ist, wurde bis auf 602 cm³ vergrößert. Alle Versionen sind jedoch auch bei permanenter Auslastung sehr zuverlässig.

Ein 2CV fährt sich wie kein anderes Auto, auch wenn man sich an die Steuerung erst gewöhnen muss. Auch der unschlagbare Grip der Reifen war erstaunlich.

Frischluft wurde durch die Öffnung im Windlauf zugeführt, ein Gitter hielt Insekten ab.

Das raffinierte unabhängige Fahrwerk des 2CV ist berühmt für sein weiches Rollen.

Bis 1959 gab es nur Grau, dann auch Gletscherblau, ab 1960 kamen Grün und Gelb hinzu.

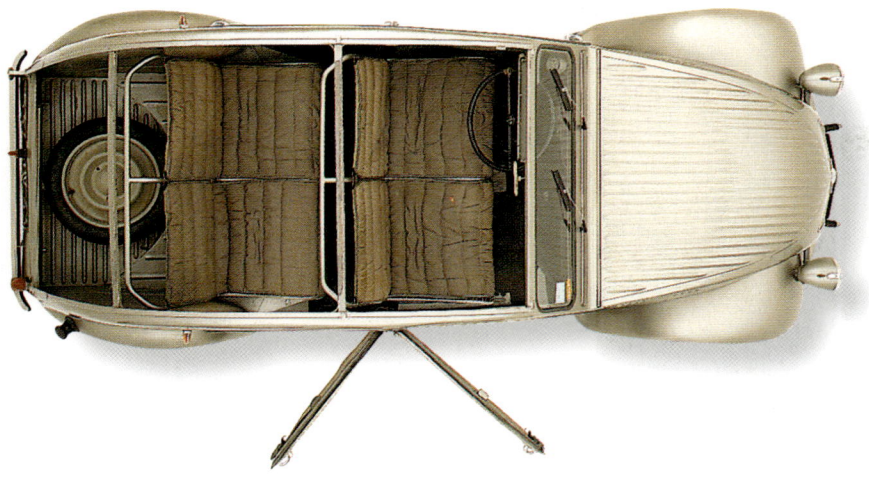

## André Citroën

1905 ließ André Citroën seine Schneckengetriebe patentieren, die in großen Schiffen wie der Titanic eingesetzt wurden. Nach dem Weltkrieg sah er, dass dem Auto die Zukunft gehörte. Seine einst erfolgreiche Firma ging 1934 wegen der hohen Entwicklungskosten des Traction Avant pleite und wurde von seinem Hauptgläubiger Michelin übernommen.

Anfangs wurde der Kofferraum mit einem Rollverdeck geschlossen, ab 1957 gab es eine Metallhaube.

# CITROËN DS Décapotable

## Die Design-Ikone von Bertone

Als 1955 die ersten Prototypen von Citroëns bahnbrechender DS durch Paris fuhren, wurden sie von Rufen der Menge »La DS, la DS, voilá la DS!« verfolgt. Kaum ein anderes Auto ist technisch und stilistisch so waghalsig konstruiert, seiner Einführung widmete die Presse ebenso viel Platz wie Stalins Tod. Getragen von einem Bett aus Hydraulikflüssigkeit, mit einem halbautomatischen Getriebe, Niveauregulierung und abnehmbaren Karosserieteilen ließ die DS den Rest der Autowelt altmodisch erscheinen. Unter Verwendung des Fahrgestells der Safari-Kombilimousine baute der Pariser Karosseriebauer Henri Chapron 1365 DS-Cabriolets. Anfänglich weigerte sich Citroën, mit Chapron zusammenzuarbeiten, aber schließlich wurde die Décapotable durch ihr Händlernetz vertrieben. Zu der Zeit galt das elegante Viersitzer-Cabriolet bei vielen als einer der charismatischsten offenen Wagen. Er kostet heute das Vielfache der Limousine.

**Aufhängung**
Die unabhängige Gasdruck-Federung sorgt für »Seegang«.

Bei allen DS war die hintere Spur schmaler als die vordere.

Die Karosserieteile sind für leichte Wartung und Reparatur abnehmbar. Die hinteren Kotflügel können für den Radwechsel nur mit dem Radschlüssel in wenigen Minuten abgenommen werden.

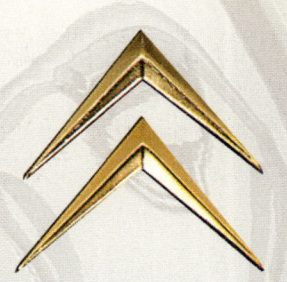

Der windschlüpfrige, stromlinienförmige Aufbau erzeugt nur sehr wenig Luftwiderstand.

**Typ** Citroën DS 21 Décapotable (1960–71)

**Produktion** 1365

**Karosserie** Fünfsitzer

**Bauweise** Ganzstahlaufbau, Stahlplattformfahrwerk mit angeschweißten Längsträgern

**Motor** 2,2-l-Vierzylindermotor

**Leistung** 109 PS bei 5550 U/min

**Getriebe** Viergang-Halbautomatik ohne Kupplung

**Fahrwerk** Einzelradaufhängung mit hydropneumatischen Federbeinen

**Bremsen** Scheibenbremsen vorn, Trommelbremsen hinten

**Höchstgeschwindigkeit** 187 km/h

**0–100 km/h** 11,7 Sek.

**Verbrauch** 11,8 l/100 km

Citroën DS Décapotable

**INNENAUSSTATTUNG** Bertones asymmetrische Instrumententafel gibt dem Wageninnern einen futuristischen Ausdruck. Das Einspeichenlenkrad ist typisch Citroën.

**MOTOR** Der wenig gelobte 2,2-l-Motor der DS 21 entwickelte 109 PS, er geht auf den Traction Avant *(siehe Seiten 170–173)* zurück. Die Bremskraft lieferte ein Zweikreissystem mit Scheibenbremsen.

**UNTER DER HAUBE**
Die Viergang-Halbautomatik hatte keine Kupplung. Der Gangwechsel erfolgte durch Hydraulik-Servos.

1967 bekam die DS neue Scheinwerferabdeckungen. Sonst änderte sich in 20 Jahren nur wenig.

Innovativ waren auch die clever gekrümmten Scheiben und viel Schaumgummi, sogar auf dem Boden.

## Charles de Gaulle

Der überwältigende Erfolg des Kultautos wurde von dem französischen Literaturtheoretiker Roland Barthes in seinem Buch über die »Mythen des Alltags« untersucht.

Am 22. August 1962 wurde die schwarze DS19 von Präsident de Gaulle am Pariser Stadtrand von 12 Terroristen beschossen. Die ersten Schüsse verfehlten den Präsidenten, trafen aber zwei Reifen. Der Chauffeur gab Vollgas, riss den Wagen herum, um zwei Autos der Angreifer auszuweichen, und konnte entkommen. Gutachter behaupteten später, dass jedes andere Auto sich bei diesem Manöver überschlagen und so den Präsidenten getötet hätte.

Ein Markenzeichen des Décapotable waren die Blinkleuchten auf dem Kotflügel.

# CITROËN SM

## Modernste Technik in Stromlinienform

Der SM ist ähnlich sinnvoll wie die Concorde, aber wahrhaft große Dinge werden selten von Vernunft begleitet. Die technischen Meisterleistungen bestehen gewiss nicht darin, dass der viersitzige, knapp fünf Meter lange SM eigentlich nur als Zweisitzer nutzbar ist. Die auffällige und sehr aerodynamische Karrosserie mit ihrem extrem niedrigen Widerstandsbeiwert wurde von Henri de Segur Lauve entworfen. Der Designer hatte vorher für General Motors gearbeitet. An manchen Details des Citroën SM lässt sich ein gewisser Einfluss von GM erkennen. Dieser Wagen steckt aber voller für Citroën typischer Innovationen, wie etwa Schwenkscheinwerfer und hydropneumatische Aufhängung mit Niveauregulierung – ein sehr kompliziertes, zu kompliziertes Auto. Und dann ist da auch noch der launische V6-Motor von Maserati. Wieder einmal hatte Citroën einen futuristischen Wagen geschaffen.

Die auffällige Heckscheibe aus Verbundglas war sehr kostspielig.

Die verchromten Leisten waren von General Motors inspiriert.

## CITROËN SM

**Typ** Citroën SM, SM EFI und SM Automatik (1970–75)

**Produktion** 12 920

**Karosserie** Zweitürer, 2+2-Coupé

**Bauweise** selbsttragender Stahlaufbau mit Aluminiummotorhaube

**Motor** 2,7-l-Aluminium-V6 (SM Automatik mit 3,0 l)

**Leistung** SM: 170 PS bei 5500 U/min; SM Automatik: 180 PS bei 5750 U/min

**Getriebe** Citroën-Fünfgang-Schaltung oder Borg-Warner-Dreigang-Automatik, Frontantrieb

**Fahrwerk** Einzelradaufhängung mit hydropneumatischer Federung; Querlenker vorn, Längslenker hinten

**Höchstgeschwindigkeit** 220 km/h*

**0–100 km/h** 8,6 Sek.*

**Verbrauch:** 16,4–18,9 l/100 km

*Werte für Automatik SM EFI

Citroën SM 197

### ROLLENDE FAHRT
Trotz der Größe und des Gewichts ließ sich der SM sportlich fahren. Wie auf diesem Bild deutlich zu sehen, rollte er wie ein Fischkutter in schwerer See und neigte wie alle Fronttriebler zum Untersteuern.

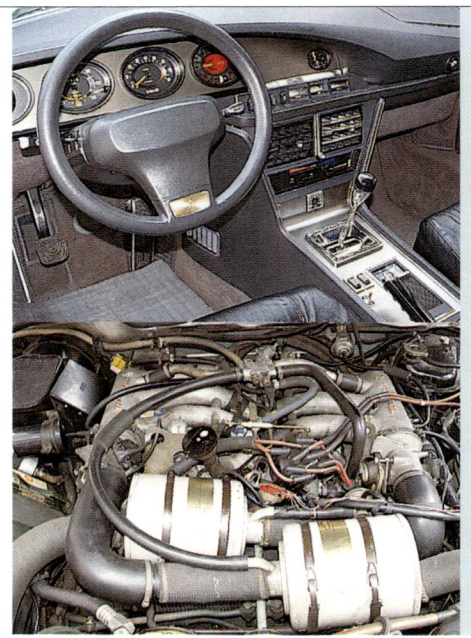

**INNENAUSSTATTUNG** Die Instrumententafel folgt eher formalen Ansprüchen. Der ovale Tacho ist zwar gut zu erkennen, der Rest der Konsole wirkt jedoch mehr verwirrend. Es bedarf einiger Übung, jedes einzelne Lämpchen zielsicher deuten zu können.

**MOTOR** SM steht für Série Maserati und mithin für den Motor: Das V6-Aluminiumaggregat wiegt nur 140 kg und ist 31 cm lang, liefert aber 170 PS. Wegen der französischen Hubraumbesteuerung hatte er zunächst unter 2,8 Liter.

Trotz guter Rundumsicht durch die schmalen Holme ist der SM auf der Straße oft schlecht zu überblicken.

Der SM hat sechs Frontleuchten, die innersten sind mit der Lenkung gekoppelt.

Der Motor saß hinter dem Getriebe und damit auch weit hinter der Vorderachse.

Die glatte Schnauze und das schlanke Heck sorgen für einen Widerstandsbeiwert von 0,27.

Wie bei den meisten frontgetriebenen Wagen haben die Hinterräder nur wenig mehr zu tun, als die Karosserie vom Boden wegzuhalten.

Die Ausbuchtung über dem hinteren Nummernschild wurde zur Verbesserung der Aerodynamik eingeführt.

Der unzureichende Kopf- und Fußraum auf den Rücksitzen wurde in den Werbeunterlagen von Citroën verschwiegen.

Citroën SM

199

# CONTINENTAL Mk II

## Eines der schönsten US-Autos der Fünfziger

DASS DIE AMERIKANER in den Fünfzigerjahren kein schönes Auto gebaut hätten, wird vom 56er Continental nachdrücklich widerlegt. Der Mark II sollte ein Kunstwerk und ein Symbol des Überflusses sein und ist so schön, dass er aus Italien stammen könnte. William Ford war von seinem persönlichen Projekt so begeistert, dass er darauf bestand, die Kühlerverzierung müsse aus Chrom statt aus Plastik sein, wodurch sie mit 150 Dollar so teuer wurde wie ein kompletter Ford-Kühlergrill. Diese hartnäckige Liebe zum Detail sollte sein Projekt zu Fall bringen, denn obwohl der Mark II fast 10 000 Dollar kostete, machte die Continental-Abteilung Verluste. Schlechte Verkaufszahlen, interne Streitigkeiten und die Tatsache, dass er nur ein Zweitürer war, führten 1958 zum Aus für den Continental. Ironischerweise wurde er später durch den hässlichen Edsel (*siehe Seiten 236–243*) ersetzt.

Mit seinen gepflegten Heckflossen, eleganten Stoßstangen und klaren, eingefügten Rückleuchten fand das Auto auf beiden Seiten des Atlantiks Verehrer.

Wie alle anderen US-Reiselimousinen verbrauchte auch der Continental viel Benzin.

Die spezielle Rahmengestaltung erlaubte hohe Sitze bei einer niedrigen Dachlinie.

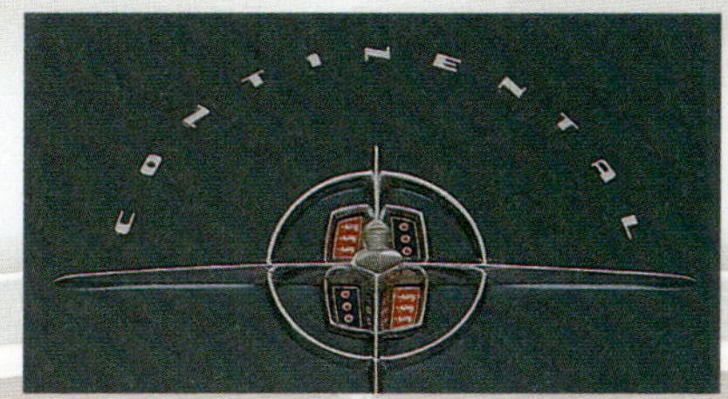

**Typ** Continental Mark II (1956)

**Produktion** 2550 (1956)

**Karosserie** zweitürige Viersitzer-Limousine

**Bauweise** Stahlaufbau und -chassis

**Motor** 6,0-l-V8

**Leistung** 300 PS

**Getriebe** Turbo-Drive-Dreigang-Automatik

**Fahrwerk** Einzelrad mit Schraubenfedern vorn, Blattfedern hinten

**Bremsen** Trommelbremsen vorn und hinten

**Höchstgeschwindigkeit** 185 km/h

**0–100 km/h** 12,6 Sek.

**Verbrauch** 17,5 l/100 km

Continental MkII 201

**INNENAUSSTATTUNG** Das klassisch schlichte Cockpit hätte aus einem britischen Auto stammen können. Die Ausstattung bestach durch kostbar genarbtes Leder und aufwändige Stoffe. Radio mit Sendersuchlauf, vierfach verstellbare Sitze, Doppelheizung und Kartenlampen waren serienmäßig.

**MOTOR** Der Lincoln 6,0-l-V8 wurde extra vom Fließband genommen, auseinandergebaut und für besonders reibungslosen und kultivierten Lauf austariert. Nach dem 6,1 l von Packard war dies der größte Motor in einem Serienwagen von 1956.

## Elvis kaufte einen Continental an Stelle seines üblichen Cadillacs, und Jayne Mansfield besaß einen mit Nerzfell.

Das einzige Zugeständnis der glänzenden, klaren Front mit dem einfachen Spritzguss-Kühlergrill an die damaligen Konventionen waren die in die Stoßstange integrierten Blinker.

Die hochwertige, komplette Lederverkleidung wurde eigens aus Schottland importiert.

# DAIMLER SP250 Dart

## Eine Mischung britischer und amerikanischer Stile

DER EXZENTRISCHE SP250 bescherte Daimler den Untergang. Ende der 50er Jahre geriet die traditionsreiche britische Firma in Coventry in arge Geldnot. Der Dart wurde entwickelt, um das Interesse der autoverrückten Amerikaner zu wecken und wurde so eine seltsame Mixtur britischer und amerikanischer Entwurfs-Philosophien. Er wurde erstmals 1959 in New York vorgestellt. Daimler baute Busse auf Glasfaser-Basis, daher wurde für den Dart eine rostfreie Fiberglaskarosserie entwickelt. Das Trägerfahrgestell stellte eine schamlose Kopie des Triumph TR2 (*siehe Seiten 476–479*) dar, und um den Grundpreis klein zu halten, gab es Heizung, Scheibenwaschanlage und Stoßstangen nur gegen Aufpreis. Der SP250 war mehr ein Misserfolg als ein großer Wurf. Mit seinem zu stark den 50ern verpflichteten Konzept war er für moderne Monocoque-Sportwagen keine echte Konkurrenz. 1960 wurde Daimler von Jaguar übernommen.

Die glupschäugige Frontpartie sieht zwar nicht gerade gut aus, signalisiert aber immerhin eine gewisse Schnelligkeit.

Die Glasfaserhaube sprang bei hoher Geschwindigkeit manchmal auf!

Diese Kotflügelsicke sieht nicht nur gut aus, sie wirkt auch stabilisierend.

Bei den ersten Exemplaren schützte ein Stahlreif die Scheibe vor Vibrationen.

**Typ** Daimler SP250 Dart (1959–64)

**Produktion** 2644

**Karosserie** zweitüriges, zweisitziges Sport-Cabriolet

**Bauweise** Glasfaseraufbau, Stahlträgerfahrwerk

**Motor** 2,5-l-V8-Gussblock

**Leistung** 140 PS bei 5800 U/min

**Getriebe** Viergang- oder Dreigang-Automatik (Bort-Warner Modell 8)

**Fahrwerk** Einzelradaufhängung mit Dreieckslenker und Schraubenfedern vorn, Starrachse mit Blattfedern hinten

**Bremsen** Girling-Scheibenbremsen

**Höchstgeschwindigkeit** 201 km/h

**0–100 km/h** 8,6 Sek.

**Verbrauch** 11,4 l/100 km

**INNENAUSSTATTUNG** Mit den in der Mitte der Aluminium-Konsole platzierten Instrumenten, Ledersitzen, Kurbelfenstern und dicken Bodenteppichen entspricht das Cockpit ganz der britischen Tradition. Auf dem Rücksitz fand gerade mal ein einziges Kind Platz.

**MOTOR** Mit dem von Edward Turner entworfenen V8 erreichten mutige Fahrer bis zu 200 km/h. Mit seinen Leichtmetall-Köpfen und den hemisphärischen Brennräumen war der V8 ein exzellentes Aggregat, das im Daimler 250 weiterlebte.

Der Dart ist ein typisches Beispiel für die in den Sechzigern häufige misslungene Übertragung amerikanischer Konzepte auf britische Autos.

Die Windschutzscheibe war mit Chrom eingefasst.

Die Lichter auf den Kotflügeln sind ein zeittypisches Detail.

### RENNVERSUCHE

Auf der Geraden war er schnell, aber Kurven machten dem Daimler Probleme. Große Rennerfolge blieben aus. Hier sieht man einen Daimler 1962 in Brands Hatch.

In den Kurven öffneten sich manchmal die Türen.

Das Verdeck verschwand hinter den Rücksitzen und wurde mit einer Stoffpersenning abgedeckt.

Daimler SP250 Dart | 207

# DATSUN Fairlady

## Ein Japaner im europäischen Stil für die USA

Der Datsun Fairlady weist eine erstaunliche Ähnlichkeit zum MGB (*siehe Seite* 421) auf, wurde allerdings bereits 1961, also ein Jahr früher, auf dem Autosalon in Tokio vorgestellt. Die frühe 1500-cm³-Ausführung konnte noch nicht ganz überzeugen, die weitere Entwicklung der Fairlady gab jedoch einen guten Vorgeschmack auf die zukünftige Qualität japanischer Autos. Anders als andere Cabrios sah sie auch mit Verdeck hübsch aus. Die Variante von 1967 mit Zweiliter-DOHC-Motor und Fünfgang-Getriebe erreichte 200 km/h und fand sogar bei amerikanischen SCCA-Rennen Beachtung. Das einfache und sichere Handling der Fairlady kam Freizeit-Rennfahrern zweifelsohne sehr entgegen. Von der für den amerikanischen Markt bestimmten Fairlady wurden in neun Jahren zwar nur 40 000 Stück verkauft, über dieses Modell fand Datsun jedoch den Weg zum legendären 240Z (*siehe Seiten* 212–215).

Im Vergleich zu anderen japanischen Sportwagen seiner Zeit war dieses Modell erstklassig.

Die Frontaufhängung war unabhängig und hatte Teleskop-Dämpfer, Dreieckslenker und Schraubenfedern.

Die geschraubten Kotflügel der Fairlady erleichtern Reparaturarbeiten.

# Fairlady

Neun Jahre lang wurde die Fairlady kontinuierlich weiterentwickelt.

**Typ** Datsun Fairlady 1600 (1965–70)

**Produktion** Ungefähr 40 000

**Karosserie** zweisitziges Sport-Cabriolet

**Bauweise** Stahlaufbau auf Kastenprofil-fahrwerk

**Motor** 1,6-l-Vierzylinder

**Leistung** 90 PS bei 6000 U/min

**Getriebe** vollsynchronisiertes Viergang-Getriebe

**Fahrwerk** Einzelradaufhängung vorn, Blattfedern hinten

**Bremsen** Scheibenbremsen vorn, Trommelbremsen hinten

**Höchstgeschwindigkeit** 169 km/h

**0–100 km/h** 13,9 Sek.

**Verbrauch** 11,4 l/100 km

**INNENAUSSTATTUNG** Die hervorragende äußere Linienführung findet innen keine Fortsetzung. Dort findet sich – typisch für die Zeit – eine Menge Plastik.

**MOTOR** Die 1,6-l-Einheit mit 90 PS wurde bis 1970 am häufigsten in der Fairlady eingesetzt.

Die klassischen Proportionen geben der Fairlady einen eigenen Reiz, sie ist der schönste vor 1965 produzierte Datsun.

Die Fairlady war wegen ihres leichten und sicheren Handlings beliebt.

Später gab es 2,0-l-Modelle mit 145 PS und Fünfgang-Schaltung.

Höher und schmaler als der MGB, zeigt die Fairlady eindeutig europäische Züge.

Bei frühen Exemplaren gab es einen Rücksitz quer zu den Vordersitzen.

Datsun Fairlady **211**

# DATSUN 240Z
## Japans erster Weltklasse-Sportwagen

IN DEN SECHZIGERN standen die japanischen Hersteller im Sportwagenbau kurz vor dem Durchbruch. Der schöne Toyota 200 GT (*siehe Seite* 533) geriet mit 337 verkauften Exemplaren zu einem exklusiven Flop. Honda machte mit dem S600 und dem S800 ähnliche Erfahrungen. Datsun besaß mit der Fairlady ein zwar in Japan und den USA populäres, sonst jedoch unbekanntes Modell. Der Durchbruch kam mit dem Datsun 240Z, der Japan mit einem Schlag in die Welt der Sportwagenhersteller katapultierte. Der Erfolg war abzusehen gewesen. Jaguar E-Type, Austin-Healey 3000 und MGB waren nicht mehr die Jüngsten. Insbesondere in den USA tat sich eine Lücke auf, die der Datsun 240Z sehr elegant ausfüllte. In den Staaten wurde er im Oktober 1969 eingeführt, einen Monat vor seiner offiziellen Freigabe in Japan. Er sah gut aus, brachte Leistung und war ansprechend ausgestattet.

Der Heckspoiler gehörte nicht zur Grundausstattung.

**Typ** Datsun 240Z (1969–73)

**Produktion** 156 076

**Karosserie** dreitüriger Zweisitzer mit Schrägheck

**Bauweise** Stahl-Monocque

**Motor** 2,4-l-Reihensechszylinder-OHC

**Leistung** 151 PS bei 5600 U/min

**Getriebe** vollsynchronisiertes Vier- oder Fünfgang-Getriebe, optional Automatik

**Fahrwerk** Einzelradaufhängung mit MacPherson-Federbeinen, Schraubenfedern und Teleskopdämpfern; Unterlenker vorn, Dreieckslenker hinten

**Bremsen** Scheibenbremsen vorn, Trommelbremsen hinten

**Höchstgeschwindigkeit** 210 km/h

**0–100 km/h** 8,3 Sek.

**Verbrauch** 11,1–14,3 l/100 km

**INNENAUSSTATTUNG** Das Cockpit ist auf den amerikanischen Geschmack zugeschnitten. Hinter den vinylbezogenen Schalensitzen ist ausreichend Platz für Gepäck.

**MOTOR** Der 2,4-l-Sechszylinder-Motor mit Zwillingsvergaser stammt von der Bluebird-Reihe ab und entwickelte viel Kraft.

Wie bei vielen langlebigen Sportwagen ist die erste Generation des 240Z die gelungenste – leichter und wendiger als alle nachfolgenden.

Leider hat der 240Z dünne, zu Rost neigende Bleche.

Der Name Datsun steht für »Sohn des Dat« und tauchte erstmals 1932 auf.

Die Linienführung des 240Z basiert auf früheren Entwürfen von Albrecht Goertz, der auch den BMW 507 entwarf.

Das Heck und die abgedeckten Scheinwerfer erinnern an den Jaguar E-Type *(siehe Seiten 330–333)*.

# DELOREAN DMC 12

## Ein glorreicher Reinfall

»DIE LANG ERSEHNTE Revolution des Fahrens hat begonnen«, versprachen die Hochglanz-Broschüren für John Zachary DeLoreans ungewöhnlichen DMC 12. Mit seiner einzigartigen gebürsteten Edelstahlkarosserie, Flügeltüren und einer vollständig servo-elektronischen Innenausstattung sollte der DMC einen Vorgriff auf die Zukunft darstellen. Heute teilt er sich mit dem katastrophalen Ford Edsel (*siehe Seiten 236–243*) den Ruhm, einer der größten Fehlschläge der Automobilgeschichte zu sein. Trotz Regierungsunterstützung für den Bau einer Fabrik im Westen von Belfast schloss DeLorean 1982 hoch verschuldet die Tore. Die Besitzer eines DMC 12 wurden mit einer Fülle von Problemen konfrontiert. Selbst der Auftritt des Autos im Film *Zurück in die Zukunft* konnte DeLoreans Schicksal nicht abwenden. Die Verkaufszahlen dieses unglücklich konzipierten Wagens hinkten den zu optimistischen Vorhersagen hoffnungslos hinterher.

Der DMC 12 wurde für reiche Junggesellen gebaut, ausreichend Platz für die Golfausrüstung hinter den Sitzen war Teil seiner Philosophie.

Die maßgeschneiderten Leichtmetallfelgen waren vorn kleiner als hinten.

Durch die kleinen Fenster und die meist defekte Klimaanlage wurde es im Inneren oft sehr warm.

# DMC

**Typ** DeLorean DMC 12 (1979–82)

**Produktion** 6500

**Karosserie** zweisitziges Sportcoupé

**Bauweise** Y-förmiges Fahrwerk mit Edelstahlaufbau

**Motor** 2,8-l-OHC-V6

**Leistung** 145 PS bei 5500 U/min

**Getriebe** Fünfgang-Getriebe (optional Dreigang-Automatik)

**Fahrwerk** Einzelradaufhängung mit Trapezlenkern vorn und Längslenkern hinten

**Bremsen** Scheibenbremsen

**Höchstgeschwindigkeit** 201 km/h

**0–100 km/h** 10 Sek.

**Verbrauch** 12,8 Liter 100/km

**INNENAUSSTATTUNG** Das Leder-Interieur mit elektrischen Fensterhebern, höhenverstellbarer Teleskop-Lenksäule und Klimaanlage mit sieben Messpunkten kann durchaus beeindrucken.

**MOTOR** Der 2,8-l-V6-OHC-Motor von Volvo mit Bosch K-Jetronic-Einspritzung entwickelt moderate 145 PS. Standard war ein Fünfgang-Getriebe, optional gab es eine Dreigang-Automatik.

Jedem, der den Prototyp kannte, war klar, dass die Flügeltüren und die Edelstahlkarosserie zu wenig mehr als Marketing-Gags taugten.

Die Türen sind mit Schaltern, Glas, Elektromotoren, Spiegeln, Lautsprechern und Lüftungsrohren überladen.

Die Türen wurden von einem einzelnen Gasdruck-Dämpfer gehalten und funktionierten entsprechend schlecht.

Der gebürstete Edelstahl fand bei Colin Chapman keine Zustimmung, DeLorean bestand jedoch trotz der möglichen Probleme darauf.

## JOHN DELOREAN

John Zachary DeLorean baute sein Imperium auf fremdem Geld auf, um es dann zu verpulvern. Als Leiter einer der profitabelsten Abteilungen von General Motors wurde er nach einem Streit mit der Geschäftsleitung entlassen und ging dann daran, sein Traumauto zu bauen – den DeLorean DMC 12. Die Hoffnungen auf Arbeitsplätze in der DeLorean-Fabrik in Belfast zerplatzten ebenso schnell wie DeLoreans Träume, die amerikanische Investoren und britische Steuerzahler Millionen kosteten. In den Achtzigern wurde er von einer Anklage wegen millionenschweren Kokainhandels freigesprochen. Von einem Sportwagen-Projekt redet er allerdings immer noch.

# DESOTO Custom

## Ein preiswertes und doch edles Cabriolet

DER GLITZERNDE ZAUBER des DeSoto von 1950 munterte das Amerika der Nachkriegszeit auf. Davon abgesehen war er aber auch praktisch, kompakt und robust. DeSoto baute seit langer Zeit Taxen und schaffte es in den Jahren 1946–48 trotz Stahlknappheit, 11 600 Taxen zu verkaufen, von denen die meisten auf den Straßen von New York fuhren. Obwohl er mehr Chromzierrat als jeder andere Chrysler besaß, mühte sich der DeSoto mit einem L-Kopf-Sechszylinder mit 4,0 l ab. Der legendäre Firedome-V8 sollte erst 1952 fertig sein. Die Karosserieformen von 1950 waren dagegen die schönsten aller Zeiten. Die Amerikaner waren begeistert und kauften 133 854 Autos im Kalenderjahr, wodurch DeSoto Platz 14 der Verkaufsrangliste einnahm. Erstklassige Cabriolets kosteten nur 2578 Dollar und hatten serienmäßig die Tip-Toe-Druckölschaltung mit Gyrol-Flüssigkeitsgetriebe. In den mageren Nachkriegsjahren war der Preis absolut ausschlaggebend.

Von den Limousinen und Coupés verkaufte DeSoto die meisten.

Cabriolets waren serienmäßig mit Weißwandreifen und Radkappen ausgestattet.

Ein DeSoto galt als zuverlässiger und wertvoller Kauf.

Das Verdeck musste von Hand bedient werden.

**Typ** DeSoto Custom Cabriolet (1950)

**Produktion** 2900 (1950)

**Karosserie** zweitüriges Cabriolet

**Bauweise** Stahlaufbau und Kastenrahmen

**Motor** 3,9-l-Sechszylinder-Reihenmotor

**Leistung** 112 PS

**Getriebe** Flüssigkeitsgetriebe mit Halbautomatik

**Fahrwerk** Einzelrad mit Schraubenfedern vorn, Blattfedern mit Starrachse hinten

**Bremsen** Trommelbremsen vorn und hinten

**Höchstgeschwindigkeit** 145 km/h

**0–100 km/h** 23 Sek.

**Verbrauch** 15,6 l/100 km

**INNENAUSSTATTUNG** Blinklichtanzeiger und Rückfahrscheinwerfer waren beim Custom serienmäßig; Heizung, elektrische Uhr und zweifarbige Lackierung waren optional. Den 50er DeSoto gab es als De Luxe und, für 200 Dollar mehr, als feudalen Custom.

**MOTOR** Der Reihensechszylinder war schwerfällig und leistete nur bescheidene 112 PS. Die Flüssigkeitsschaltung war eine neue Halbautomatik mit konventioneller Vorwahl oder halbautomatischem Kickdown.

Die 50er Modelle konnten leicht an dem einzigartigen lackierten Teiler des Kühlergrills erkannt werden.

Der Mammutzahn-Kühlergrill dominierte die Vorderseite des DeSoto. Er wurde 1951 verkleinert.

Die Frontscheibe war durch eine Chromsäule getrennt, an welcher der Rückspiegel befestigt war.

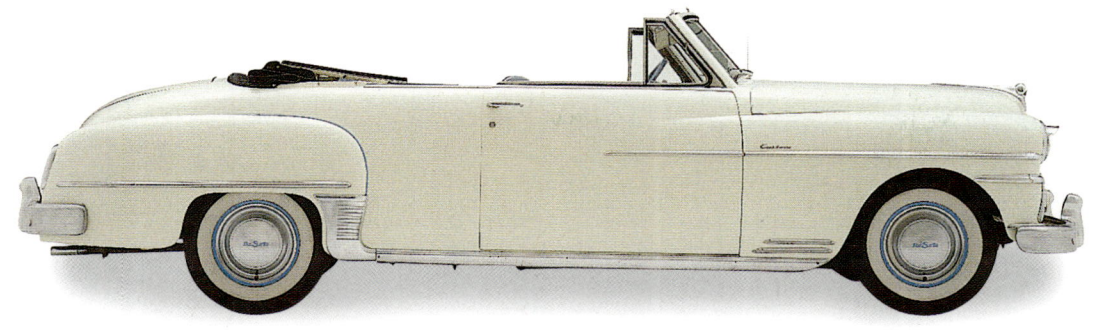

**MASKOTTCHEN**
Die optionale Kühlerfigur, die im Dunkeln leuchtete, zeigte Hernando DeSoto, einen spanischen Eroberer des 17. Jahrhunderts.

DeSoto nahm die gleiche Rolle bei Chrysler wie Mercury bei Ford oder Oldsmobile bei GM ein – ein Auto zwischen preiswerten und nobleren Modellen.

Der Rumpf des DeSoto war groß, rund und unverziert, der Kofferraum geräumig.

Die Karosserie erinnerte noch an die separaten Kotflügel der Vorkriegsautos.

DeSoto Custom 223

# DE TOMASO Pantera GT5

## Ein italienisch-amerikanisches Kraftpaket

DIESER UNKOMPLIZIERTE SPITZENWAGEN vereint amerikanische PS-Besessenheit mit italienischem Glamour. Der erste De Tomaso erschien 1971 auf dem Markt und wurde über die Händler der Ford-Marke Lincoln-Mercury verkauft. Er wurde von einem Ford 5,7-l-V8-Mittelmotor angetrieben und erreichte eine Höchstgeschwindigkeit von 256 km/h. Bevor man den Namen des Autos ganz ausgesprochen hat, ist man dank der enormen Beschleunigung schon bei 50 km/h. Der wunderbare 350 PS starke GT5 entstand, nachdem Ford sich im Jahr 1974 zurückgezogen hatte und De Tomaso eine Verbindung mit Maserati einging. Trotz seiner Neigung, bei hoher Geschwindigkeit vorn abzuheben, trotz miserabler Sicht nach hinten, knapper Kopffreiheit, ungünstiger Sitze und unmöglicher Pedale fährt sich der De Tomaso aufgrund seiner exakten Steuerung bemerkenswert leicht.

Man hatte auch von hier Zugriff zum Motor.

Bullige Radkästen, der aggressive Schriftzug, breite Räder und die knappe Bodenfreiheit geben dem Pantera ein dämonisches Antlitz.

Durch den Mittelmotor kann es im Cockpit sehr heiß werden.

Der Pantera verfügte über vier Auspuffrohre.

| | |
|---|---|
| **Typ** | De Tomaso Pantera GT5 (1974–93) |
| **Produktion** | nicht verfügbar |
| **Karosserie** | zweisitziges Coupé mit Mittelmotor |
| **Bauweise** | Fahrwerk und Aufbau aus Stahl |
| **Motor** | 5,8-l-V8 |
| **Leistung** | 350 PS bei 6000 U/min |
| **Getriebe** | Fünfgang-ZF-Getriebe-Differenzialeinheit |
| **Fahrwerk** | Einzelradaufhängung |
| **Bremsen** | innenbelüftete Scheibenbremsen |
| **Höchstgeschwindigkeit** | 256 km/h |
| **0–100 km/h** | 5,7 Sek. |
| **Verbrauch** | 18,9 l/100 km |

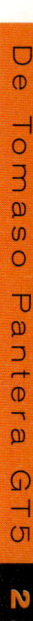

**INNENAUSSTATTUNG** Hier muss man die »italienische Position« mit vorgestreckten Armen und angewinkelten Beinen einnehmen. Das Auge findet reichlich Schalter und Instrumente, der Motor dröhnt direkt in die Ohren.

**MOTOR** Eigentlich ist der Pantera ein Motor mit Karosserie. Die Kraft des mittig platzierten Monster-V8 wird mittels einer ZF-Getriebe-Differenzialeinheit übertragen. Sie wurde auch im Ford GT40 *(siehe Seiten 274–277)* eingesetzt und war teurer als der Motor.

**DER PANTERA IN SEINEM ELEMENT**
Der große Heckspoiler sorgt für den entsprechenden Anpressdruck auf der Straße. Testfahrten hatten jedoch gezeigt, dass er den Wagen auch langsamer machte. Auf der Teststrecke von General Motors wurden mit Heckspoiler 238 km/h, ohne 244 km/h gemessen.

Die riesigen Hinterreifen (Pirelli P7 345/45) sorgten für eine erstaunliche Bodenhaftung.

Durch das geringe Gewicht verlor die Front ab 190 km/h etwas an Haftung, wodurch das Lenken schwieriger wurde.

Frühe Exemplare kämpften mit Überhitzungsproblemen, der Motor erreichte bis 110 °C.

Der Pantera eignet sich nur für höchstens 1,78 m große Fahrer.

## ELVIS PRESLEY

Neben vielen anderen Autos besaß Elvis Presley auch einen gelben De Tomaso Pantera von 1970, den er seiner Frau Priscilla zum Geburtstag schenkte. Während eines ihrer zahlreichen Ehekräche marschierte der King in die Garage und feuerte dreimal auf das Armaturenbrett. Heute steht der von Tjaarda gestaltete und kaum gefahrene Spitzenwagen im Petersen Museum in Los Angeles – samt den drei historischen Einschusslöchern.

# DODGE Custom Royal Lancer

## Flotte Flossen und viel Chrom

DIE FOLGEN DER Rezession von 1958 waren noch nicht ganz überwunden, da präsentierte Detroit mehr Metall, Kraft und Herrlichkeit als jemals zuvor. Chrysler hatte wie immer die prunkvollsten Angebote und der 59er Custom Royal besaß Heckflossen und Zierrat im Überfluss. Die Motorenreihe reichte bis zum 6,3-l-D500 mit zwei Carter-Vierfachvergasern, der 345 PS leistete. Die »Level-Flight«-Torsion-Aire-Aufhängung war ein 127 Dollar teures Extra, mit dem man »ohne aufzuschaukeln um die Kurve fahren und ohne Bremsnicken stoppen« konnte. Ohne Zweifel hatten die Werbetexter eine angenehme Zeit. Der Custom Royal war mit seinem »vorausschauenden« Profil, verchromten »Augenbrauen«, vier gewaltigen, mit noch mehr Chrom versehenen Rücklichtern und zweifarbigen Heckflossen ein stilistisches Schlachtfeld. Trotzdem hielt der riesige Erfolg bis 1960 an.

Die gesamte Flotte erhielt 1957 ein neues Styling. Die Autos sollten länger und schnittiger sein und üppige Heckflossen besitzen.

Weniger als ein Prozent der Autos waren mit der neumodischen Luftfederung ausgestattet.

Die Kabine bestand zu gleichen Teilen aus Glas und Metall und wirkte dadurch luftig.

## Custom Royal

**Typ** Dodge Custom Royal Lancer (1959)

**Produktion** 11 297 (1959)

**Karosserie** zwei- oder viertüriges Sechssitzer-Hardtop

**Bauweise** Stahlaufbau und -chassis

**Motor** 3,8-l-Sechszylinder, 5,3-l-, 5,9-l- oder 6,3-l-V8

**Leistung** 138–345 PS

**Getriebe** Dreigang-Schaltgetriebe mit Overdrive, TorqueFlite-Dreigang-Automatik optional

**Fahrwerk** Drehstabfedern vorn, Blattfedern hinten

**Bremsen** Trommelbremsen vorn und hinten

**Höchstgeschwindigkeit** 145–193 km/h

**0–100 km/h** 8,3–14,6 Sek.

**Verbrauch** 16,7–23,8 l/100 km

**INNENAUSSTATTUNG** Zur Ausstattung gehörten ein Tachometer mit speziellem Blauton, der sich mit zunehmender Geschwindigkeit änderte, gepolstertes Armaturenbrett, automatische Scheinwerferabblendung und Drehsitze mit Jacquard-Bezug und Vinyl.

**MOTOR** Der Super Ramfire V8 mit 5,9 l in diesem Custom Royal leistete 305 PS. Seine verstärkten Stoßdämpfer, überarbeiteten Schraubenfedern und Drehstabfedern führten zu dem, was das Magazin *Motor Trend* »enge Bindung zur Straße« nannte.

**LANCER-LOGO** »Lancer war der Name des Ausstattungspakets, das für alle Hardtops und Cabrios serienmäßig war. Der Custom Royal war die luxuriöseste Ausführung, die es bei Dodge überhaupt gab.«

Vier Scheinwerfer saßen unter verchromten »Augenbrauen« und der Kühlergrill war abscheulich.

Die Flossen des Custom Royal waren lange nicht so übertrieben wie beim 59er Cadillac und Chevrolet Impala.

# DODGE Charger R/T

## Ein muskelbepackter Filmstar

Sammler bezeichnen den Dodge Charger von 1968 als einen der schnellsten und schönsten »Muscle Car«-Boliden seiner Ära. Diese zweite Generation des Charger markiert den Höhepunkt des PS-Wettrüstens in der amerikanischen Automobilindustrie der späten 1960er. Zu dieser Zeit lag der Benzinpreis bei 10 Cent pro Gallone (3,785 Liter), und die Amerikaner hatten mehr Einkommen zur Verfügung als je zuvor. Hubraum war das entscheidende Kaufargument. Der Charger 440 ist mit seinem mächtigen 7,2-l-Motor ein schwach getarnter Straßen-Renner. Die hier vorgestellte Rapid Transit-Version (R/T) ist dessen Hochleistungs-Ausführung, die verstärkte Aufhängung und Bremsen, Doppelauspuff und breitere Reifen einschließt. Das massive Drehmoment des Motors im Leerlauf lässt den ganzen Wagen bereits im Stand hin und her wogen. Die zweite Generation des Charger wurde von den Käufern besser angenommen.

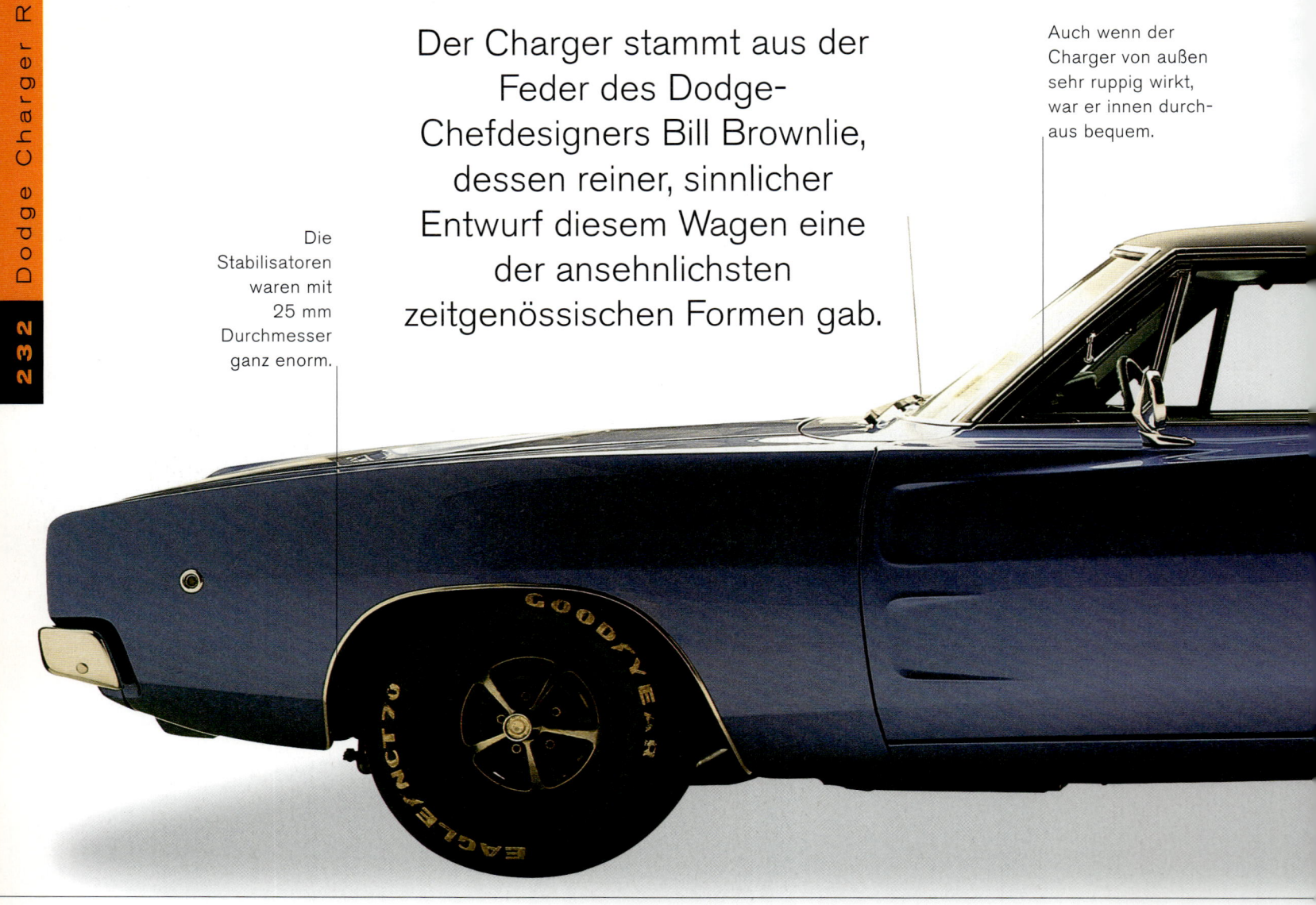

Der Charger stammt aus der Feder des Dodge-Chefdesigners Bill Brownlie, dessen reiner, sinnlicher Entwurf diesem Wagen eine der ansehnlichsten zeitgenössischen Formen gab.

Die Stabilisatoren waren mit 25 mm Durchmesser ganz enorm.

Auch wenn der Charger von außen sehr ruppig wirkt, war er innen durchaus bequem.

# Charger

**Typ** Dodge Charger R/T (1967–70)

**Produktion** 96 100

**Karosserie** zweitüriger Viersitzer

**Bauweise** Stahl-Monocoque

**Motor** 7,2-l-V8

**Leistung** 375 PS bei 3200 U/min

**Getriebe** Dreigang-TorqueFlite-Automatik oder Hurst-Viergang-Getriebe

**Fahrwerk** verstärkte Einzelradaufhängung vorn, Blattfedern hinten

**Bremsen** verstärkte 280 mm-Trommelbremsen, optional Scheibenbremsen vorn

**Höchstgeschwindigkeit** 241 km/h

**0–100 km/h** 6,3 Sek.

**Verbrauch** 28,6 l/100 km

**INNENAUSSTATTUNG** Das R/T-Cockpit ist schlicht und rein funktional. Es gibt nichts Überflüssiges – nur eine mattschwarze Tafel mit sechs Instrumenten, darunter ein 150-mph-Tachometer (241 km/h). Als Option standen Tempomat und Holzlenkrad zur Verfügung.

**MOTOR** Der kraftvolle 440 Magnum – ein 7,2-l-V8 – des Charger R/T füllt den Motorraum vollständig aus. Das maximales Drehmoment steht schon bei 3200 U/min zur Verfügung – es macht den Wagen unheimlich schnell, im Stadtverkehr aber sanftmütig wie eine Katze.

## Er ließ keinen Zweifel an seiner Zielsetzung: Leistung und Geschwindigkeit.

**SCHEINWERFER**
Sie verstecken sich hinter servogetriebenen Klappen und verleihen dem Charger ein fieses »Grinsen«.

Die Originalfarben hießen »Plum Crazy«, »Go Mango« und »Top Banana«.

Warnblinkleuchten waren 1967 noch etwas Besonderes.

Zusätzliche Blinkleuchten auf den Hutzen der Motorhaube

Dieser Wagen ist auch als Filmstar gut, etwa in der neun Minuten langen Verfolgungsjagd in *Bullitt*.

### STARQUALITÄTEN

In dem Film *Bullitt* von 1968 brettert Steve McQueen in einem dunkelgrünen Mustang durch den Mission District von San Francisco. Die Schurken, die ihn verfolgen, fahren einen schwarzen Charger R/T. Diese neunminütige Orgie aus röhrenden Motoren und quietschenden Reifen ist definitiv die beste Verfolgungsjagd der Fimgeschichte. Um den hügeligen Straßen San Franciscos gewachsen zu sein, wurde die Aufhängung des Charger modifiziert.

So sieht die amerikanische Variante des europäischen 2+2-Coupés aus.

# EDSEL Bermuda

## Ein Alptraum in Furnierholz

OHNE DEN OMINÖSEN Kühlergrill wäre der Bermuda gar kein übles Auto. Der Rest sah recht bieder und gutbürgerlich aus, und sogar die sonderbaren Rücklichter waren zur Not akzeptabel. Bei einem Preis von 3155 Dollar und mit mehr Holzimitat als in ganz Disneyland zielte das Spitzenmodell von Edsel auf die weiße amerikanische Mittelschicht. Ford hatte jedoch mehr Edsel verkauft, als sie liefern konnten, was dem Image des Modells schadete. Die Anfangsverkäufe erreichten 1957 längst nicht die prognostizierten 200 000, sie waren jedoch auch nicht verheerend. Der Bermuda fand allerdings nur 2235 Käufer und wurde nach nur einem Jahr eingestellt. 1958 glaubten die Leute der Werbung dann nichts mehr, der Edsel wurde kaum mehr verkauft. Im November 1959 stellte Ford ihn ein. Jeder wusste, das der Edsel ein Opfer der Rezession von 1958 war, trotzdem entließ Ford die Projektleiter.

> Rückblickend wundert man sich, wie eines der größten Unternehmen der Welt ein solches stilistisches Debakel herstellen konnte.

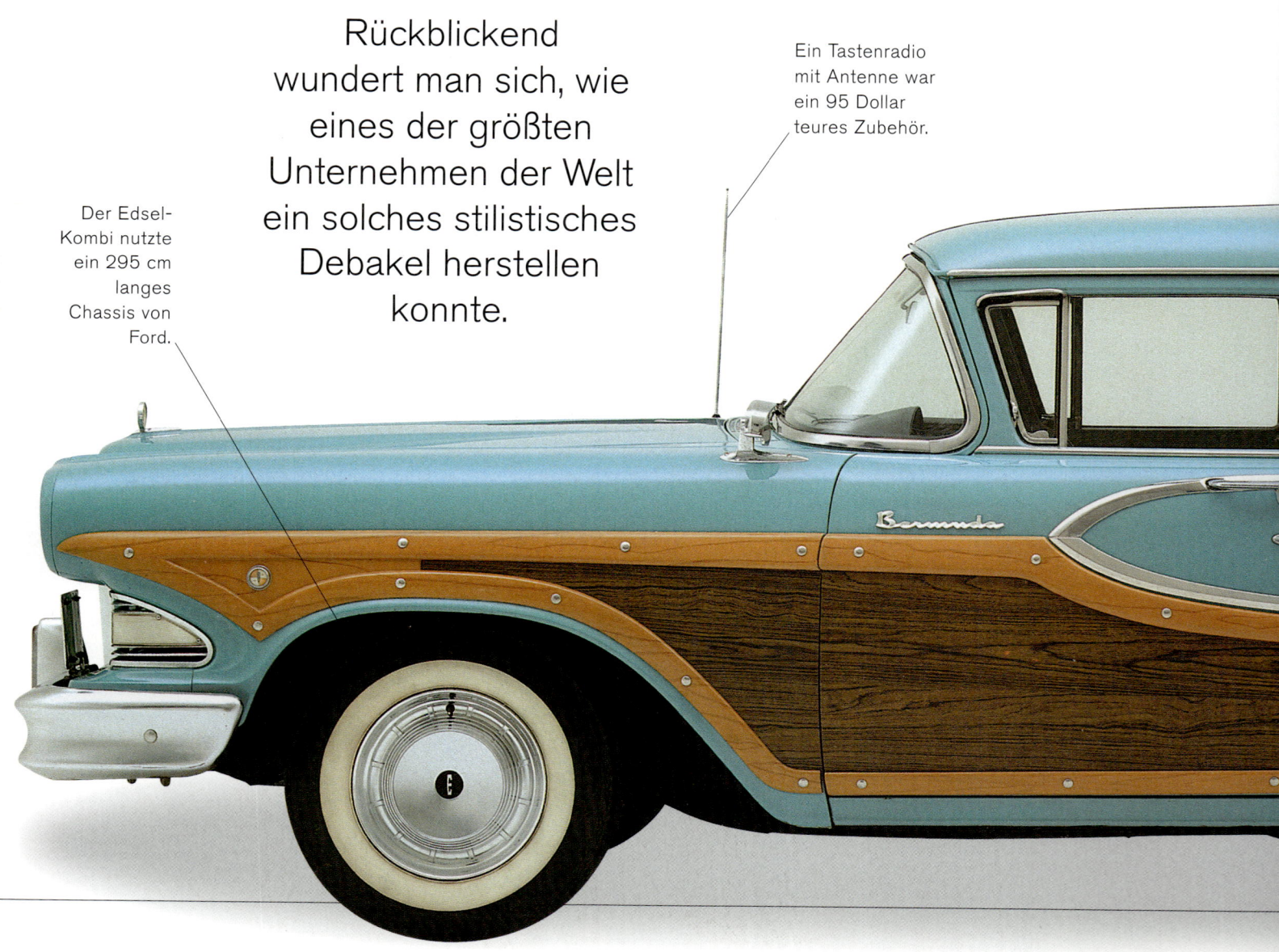

Der Edsel-Kombi nutzte ein 295 cm langes Chassis von Ford.

Ein Tastenradio mit Antenne war ein 95 Dollar teures Zubehör.

**Typ** Edsel Bermuda (1958)

**Produktion** 1456 (1958)

**Karosserie** viertüriger Sechssitzer-Kombi

**Bauweise** Stahlaufbau und -chassis

**Motor** 5,9-l-V8

**Leistung** 303 PS

**Getriebe** Dreigang-Schaltgetriebe mit optionalem Overdrive, Dreigang-Automatik optional mit oder ohne Teletouch-Steuerung

**Fahrwerk** Einzelrad mit Schraubenfedern vorn, Blattfedern mit Antriebsachse hinten

**Bremsen** Trommelbremsen vorn und hinten

**Höchstgeschwindigkeit** 174 km/h

**0–100 km/h** 10,6 Sek.

**Verbrauch** 18,9 l/100 km

**INNENAUSSTATTUNG** Der Teletouch-Schaltknopf saß in der Mitte des Lenkrads. Leider war er eine sehr unzuverlässige Spielerei. Jeder Kombi hatte vier Armlehnen, zwei Kleiderhaken und Innenbeleuchtung.

**MOTOR** »Sie sind das Neueste der Industrie – und das Beste« verbreitete die Werbung. Edsel bot starke 5,9-l- oder 6,7-l-V8 an, in den Kombis saßen meistens kleinere Motoren. Das E400 auf dem Ventildeckel zeigt die Drehzahl an.

Trotz der späteren Kritik garantierte die Werbung im Vorfeld den Verkauf von 4000 Stück, als sie am 4. September 1957, dem »Edsel-Tag«, vorgestellt wurden.

Dieser Bermuda ist frühlingsgrün lackiert, eine von 161 Farbkombinationen.

Die bumerangartige Rücklichteinheit enthielt Blinker, Brems- und Rückfahrlichter.

# EDSEL Corsair

## Ein neuer Stil, der bald alt aussah

AMERIKA HATTE 1959 sein Selbstvertrauen verloren. Die Konjunktur war im Keller, die Russen als Erste im All, Little Rock wurde von Rassenunruhen erschüttert und Ford machte den Kassensturz für sein katastrophales Edsel-Projekt – die Kosten lagen bei 400 Millionen Dollar. »Dem Edsel-Stil gehört die Zukunft«, lauteten die Anzeigen, doch wurde der breite, vertikale Kühlergrill zur landesweiten Lachnummer. Die Verkäufe gingen nicht nur einfach zurück, sie waren nie sonderlich hoch und diejenigen, die sich voreilig einen gekauft hatten, versteckten ihre verchromte Dummheit in ihren vorstädtischen Garagen. Eisenhowers magische Beschwörung des Konsums war Vergangenheit und die Käufer interessierten sich mehr für sparsame Kompaktwagen wie den Nash Rambler, Studebaker Lark oder den neuen VW Käfer. Die aus 18 Modellen bestehende Baureihe war einfach zu verwirrend, um sich durchzusetzen.

Als der Edsel an die Händler ausgeliefert wurde, hatte die Öffentlichkeit eine Kehrtwendung vollzogen.

77 % aller 59er Edsel besaßen einen V8.

Der verchromte Außenspiegel war von innen verstellbar, ein extrem seltenes Extra.

**Typ** Edsel Corsair Cabriolet (1959)

**Produktion** 1343 (1959)

**Karosserie** Viersitzer-Coupé

**Bauweise** Stahlaufbau und -chassis

**Motor** 5,4-l- oder 5,9-l-V8

**Leistung** 225–303 PS

**Getriebe** Dreigang-Schaltgetriebe mit optionalem Overdrive, Mile-O-Matic-Zwei- oder Dreigang-Automatik optional

**Fahrwerk** Einzelrad mit Schraubenfedern vorn, Blattfedern mit Antriebsachse hinten

**Bremsen** Trommelbremsen vorn und hinten

**Höchstgeschwindigkeit** 153–169 km/h

**0–100 km/h** 11,4–16,7 Sek.

**Verbrauch** 18,9 l/100 km

Edsel Corsair 241

**INNENAUSSTATTUNG** Das Armaturenbrett wurde 1959 verbessert und die unzuverlässige Teletouch-Automatik durch die Mile-O-Matic-Zweigang-Automatik mit Lenkradschaltung ersetzt.

**MUSIK** Dieser hübsche Philips-Plattenspieler wurde erstmals in den frühen Sechzigern als Extra angeboten. Für Musikgenuss im Auto sorgte auch ein hochwertiges Autoradio.

**CHASSIS** Das solide Stahlträgerfahrwerk bestand aus zwei ganzseitigen Seiten- und fünf Querträgern. Vorn saß eine Kugelgelenk-Aufhängung.

Das Cabriolet wog beachtliche 1719 kg und war schwerer als die Limousine.

Corsair Cabriolets waren die seltensten 59er Edsels, nur 1343 wurden in Louisville gebaut.

Kritiker verglichen den Kühlergrill mit einem Pferdegeschirr, einem Mann, der eine Zitrone aussaugt oder sogar einer Toilettenbrille.

Ford versuchte verzweifelt, Edsel als neue Marke zu etablieren, konnte aber in jenem Modelljahr nicht mehr als 45 000 Stück verkaufen.

Edsel Corsair

243

# FACEL Vega II
## Eine einzigartige stilistische Synthese

PABLO PICASSOS WAGEN bedarf sicherlich einer gewissen Extravaganz. Der Facel Vega II ist ein Gedicht aus Stahl und allen zeitgenössischen Entwürfen aus Italien ebenbürtig. So wundert es nicht, dass er mit dem Jet-Set der 60er Jahre in enger Verbindung steht. Als eines der charismatischsten Fahrzeuge seiner Zeit wurde er von Ringo Starr, Ava Gardner, Danny Kaye, Tony Curtis, François Truffaut und Joan Fontaine gefahren – im Januar 1960 starb Albert Camus bei einem Unfall im FVS seines Verlegers. 1961 wurde der HK 500 überarbeitet, erhielt 15 Zentimeter mehr Länge und ein dem Facel Vega II angepasstes Äußeres. Der 1,5 Tonnen schwere Vega II ist leichter als der HK 500 und erreicht 225 km/h. Er war kostspieliger als seine Zeitgenossen Aston Martin DB4 (*siehe Seiten 38–41*) und Maserati 3500 und ist ebenso unsterblich wie ein Duesenberg.

**Hinsichtlich Verarbeitung, Aussehen und Qualität gehören die Facel Vega zu den besten handgefertigten Luxusautos.**

Die Rückleuchten sind bündig in die Kotflügel integriert und tragen zur nahtlosen Linienführung bei.

Die Ledersitze können zur Erweiterung des Gepäckraumes umgeklappt werden.

# FACEL VEGA PARIS

**Typ** Facel Vega Facel II (1962–64)

**Produktion** 184

**Karosserie** zweitüriger, viersitziger GT

**Bauweise** Stahlfahrwerk, Stahl-Leichtmetall-aufbau

**Motor** 6,3-l-Gusseisen-V8

**Leistung** 390 PS bei 5400 U/min (Hand-schaltung), 355 PS bei 4800 U/min (Auto-matik)

**Getriebe** Dreigang-TorqueFlite-Automatik oder Viergang-Pont-a-Mousson-Schaltung

**Fahrwerk** Einzelradaufhängung mit Schraubenfedern vorn, Starrachse mit Blatt-federn hinten

**Bremsen** Dunlop-Scheibenbremsen

**Höchstgeschwindigkeit** 240 km/h

**0–100 km/h** 8,6 Sek.

**Verbrauch** 18,5 l/100 km

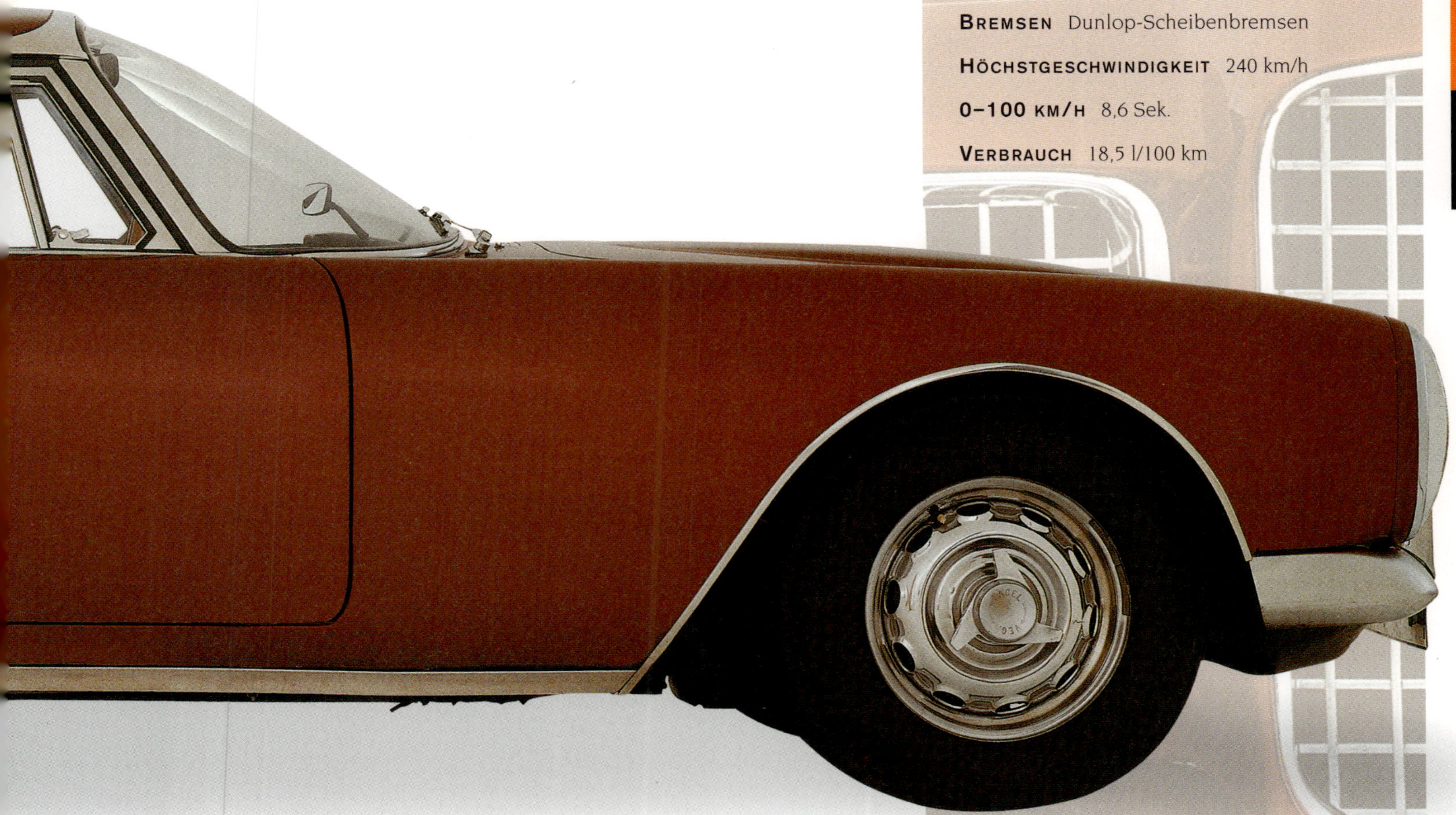

**INNENAUSSTATTUNG** Das Lenkrad zielt genau auf das Herz des Fahrers. Das Ganze wirkt wie ein Flugzeug-Cockpit, besonders die Heizungsregler sehen aus wie Gashebel für die Triebwerke.

**MOTOR** Der Facel II wurde von einem 6,3-l-Gusseisen-V8 angetrieben. Zusammen mit dem seltenen Viergang-Getriebe erbrachte er eine Leistung von 390 PS.

Der Facel II ist das letzte Werk des Designers Jean Danino und sicherlich sein Meisterstück.

Um den überaus hitzköpfigen V8 entsprechend kühlen zu können, besteht die Frontpartie hauptsächlich aus Kühlergrill.

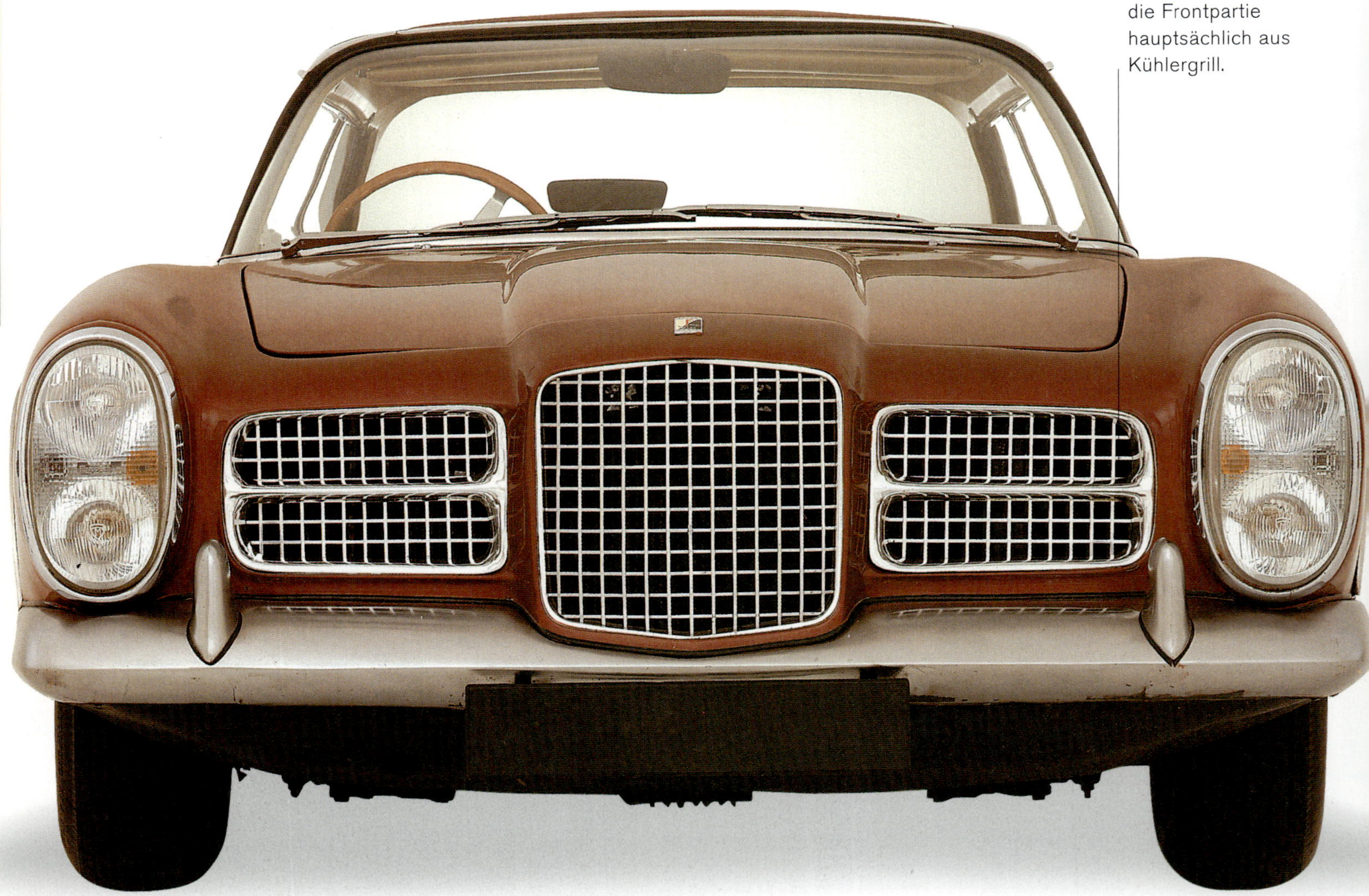

## Albert Camus

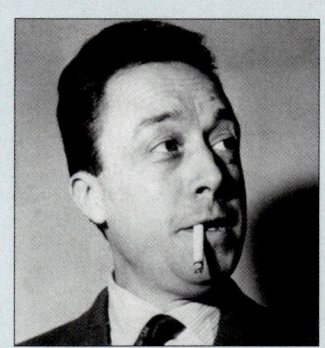

Der französische Literaturnobelpreisträger Albert Camus kam am 4. Mai 1960 in einem Facel Vega FVS ums Leben. Nahe Villeneuve-la-Guyard verlor sein Verleger die Kontrolle über den Wagen, der mit 180 km/h gegen einen Baum schleuderte. Camus, der auf dem Beifahrersitz saß, war sofort tot. Die Polizei musste das Wrack verstecken, bevor Souvenirjäger Karosserieteile abmontieren konnten.

# FERRARI 250 GT SWB

## Einer der besten Ferraris aller Zeiten

IN EINER ZEIT, in der Ferrari zu viele langweilige Straßenwagen hervorbrachte, wurde der 250 GT SWB (Short Wheel Base – kurzer Radstand) zum Maßstab aller anderen GTs und geriet zu einem der besten Ferraris, die je gebaut wurden. Von den 167 Stück, die zwischen 1959 und 1962 entstanden, waren 74 für den Wettbewerb bestimmt. Dank seiner Robustheit war er einer der wettbewerbsfähigsten Sportwagen der 50er. Er besteht im Wesentlichen aus einem Rohrrahmen um den 3,0-l-V12 mit Viergang-Getriebe von Porsche. Es ist jedoch die herrliche, von Pininfarina entworfene Karosserie, die ihn zu etwas Besonderem macht. Angespannt, eindringlich, aber freundlich – die glatte Linienführung hat nichts von der einschüchternden Optik eines Testarossa oder Daytona. Der SWB ist eine perfekte Mischung aus Form und Funktion, eines der schönsten und bei Rennen erfolgreichsten Autos der Welt.

Unter der Führung von Enzo Ferrari entstanden das Design bei Pininfarina und die Karosserie bei Scaglietti.

Die Schnauze gilt als Meisterstück des Karosseriebaus.

Die Rennfahrzeuge hatten statt der Luftfilter offene Ansaugtrichter.

**Typ** Ferrari 250 GT SWB (1959–62)

**Produktion** 167

**Karosserie** zweisitziges GT-Coupé

**Bauweise** Rohrrahmen mit Leichtmetall oder Leichtmetall-Stahlaufbau

**Motor** 3,0-l-V12

**Leistung** 280 PS bei 7000 U/min

**Getriebe** Viergang-Getriebe

**Fahrwerk** Einzelradaufhängung mit Schraubenfedern und Dreieckslenker vorn, Starrachse mit Blattfedern hinten

**Bremsen** Scheibenbremsen

**Höchstgeschwindigkeit** 237 km/h

**0–100 km/h** 6,9 Sek.

**Verbrauch** 23,8 l/100 km

Ferrari 250 GT SWB

**INNENAUSSTATTUNG** Trotz des wundervollen Äußeren wirkt das Innere mit seiner rein funktionellen Konsole sehr spartanisch. Nicht einmal Sonnenblenden waren Serie. Die Schalensitze sind nur dünn gepolstert.

**MOTOR** Die V12-Einheit besitzt eine siebenfach gelagerte Kurbelwelle aus einem Stück, eine Zündkerze pro Zylinder und drei Weber-DCL3- oder DCL6-Doppelvergaser. Die Leistung reicht je nach Ausführung von 240 bis 295 PS.

Der Wagen hat perfekte Proportionen, die Form ist rund und flüssig.

Die ersten 11 SWB wurden aus Leichtmetall hergestellt.

**250 Ferrari 250 GT SWB**

## ENZO FERRARI

Enzo Ferrari fuhr als junger Mann Rennen und war von jeher ein Autoliebhaber. Beruflich versuchte er sich aber zunächst als Journalist und Opernsänger. 1946 bewies er sein Genie, als er zusammen mit Gioacchino Columbo den legendären Ferrari V12 aus Aluminium konstruierte. Trotz seiner Erfolge war Ferraris Privatleben überschattet von einer unglücklichen Ehe und dem frühen Tod seines Sohnes Dino.

Diese Schlitze sollten das Cockpit ein wenig kühlen.

Ferrari 250 GT SWB **251**

# FERRARI 275 GTB/4

## Kraft und Klasse

DER GTB/4 IST etwas unausgegoren und wurde lediglich zwei Jahre lang (1966–1968) gebaut. Es wurden nur 350 Exemplare gebaut, die Ferrari nicht besonders viel Geld einbrachten. Hier handelt es sich um den ersten Ferrari mit Vier-Nockenwellen-V12-Motor und zugleich um das erste Modell mit Einzelradaufhängung im Heck. Wegen seiner vier Nockenwellen zählt der GTB zu den feinsten Wagen, die Ferrari produzierte, bevor Fiat die Kontrolle über das Unternehmen gewann. Der GTB/4 ist durchaus hübscher als ein Jaguar E-Type (*siehe Seiten 330–333*), ein Aston Martin DB4 (*siehe Seiten 38–41*) oder ein Lamborghini Miura (*siehe Seiten 344–347*). Mit vollständiger Einzelradaufhängung, einem knackigen Fünfgang-Getriebe und einer wunderbaren, von Pininfarina modellierten und von Scaglietti gebauten Karosserie gilt er als der letzte der echten Berlinettas.

Das Innere ist eng, unpraktisch und mit Vinyl ausgekleidet.

Der GTB/4 hat einen Leiterrahmen mit ovalen Rohren als Längsträger.

Der Motor, Code 226, stammt vom 330 P2 ab, einem Rennprototypen für die Saison 1965.

**TYP** Ferrari 275 GTB/4 (1966–68)

**PRODUKTION** 350

**KAROSSERIE** zweisitziges Coupé mit Frontmotor

**BAUWEISE** Stahlfahrwerk und Aluminiumaufbau.

**MOTOR** 3,3-l-DOHC-V12 mit Trockensumpfschmierung

**LEISTUNG** 300 PS bei 8000 U/min

**GETRIEBE** vollsynchronisiertes Fünfgang-Getriebe

**FAHRWERK** Einzelradaufhängung

**BREMSEN** servounterstützte Scheibenbremsen.

**HÖCHSTGESCHWINDIGKEIT** 257 km/h

**0–100 KM/H** 5,7 Sek.

**VERBRAUCH** 23,8 l/100 km

Die leichte Wölbung der Motorhaube schafft Platz für den riesigen Luftfilter über den sechs Weber-Vergasern.

# FERRARI 308 GTB

## Der Fernsehstar der Achtziger

DER 308 GTB ist der bislang meistverkaufte Ferrari. Die von Pininfarina entworfene Glasfaser-Karosserie wurde bei Scaglietti gefertigt. Der 3,0-l-V8-Motor und das Fünfgang-Getriebe wurden ihm vom 308 GT4 vererbt. Dieses Modell zielte vor allem auf die amerikanische Oberschicht, wurde aber auch in Europa nicht zuletzt durch die Fernsehserie *Magnum* beliebt, in der das rote Luxusgefährt vor der malerischen Kulisse Hawaiis seine Reize ausspielen konnte – an der Seite bzw. gefahren von Hauptdarsteller Tom Selleck. Durch die Anpassung an die US-Abgasvorschriften wurde er zu einer kultivierten und zivilisierten Maschine, vollgepackt mit Hightech-Elementen wie vier Ventilen pro Zylinder und Bosch K-Jetronic-Kraftstoffeinspritzung. Wegen seines kultivierten Fahrverhaltens galt er als Einstiegs-Ferrari und löste den Porsche 911 (*siehe Seiten 494–495*) als Yuppiemobil ab.

Das gekrümmte Heckfenster erinnert an den Dino 246, die Halbschalenoptik an den 365 GT4.

Der 2,9-l-V8 verfügte über vier Weber-Vergaser.

Innenbelüftete Scheibenbremsen hielten das Kraftpaket im Zaum.

# 308 GTB

Der GTB hat ein festes Dach, der GTS ein Targa-Dach.

**Typ** Ferrari 308 GTB (1975–85)

**Produktion** 712 (308 GTB Glasfaser), 2185 (308 GTB Stahl), 3219 (GTS)

**Karosserie** zweitüriges, zweisitziges Sportcoupé

**Bauweise** Glasfaser/Stahl

**Motor** quer eingebauter Mittelmotor, 2,9-l-V8-DOHC

**Leistung** 255 PS bei 7600 U/min

**Getriebe** Fünfgang-Getriebe

**Fahrwerk** Einzelradaufhängung mit Doppelquerlenkern und Schraubenfedern

**Bremsen** rundum innenbelüftete Scheiben

**Höchstgeschwindigkeit** 248 km/h

**0–100 km/h** 7,6 Sek.

**Verbrauch** 17,5 l/100 km

# FERRARI Dino 246 GT

## Ein würdiges Erinnerungsstück

DER WUNDERSCHÖNE DINO ist alles andere als eine Kopfgeburt, er entsprang direkt Enzo Ferraris Herz – er baute ihn als Hommage an seinen Sohn Alfredino, der an einem Nierenleiden starb. Da der Dino die Klientel des Porsche 911 (*siehe Seiten* 494–495) ansprechen sollte, besitzt er statt eines V12 einen 2,4-l-V6-Motor, der dennoch das eines Ferrari würdige Spitzentempo von 241 km/h abgibt. Die agile Leistungsentfaltung, die schmalen Hüften und der Mittelmotor geben dem 246 GT das Handling eines Go-Kart, er meistert enge Kurven mit enormer Gelassenheit. Dank seiner bemerkenswerten, von Pininfarina gestalteten Karosserie gilt der 246 weltweit als einer der stilistischen Höhepunkte der Siebzigerjahre. Tony Curtis fuhr ihn in der Fernsehserie *Die Zwei*. In den Achtzigern stiegen die Preise für den Dino 246 GT in geradezu astronomische Höhen.

Der Scaglietti-Aufbau wurde bei früheren Modellen aus Leichtmetall, später aus Stahl hergestellt.

Die flache Form verleiht dem Wagen eine hohe Endgeschwindigkeit.

Vier Endrohre lassen den V6 wie einen V12 klingen.

## Dino

| | |
|---|---|
| **Typ** | Ferrari Dino 246 GT (1969–74) |
| **Produktion** | 2487 |
| **Karosserie** | zweitüriger Zweisitzer |
| **Bauweise** | Gitterrohrrahmen, Stahlaufbau |
| **Motor** | längs eingebauter 2,4-l-V6-Mittelmotor |
| **Leistung** | 195 PS bei 5000 U/min |
| **Getriebe** | vollsynchronisiertes Fünfgang-Getriebe |
| **Fahrwerk** | Einzelradaufhängung |
| **Bremsen** | innenbelüftete Scheibenbremsen |
| **Höchstgeschwindigkeit** | 238 km/h |
| **0–100 km/h** | 7,4 Sek. |
| **Verbrauch** | 12,8 Liter |

Ferrari Dino 246 GT  257

**INNENAUSSTATTUNG** Über das gesamte wildlederbespannte Instrumentenbrett liegen Schalter verstreut – und dennoch ist das Interieur ein Muster an Ergonomie und Effizienz. Wunderschön auch die verchromte Kulisse der Fünfgang-Schaltung.

**MOTOR** Der längs eingebaute 2,4-l-V6 hat vier obenliegende Nockenwellen, eine vierfach gelagerte Kurbelwelle und wird von drei Weber-40-DCF-Doppelvergasern versorgt. Der röhrende Sound des Motors ist eine Ferrari-Legende.

Wegen der dünnen und entsprechend rostanfälligen Originallackierung mussten bei den meisten bis heute überlebenden Dinos alle Karosserieteile ersetzt werden.

Flacher kann man eine Frontscheibe kaum noch anwinkeln.

Weil sich das Reserverad und die Batterie vorn befinden, gibt es auch kaum Platz für Gepäck.

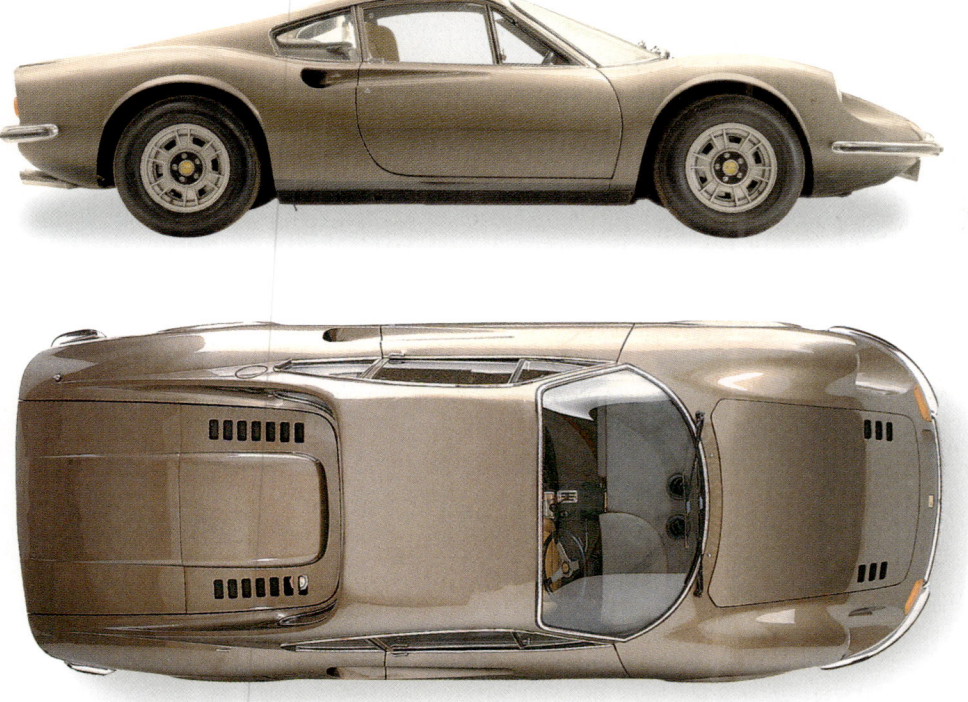

## TONY CURTIS

In der Fernsehserie *Die Zwei* spielen Tony Curtis und Roger Moore zwei reiche Playboys, die sich als Detektive betätigen. Zu ihrer Zeit war sie die teuerste Serie, die je in Großbritannien gedreht wurde. Im Vorspann sah man, wie sich der rote Ferrari Dino 246 von Tony Curtis und Roger Moores Aston Martin DBS ein Rennen liefern. Der empfindliche Dino war den Anforderungen der Dreharbeiten nicht gewachsen: Er hatte öfter Pannen oder wurde beschädigt. Wo er mittlerweile abgeblieben ist, weiß niemand.

Der Ferrari-Schriftzug und das allen bekannte springende Pferd wurde vom Wagenbesitzer angebracht, nicht vom Hersteller.

Ferrari Dino 246 GT

259

# FERRARI Berlinetta Boxer

## Ein ungewöhnliches 12-Zylinder-Modell

DER BERLINETTA BOXER war zu seiner Zeit Ferraris Spitzenmodell – einer der schnellsten serienmäßigen GTs. Er ersetzte den legendären Ferrari Daytona (*siehe Seite* 264). Der 365 BB wird von einem Zwölfzylinder-Boxermotor angetrieben – bei dieser Konstruktion stehen sich jeweils zwei Kolben gegenüber. Das Modell wurde zwar bereits 1971 in Turin vorgestellt, der Boxermotor bereitete bei der Produktion allerdings so große Probleme, dass der BB erst 1973 in Serie ging. Das Ferrari-Styling sorgte für einen sehr niedrigen Luftwiderstand. Unter anderem wurde die Antenne direkt in die Frontscheibe eingelassen. Bei den Prototypen war sie aufs Dach montiert. Ferrari hoffte, mit dem Boxer die 300 km/h-Marke überschreiten zu können, erreichte aber »nur« 275 km/h und blieb somit »langsamer« als der Daytona. 1976 wurde der 365 durch den 512 mit Fünfliter-Boxermotor ersetzt.

Der 365 Boxer war der erste Serienwagen mit Zwölfzylinder-Mittelmotor, der unter dem Namen Ferrari gebaut wurde.

Die Boxerbauweise erlaubte es, den Wagen viel flacher zu gestalten, was die Aerodynamik und Schwerpunktlage verbesserte.

Die Unterkante einschließlich Radlauf und Stoßstange besteht aus Glasfaser.

Zentral-
verschluss-
Leichtmetall-
räder vom
Daytona

**Typ** Ferrari 365 GT4 Berlinetta Boxer (1973–76)

**Produktion** 387

**Karosserie** Sport-Zweisitzer

**Bauweise** Gitterrohrrahmen

**Motor** 4,4-l-Zwölfzylinder-Boxermotor

**Leistung** 380 PS bei 7600 U/min

**Getriebe** Fünfgang-Getriebe, im Heck montiert

**Fahrwerk** Einzelradaufhängung

**Bremsen** innenbelüftete Scheibenbremsen

**Höchstgeschwindigkeit** 277 km/h

**0–100 km/h** 6,8 Sek.

**Verbrauch** 23,8 l/100 km

**INNENAUSSTATTUNG** Das Boxer-Cockpit gibt sich funktional, ist mit elektrischen Fensterhebern und Klimaanlage dennoch ansprechend luxuriös ausgestattet. Das Heckgetriebe erfordert nur einen kleinen Kardantunnel.

**MOTOR** Ein Kunstwerk der Motorbauer: Der Zwölfzylinder-Boxer mit einer Kurbelwelle aus massivem Chrom-Molybdän-Stahl. Die Leichtmetallzylinderköpfe sind mit je zwei über Zahnriemen angetriebenen Nockenwellen versehen.

**WILDES HERZ** Der 4,4-l-Boxermotor leistete massive 380 PS bei 7600 U/min. Zu sehen sind die zweifachen Luftfilter, je einer für sechs Zylinder.

Das Fahrwerk stammt vom Dino und trägt einen Stahlrohrrahmen mit Türen und Schnauze aus Aluminium.

Diese Lüftungsgitter sorgen für die Belüftung des Innenraums.

**PROTOTYPEN-TEST**
Für die aufwendigen Tests wurden etliche Prototypen gebaut. Dieser ist an der Dachantenne zu erkennen, die Serienwagen haben Scheibenantennen.

Während des Klassiker-Booms Mitte der 80er verdreifachte der 512 seinen Wert, während der Preis des 365 sich verdoppelte.

Ferrari Berlinetta Boxer

# FERRARI Daytona
## Einer der schnellsten Serienwagen der Welt

DER KLASSISCH GEFORMTE und unerhört schnelle Daytona gibt sich als Spitzenwagen mit gespaltener Persönlichkeit. Unter 200 km/h verhält er sich wie ein Lastwagen mit störrischer, träger Lenkung und knarrender Aufhängung. Sobald die Tachonadel jedoch in die Nähe von 225 km/h kommt, fängt der Fahrspaß an und hält sich bis zur Höchstgeschwindigkeit von 280 km/h. Der Daytona gilt als der letzte Bolide mit V12-Frontmotor. Auf dem Autosalon von Paris im Jahr 1968 wurde er als der 365 GTB/4 vorgestellt, die Presse taufte ihn zu Ehren des Ferrari-Erfolges bei dem amerikanischen 24-Stunden-Rennen »Daytona«. Der Ferrari war schneller als seine italienischen und britischen Konkurrenten und fuhr auf fast allen Rennstrecken der Welt erste Plätze ein. Was die Optik betrifft, stehen sicher nur wenige Autos auf derselben Qualitätsstufe wie der Daytona.

Sportliche Schalensitze, eine Fülle von Instrumenten mit schwarzem Ziffernblatt und ein in einem provozierenden Winkel angestellter, besonders langer Schaltknüppel

Wegen amerikanischer Sicherheitsbestimmungen werden die Scheinwerfer in weniger als drei Sekunden hochgeklappt.

# FERRARI 400 GT

## Diskret und raffiniert

Der für den amerikanischen Markt bestimmte 400 GT war der erste Ferrari mit Automatikgetriebe und zunächst schien es, als würde das stolze Ross in den erlauchtesten Kreisen Europas und der USA Einzug halten. Die träge Turbo-Hydramatic-Schaltung von GM, die bei Cadillac, Rolls-Royce und Jaguar verwendet wurde, war für einen Ferrari allerdings denkbar wenig geeignet. Es mag das wohl beste Automatikgetriebe der Welt gewesen sein, in Maranello entpuppte es sich aber als Reinfall, und so war dem 400 GT nur geringer Erfolg beschieden. Dennoch kann dieses Modell als der diskreteste und raffinierteste aller Ferrari betrachtet werden. Da es in Rot schrecklich aussieht – 70 Prozent aller Ferrari tragen Rot –, wurde dieses Auto meist in dunkler Metallic-Lackierung ausgeliefert. Der eckige Aufbau wird durch die tief geschnittene Motorhaube und die Falzlinie an der Seite aufgelockert.

Abgesehen von dem kleinen Spoiler und einigen Anbauteilen ist die Form identisch mit der des 365 GT4 2+2.

Viel Glas und schmale Säulen sorgen für die beste Sicht von allen Ferrari-Modellen.

AN-48-TA

# FERRARI Testarossa

## Symbol des Materialismus

DER RIESIGE UND überladen wirkende Testarossa (Rotschopf) stellt als typisches Kind der exzessiven Achtzigerjahre kein Glanzstück dar. Seit er in der Fernsehserie *Miami Vice* auftauchte, steht er symbolisch für dieses Jahrzehnt des ausufernden Materialismus. Diesen zweifelhaften Ruhm teilt er mit seinem etwas schwächeren Vetter, dem Ferrari 308 GTB (*siehe Seiten 254–255*), der sich ebenfalls im Fernsehen (in der Serie *Magnum*) profilieren durfte.

Das Ansehen des Testarossa verblasste schnell. Dilettantische Spekulanten kauften ihn zum Neupreis von 150 000 Euro und hofften auf einen wenigstens verdoppelten Wiederverkaufserlös. 1988 verloren gebrauchte Modelle stark an Wert, und viele Investoren verloren über Nacht drei Viertel des eingesetzten Geldes. Heute bringt ein wenig genutzter Testarossa kaum noch mehr als 75 000 Euro. *Sic transit gloria mundi.*

Der Innenraum mit handgenähter Leder-Instrumententafel gibt sich verhalten und spartanisch.

Über die seitlichen Lufteinlassschlitze wird der Motor gekühlt, der Gepäckraum liegt vorn.

# testarossa

**Typ** Ferrari Testarossa (1988)

**Produktion** 1074

**Karosserie** zweisitziges Sportcoupé mit Mittelmotor

**Bauweise** Stahlrahmen mit Aluminium-Glasfaseraufbau

**Motor** 4,9-l-Zwölfzylinder-Boxer, Trockensumpfschmierung

**Leistung** 390 PS bei 6300 U/min

**Getriebe** Fünfgang-Getriebe

**Fahrwerk** Einzelradaufhängung

**Bremsen** Scheibenbremsen vorn, Trommelbremsen hinten

**Höchstgeschwindigkeit** 291 km/h

**0–100 km/h** 5,5 Sek.

**Verbrauch** 23,8 l/100 km

**INNENAUSSTATTUNG** Das Innere des Testarossa bot viel Platz für Insassen und Gepäck. Zur Serienausstattung gehörten auch elektrisch verstellbare Ledersitze und eine Klimaanlage.

**MOTOR** Der Zwölfzylinder-Boxer-Mittelmotor mit 4,9 l liefert 390 PS bei 6500 U/min. Er hat vier Ventile pro Zylinder, Spulenzündung, Benzineinspritzung und rote Zylinderköpfe.

### AHNHERR

Ferrari verlieh dem Boliden einen der größten Namen der Rennsportgeschichte – den des Ferrari 250 Testa Rossa von dem zwischen 1956 und 1962 nur 70 Exemplare gebaut wurden. Der Testa Rossa gewann die Weltmeisterschaften von 1958, 1960 und 1961. 1959 wurde er von Stirling Moss auf Aston Martin geschlagen.

Die Außenspiegel ragen 20 cm über die Karosserie hinaus.

Er misst in der Breite stolze 1,83 Meter. Dies hat ein größeres Cockpit zur Folge. Die extrem breiten Türschweller sammeln bei Regen viel Schlamm.

Der Frontspoiler hält die Nase knapp über dem Asphalt und versorgt die Bremsen mit Kühlluft.

Das Design entstand mit Hilfe eines 1:1-Modells in Pininfarinas Windkanal. Kritiker waren anfangs wegen seiner Form und der Größe skeptisch.

Der kuriose, an ein Periskop erinnernde Spiegel wurde von Pininfarina entworfen.

Die Rippenstruktur von Pininfarina setzt sich am Heck fort.

Ferrari Testarossa

# FIAT 500D

## Vielleicht das netteste Auto, das es gibt

Als der Fiat 500 Nuova 1957 erschien, verteidigte der langjährige Fiat-Designer Dante Giacosa sein Fliegengewicht mit den Worten: »Er ist zwar klein, aber immerhin komfortabler als ein Motorroller«. Heute braucht der kleine Kobold keine Verteidigung mehr, denn die Zeit belohnte Giacosas Vertrauen – bis 1977 wurden über vier Millionen 500er und abgeleitete Modelle produziert. Der 500 übertrifft den Austin Mini (*siehe Seiten 50–53*) in zweierlei Hinsicht: Der Fiat kam nicht nur zwei Jahre früher heraus, er war auch 7,6 cm kürzer. Mit seinem kleinen 479 cm³-Zweizylinder-Motor war der originale 500 Nuova kein Raser. Als 500 D aus dem Jahre 1960 gelangte er dann zur Reife: Er wurde nun von einem 499,5-cm³-Motor angetrieben und erreichte fast 100 km/h. Was die Vorteile bei der Parkplatzsuche angeht, wird der Fiat 500 nur von der Isetta (*siehe Seiten 68–71*) übertroffen. Da kann auch ein moderner Smart neidisch werden.

Dieses kesse kleine Paket besitzt viel Charme. Es bietet aus allen Blickwinkeln eine fröhliche, lächelnde Erscheinung.

Der platzsparende Heckmotor benötigt keinen Kardantunnel.

Hier sind Benzintank, Batterie und Reserverad untergebracht, zusätzlich gibt es etwas Raum für Gepäck.

**Typ** Fiat 500 (1957–77)

**Produktion** über 4 Millionen (alle Modelle)

**Karosserie** Limousine, Cabriolet, Giardiniera-Kombi

**Bauweise** Aufbau und Fahrwerk eine Einheit

**Motor** luftgekühlter Zweizylinder, 479 cm³ oder 499,5 cm³

**Leistung** 17,5 PS bei 4400 U/min (499,5 cm³)

**Getriebe** nicht synchronisiertes Viergang-Getriebe

**Fahrwerk** Einzelradaufhängung, Querblattfedern, Dreieckslenker vorn; Einzelradaufhängung, Schräglenker, Schraubenfedern hinten

**Bremsen** hydraulische Trommelbremsen

**Höchstgeschwindigkeit** 95 km/h

**0–100 km/h** 50 Sek.

**Verbrauch** 5,3 l/100 km

Fiat 500D 271

**INNENAUSSTATTUNG** Der Fiat 500 ist minimal, aber sehr funktionell ausgestattet. Anstelle einer Benzinuhr signalisiert eine Warnleuchte einen Rest von 3 Litern, die für 60 Kilometer reichen. Vorn finden zwei durchschnittliche Erwachsene Platz, hinten ist es etwas enger.

**MOTOR** Der Einsatz eines luftgekühlten Zweizylinders im 500 war eine Neuheit bei Fiat. Der 500 hatte zunächst einen 479-cm³-Motor. Der 500D ersetzte den 500 Sport und erhielt dessen 499,5-cm³-Motor. Sämtliche Motoren ermöglichten durchaus längere Fahrten.

Der kleine und feine Fiat 500 erntete in der Presse viel Lob.

Im Gegensatz zum Fiat 500 tragen viele heckgetriebene Autos zur Zier vorn einen Kühlergrill oder Lufteinlässe.

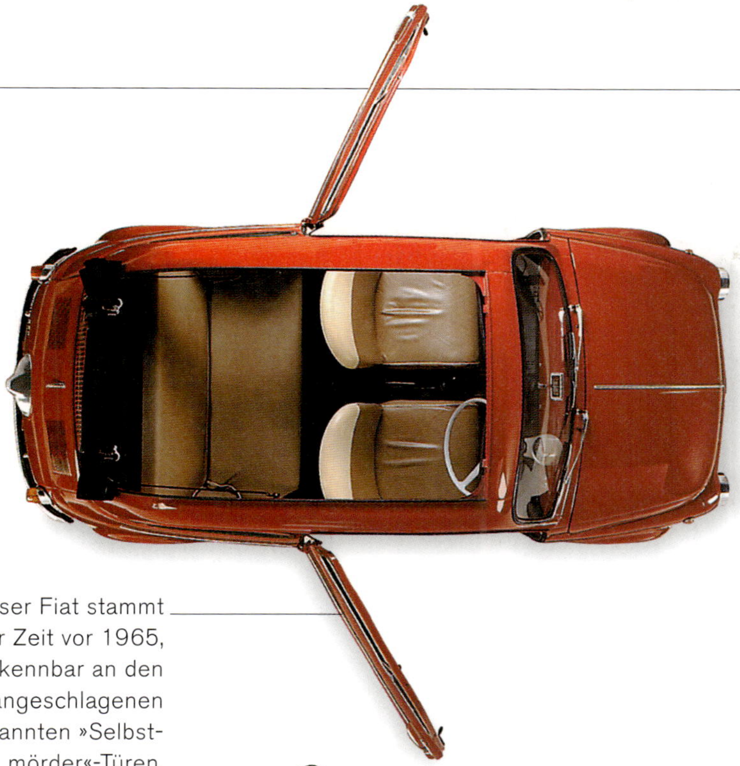

Dieser Fiat stammt aus der Zeit vor 1965, erkennbar an den hinten angeschlagenen sogenannten »Selbstmörder«-Türen.

Es gibt 500er mit kleinen Rolldächern und Cabrios, bei denen das ganze Dach eingerollt werden kann.

## DANTE GIACOSA

Mit nur 26 Jahren entwarf Dante Giacosa den revolutionären Fiat 500A von 1936. Das Auto mit dem Spitznamen Topolino beeinflusste ganze Generationen von Kleinwagen. Fiat-Chef Senator Agnelli hatte gefragt: »Können Sie ein kleines Auto entwerfen?« Giacosa hatte nur genickt...

# FORD GT40

## Eine internationale Erfolgsgeschichte

Der Ausdruck »Superwagen« ist für den GT40 fast schon abwertend, denn in der heutigen Sprache wird dieser Superlativ auch auf Wagen wie den Jaguar XJ 220, McLaren F1 und Bugatti EB 110 angewandt, aber welcher davon hat schon die 24 Stunden von Le Mans gewonnen? Der Ford GT40 ist nicht nur ein hervorragendes Straßenfahrzeug, sondern auch der ultimative Langstrecken-Renner seiner Ära – wie sonst kein anderer vereint er zwei Persönlichkeiten in einem Wagen. Noch heute wird über seine Nationalität gestritten, denn sowohl Ford Amerika als auch Ford Großbritannien erheben den Anspruch seiner Entwicklung für sich. Wir sollten ihn ganz diplomatisch als amerikanisch-britischen Mischling mit italienischen und deutschen Einflüssen definieren. Seine Qualitäten jedoch sind eindeutig: Er gewann die 24 Stunden von Le Mans viermal in Folge, zugleich ist er aber auch straßentauglich.

Die großartige Form entstand in den Ford-Ateliers in Dearborn. Gefordert waren ein Mittelmotor und effiziente Aerodynamik.

Da es für Rennen entworfen wurde, ist es mehr als Arbeitsplatz denn für Ausflugsfahrten geeignet.

**Typ** Ford GT40 MkI, II, III und IV (1964–68)

**Produktion** 107

**Karosserie** zweisitziges, zweitüriges Coupé

**Bauweise** Stahlmonocoque (MkIV: Wabenkörper), Glasfaseraufbau

**Motor** Ford V8 4,2 l (MkI), 4,7 l (MkI & III), 7,0 l (MksII & IV)

**Leistung** 350 PS bei 7200 U/min (MkI 4,2 l) bis 500 PS bei 5000 U/min (MkIV)

**Getriebe** Getriebe-Differenzialeinheit und ZF-Vier- oder Fünfgang-Getriebe

**Bremsen** innenbelüftete Scheibenbremsen

**Fahrwerk** Einzelradaufhängung mit Schraubenfedern und Dreieckslenkern

**Höchstgeschwindigkeit** 249–322 km/h (je nach Getriebe)

**0–100 km/h** 4,7 Sek.

**Verbrauch** 17,5–23,8 l/100 km

**INNENAUSSTATTUNG** Die hohen und breiten Türschweller erschweren den Einstieg erheblich. In der Rennversion findet sich eine Seiten-, im Straßenmodell eine Mittelschaltung.

**MOTOR** Das Design des GT40 basiert auf dem früheren Lola. Ausstattung wie Mittelmotor mit Getriebe-Differenzialeinheit waren bei Rennfahrzeugen Standard.

Ein Exemplar der Mk III-Straßenversion war mit einem Fernseher ausgestattet.

Das Heckfenster lässt gerade genug Sicht, um einen Ferrari verschwinden zu sehen.

# FORD Thunderbird (1955)

## Luxus, Prestige und Erfolg

Der 1955 als eleganter Kompakt-Sportwagen eingeführte Thunderbird brachte eine völlig neue Stilrichtung in den amerikanischen Automobilmarkt. Entgegen den gängigen überzogenen und verchromten Straßenkreuzern setzte Ford auf eine unaufdringliche Kreation, die Jugend, Geld und Erfolg verkörperte – und natürlich *Fun, fun, fun*. Mit einem Song dieses Titels setzten die Beach Boys dem »T-Bird« ein Denkmal. Dieses als Antwort auf die erste Generation des Chevrolet Corvette gedachte Modell wurde ein voller Erfolg. Während der Chevy einen Sechszylinder-Reihenmotor hatte, wurde der Thunderbird von einem Mercury-V8 vorwärts getrieben. Der Ford konnte auch mehr Komfort für sich verbuchen. Vom Thunderbird wurden 1955 24-mal so viele Einheiten verkauft wie von der Corvette. Der Erfolg des Thunderbird hielt insgesamt fast ein ganzes Jahrzehnt lang an.

Der Name des Thunderbird stammt von einer indianischen Gottheit, die Regen und Wohlstand bringen soll.

Die lange Motorhaube und der kurze Kofferraumdeckel erinnern an den Lincoln Continental der Vierziger.

**Typ** Ford Thunderbird (1955)

**Produktion** 16 155 (1955)

**Karosserie** zweitüriger Zweisitzer

**Bauweise** Stahl-Leiterrahmen

**Motor** 4,8-l-V8

**Leistung** 193 PS

**Getriebe** Dreigang-Getriebe, optional mit Overdrive oder Automatik

**Fahrwerk** Schraubenfedern vorn, Blattfedern hinten

**Bremsen** Trommelbremsen

**Höchstgeschwindigkeit** 169–201 km/h

**0–100 km/h** 7,3–11,5 Sek.

**Verbrauch** 16,7 l/100 km

**INNENAUSSTATTUNG** Der Thunderbird konnte mit viel luxuriösem Zubehör geliefert werden. Im Angebot waren u.a. Servolenkung, Automatikgetriebe, elektrisch verstellbare Sitze und sogar ein elektrisches Verdeck.

**MOTOR** Der Grauguss-V8 des Thunderbird wird von einem Holley-Vergaser versorgt. Im Vergleich mit dem alten Sechszylinder der Corvette schnitt der Thunderbird-Motor ausgesprochen gut ab.

Die Ausbuchtung verschafft dem mächtigen Vergaser Platz.

## MARILYN MONROE

Marilyn Monroe war beeindruckt von dem schwarzen 55er T-Bird ihres späteren Mannes Arthur Miller. Als sie 1956 einen Vertragsstreit mit ihrem Studio gewonnen hatte, kaufte sie sich zur Feier des Tages selbst einen Sunset Coral T-Bird mit braun-weißer Innenausstattung. Sie besaß den Wagen zwei Jahre lang, bevor er verschwand. In den Siebzigern fand ihn ein kalifornischer Sammler und ließ ihn restaurieren.

Bis auf die übertriebenen Auspuffrohre ist das Heck angenehm schlicht gehalten.

Bei geschlossenem Verdeck erzeugte das Getriebe große Hitze im Innenraum; später wurde nachgebessert.

# FORD Fairlane 500 Skyliner

## Kompliziert, aber funktionsfähig

MANCH EINER ZOG fasziniert die Augenbrauen hoch, wenn er einem Ford Fairlane Skyliner am Straßenrand bei seinem überwältigenden Schauspiel zusah. Es bedurfte nur der Betätigung eines Schalters und schon konnten die staunenden Gesichter der Zuschauer beobachtet werden, wenn der Skyliner sein Dach verschwinden ließ. Das »einzige ausfahrbare Hardtop der Welt«, wie Ford es bezeichnete, basierte auf früheren, kostpieligen aber ergebnislosen Entwicklungen. Der Skyliner wurde konstruiert, um diese Ausgaben in Höhe von zwei Millionen Dollar auszugleichen. Ford war mit dem Party-Gag zufrieden und pries den Skyliner als »die revolutionärste Entwicklung seit Ford das Pferd auf Amerikas Straßen ersetzt hatte«. Der Showeffekt war jedoch nach drei Jahren abgenutzt, Ende 1959 verschwand das verschwindende Blechdach wieder – diesmal nicht im Heck, sondern in der Versenkung.

Für Tests am Dach des Skyliners gab Ford 18 Millionen Dollar aus.

Die Show benötigt 186 Meter Kabel, zehn Lastrelais, zehn Begrenzungsschalter, vier Schließermotoren, drei Antriebsmotoren und acht Sicherungen.

Für den Skyliner gab es vier verschiedene V8-Motoren.

Heute würde sich kein Hersteller mehr an eine solche Dachkonstruktion wagen.

**Typ** Ford Fairlane 500 Galaxie Skyliner Retractable (1959)

**Produktion** 12 915 (1959)

**Karosserie** Cabrio mit ausfahrbarem Hardtop

**Bauweise** Kastenrahmen und Aufbau aus Stahl

**Motor** Diverse OHV-V8; 4,4 l (1957) und 4,8 l (1958-59); optional 5,1 l, 5,4 l und 5,8 l

**Leistung** 190–300 PS

**Getriebe** Dreigang-Getriebe, optional mit Cruise-O-Matic-Automatik

**Fahrwerk** Schraubenfedern vorn, Blattfedern hinten

**Bremsen** Trommelbremsen

**Höchstgeschwindigkeit** 169 km/h

**0–100 km/h** 11 Sek.

**Verbrauch** 18,5 l/100 km

**INNENAUSSTATTUNG** Als exklusivster Fairlane hatte der Skyliner Sitze, die farblich auf das Armaturenbrett abgestimmt waren, sowie Servolenkung und -bremsen. Sonnenblende und gepolstertes Armaturenbrett waren Teil eines Sicherheits-Pakets.

Mit zwei Tonnen Gewicht und einem Preis von 3138 Dollar war der Skyliner der schwerste, teuerste und unpraktischste Ford, den es gab.

**DACH AUSFAHREN** Die Operation musste bei laufendem Motor durchgeführt werden und dauerte eine Minute. Dafür, dass der Vorgang so kompliziert ist, funktionierte das Ganze erstaunlich zuverlässig.

Trotz des enormen Gewichts wurde eine normale Blattfederung benutzt.

Auf Wunsch war eine getönte Frontscheibe lieferbar.

Flossen waren 1959 zwar nicht mehr in Mode, aber diese Ornamente verbargen die riesige Dachkonstruktion recht elegant.

Ford Fairlane 500 Skyliner

285

# FORD Falcon

## Massenwirksamer Minimalismus

Ford-Präsident Robert McNamara besaß eine Schwäche für den VW Käfer und verlangte, dass Dearborn einen eigenen Kleinwagen herausbrachte. Als echter Sparfanatiker bestand McNamara auf einem Vierzylinder, weil dieser in der Produktion 13,50 Dollar billiger war. Er musste jedoch einsehen, dass sich ein Sechszylinder besser verkaufen ließ. Am 19. März 1958 beschloss Ford sein Kleinwagen-Programm und führte 1960 den Falcon, Amerikas ersten Kleinwagen, auf dem Markt ein. Die Medien blieben unbeeindruckt und nannten ihn eine moderne Version der Tin Lizzy. Ein Autojournalist sagte über McNamara: »Sein Auto ist genauso langweilig wie seine Brille.« Finanziell schwächere Käufer jedoch mochten den kleinen Ford; der Falcon wurde in seinem ersten Jahr über 435 000-mal verkauft. Eigentlich war er ein typisches Wegwerf-Auto, aber er fuhr weich und war sparsam.

Dem serienmäßigen 2,4-l-Sechszylinder wurden in Anzeigen »Leistung und Sicherheit eines großen Autos« bescheinigt.

Der Falcon wurde 1970 durch den Maverick und später durch den Pinto ersetzt.

Der zwei- oder viertürige Falcon war eine halbe Motorhaube kürzer als die großen Fords und bot sechs Personen bequem Platz.

# Falcon

**Typ** Ford Falcon (1962)

**Produktion** 396 129 (1962)

**Karosserie** zwei- oder viertüriges Hardtop, Kombi und Cabriolet

**Bauweise** Einheitsaufbau aus Stahl

**Motor** 2,4-l-, 2,8-l-Sechszylinder, 4,3-l-V8.

**Leistung** 85–174 PS

**Getriebe** synchronisierte Dreigang-Lenkradschaltung, Ford-O-Matic-Zweigang-Automatik optional

**Fahrwerk** Schraubenfedern vorn, Blattfedern hinten

**Bremsen** Trommelbremsen vorn und hinten

**Höchstgeschwindigkeit** 145–177 km/h

**0–100 km/h** 12,5–18,8 Sek.

**Verbrauch** 9,9–11,4 l/100 km

**INNENAUSSTATTUNG** Das schlichte Innere des Falcon konnte mit einem Deluxe-Zubehörpaket für 87 Dollar verschönert werden. Ab 1962 wurden Falcons mit dieser Ausstattung als eigenes Deluxe-Modell verkauft. Gepolstertes Armaturenbrett und Sonnenblenden kosteten weitere 16 Dollar, Sicherheitsgurte an den Vordersitzen 21 Dollar.

**RÜCKLICHT** Dieses Detail ist typisch für das schlichte, ungewöhnlich zurückhaltende Styling des Falcon. Dieses Auto hielt, was es versprach. Laut Marketingabteilung von Ford bot der Falcon auch »viel Platz für sechs Personen und ihr Gepäck«. Auch in dieser Hinsicht hatte die Werbung recht.

### NACHWUCHS

Die Falcon-Basisversion kostete 1960 nur 1974 Dollar. Die Falcon-Serie wurde aber erweitert, bis sie Kombis, einen offenen Lieferwagen, Limousinen und die Econoline-Transporter umfasste. Außerdem gab es das Futura Coupé. Der Futura Sprint (Cabrio oder Hardtop) hatte einen kräftigen 4,3-l-V8.

Der Alu-Kühlergrill wurde jedes Jahr verändert.

Die Dachlinien der Falcons glichen Mitte 1962 denen des T-Bird.

Seine Form mit runden Kanten und großen Rücklichtern war genauso einfach wie seine Technik.

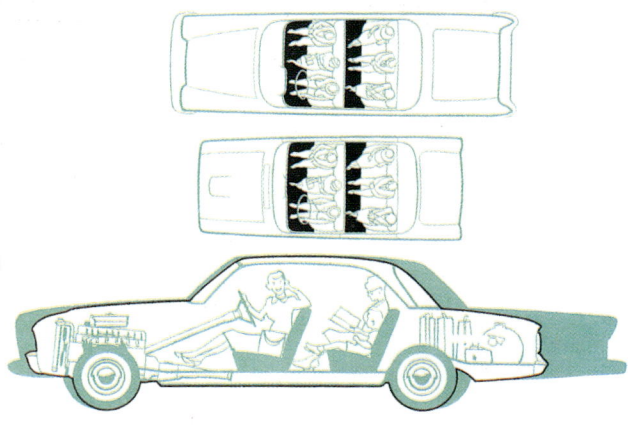

### GERÄUMIG

Der Innenraum war nicht nur groß genug für sechs Personen – es fanden sogar Leute Platz, die größer als 1,80 m waren. Um diese Großzügigkeit zu erreichen, mussten die ersten Prototypen beträchtlich verbreitert und verlängert werden; Henry Ford fand sie zu schmal.

Die riesige Heckscheibe erlaubte optimale Sicht nach hinten.

# FORD Galaxie 500XL Sunliner

## Auf ein junges Publikum zugeschnitten

FORD VERKAUFTE 1962 seine Modellreihe als den »Inbegriff amerikanischer Lebensfreude«, die besonders der brandneue Galaxie verkörperte. Generaldirektor Lee Iacocca führte das Unternehmen im dritten Jahr und wollte mit Geschwindigkeit und Stärke junge Käufer ansprechen. Der sauber geformte, schnittige und tief liegende Galaxie kam bei der Zielgruppe gut an und führte Ford in eine neue Ära. Der neue 62er 500XL besaß Schalensitze, Mittelschaltung, ein gedrechseltes Armaturenbrett und konnte mit einem starken 6,7-l-V8 ausgerüstet werden. XL stand für »extra lebendig« und läutete Fords »Total Performance«-Verkaufskampagne ein. Das 500XL Sunliner Cabriolet wurde als Sportwagen verkauft und kostete nur 3350 Dollar. Die mächtigen V8-Motoren mit 4,8 l über 6,4 l bis 6,7 l Hubraum konnten zusätzlich mit einem Borg-Warner-Viergang-Automatikgetriebe ausgerüstet werden.

Der Galaxie war gut isoliert und innen besonders geräuscharm.

Die Basisversion besaß einen 3,7-l-Sechszylinder oder 4,8-l-V8. Im 500XL konnten auch V8-Motoren vom Thunderbird inklusive des 6,4-l-Special sitzen, wie hier, oder ein 6,7-l-V8 mit 405 PS.

## 500XL

**Typ** Ford Galaxie 500XL Sunliner Cabriolet (1962)

**Produktion** 13 183 (1962)

**Karosserie** zweitüriges Cabriolet

**Bauweise** Stahlaufbau und -chassis

**Motor** 4,8-l-, 5,8-l-, 6,4-l- und 6,7-l-V8

**Leistung** 170–405 PS

**Getriebe** Cruise-O-Matic-Dreigang-Automatik, Viergang-Schaltgetriebe optional

**Fahrwerk** Schraubenfedern vorn, Blattfedern hinten

**Bremsen** Trommelbremsen vorn und hinten

**Höchstgeschwindigkeit** 174–225 km/h

**0–100 km/h** 7,9–14,8 Sek.

**Verbrauch** 15,6–17,5 l/100 km

292 Ford Galaxie 500XL Sunliner

Alle 62er Fords hatten selbstregelnde Bremsen. Das Motoröl wurde nach 9660 km gewechselt, das Getriebeöl dagegen nie.

Schall schluckendes Mastik befand sich an der Innenseite der Türen, Motorhaube, Kofferraumdeckel, Kotflügeln und Heck.

Der Suchscheinwerfer auf dem Spiegel war ein Extra, das bei klarem Wetter 800 m weit strahlen konnte.

**Die Karosserie des Galaxie entstand 1962 komplett neu und setzte einen stilistischen Trend für größere Autos.**

**INNENAUSSTATTUNG** Der Innenraum war feudal und großzügig mit tiefen Schalensitzen aus Mylar neben der Mittelkonsole. Die Sitze waren manuell vierfach oder elektronisch sechsfach verstellbar. Sicherheitsgurte an den Vordersitzen waren optional. Glasfasermatten isolierten das Dach.

**DETAIL** Die Linien waren zwar flach und einfach, es gab jedoch 13 ein- und 21 zweifarbige Lackierungen. Der pfeilgerade Strich ist eine Reminiszenz an die Verzierungen, die fast alle Modelle der Fünfziger hatten. Insgesamt sah der Galaxie aber weit besser aus als viele Zeitgenossen.

**VERKAUFSBROSCHÜRE**
»Dieses Jahr sieht die Branche mehr denn je neidisch auf das Styling des Galaxie.« Das klang nach Eigenlob, aber der neue Galaxie war tatsächlich ein Erfolg, und die neue XL-Serie offerierte mit dem 500er Spitzenleistung und Luxusausstattung.

Die großen, runden Rücklichter stammten vom T-Bird und erschienen später beim Falcon und beim Fairlane.

Ford Galaxie 500XL Sunliner

293

# FORD Thunderbird (1963)

## Ein amerikanischer Mythos

Es war kein Zufall, dass der Thunderbird der dritten Generation aussah, als wäre er aus einem Raketensilo abgefeuert worden. Designer Bill Boyer wollte, dass sein neues Wunder »flugzeug- und raketenförmig« aussieht. Der amerikanischen Öffentlichkeit, die durch die Kuba-Krise und Chruschtschows Anhebung des Militärhaushalts beunruhigt war, entging die Anspielung nicht. Der Sport Roadster war der schönste Inbegriff des 61er-63er Thunderbird. Mit Kelsey-Hayes-Speichenrädern und einem Glasfaserheckaufbau für den Zweisitzer war er eines der bezauberndsten Autos auf den Straßen – und eines der exklusivsten. Der maskuline, riesige und teure »Donnervogel« demonstrierte, dass die Branche nicht gewillt war, kleinere, billigere Autos zu bauen. GM behauptete sogar unverfroren, dass »ein guter Gebrauchtwagen die einzige Antwort auf Amerikas Bedarf an preiswerten Transportmöglichkeiten ist«.

Zuletzt erhielt er diesen seltsamen Knick vom Kotflügel bis zur Tür.

Mit geöffnetem Verdeck war er eines der attraktivsten und stabilsten Cabriolets von Ford.

Die verchromten Schlitze zeigten unmissverständlich seine Stärke.

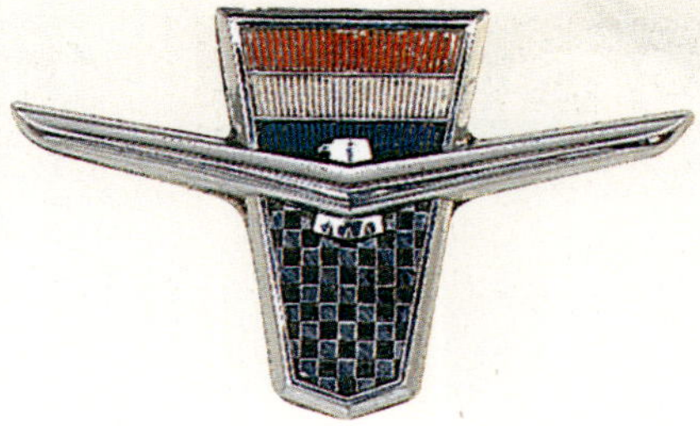

**Typ** Ford Thunderbird Sport Roadster (1962)

**Produktion** 455 (1962)

**Karosserie** zweitüriges Zwei-/Viersitzer-Cabriolet

**Bauweise** Stahlaufbau und -chassis

**Motor** 6,4-l-V8

**Leistung** 330–340 PS

**Getriebe** Cruise-O-Matic-Dreigang-Automatik

**Fahrwerk** obere und untere Dreiecklenker und Schraubenfedern vorn, Blattfedern mit Antriebsachse hinten

**Bremsen** Trommelbremsen vorn und hinten

**Höchstgeschwindigkeit** 187–201 km/h

**0–100 km/h** 10,1–12,9 Sek.

**Verbrauch** 14,1–25,6 l/100 km

Ford Thunderbird (1963)   295

**INNENAUSSTATTUNG** Die Instrumente erinnerten offensichtlich an ein Flugzeug. Die dominierende Mittelkonsole teilte den Innenraum in zwei Kabinen. Die Käufer des Thunderbird waren gar nicht so jung und ein verstellbares Lenkrad half den korpulenteren Fahrern.

**MOTOR** Der 6,4-l-V8 aus der M-Serie war eine starke Option, mit der man bis zu 201 km/h schaffen konnte. Der größte Motor, der angeboten wurde, war allerdings der 7,0-l-V8 mit 425 PS. Seine Drehleistung lag um 12 Prozent höher als beim Vorgängermodell.

Der Designer Art Querfield verbrachte mehr Zeit mit dem Thunderbird als mit irgendeinem anderen Auto bei Ford.

Die Front erinnerte an den britischen Ford Corsair, was jedoch weder überraschend noch zufällig war, weil der Corsair ebenfalls von Henry Ford stammte.

Getönte Scheiben, elektrisch verstellbare Sitze und Fensterheber sowie Radio waren beliebte Extras.

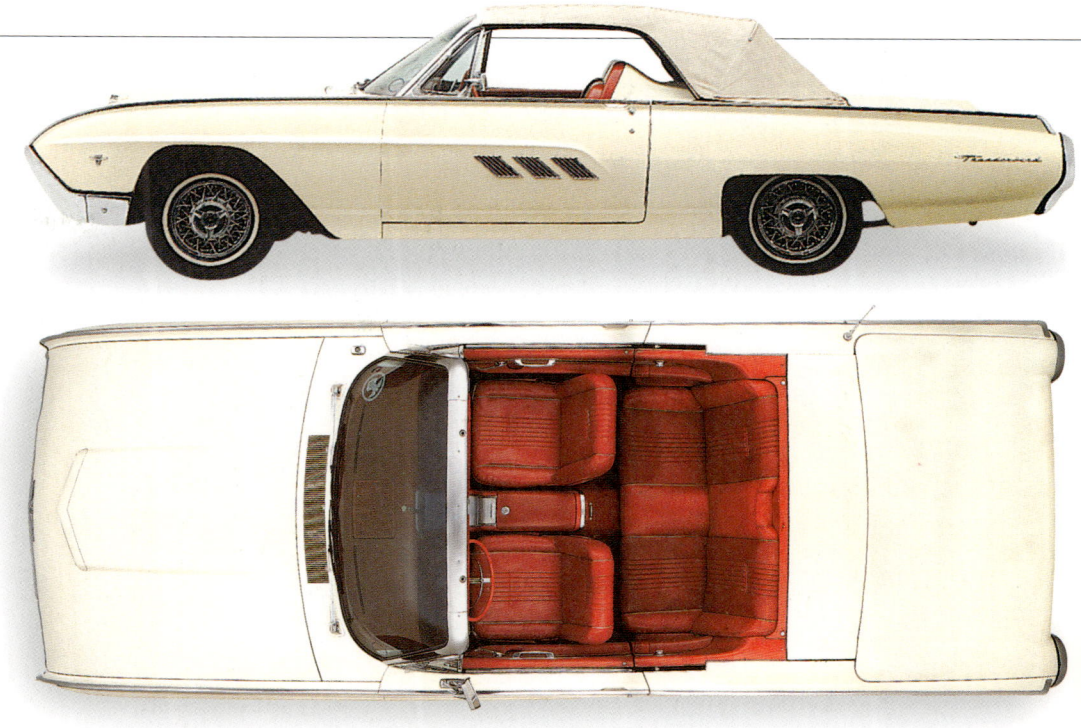

### GÖTTLICHES DESIGN
Die Prospekte deuteten an, dass der Thunderbird das Ergebnis gemeinsamer Anstrengungen von Ford und Gott war.

Das Heck hing so weit über, dass man nur mit Hilfe der Flossen einparken konnte.

Um das Verdeck zu verstauen, waren zwei Personen nötig.

Ford Thunderbird (1963) **297**

# FORD Mustang
## Das erste Pony Car

DIESER WAGEN WAR ein Volltreffer – in der Tat schlug der Mustang alle Verkaufsrekorde, nachdem er im April 1964 auf den Markt gebracht worden war. Wegen seines Namens und als erster Vertreter einer neuen Fahrzeuggattung erhielt er den Spitznamen »Pony Car«. Das Konzept eines billigen Sportwagens für die Massen ist dem damals noch jungen, dynamischen Ford-Vizepräsidenten Lee Iacocca zuzuschreiben. Tatsächlich steht der Mustang über allen Klassen, fast ein universales Auto. Durch seine umfangreichen Zusatzausstattungen ließ er sich an jeden Geschmack anpassen. Es gab einen Mustang für Mütter, Söhne, Töchter, Väter, sogar für junggebliebene Großeltern. Selbst Prominente stellten sich ein Exemplar in die Garage. Der Reiz des demokratischen Renners war auch in Europa spürbar. Der Chansonnier Serge Gainsbourg widmete dem Mustang sogar einen Song.

Der Vorserien-Wagen des Mustang II debütierte im Herbst 1963 beim US-Grand Prix und die enthusiastische Resonanz sorgte für grünes Licht bei der Mustang-Produktion.

Härtere Aufhängung und Fahrwerks-Verbesserungen waren möglich.

Die vorderen und hinteren Seitenscheiben verschwinden völlig.

**Typ** Ford Mustang (1964–68)

**Produktion** 2 077 826

**Karosserie** zweitüriges Viersitzer-Hardtop, Fließheck, Cabriolet

**Bauweise** selbsttragend

**Motor** 2,8-l-Sechszylinder bis 7,0-l-V8; hier: 4,7-l-V8

**Leistung** 195–250 PS bei 4000–4800 U/min, 271 PS bei 6000 U/min (4,7 l)

**Getriebe** Drei- oder Viergang-Schaltung oder Dreigang-Automatik

**Fahrwerk** Einzelradaufhängung mit Schraubenfedern und Dreieckslenker vorn, halbelliptische Blattfedern hinten

**Bremsen** Trommelbremsen, optional Scheibenbremsen vorn

**Höchstgeschwindigkeit** 177–204 km/h (4,7 l)

**0–100 km/h** 6,4 Sek. (4,7 l)

**Verbrauch** 21,7 l/100 km

Ford Mustang

299

**INNENAUSSTATTUNG** Die ersten Mustangs teilten ihre Instrumentierung in einer gepolsterten Konsole mit dem schlichteren Ford Falcon *(siehe Seiten 286–289)*. Die billig wirkenden Kunststoffteile waren bei dem Preis akzeptabel.

**MOTOR** Der Mustang wurde mit verschiedenen V8- oder Sechszylinder-Motoren geliefert (hier ist die 4,7-l-V8-Version abgebildet). Die V8er wurden 1964–68 doppelt so oft verkauft.

Der Mustang brachte die Freiheit, die der Thunderbird versprochen hatte.

Drucktasten-radio und Antenne waren Bestandteil der Optionsliste.

Scheibenbremsen gab es ab 1965 als Option.

## STEVE MCQUEEN

Als geübter Rennfahrer bestand Steve McQueen darauf, in möglichst vielen Szenen der neunminütigen Verfolgungsjagd in *Bullitt* selbst zu fahren. Nach dem Ende der Dreharbeiten verschrottete Solar Productions alle verbliebenen 68er Mustang 390GTs bis auf einen. Der Wagen wechselte mitsamt der Kameraaufbauten dreimal den Besitzer. Der heutige Eigentümer erwarb ihn 1972 und lehnte jedes der vielen Kaufangebote von Steve McQueen ab.

Das Heck besticht durch dezente, klare Linien.

# FORD Shelby Mustang GT500

## Das Pony wird zum Hengst

AUS DER SICHT unserer umweltbewussten Zeit wirkt es fast erstaunlich, dass man solche mörderischen Öfen einmal direkt von der Ausstellungsfläche weg kaufen konnte. Und wer sich keinen leisten konnten, mietete sich eben am Wochenende einen. Tatsache ist: Die Amerikaner liebten sein Röhren, sein Image und das Cobra-Tuning von Carroll Shelby. Die Werbeslogans von Ford brachten es genau auf den Punkt – Shelby Mustangs waren »die Straßenautos schlechthin«. Die 4,7-l- und 7,0-l-V8-Motoren machten sie umwerfend schnell und zu Königen der Straße wie der Rennbahn. Als zivile Version kamen sie 1967 mit Sonderzubehör auf den Markt, wie Umluft, Servolenkung, zusätzliche Instrumente, ein Shelby-Lenkrad aus Holz und – sehr wichtig! – ein Tachometer, der bis 225 km/h ging. Das kleine Pony namens Mustang wurde zu einem donnernden Hengst.

Einige gemietete Shelbys wurden mit abgefahrenen Reifen und Rennnummern abgegeben.

Der 67er Shelby besaß eine größere Lufthutze sowie eine Front aus Glasfaser, um die längere Motorhaube zu ergänzen.

Durch die Einführung von Servolenkung und -bremsen beim 67er Modell wurde der harte Mustang zu einem luxuriösen Katapult und bald darauf zur Ikone.

**SHELBY COBRA G.T.500**

**Typ** Ford Shelby Mustang GT500 (1967)

**Produktion** 2048 (1967)

**Karosserie** zweitüriges Viersitzer-Coupé

**Bauweise** Einheitsaufbau aus Stahl

**Motor** 7,0-l-V8

**Leistung** 360 PS

**Getriebe** Viergang-Schaltgetriebe, Dreigang-Automatik

**Fahrwerk** Schraubenfedern vorn, Blattfedern hinten

**Bremsen** Scheibenbremsen vorn, Trommelbremsen hinten

**Höchstgeschwindigkeit** 212 km/h

**0–100 km/h** 7,0 Sek.

**Verbrauch** 21,7 l/100 km

**INNENAUSSTATTUNG** Serienmäßig waren Stewart-Warner-Öl- und Stromanzeigen, Drehzahlmesser und Innenbeleuchtung. Zwei Innenfarben standen zur Wahl – Pergament und Schwarz neben gebürstetem Aluminium. Alle GT350 und GT500 hatten serienmäßig einen umklappbaren Rücksitz.

**MOTOR** Der GT500 besaß den 428-Police-Interceptor-Motor mit zwei Holley-Vierfachvergasern. Der 7,0-l-V8 lief ursprünglich im AC Cobra. Ovale, gerippte offene Luftfilter und Ventildeckel aus Aluminiumguss waren einzigartig bei Shelbys Motor.

Alle Modelle von Shelby hatten ein Fließheck; Cabriolets gab es erst ab 1968, eine Stufenheck-Version gar nicht.

Die sportlichen Verschlüsse waren serienmäßig.

## LEE A. IACOCCA

Der Ingenieur Lido Anthony Iacocca wurde mit 35 Vizepräsident von Ford. Ab 1961 leitete er das Mustang-Projekt und schuf eines der erfolgreichsten Autos aller Zeiten. Ihm war klar, dass der wachsende Markt der »Baby Boomers« einen preiswerten, kompakten Sportwagen brauchte. Durch den Mustang wurde Iacocca einer breiten Öffentlichkeit bekannt. Der Erfolg verhalf ihm zu seinem Geschäftsführerposten bei Chrysler.

Ford Shelby Mustang GT500

305

# GORDON KEEBLE GT
## Das frühe Meisterwerk einer Design-Legende

1960 BESCHRIEB DAS britische Magazin *Autocar & Motor* den Gordon Keeble GT als den aufregendsten je getesteten Wagen. Das in einem Flugzeughangar in Southampton gebaute Auto war von Giugiaro entworfen worden, es hatte einen Glasfaseraufbau und einen 300 PS starken 5,4-l-V8 aus der Chevrolet Corvette. Trotz guter Reklame, des gelungenen Äußeren, gewaltiger Leistung und des exklusiven Kundenkreises geriet der Gordon Keeble dennoch mit nur 104 gebauten Exemplaren zur finanziellen Katastrophe. Die Zeit beweist die Qualität des Keeble; ein stabiler Gitterrohrrahmen, die nichtrostende Kunststoffkarosserie und der unzerstörbare V8 sorgten dafür, dass über 90 Gordons überlebten, von denen 60 heute noch regelmäßig benutzt werden. Sein Ende hatte zwei Gründe: Der Hersteller kam mit der Produktion nicht mehr nach, außerdem wurde bei der Kalkulation die Gewinnspanne schlicht vergessen.

Das Dach wurde gestreckt, um größere Glasflächen und bessere Sicht zu ermöglichen.

Der doppelte Tank ist symptomatisch für jene Zeiten lang vor der Ölkrise.

Die dreiteilige Chromstoßstange des Keeble war handgefertigt.

Für ein Auto der Sechziger ist der Gordon Keeble überaus klar und zeitlos.

**Typ** Gordon Keeble GT (1964–67)

**Produktion** 104

**Karosserie** viersitziger GT

**Bauweise** Gitterrohrrahmen, GFK-Aufbau

**Motor** 5,4-l-V8

**Leistung** 300 PS bei 5000 U/min

**Getriebe** vollsynchronisiertes Viergang-Getriebe

**Fahrwerk** Einzelradaufhängung vorn, De-Dion-Achse hinten

**Bremsen** Scheibenbremsen

**Höchstgeschwindigkeit** 227 km/h

**0–100 km/h** 7,8 Sek.

**Verbrauch** 20 l/100 km

**INNENAUSSTATTUNG** Das Innere sah aus wie das Cockpit eines alten Flugzeugs – abgestepptes PVC, schwarze Instrumente, Kippschalter und ein hölzernes Lenkrad.

**MOTOR** Der Sting Ray Small-Block-Motor von General Motor erreichte 300 PS. Dank der beeindruckenden Leistung des V8 kam der Gordon Keeble im ersten Gang auf 113 km/h.

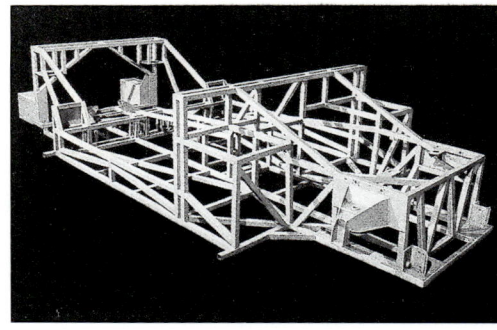

### GITTERROHRRAHMEN

Der erste Prototyp des Skelettes aus Vierkantrohren war im Februar 1960 fertig. Er wurde nach Frankreich geflogen, dann nach Turin transportiert, wo Giugiaro den Aufbau entwarf. Der handgefertigte Aufbau aus glasfaserverstärktem Kunststoff war zu seiner Zeit unschlagbar.

Doppelscheinwerfer waren in den Sechzigern sehr beliebt.

Die Motoren der elektrischen Fensterheber stammen aus dem Rolls-Royce Silver Shadow.

FEW 555D

Der Sting-Ray-Small-Block-Motor war 300 PS stark.

Der Wagen wurde auf dem Flugplatz Eastleigh in Southampton unter Verwendung vieler Flugzeugteile gebaut.

Trotz der zurückhaltenden Erscheinung war der Keeble bis zu 225 km/h schnell.

## GIORGIO GIUGIARO

Der 1938 geborene Italiener arbeitete Anfang der Sechziger für den renommierten Designer Bertone. Der Gordon Keeble war eine seiner ersten Arbeiten. 1966 wechselte Giugiaro in das Designstudio von Ghia. Zwei Jahre später gründete er seine eigene Firma Italdesign. Seither hat die Firma neben über 100 Serienautos auch andere Artikel, wie Kameras und Armbanduhren, entworfen.

# HOLDEN FX

## Ein australischer Klassiker

VIELE DER AUSTRALISCHEN Soldaten, die nach dem Zweiten Weltkrieg ins Zivilleben zurückkehrten, hatten genug Geld sich einen Wagen zu kaufen – es gab nur leider keine. Durch Zuschüsse gestärkt, brachte General Motors-Holden einen viertürigen Sechssitzer mit Sechszylindermotor heraus, der zu einer australischen Legende auf Rädern werden sollte. 1948 wurde der allgemein als FX bekannte 48-215 vorgestellt, der Morris Minor (*siehe Seiten 426–429*) Australiens. Er war pummelig, konventionell und so groß wie ein Buick, er hatte einen kultivierten, durchzugsstarken Motor, selbsttragende Stahlkarosserie, hydraulische Bremsen und eine Dreigang-Lenkradschaltung, leicht und funktionell. Lord Nuffield von Morris war so beeindruckt von seiner Unkompliziertheit, dass er als Vorbild für seine Entwicklungsingenieure ein Exemplar nach England importierte.

Dass die Karosserie staubdicht war, trug im heißen australischen Klima zum Komfort bei. Taxifahrer klagten darüber, dass die Türen manchmal in den Kurven aufgingen.

Das Zeichen eines ruhenden Löwen täuschte einen Stammbaum vor. Holden war jedoch ein Neuling.

**Motor** Der 2,2-l-Reihensechszylinder mit integriertem Block und Kurbelgehäuse hatte obenliegende Ventile mit Stößelstangen und einen Stromberg-Vergaser. Der Motor lieferte 60 PS.

**Typ** Holden 48-215 FX (1948–53)

**Produktion** 120 402

**Karosserie** viertürige, sechssitzige Familienlimousine

**Bauweise** Ganzstahl-Aerobilt-Monocoqueaufbau

**Motor** 2,2-l-Sechszylinder

**Leistung** 60 PS bei 4500 U/min

**Getriebe** Dreigang-Lenkradschaltung

**Fahrwerk** Schraubenfedern und Dreieckslenker vorn, Blattfedern und Starrachse hinten

**Bremsen** Trommelbremsen

**Höchstgeschwindigkeit** 117 km/h

**0–100 km/h** 29,9 Sek.

**Verbrauch** 9,1 l/100 km

# HUDSON Super Six

## Ein tief gelegter Flitzer

1948 HÄTTE HUDSONS Zukunft nicht heller strahlen können. Der Super Six war ein Pionier des Nachkriegs-Designs. Unter der Leitung von Frank Spring entworfen, sah der neue Hudson Super Six nicht nur gut aus, er war auch mit Neuerungen gespickt. Der Schlüssel lag im revolutionären Step-Down-Konzept, das auf einer selbsttragenden Bauweise mit einem vom Fahrgestellrahmen abgesetzten Bodenblech basiert. Der Hudson war niedriger als seine Rivalen, verfügte über eine sehr gute Straßenlage und überholte mit seinem rasanten Sechszylindermotor praktisch alle Konkurrenten. 1951 entwickelte sich daraus der Hudson Hornet, er beherrschte die amerikanische Stock-Car-Szene von 1951 bis 1954. Da der komplizierte Entwurf keine jährliche Revision ermöglichte, verschwand Hudson 1957 endgültig vom Markt, nachdem das Unternehmen bereits 1954 mit Nash fusioniert hatte.

Der Super Six ist nur 1,53 Meter hoch.

Der Rahmen verläuft außerhalb der Hinterräder und dient als »unsichtbarer Flankenschutz«.

Hudson und Studebaker erfanden das sensationell neue Design der Nachkriegszeit.

**Typ** Hudson Super Six (1948–51)

**Produktion** 180 499

**Karosserie** viertürige Limousine, zweitürige Brougham-Limousine, Club-Coupé, Hardtop-Coupé, Brougham-Cabriolet

**Bauweise** Einheit aus Fahrwerk und Aufbau

**Motor** 4,3-l-Reihensechszylinder

**Leistung** 121 PS bei 4000 U/min

**Getriebe** Dreigang-Getriebe, optional Overdrive; Halbautomatik

**Fahrwerk** Einzelradaufhängung, Dreieckslenker, Schraubenfedern, Teleskopdämpfer und Stabilisatoren vorn; Starrachse, halbelliptische Blattfedern, Teleskopdämpfer und Stabilisatoren hinten

**Bremsen** Trommelbremsen

**Höchstgeschwindigkeit** 145 km/h

**0–100 km/h** 14,6–18,8 Sek. (je nach Getriebe)

**Verbrauch** 15,6–23,8 l/100 km

**INNENAUSSTATTUNG** Leider kein Holz, sondern nur lackiertes Blech. Der Tacho und die Aufzieh-Uhr wurden später direkt vor den Fahrer gerückt. Für Öldruck und Ladekontrolle gibt es, wie bei Hudson üblich, nur Kontrollleuchten.

**MOTOR** Der neue, rasante 4,3-l-Sechszylinder wurde gemeinsam mit dem neuen Hudson-Entwurf fertig und war einer der flottesten auf Amerikas Straßen. Für den Hornet wurde er auf 5047 cm³ modifiziert.

Die Designer standen unter der Leitung von Frank Spring, der sowohl im Design als auch im Maschinenbau zu Hause war.

Das Heck des Hudson sieht wie ein sauber gestürzter Pudding aus.

# HUDSON Hornet

## Eines der schnellsten Autos der Fünfziger

HUDSON VERSUCHTE 1954 sein Bestes, um die alte 48er Karosserie moderner zu gestalten. Weichere Flanken und eine niedrigere, breitere Frontpartie waren ebenso neu wie Armaturenbrett und leuchtendere Stoff- und Kunststoffverkleidung. Nach langer Zeit wurde endlich eine einteilige Windschutzscheibe eingesetzt. Auch die Mechanik war nicht schlecht. Tatsächlich glaubten einige, dass der letzte »Step-Down« auch der beste gewesen ist. Er hatte einen Sechszylinder-Reihenmotor, optional mit Twin-H, mit neuer Nockenwelle und mit Leichtmetallkopf, der 170 PS leistete. Allerdings setzten alle anderen Marken bereits V8-Motoren ein. Mitte 1954 verzeichnete Hudson Verluste von sechs Millionen Dollar. Im April des Jahres wurde Hudson, das seit 1909 existierte, von der Nash-Kelvinator Corporation geschluckt. Erst jetzt wurde der Hornet zu Recht als Meilenstein und als einer der schnellsten Sechszylinder dieser Ära anerkannt.

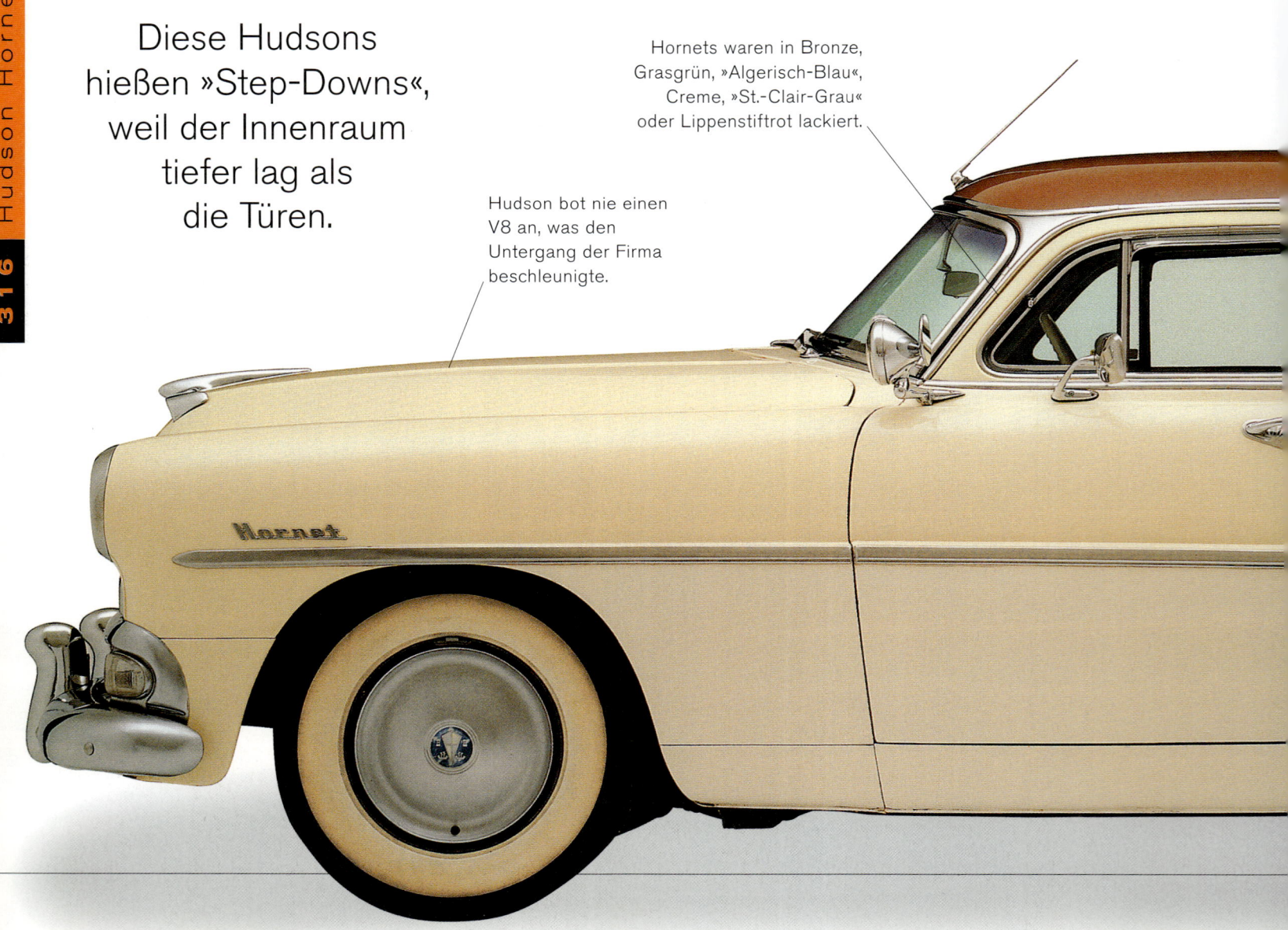

Diese Hudsons hießen »Step-Downs«, weil der Innenraum tiefer lag als die Türen.

Hornets waren in Bronze, Grasgrün, »Algerisch-Blau«, Creme, »St.-Clair-Grau« oder Lippenstiftrot lackiert.

Hudson bot nie einen V8 an, was den Untergang der Firma beschleunigte.

Erstmals bot Hudson 1954 eine Servolenkung an.

Obwohl der Hornet sehr tief lag, war er innen sehr geräumig. Nur wenige Autos boten 1954 so viel Komfort wie er.

**Typ** Hudson Hornet 7D (1954)

**Produktion** 24 833 (1954)

**Karosserie** zweitüriges Coupé oder Cabriolet, viertürige Limousine

**Bauweise** Stahlaufbau und -chassis

**Motor** 5,0-l-Sechszylinder-Reihenmotor

**Leistung** 160–170 PS

**Getriebe** Dreigang-Schaltgetriebe, Hydra-Matic Automatik optional

**Fahrwerk** Schraubenfedern vorn, Blattfedern hinten

**Bremsen** Trommelbremsen vorn und hinten

**Höchstgeschwindigkeit** 177 km/h

**0–100 km/h** 12,5 Sek.

**Verbrauch** 16,7 l/100 km

Hudson Hornet

Stock-Car-Fans sahen so manchen Hudson, der überlegen ein Rennen gewann; allein 1953 siegte er bei 22 von 37 großen Rennen.

Der Kühler war 1954 neu und wurde für alle Hornet-Karosserien verwendet.

**INNENAUSSTATTUNG** Das Armaturenbrett war modern und glänzend, hatte aber immer noch den typischen Hudson Tachometer. Die Kabine war großzügig mit Chrom versehen. Die Verkleidung bestand aus Nylon-Bedford-Gewebe und Kunstleder in Braun, Blau oder Grün.

**MOTOR** Der 5,0-l-Sechszylinder-Reihenmotor mit Carter-Zweifachvergaser leistete 160 PS. Die Kompression wurde 1954 erhöht und er konnte mit der »aufbrausenden Kraft der wunderbaren H-Power« nachgerüstet werden. Trotz aerodynamischer Form verbrauchte der Hornet 16,7 l auf 100 km.

Das abfallende Heck beim Viertürer unterschied sich deutlich vom konventionellen Heck des Zweitürers.

# JAGUAR XK120

## Eine Raubkatze voller Kraft und Eleganz

DAS AUTOHUNGRIGE GROSSBRITANNIEN konnte im Oktober 1948 auf der Earls Court Motor Show in London einen Blick in die Zukunft werfen. Der Star dieser Ausstellung war der XK120. Der Anblick seiner Linienführung, die keinerlei Chrom nötig hätte, war damals aus jedem Winkel sensationell. Sensationell war auch seine Geschwindigkeit; die 120 in seinem Namen steht für 120 mph (193 km/h) – er war damals der schnellste Serienwagen der Welt. Wieder einmal hatte Jaguar-chef William Lyons sein Konzept von viel Leistung für wenig Geld verwirklicht. Tatsächlich stand der XK120 konkurrenzlos auf dem Markt. Es war nur sehr schwierig, wirklich ein Exemplar zu bekommen. Lyons hatte den XK120 als Kleinserienprodukt geplant, das überwältigende Interesse bei der Ausstellung 1948 warf diesen Plan über den Haufen. 1949 konnte die Nachfrage kaum gestillt werden, 1950 bekam der Wagen einen Stahlaufbau und der Export begann.

Viele halten das Coupé für den großartigsten aller XK120. Mit seiner Dachlinie und den tropfenförmigen Fenstern erinnert er an den schönen Bugatti Typ 57SC Atlantic.

Standard waren die gleichen Stahl-Scheibenräder wie bei den Limousinen.

**Typ** Jaguar XK120 (1949–54)

**Produktion** 12055

**Karosserie** Roadster, Coupé und Cabriolet

**Bauweise** separates Fahrwerk, Aluminium- oder Stahlaufbau

**Motor** 3,4-l-DOHC-Sechszylinder, Zwillings-SU-Vergaser

**Leistung** 160 PS bei 5100 U/min

**Getriebe** Moss-Viergang-Getriebe, obere drei Gänge synchronisiert

**Fahrwerk** Einzelradaufhängung, Dreieckslenker und Drehstäbe vorn; halbelliptische Starrachse hinten

**Bremsen** hydraulisch betätigte 30-cm-Trommelbremsen

**Höchstgeschwindigkeit** 203 km/h

**0–100 km/h** 10,4 Sek.

**Verbrauch** 12,8–16,4 l/100 km

**INNENAUSSTATTUNG** Umgeben von Leder, dicken Teppichen und zweckmäßigen Instrumenten fühlt man sich in einem XK120 wohl. Dass es ziemlich eng ist, merkt man kaum, wenn man die Kraft des Motors hinter sich spürt und das Röhren des Auspuffs hört. Die Walnussverkleidungen gab es nur im Coupé und im Cabrio.

**MOTOR** Der berühmte XK-Sechszylindermotor wurde von Bill Heynes und Wally Hassan entworfen und für den E-Type *(siehe Seiten 330–333)* sowie andere Jaguar-Modelle bis 1986 weiterentwickelt. Wegen der Ähnlichkeit mit Grand-Prix-Fahrzeugen der Dreißiger bestand Lyons auf zwei Nockenwellen.

Mit dem XK120 gelang es Jaguar-Chef William Lyons wieder einmal, ein Auto anzubieten, das für seine Kategorie vergleichsweise preisgünstig war.

Die seitlichen Lichter zeigen, dass dies ein XK120 von 1953 ist.

Die schmale, geteilte Stoßstange und der Kühler unterscheiden den XK120 von seinem Nachfolger, dem XK140.

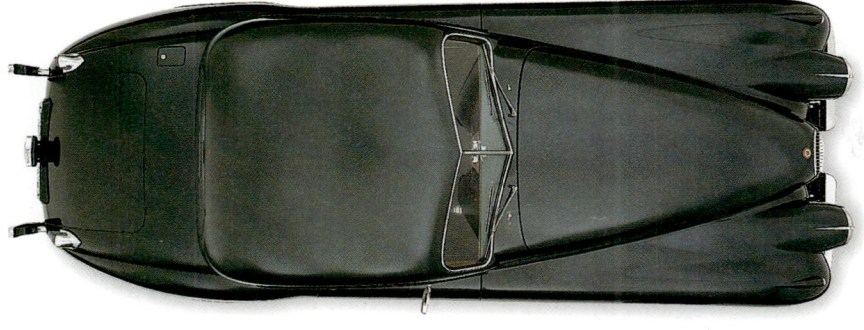

### TRAUM ZU VERKAUFEN
Die Originalbroschüren des XK120 zeigten kolorierte Photographien des ersten gebauten Wagens. Während der fünf Jahre, die der XK120 auf dem Markt war, wurden über 12 000 Stück gebaut.

Die Sicht nach hinten war beim Coupé sehr eingeschränkt.

# JAGUAR C-Type
## Der Grundstein einer großen Sporttradition

MIT DEM C-TYPE nahmen Jaguars Rennsportkarriere und die Le-Mans-Legende ihren Anfang. William Lyons war in den 50er Jahren darauf versessen, wie Bentley ein Vierteljahrhundert vorher einen Le-Mans-Sieg nach Großbritannien zu holen. Nach Tests mit einem schwach modifizierten XK120 im Jahre 1950 kam Jaguar 1951 mit einer Wettbewerbsversion heraus, dem XK120C. Dieser C-Type gewann in diesem Jahr, scheiterte 1952 und gewann 1953 wieder. Damit hatte sich der C-Type seinen Platz in der Geschichte gesichert und den Grundstein zur Jaguar-Rennsportlegende gelegt, die der Nachfolger D-Type mit drei Le-Mans-Siegen in vier Jahren fortführte. Die meisten der an Privatkunden verkauften C-Types wurden ebenfalls bei Rennen eingesetzt. Sehr charakteristisch für den Jaguar C-Type sind die Abzugsschlitze für heiße Luft in der Motorhaube, die von Schnellverschlüssen und Riemen gehalten wird.

Die glatte Form verdankt sich dem luftfahrttechnischen Hintergrund des Designers Malcolm Sayer.

Ein Rennwagen braucht keinen Gepäckraum; hier sitzt der mächtige Tank.

Der Stutzen für die Schnellbetankung ist ein typisches Rennsportdetail.

Es war einfacher, über die Tür zu steigen als sie zu öffnen; für den Beifahrer gab es keine.

**Typ** Jaguar C-Type (1951–53)

**Produktion** 53

**Karosserie** zweitüriger Sportzweisitzer

**Bauweise** Rohrrahmen, Aluminiumaufbau

**Motor** 3,4-l-Sechszylinder-DOHC mit Zwillings-SU-Vergasern

**Leistung** 200–210 PS bei 5800 U/min

**Getriebe** Viergang-XK-Getriebe mit enger Stufung

**Fahrwerk** Drehstabfedern; Dreieckslenker vorn, Starrachse hinten

**Bremsen** Lockheed-Trommelbremsen, später Dunlop-Scheibenbremsen

**Höchstgeschwindigkeit** 232 km/h

**0–100 km/h** 8,4 Sek.

**Verbrauch** 17,5 l/100 km

**INNENAUSSTATTUNG** Das Cockpit ist zweckmäßig und ohne Komfort gestaltet, dem Beifahrer steht ein Haltegriff zur Verfügung. Die Sitze boten jedoch auch bei extremen Kurvenfahrten Halt.

**MOTOR** Der Motor stammt vom XK120, ist aber getunt. Die Leistung des seidenweich laufenden Sechszylinders wurde Jahr für Jahr erhöht, bis schließlich 220 PS zur Verfügung standen.

Die kluge Mischung aus Schönheit und Funktion behielt den raubtierhaften Look des Jaguar, verbunden mit einer aerodynamisch leistungsfähigen Gestalt für das schnelle Langstreckenrennen in Le Mans.

Die Rennversion hatte nur eine Scheibe auf der Fahrerseite; die Windschutzscheibe hier wurde ergänzt.

Jaguarchef William Lyons entschied, dass die Rennversion des C-Type eine starke Ähnlichkeit mit dem Serienmodell haben sollte. Die Form des Kühlergrills entspricht dieser Forderung.

## Sir William Lyons

Sir William begann mit dem Bau von Motorrad-Beiwagen und einem Kredit von 1000 Pfund und machte daraus eine der angesehensten Automarken der Welt. Lyons hatte einen Instinkt für das, was schöne Autos ausmacht, obwohl er kein Ingenieur war. Mit den XKs, dem E-Type und dem MkII trug er maßgeblich dazu bei, dass schnelle Sportwagen halbwegs bezahlbar wurden. 1972 zog er sich aus dem Vorstand der Firma British Leyland zurück, zu der Jaguar mittlerweile gehörte.

# JAGUAR XK150
## Einer der besten Motoren aller Zeiten

Der XK150 erschien im Frühling 1957 und war das raffinierteste Modell aus dem XK-Trio. Als einer der letzten Jaguare mit separatem Fahrgestell besitzt er rundum Dunlop-Scheibenbremsen, eine 210 PS-Version des legendären XK-Reihensechszylindermotors und optional ein Borg-Warner-Automatikgetriebe. Der XK150 markiert die Geburt der kultivierten Jaguar-Sportwagen. Er ist bulliger, erwachsener und komfortabler, sollte die Käufer bei der Stange halten, bis der geheim gehaltene E-Type (*siehe Seiten 330–330*) 1961 zur Serienreife gelangt war. In den späten Fünfzigern war der XK150 eine wirklich zauberhafte Erscheinung, fast so berauschend wie ein Aston Martin, aber 1500 Pfund billiger. Im März 1958 erhielt er als S-Ausführung mit 3,4 l und 250 PS mehr Leistung, 1959 stieg die Leistung mit einem 3,8-l-Motor auf berauschende 265 PS. Der XK150 war als Roadster, Cabriolet oder Stahldachcoupé erhältlich.

Der großartig geformte Aufbau sitzt auf einem konventionellen Fahrgestell. Übergänge und Kurven wurden in der Fabrik auf dem Bleiblock geglättet.

Das rote Lämpchen sollte den Fahrer daran erinnern, dass das Licht an war.

**Motor** Dieses klassische DOHC-Design erblickte 1949 das Licht der Welt und lief erst 1986 aus. Manche betrachten diesen Sechszylinder-Klassiker als einen der besten in Serie gebauten Motoren der Automobilgeschichte. Die legendären D-Types kamen damit bis auf 317 km/h.

**Typ** Jaguar XK150 FHC (1957–61)

**Produktion** 9400

**Karosserie** Roadster, Coupé und Cabriolet

**Bauweise** separater Stahlrahmen mit kastenförmigen Seitenträgern

**Motor** 3,4-l- oder 3,8-l-DOHC-Reihensechszylinder

**Leistung** 190 PS bei 5500 U/min (3.8), 210 PS bei 5500 U/min (3.8), 265 PS bei 5500 U/min (3.8S)

**Getriebe** Viergang-Getriebe, optional mit Overdrive oder Borg-Warner-Modell-8-Dreigang-Automatik

**Fahrwerk** Einzelradaufhängung vorn, Starrachse mit Blattfedern hinten

**Bremsen** Dunlop-Scheibenbremsen

**Höchstgeschwindigkeit** 217 km/h

**0–100 km/h** 7,9 Sek. (3.8S)

**Verbrauch** 15,6 l/100 km

Neben den meistens gewählten Speichenrädern wurden auch Stahlräder mit Radkappen angeboten.

# JAGUAR E-Type

## Ein Star unter den britischen Sportwagen

ALS WILLIAM LYONS, inzwischen Sir William, den Jaguar E-Type im März 1961 auf dem Genfer Autosalon enthüllte, weckte der enthusiastische Empfang Erinnerungen an die Vorstellung des XK120 im Jahr 1948 (*siehe Seiten 320–323*). Der E-Type – in den USA wurde er XKE genannt – war eine Sensation. Britische Motorsportmagazine hatten Fahrtests mit den Vorserienmodellen durchgeführt, die Veröffentlichungen fielen mit der Markteinführung zusammen.

Die Journalisten befanden: Das Coupé konnte tatsächlich 242 km/h erreichen. Vielleicht waren die Testfahrzeuge ein wenig frisiert worden, denn die ersten Eigentümer fanden bald heraus, dass 233 km/h viel realistischer waren, aber die Legende war geboren. Der E-Type ist nicht nur ein betörender, eleganter Sportwagen mit sensationeller Optik und gutem Preis-Leistungsverhältnis, er wurde auch zum Wahrzeichen von Jaguar.

Jaguar entwarf eine neue Einzelradaufhängung für die Hinterachse. Das Fahrverhalten bei Nässe und in Extremsituationen wurde oft kritisiert, für diese Zeit aber war es annehmbar.

Die schmalen Stoßstangen waren hübsch, boten aber kaum Schutz.

Zwei Drittel der Produktion wurden exportiert.

| | |
|---|---|
| **Typ** | Jaguar E-Type (1961–74) |
| **Produktion** | 72 520 |
| **Karosserie** | Roadster, Coupé, 2+2-Coupé |
| **Bauweise** | Stahlmonocoque |
| **Motor** | 3,8-l- oder 4,2-l-Reihensechszylinder, 5,3-l-V12 |
| **Leistung** | 265–272 PS |
| **Getriebe** | Viergang-Getriebe, ab 1966 optional Automatik |
| **Fahrwerk** | Einzelradaufhängung; Dreieckslenker und Drehstabfedern vorn, Schraubenfedern und Schubstrebe hinten |
| **Bremsen** | Scheibenbremsen |
| **Höchstgeschwindigkeit** | 241 km/h (3,8 l und 4,2 l); 230 km/h (5,3 l) |
| **0–100 km/h** | 7,5 Sek. (3,8 l) |
| **Verbrauch** | 14,3–17,5 l/100 km |

Jaguar E-Type  331

**INNENAUSSTATTUNG** Das Innere dieses 4,2-l-Modells der Serie 1 ist mit Ledersitzen, Holzlenkrad und vielen Instrumenten der Inbegriff von sportlichem Luxus – die Kippschalter wurden später durch weniger gefährliche Ausführungen ersetzt.

**MOTOREN** Der DOHC-Sechszylinder war eine Weiterentwicklung des ursprünglichen XK-Motors mit 3,4 Litern, die 1949 im XK120 eingesetzt wurde. Die ersten E-Types hatten 3,8 l, 1964 wurde ein 4,2-l-Motor mit etwas mehr Drehleistung eingeführt. 1971 kam ein ganz neuer V12.

Das Aufsehen, das sein Design bei der Vorstellung am 15. März 1961 auf dem Genfer Autosalon erregte, ist Teil seiner Legende.

Schön, aber uneffektiv – die Abdeckungen verschwanden 1967.

Die Schalensitze des 3,8-l-Modells sind im Vergleich zu den großzügig aufgepolsterten Sitzen der 4,2-l-Version (im Bild) etwas schmächtig.

## Adam Faith

Der Popsänger war im England der frühen Sechziger sehr erfolgreich. Als er den neuen E-Type bei der London Motor Show sah, bat er William Lyons, ihm einen 3,8-l-Roadster zu verkaufen. Lyons hatte aber keine Rechtslenker, weil er nur für den US-Markt produzierte. Faith stellte sich enttäuscht auf eine zweijährige Wartefrist ein, aber drei Tage später teilte Lyons ihm mit, er bekomme eine Spezialanfertigung.

# JENSEN Interceptor
## Ein internationaler Erfolg mit britischen Wurzeln

Der Jensen Interceptor ist eines jener Phänomene, die nur einmal alle zehn Jahre erscheinen. In einer kleinen Fabrik in Birmingham gebaut, machte der Interceptor die winzige Jensen Company über Nacht zu einem Begriff für Durchhaltevermögen, Automobildesign und Kraft im Überfluss. Als betörender Cocktail aus einer italienisch gestalteten Karosserie mit amerikanischem V8-Motor und edler britischer Handwerkskunst war der Jensen das Auto erfolgreicher Lebemänner der späten 1960er und 1970er. Die klassische Form stammt von dem italienischen Designer Vignale. Der Interceptor war schön, modisch und furchtbar schnell, allerdings auch furchtbar durstig – 27,8 l/100 km bei voller Fahrt. Nach zwei Ölkrisen, einer weltweiten Rezession und Verlusten aus dem Jensen-Healey-Projekt meldete Jensen 1975 Konkurs an und schloss im Mai 1976 die Tore.

Die futuristische Form des Interceptor wurde in seinen zehn Lebensjahren kaum verändert und gilt als einer der innovativsten Entwürfe dieses Jahrzehnts.

Der Ganzstahlaufbau erhielt viel zu wenig Korrosionsschutz.

**Typ** Jensen Interceptor (1966–76)

**Produktion** 1500

**Karosserie** zweisitziges Ganzstahlcoupé mit Notsitzen

**Bauweise** separater Rohr- und plattformähnlicher Stahlrahmen

**Motor** 6,3-l-V8

**Leistung** 325 PS bei 4600 U/min

**Getriebe** Chrysler-Dreigang-TorqueFlite-Automatik

**Fahrwerk** Einzelradaufhängung vorn, Starrachse hinten

**Bremsen** Girling-Scheibenbremsen

**Höchstgeschwindigkeit** 217 km/h

**0–100 km/h** 7,6 Sek.

**Verbrauch** 20,4 l/100 km

Jensen Interceptor

# KAISER Darrin

## Ehrgeizig und elegant, aber leider zu teuer

»Der Sportwagen, auf den die Welt gewartet hat«, wurde zu einem riesigen Flop. Kaisers sonderbares Auto, das von Howard »Dutch« Darrin entworfen wurde, erschien 1953 als Unfall. Henry J. Kaiser, der rüde Präsident der Kaiser Corporation, hatte Darrin so lange gereizt, bis dieser in seinem Studio in Kalifornien aus eigenen Mitteln den Zweisitzer entwarf, der so aussah, als ob er die Lippen spitzen und jemanden küssen wollte. Seine futuristische Karosserie aus Glasfaser saß auf einem Henry-J.-Chassis und wurde mit einem Willys-Sechszylinder angetrieben. Leider war die Karosserie undicht und bekam Risse, auch funktionierten die Gleittüren nicht richtig und der lahme 90-PS-Flachkopf kam nicht gegen Chevrolets Corvette (*siehe Seiten 122–125*) an. Mit 3668 Dollar kostete der Darrin aber so viel wie ein Cadillac und fand nur 435 Käufer. Ende 1954 musste Kaiser-Willys aufgeben, der Darrin verschwand.

Der Darrin besaß ein wunderschönes Design und war im Gegensatz zu anderen Zukunftsvisionen zeitlos.

Die unbestritten schöne Kotflügellinie fällt bis zur Tür ab und steigt über dem Heckkotflügel dramatisch an.

»Luxus und Leistung bei Spritkosten von nur einem Cent pro Meile« sollte der Henry J. angeblich bringen.

**Typ** Kaiser Henry J. Corsair Deluxe (1952)

**Produktion** 12 900 (1952)

**Karosserie** zweitürige Fünfsitzer-Limousine

**Bauweise** Stahlaufbau und -chassis

**Motor** 2,2-l-Vierzylinder, 2,6-l-Sechszylinder

**Leistung** 68–80 PS

**Getriebe** Dreigang-Schaltgetriebe mit optionalem Overdrive, Hydra-Matic-Dreigang-Automatik optional

**Fahrwerk** Schraubenfedern vorn, Blattfedern mit Antriebsachse hinten

**Bremsen** Trommelbremsen vorn und hinten

**Höchstgeschwindigkeit** 140 km/h

**0–100 km/h** 17,7 Sek.

**Verbrauch** 8,3 l/100 km

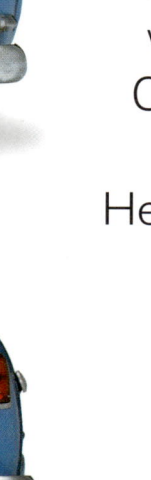

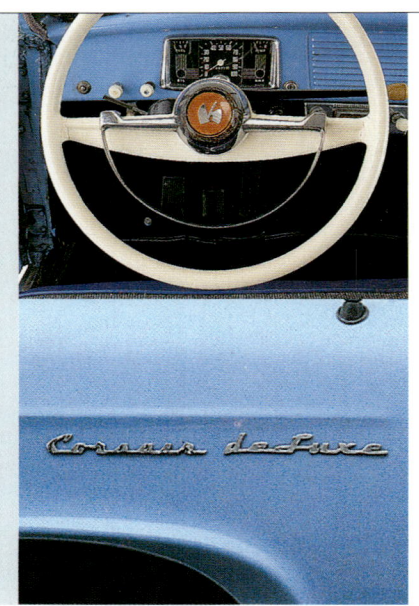

**INNENAUSSTATTUNG** Die Innenausstattung war sehr karg. Außer Overdrive und Automatik war nur wenig Sonderzubehör erhältlich. Zu den wenigen Schaltern gehörten Starter, Zündung, Licht und Choke.

**SCHRIFTZUG** Die Firma American Metal Products in Detroit baute den Prototyp des Corsair, die Serienfertigung fand in Willow Run, Michigan, statt. Das Ergebnis strafte den »De Luxe«-Schriftzug Lügen.

Corsair deLuxe

414

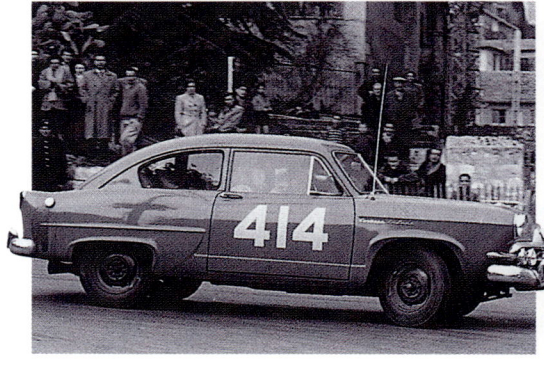

**DER RASENDE HENRY J.**
1952 nahm ein Henry J. an der Rallye Monte Carlo teil. Zum allgemeinen Erstaunen schnitt er auf dem 20. Platz recht gut ab – vor allem, wenn man bedenkt, dass der Serienwagen nur 140 km/h fuhr.

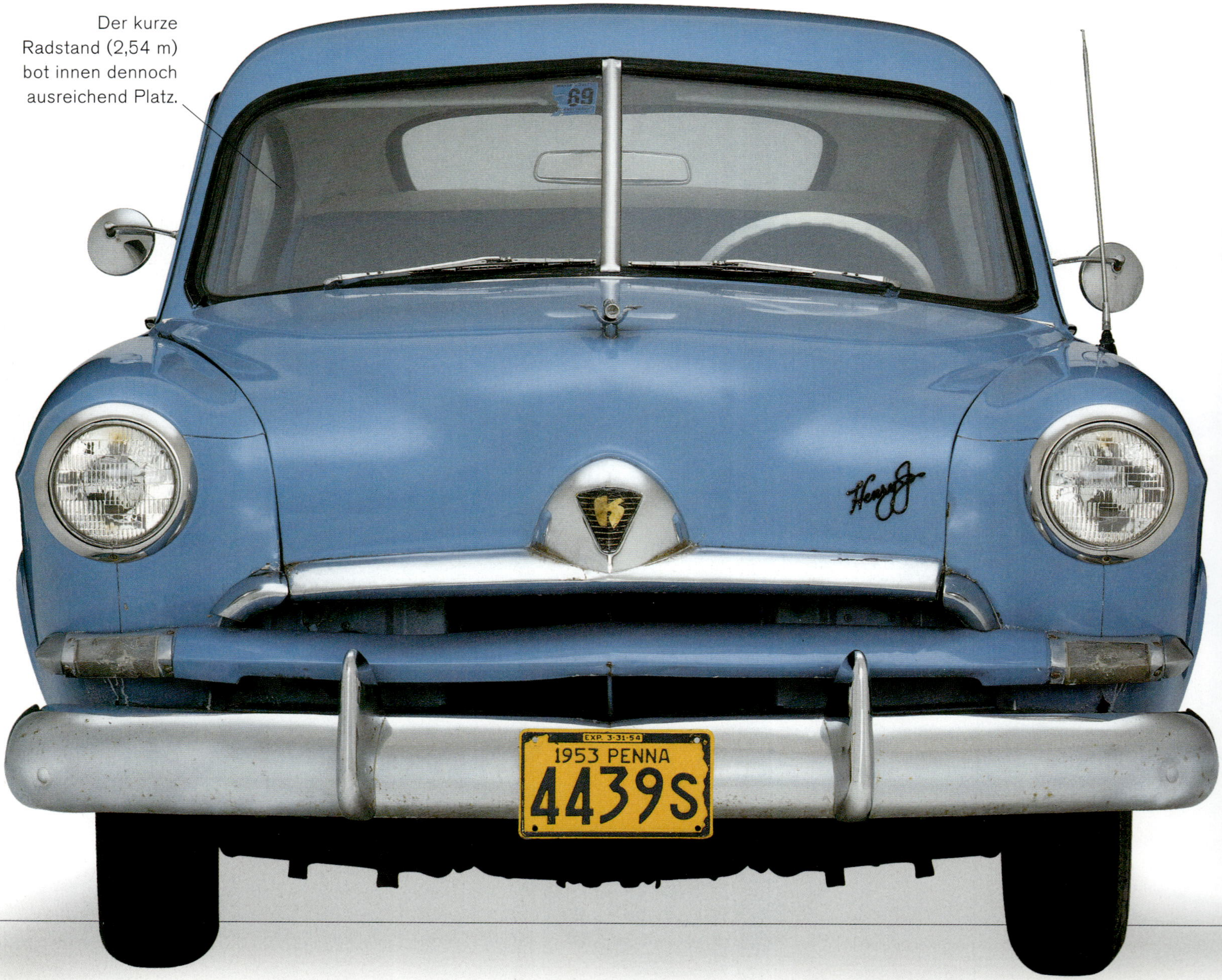
Der kurze Radstand (2,54 m) bot innen dennoch ausreichend Platz.
EXP. 3-31-54
1953 PENNA
4439S

Die Dachlinie war deshalb so hoch, weil der Präsident von Kaiser immer einen Hut trug.

Bei umgeklappter Rückbank zählte der Kofferraum zu den größten aller Limousinen.

## HENRY J. KAISER

Der Unternehmer hatte mit der Massenfertigung von Schiffen und Häusern Millionen verdient. Nach 1945 stieg er mit Joe Frazer ins Autogeschäft ein. Auf Grund steigender Kosten machten sie schon 1950 große Verluste. Fünf Jahre später verkaufte Kaiser an GM und zog nach Buenos Aires.

# LAMBORGHINI Miura

## Der absolute Superwagen seiner Zeit

Die Einführung des Lamborghini Miura auf dem Genfer Autosalon 1966 war die Motorsportsensation des Jahrzehnts. Er war atemberaubend schön, technisch herausragend und unglaublich schnell. Geschaffen wurde er von einem Triumvirat dreier genialer junger Konstrukteure, von denen keiner über 30 war. Bis kurz vor Ende seiner Produktionszeit war der Miura der begehrenswerteste Wagen, den es zu kaufen gab. Er kombiniert herausragendes Design, Leistungsvermögen und Zuverlässigkeit mit einer Höchstgeschwindigkeit von 282 km/h. In Sachen Beschleunigung nimmt er es mit jedem heutigen Wagen noch immer auf. Von der Form bis zu den exotischen Farben spiegelt der Miura die zweite Hälfte der Sechziger wider. Mit den Ölkrisen der Siebziger kam das Ende des Miura, 1973 wurde er durch den unschönen Countach ersetzt (*siehe Seiten 348–351*).

Die schönen Proportionen machen den langen, niedrigen Miura zu einer automobilen Skulptur.

Die niedrige Ausführung verhindert das Rollen, daher kommt das Ausbrechen des Hecks meist überraschend.

Zwischen dem fürchterlich lauten Motor und der Kabine befindet sich eine 10 cm dicke Polystyroldämmung.

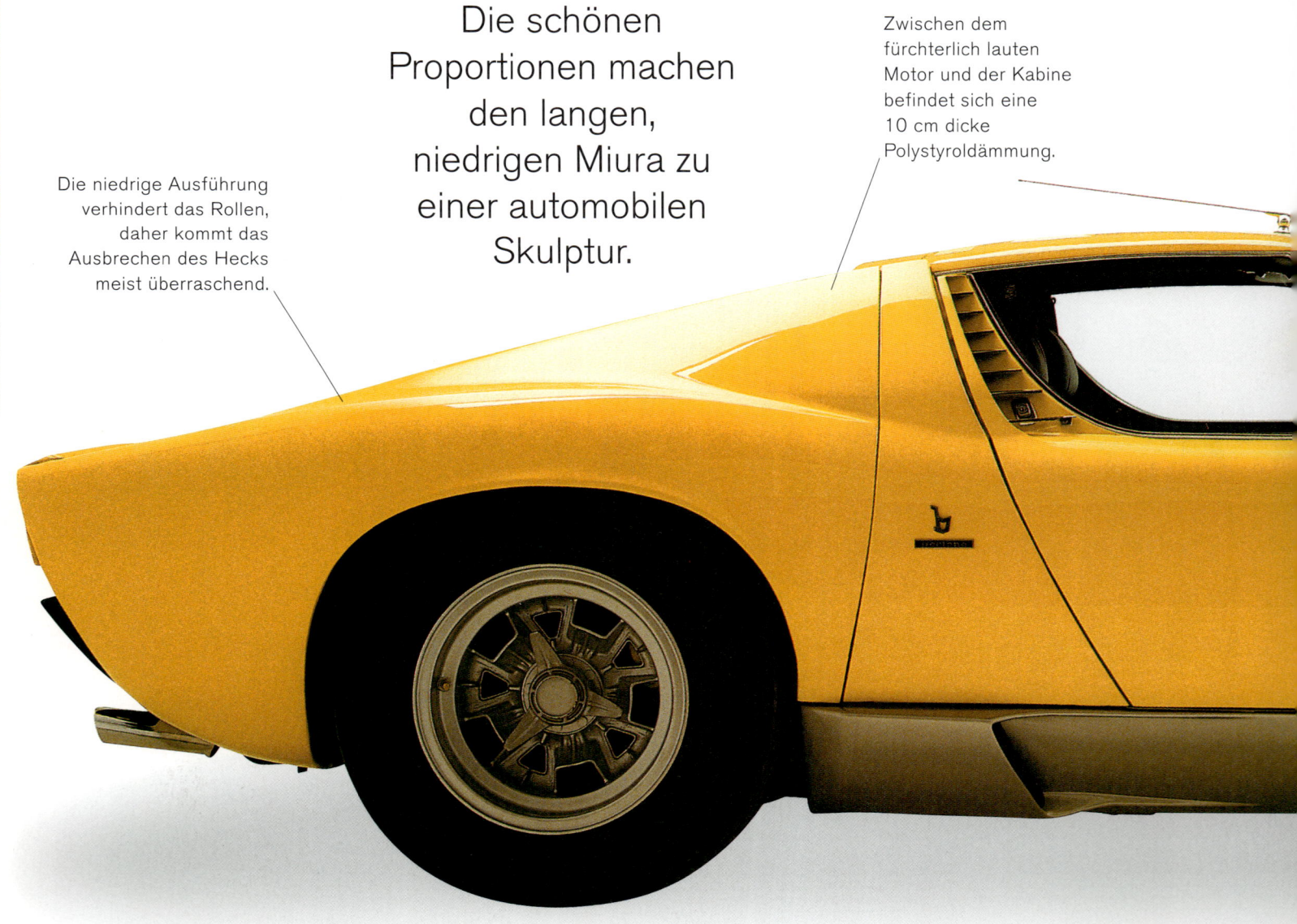

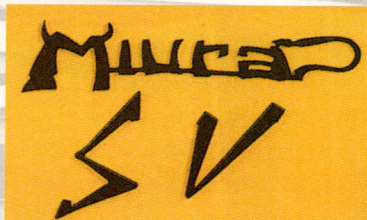

# Miura SV

**Typ** Lamborghini Miura (1966–72)

**Produktion** ca. 800

**Karosserie** Roadster

**Bauweise** Stahl-Plattformrahmen, Leichtmetall-Stahlaufbau

**Motor** querliegender 4,0-l-V12

**Leistung** 350 PS bei 7000 U/min (P400), 370 PS bei 7700 U/min (P400S), 385 PS bei 7850 U/min (P400SV)

**Getriebe** Fünfgang-Getriebe mit Getriebe-Differenzialeinheit

**Fahrwerk** Einzelradaufhängung

**Bremsen** innenbelüftete Scheibenbremsen

**Höchstgeschwindigkeit** 282 km/h (P400SV)

**0–100 km/h** 7 Sek.

**Verbrauch** 17,5 l/100 km

**INNENAUSSTATTUNG** Das Cockpit zeigt sich mit großem Tacho und Drehzahlmesser von Jaeger einfach, aber sauber gestaltet, in der Mittelkonsole finden sich sechs weniger wichtige Instrumente. Ein eher farbloses Vinyl-Design war Standard. Die Schaltung war enttäuschend schwergängig – schade um den schönen Motor.

**MOTOR** Der quer liegende 4-l-V12-Mittelmotor bewahrte den Wagen vor einem zu langen Radstand. Um Platz zu sparen, wurden Getriebe, Achsantrieb und Kurbelgehäuse aus einem Stück gegossen. Darunter arbeiten zwölf Kolben, vier kettengetriebene Nockenwellen, 24 Ventile und vier Vergaser.

Der Wagen liegt so niedrig, dass die Scheinwerfer nach oben ausgefahren werden müssen.

Der Miura hat in Aussehen und Konstruktion viel vom Ford GT40, wurde aber von Gianpaolo Dallara konstruiert.

## FERRUCCIO LAMBORGHINI

Der Bauernsohn begann seine Ingenieurskarriere als Traktorenhersteller. Von dem Geld, das er damit verdiente, kaufte er sich mehrere Ferraris, die äußerst pannenanfällig waren. Nach einem heftigen Streit mit Enzo Ferrari über einen 250GT beschloss Lamborghini, selbst einen Sportwagen zu bauen: den 350 GTV von 1963. Der Miura von 1966 machte Kunden aus der High Society auf Lamborghini aufmerksam und brachte der Firma einen beneidenswert guten Ruf ein. 1972 zwangen die beginnende Ölkrise, finanzielle Probleme und Streiks Ferruccio Lamborghini, 51% der Firmenanteile zu verkaufen.

Von der SV-Version wurden nur 150 Stück gebaut.

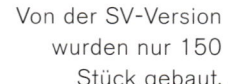

# LAMBORGHINI Countach

## Radikal gestylt und unglaublich schnell

DER COUNTACH WURDE wie der Miura von Gianpaolo Dallara konstruiert und von Marcello Gandini bei Bertone atemberaubend gestylt, und 1971 wurde er auf dem Genfer Autosalon als der Nachfolger des Miura enthüllt. Der komplizierte, handgefertigte Wagen liefert zuverlässig die hohe Leistung, die sein Äußeres verspricht. Ab 1982 wurde ihm ein 4,75-l-V12 mit 375 PS eingebaut, um dem kommenden Ferrari Testarossa (*siehe Seiten 266–269*) eine ernst zu nehmende Konkurrenz bieten zu können. Der Countach ist als Mittelmotorwagen einzigartig. Der Motor sitzt längs in einem Gitterrohrrahmen; Kraftstofftank, Wassertank und Kühlung sind jeweils auf beiden Seiten angebracht. Die Gewichtsverteilung ist nahe am 50/50-Ideal und bewirkt das legendäre Fahrverhalten des Countach im Grenzbereich. Es dauert allerdings sehr lange, sich an die extra breite Karosserie zu gewöhnen.

> Die Form resultiert aus der Rebellion eines schöpferischen Genies, das alle bekannten Regeln des Automobildesigns ignorierte.

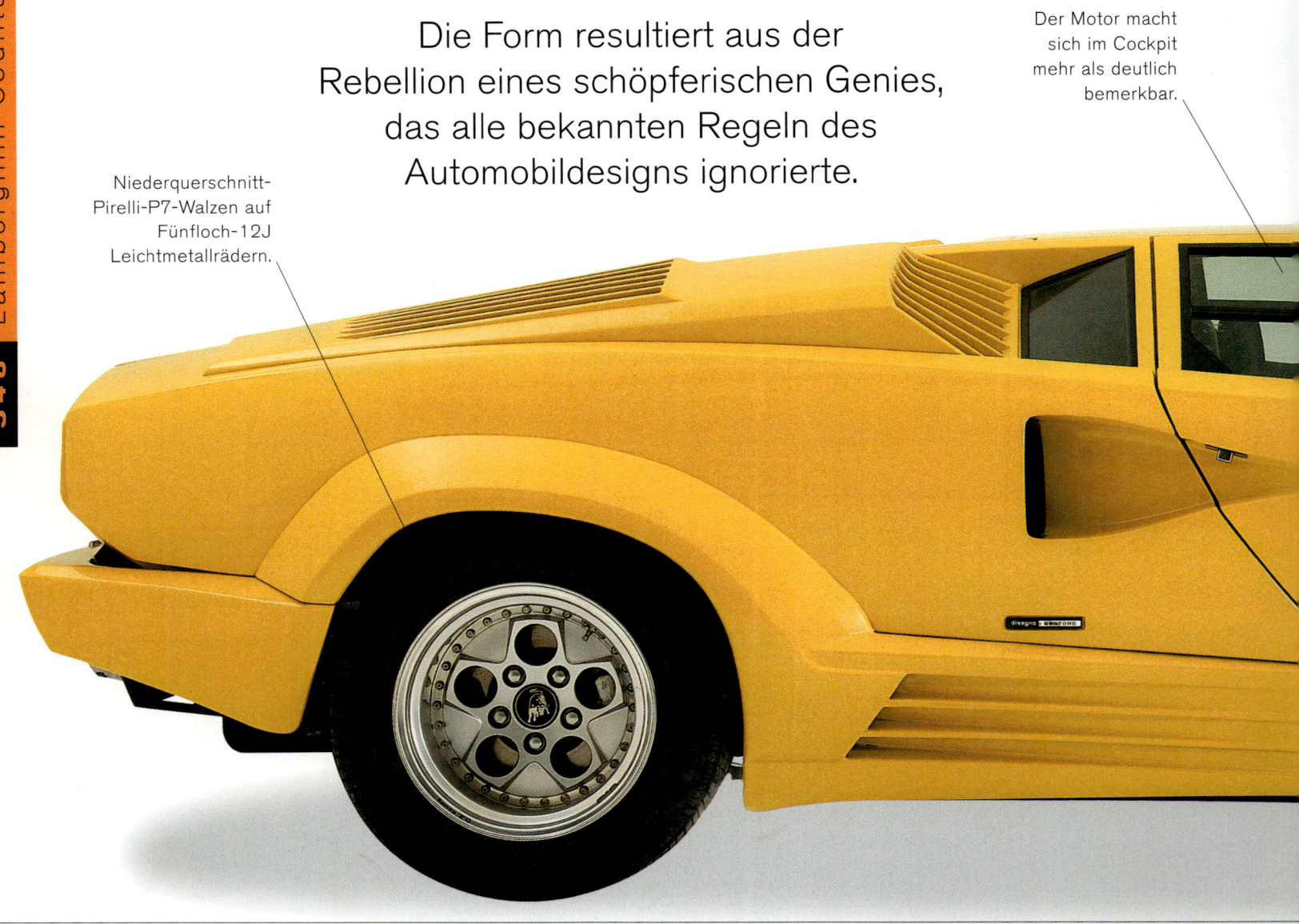

Niederquerschnitt-Pirelli-P7-Walzen auf Fünfloch-12J Leichtmetallrädern.

Der Motor macht sich im Cockpit mehr als deutlich bemerkbar.

**Typ** Lamborghini Countach (1973–90)

**Produktion** ca. 1000

**Karosserie** zweisitziges Sportcoupé mit Mittelmotor

**Bauweise** Gitterrohrrahmen, Leichtmetallaufbau

**Motor** 4,8-l-V12

**Leistung** 375 PS bei 7000 U/min

**Getriebe** Fünfgang-Getriebe

**Fahrwerk** Einzelradaufhängung mit Doppelquerlenkern und Schraubenfedern

**Bremsen** innenbelüftete Scheibenbremsen

**Höchstgeschwindigkeit** 301 km/h

**0–100 km/h** 5,3 Sek.

**Verbrauch** 31,3 l/100 km

### FEIER
Das 25jährige Lamborghini-Jubiläum 1985 wurde mit dem hier abgebildeten 5000S und dem Quattrovalvole 5000S begangen.

Schalter und andere Elemente der primitiven Kabine stammen von Fiat und Lancia.

Der Countach folgt der Lenkung äußerst exakt; dies ist hauptsächlich der guten Gewichtsverteilung zu verdanken.

Aufgrund der kaum vorhandenen Stoßstangen bekamen die meisten Countachs viele Schrammen ab, deren Reparatur extrem kostspielig war.

Am Countach ist einfach alles größer als bei anderen Autos.

# LANCIA Aurelia B24 Spider

## Ein italienisches Cabrio, das zum Klassiker avancierte

DIESER SÜSSE KLEINE Lancia hat mehr zu bieten als nur gutes Design. Unter den sparsamen Pininfarina-Formen steckte der Aurelia voller technischer Neuerungen. Da wäre zuerst der kompakte Leichtmetall-V6 zu nennen. Entworfen von Vittorio Jano, dem Verantwortlichen für die großen Renn-Alfas der Zwanziger und Dreißiger, war dieser agile, drehmomentstarke kleine Klotz der erste Serien-V6. Auch im Heck ist eine kleine Revolution zu finden, da dort die Kupplung in der Getriebe-Differenzialeinheit untergebracht wurde, was dem Aurelia eine fast perfekte Gewichtsverteilung beschert. Diese Neuerungen wurden 1951 zum ersten Mal im Aurelia B20 GT Coupé mit Pininfarina-Karosserie eingesetzt, der häufig als der erste der neuen Nachkriegs-GT bezeichnet wird. Sitzt man hinter dem Lenkrad, fällt die nur mittelmäßige Beschleunigung nicht mehr ins Gewicht, weil das Handling so herrlich ist.

Der Aurelia Spider besitzt im Vergleich zu anderen Zweisitzern viel Gepäckraum.

Mit steigender Drehzahl schwillt der Auspuffton zu einem kräftigen Gurgeln an.

Der seltene B24 ist heute das gefragteste Modell der ganzen Reihe.

**Typ** Lancia Aurelia B24 Spider (1954–56)

**Produktion** 330

**Karosserie** zweisitziges Sportcabriolet

**Bauweise** Monocoque mit Ganzstahlkastenrahmen

**Motor** 2,5-l-DOHC-Aluminium-V6

**Leistung** 118 PS bei 5000 U/min

**Getriebe** Viergang-Getriebe

**Fahrwerk** Starrachse mir Hülsenführung und Schraubenfedern vorn, De-Dion-Hinterachse auf Blattfedern

**Bremsen** gerippte hydraulische Leichtmetalltrommelbremsen

**Höchstgeschwindigkeit** 180 km/h

**0–100 km/h** 14,9 Sek.

**Verbrauch** 12,8 l/100 km

Lancia Aurelia B24 Spider

353

**INNENAUSSTATTUNG** Hier finden sich drei Hauptinstrumente und einige Schalter – keinerlei Luxus wie etwa die von britischen Autobauern gerne verwendeten Walnussholzblenden. Das serienmäßige Nardi-Lenkrad war elegant und verstellbar.

**MOTOR** Der B24 Spider war das weltweit erste Fahrzeug mit serienmäßigem V6-Motor. Dieses im 60-Grad-Winkel eingebaute Aggregat war in drei Größen (1,7 l, 2,0 l und 2,5 l) erhältlich und sehr durchzugsstark.

**GEKREUZTE FLAGGEN**
Sie repräsentieren die Zusammenarbeit von Lancia, wo die mechanischen Teile entworfen und gefertigt wurden, und Pininfarina, der die Karosserie gestaltete und die Autos baute.

Die Lufthutze auf der Motorhaube ist ein Markenzeichen aller Aurelia.

Der vorn liegende Motor und die Kupplung in der Differenzial-Getriebeeinheit hinten bewirken eine perfekte Gewichtsverteilung.

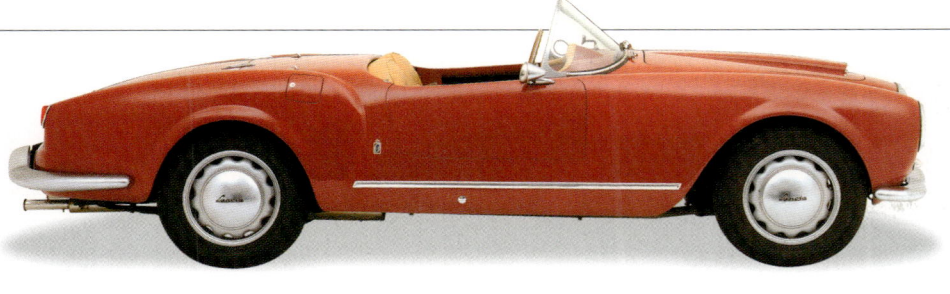

## Battista Pininfarina

Seit er 11 war, half Pinin Farina seinem Bruder in dessen Werkstatt für Pferdewagen. Später kreierte er den modernen GT. 1953 arbeitete er für Fiat, Austin, Peugeot und Ferrari und galt als König des Autodesigns. Kurz vor seinem Tod 1966 änderte er seinen Namen in Pininfarina. So heißt auch die von ihm gegründete Firma, die heute sein Sohn Sergio leitet.

Lancia Aurelia B24 Spider

355

# LANCIA Stratos

## Bei Rallyes ein Sieger, finanziell ein Verlierer

DER LANCIA STRATOS wurde als dezidiertes Rallyefahrzeug gebaut und war wegen der Rallyevorschriften auch für die Straße erhältlich – so wie andere Hersteller sich im Straßenrennsport engagierten, wollte Lancia dies im Rallyesport tun. Als Antrieb diente der V6-Motor des Ferrari Dino (*siehe Seiten 256–259*). Die Weltmeisterschaftssiege 1974, '75 und '76 beweisen den Erfolg des Stratos. Das Rallye-Reglement forderte eine Serienfertigung von mindestens 500 Wagen, da Lancia für das Rallye-Programm jedoch nur 40 Stück benötigte, stand der Rest der Produktion jahrelang in den Ausstellungsräumen der Autohäuser. Das Fahrvergnügen ist auch nicht die starke Seite des Stratos: Da er extrem stark beschleunigt und übersteuert, ist es ein echter Kraftakt, einen Stratos zu fahren – auch deshalb, weil die Pedale sehr weit links sitzen, das Lenkrad dagegen eher rechts platziert ist.

Der keilförmige Stratos wirkt fast so breit wie lang. Er ist kürzer als ein Ford Fiesta und hat den Radstand eines Fiat 850.

Die flache Nase enthält Reserverad, Kühler und zwei thermostatgeregelte Lüfter.

Die Seitenfenster sind so zurück gesetzt, dass auch bei geöffnetem Fenster keine Turbulenzen entstehen.

# LANCIA

**Typ** Lancia Stratos (1973–80)

**Produktion** 492

**Karosserie** zweisitziges Coupé, Mittelmotor

**Bauweise** selbsttragender Glasfaser-Stahlaufbau

**Motor** quer liegender V6-Mittelmotor, 2418 cm³

**Leistung** 190 PS bei 7000 U/min

**Getriebe** Fünfgang-Getriebe, eine Einheit mit Motor und Differenzial

**Fahrwerk** Einzelradaufhängung mit Dreieckslenkern

**Bremsen** Scheibenbremsen

**Höchstgeschwindigkeit** 230 km/h

**0–100 km/h** 6,3 Sek.

**Verbrauch** 15,6 l/100 km

Lancia Stratos

### RALLYE-ERFOLG

Lancia beauftragte Bertone mit der Konstruktion eines Rallye-Wagens, 1971 debütierte der Stratos auf dem Turiner Autosalon. Trotz dreier Rallye-Weltmeistertitel lief der Verkauf der Straßenversion nur sehr schleppend, so dass es auch 1980 noch neue Wagen gab.

Die Scheibe wurde aus einem Glaszylinder geschnitten.

Der Stratos besteht zu zwei Dritteln aus Glasfaser und wiegt daher nur 908 kg.

Vom Styling kann man halten, was man will, aber der Klang des Stratos ist herrlich.

**INNENAUSSTATTUNG** Der Stratos ist sicher kein Alltagsfahrzeug, schon wegen seines klaustrophobischen Cockpits und der miserablen Sicht nach hinten. Wegen der schmalen Kabine wirkt das Lenkrad mittig platziert.

**MOTOR** Der 190 PS starke quer in der Mitte eingebaute V6 des Ferrari Dino besitzt vier kettengetriebene Nockenwellen im Leichtmetallkopf und sitzt nur 15 cm vom Ohr des Fahrers entfernt. Die hohen Bedienkräfte des Stratos machen rundes Fahren zur Kunst.

Heckaufhängung mit Lancia-Beta-Federbein und Dreieckslenker

Die Motorhaube wird von zwei Schnellverschlüssen gehalten, unter ihr verbirgt sich der Mittelmotor.

# LANCIA Delta HF Integrale
## Wahrscheinlich das beste Auto von Lancia

DIESER NICHT SEHR gut verarbeitete, kastenförmige Turbolader ist eines der großartigsten Autos, die Lancia je gebaut hat, und bietet das größte Fahrvergnügen seit dem fliegenden Teppich. Durch eine Regeländerung bei der Rallye-Weltmeisterschaft 1986 wurde der Lancia Delta HF 4WD konkurrenzfähig und gewann gleich im ersten Jahr die Konstrukteursweltmeisterschaft. Die Ingenieure von Lancia erhöhten die Leistung des Delta, verbreiterten die Kotflügel und nannten das Ergebnis Integrale. Der Integrale zeigte mit 185 PS eine ähnliche Leistung wie ein Ferrari, jedoch war seine Bodenhaftung wesentlich besser. Das Fahrverhalten war hart, die Innenausstattung dürftig und der ganze Wagen klapperte mehr als eine Werkzeugtasche, doch das reine, preisgünstige Fahrvergnügen war konkurrenzlos. Die Nachfolger Evoluzione I und II mit 210 PS bzw. 215 PS waren noch schneller und wurden zu Recht sehr gelobt.

Der kleine Vierzylinder mit doppelter Nockenwelle war ein Juwel. Der Hubraum war vielleicht begrenzt, er beschleunigte jedoch so flott wie ein Ferrari 348.

Der Innenraum war mit billigen italienischen Instrumenten im Stil der 80er ausgestattet.

Der Integrale wirkte muskulös mit den kantigen Kotflügeln, die viel Platz für schnelle Breitreifen boten.

Auf kurvenreichen Strecken konnten nur wenige mit dem wendigen Integrale und seinem Vierradantrieb mithalten.

**Typ** Lancia Delta HF Integrale (1992)

**Produktion** nicht verfügbar

**Karosserie** viertürige Viersitzer-Limousine

**Bauweise** Stahl-Monocoque

**Motor** 2,0-l-Vierzylinder mit Turbolader

**Leistung** 185 PS bei 5300 U/min

**Getriebe** Fünfgang-Schaltgetriebe, Vierradantrieb

**Fahrwerk** unabhängige Federung vorn und hinten

**Bremsen** Scheibenbremsen vorn und hinten

**Höchstgeschwindigkeit** 206 km/h

**0–100 km/h** 6,9 Sek.

**Verbrauch** 10,1 l/100 km

**Lancia Delta HF Integrale**

Das Drehmoment wurde 56/44 (vorn/hinten) aufgeteilt.

Der Markenname auf dem Grill signalisierte anderen Fahrern, zur Seite zu fahren.

Kein anderer Wagen seiner Preisklasse bot in den 80ern eine so brillante Lenkung und unglaubliche Beschleunigung wie der Integrale.

Der gefügige und folgsame V8-Motor hatte fast kein »Turboloch«.

Den Integrale gab es ausschließlich mit Linkssteuerung.

Wie bei allen italienischen Autos dieser Zeit war der Rostschutz dürftig.

**INNENAUSSTATTUNG** Autotester beschwerten sich bitterlich über die mittelmäßige Ausstattung. Viele Testwagen hatten kaputte Schalter, nicht funktionierende Anzeigen und zahllose unterschiedliche elektrische Defekte. Aber richtige Enthusiasten störte das nicht.

**MOTOR** Der Motor des Integrale besaß zwei Nockenwellen, elektronische Zündung, Turbolader, Nymonic-Ventile und Ladeluftkühler. Das Torsen-Differenzial glich die Heckräder konstant aus, und die Ferguson-Flüssigkeitskupplung teilte die Kraft zwischen den Achsen auf.

Die fast senkrechten Linien bremsten den Wagen bei sehr hohen Geschwindigkeiten ab.

# LAND ROVER Serie 1
## Vom Geländewagen zum Vorstadt-Cruiser

DEN LAND ROVER müsste man noch einmal erfinden, wenn es ihn nicht bereits gäbe. Doch die klassische Allradlegende entstand zufällig als ein Kind der kargen Nachkriegszeit. Rover benötigte 1946 dringend Exporterlöse, da der Stahl knapp und der Markt für neue Autos begrenzt war. Man plante ein Modell aus Aluminium, das ohne teure Maschinen gebaut werden konnte. Rover nutzte so viele existierende Teile wie nur möglich und schweißte die Karosserie buchstäblich aus einfachen Stahlblechen zusammen – der erste Land Rover wurde 1948 beim Amsterdamer Autosalon vorgestellt. Rover wurde mit Bestellungen überschüttet und lieferte zunächst nur an Kunden mit besonderem Bedarf, wie Bauern und Ärzte. Sogar Entwicklungsländer rissen sich um ihn. Die britische Regierung war beeindruckt von den Exporterlösen und sorgte dafür, dass das Werk in Solihull alle notwendigen Materialien erhielt.

Die hinteren Sitzbänke waren so angeordnet, dass in einem Wagen mit kurzem Radstand sechs Personen Platz fanden.

Ursprünglich wollte Rover das Lenkrad in der Mitte platzieren, um zusätzliche Kosten für Modelle mit Linkssteuerung zu sparen.

Der Land Rover war einfach, eckig und ohne jegliche Verzierungen – bei ihm triumphierte die Funktionalität über die Form.

**Typ** Land Rover Serie I (1949)

**Produktion** 3000 (Serie-I-Modelle)

**Karosserie** zweitüriger Geländewagen

**Bauweise** Aluminiumaufbau und Stahlchassis

**Motor** 1,6-l-Vierzylinder

**Leistung** 50 PS bei 4000 U/min

**Getriebe** Viergang-Schaltgetriebe, permanenter Vierradantrieb

**Fahrwerk** Blattfederung vorn und hinten

**Bremsen** Trommelbremsen vorn und hinten

**Höchstgeschwindigkeit** 93 km/h

**0–100 km/h** nicht verfügbar

**Verbrauch** 12,3–15,6 l/100 km

Fast alle Modelle dieser Serie besaßen ein Stoffverdeck. Geschlossene Wagen sind äußerst selten.

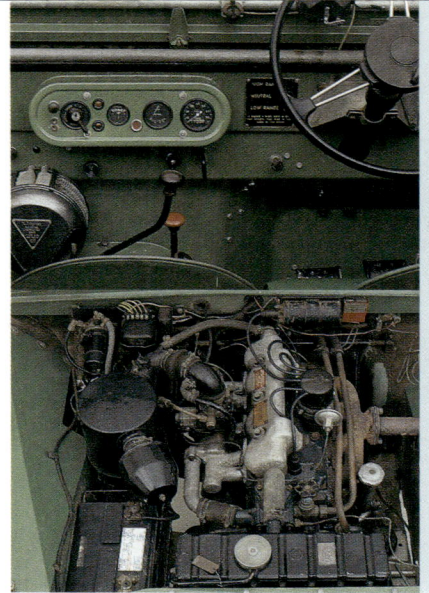

**INNENAUSSTATTUNG** Der nackte Innenraum besaß nur die notwendigsten Kontrollen. Anzeigen zur Überwachung von Öldruck und Wassertemperatur wurden während der Wartung an den Starter angeschlossen.

**MOTOR** Das einfache Vierzylinder-Triebwerk mit 1,6 l wurde leicht modifiziert von der P3-Limousine von 1948 übernommen. Allerdings brauchte er 17 Sekunden, um auf 60 km/h zu beschleunigen.

Erst nach über 30 Jahren bot Land Rover eine einteilige Frontscheibe ohne die Mittelsäule an.

Die Serie-1-Modelle besaßen einen permanenten Vierradantrieb. Erst bei späteren Modellen konnte der Vierradantrieb separat geschaltet werden.

# MAURICE WILKS

Kurz nach dem zweiten Weltkrieg kaufte sich Maurice Wilks einen Willys Jeep für seinen Hof. Als Generaldirektor von Rover war er sehr beeindruckt und glaubte, dass solch ein Wagen in Großbritannien ein Verkaufsschlager werden würde. Er entwarf einen Geländewagen mit Allradantrieb, der zunächst »Road Rover« hieß. Er wurde später in Land Rover umbenannt. Der Erfolg war so groß, dass Käufer bis zu fünf Jahre auf ihren Land Rover warten mussten.

# LINCOLN Capri

## Einer der letzten großen Straßenkreuzer

NUR DANK EINER gehörigen Portion Dreistigkeit konnten Lincolns Werbetexter behaupten, der 58er Capri sei »imposant und doch unaufdringlich« und besitze eine »geschmackvolle, klassische Eleganz«. In Wirklichkeit war er ein stilistischer Albtraum: zweieinhalb Tonnen massiver Stoßstangen, geformter Radkästen und seltsam schräger Scheinwerfer. Außerdem besaß er mit dem 7,0-l-V8 von Continental den größten Motor, der zu jener Zeit in einem amerikanischen Serienwagen erhältlich war. Das optische Chaos und die Rezession von 1958 halbierten das Verkaufsergebnis des Vorjahres. Ford wurde klar, dass der Capri wie der Edsel zur Unzeit kam. Der luxuriöse Continental hatte aber einen handfesten Vorteil: Er war schnell und handhabbar. Ein Magazin schrieb, »es ist fraglich, ob irgendein großes Auto jemals enger um Kurven fahren oder bei hoher Geschwindigkeit handhabbarer sein könnte«.

> Ford wollte Cadillac in allen Bereichen übertrumpfen, was jedoch misslang.

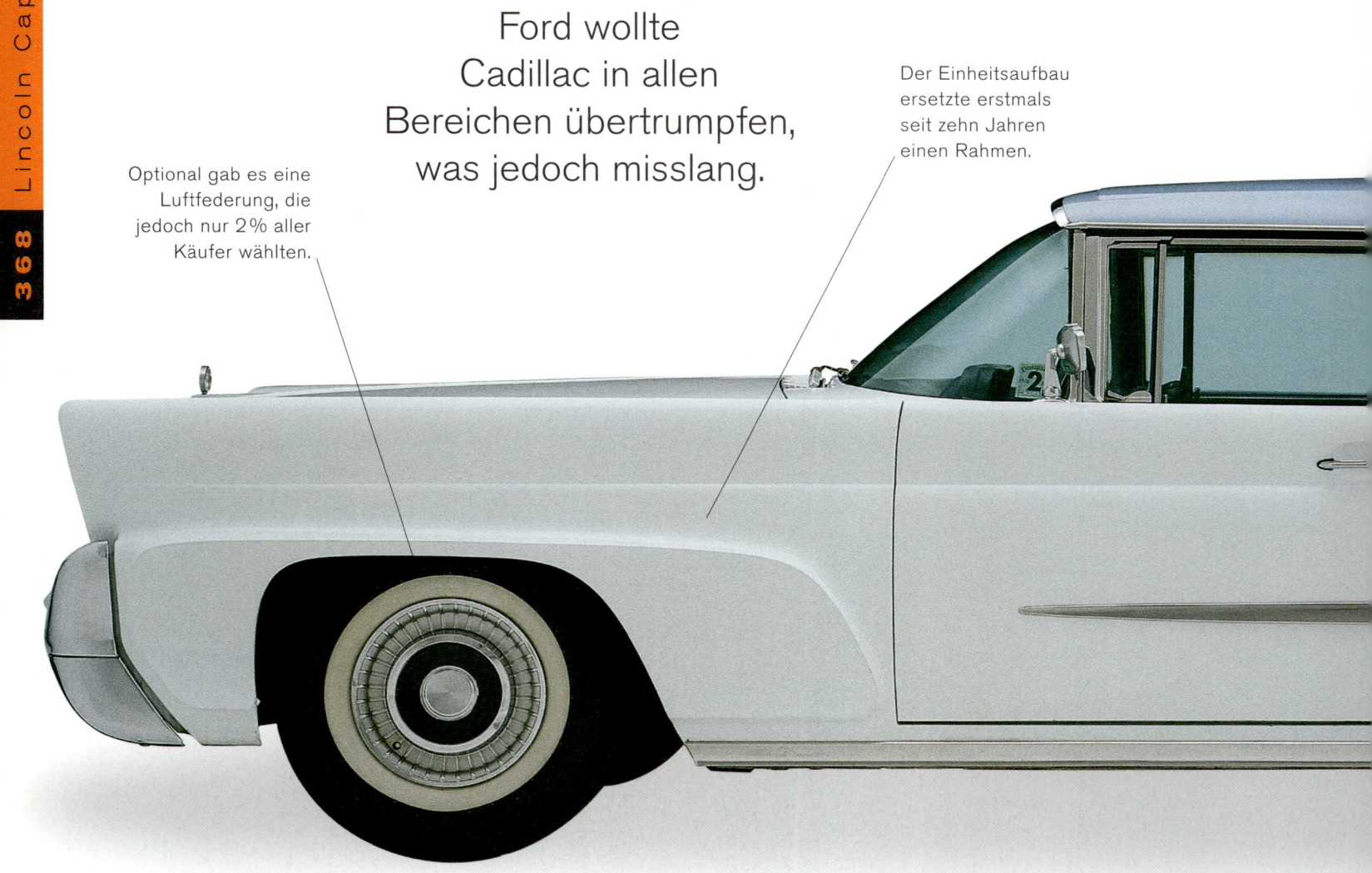

Optional gab es eine Luftfederung, die jedoch nur 2% aller Käufer wählten.

Der Einheitsaufbau ersetzte erstmals seit zehn Jahren einen Rahmen.

# Lincoln

**Typ** Lincoln Capri (1958)

**Produktion** 6859

**Karosserie** viertürige Sechssitzer-Limousine

**Bauweise** Einheitsaufbau aus Stahl

**Motor** 7,0-l-V8

**Leistung** 375 PS

**Getriebe** Turbo-Drive-Dreigang-Automatik

**Fahrwerk** Schraubenfedern vorn und hinten

**Bremsen** Trommelbremsen vorn und hinten

**Höchstgeschwindigkeit** 185 km/h

**0–100 km/h** 9,4 Sek.

**Verbrauch** 20,0 l/100 km

**INNENAUSSTATTUNG** Das Basismodell enthielt elektrische Fensterheber, Kindersicherungen, einen sechsfach elektrisch verstellbaren Sitz, gepolstertes Armaturenbrett sowie fünf Aschenbecher mit eigenen Anzündern.

**MOTOR** Der neue, riesige 7,0-l-V8 leistete 375 PS und wurde nur vom Chrysler 500D übertroffen. Die niedrigeren Übersetzungen gingen auf Kosten des Verbrauchs, der in der Stadt auf 28,6 l pro 100 km anstieg.

Der Capri, dessen verlängerter Radstand 3,33 m betrug, war der größte Personenwagen des Jahres und bot sechs bis sieben Personen Platz.

Die 9x14 Reifen waren für das Gewicht nicht geeignet – die meisten Autos fuhren auf viel zu kleinen Reifen.

Getönte Scheiben und lichtdurchlässige Sonnenblenden waren Extras.

Die Prototypen waren so instabil, dass viele Versteifungsmaterialien eingebaut wurden, die die Gewichtseinsparungen wieder aufhoben.

Lincoln nutzte jeden stilistischen Trick – die Flossen auf den Stoßstangen waren aber kein besonders guter.

Zum ersten Mal waren am Heck eines Lincoln Schraubenfedern.

# LINCOLN Continental
## Eine der größten Leistungen aus Detroit

DIE BITTERE IRONIE der Geschichte wollte es, dass John F. Kennedy in einem 61er Lincoln Continental erschossen wurde. Wie er stand der aufpolierte 61er Continental für eine neue Integrität. Er war kraftvoll, innovativ, glänzte mit neuen Ideen und erlebte in neun Jahren keine größere Veränderung. Das Auto des Präsidenten war elegant, zurückhaltend, klassisch geformt und hervorragend geeignet, um die neue Ära des Liberalismus zu repräsentieren. Ironischerweise mochte Kennedy den Lincoln auch gern – er nutzte häufig einen normalen Continental des Weißen Hauses für inoffizielle Fahrten. Für knapp 7000 Dollar konnte man mit das einflussreichste und am besten verarbeitete amerikanische Auto der Sechziger erwerben. Es besaß nicht nur eine zweijährige Garantie bis 39 000 km, auch wurde jeder Motor im Werk getestet und jedes Auto einer Testfahrt mit 200 Einzelprüfungen unterzogen. Das weiße Mittelstandsamerika nahm ihn gut an.

Der Lincoln-Experte James Wagner fand, der 61er Continental habe mehr Ähnlichkeit mit einem Mercedes als mit anderen GM-Produkten.

Die Aufhängung galt als die beste ihrer Zeit.

Die »Selbstmörder«-Türen öffneten sich wie bei Vorkriegsmodellen nach hinten. Waren bei älteren Cabriolets alle Türen geöffnet, bog sich das Chassis.

Der Sitzbezug, auf dem John F. und Jackie Kennedy nach den Schüssen lagen, wurde von Ford aufbewahrt.

**Typ** Lincoln Continental Cabriolet (1964)

**Produktion** 3328 (1964)

**Karosserie** viertüriges Fünfsitzer-Cabriolet

**Bauweise** Stahlaufbau und -chassis

**Motor** 7,0-l-V8

**Leistung** 320 PS

**Getriebe** Turbo-Drive-Dreigang-Automatik

**Fahrwerk** Lenker und Schraubenfedern vorn, Blattfedern mit Antriebsachse hinten

**Bremsen** Trommelbremsen vorn und hinten

**Höchstgeschwindigkeit** 185 km/h

**0–100 km/h** 11,4 Sek.

**Verbrauch** 20 l/100 km

**INNENAUSSTATTUNG** Jeder Continental besaß serienmäßig Servolenkung, elektrische Fensterheber, gepolstertes Armaturenbrett, Plüschteppiche und eine vakuumbetriebene Zentralverriegelung, die automatisch startete, sobald das Auto anfuhr.

**ELEKTRIK** Dank elf Relais und einem Kabellabyrinth verschwand das Verdeck sauber im Kofferraum. Die Elektrik war versiegelt und wartungsfrei. Zusammen mit dem Verdeck senkten sich auf Knopfdruck auch Seitenfenster und -rahmen.

Der niedrige, breite und mächtige Continental war der Inbegriff von gutem Geschmack und Urteilsfähigkeit.

Die Scheinwerfer wurden bei Gegenverkehr automatisch abgeblendet.

Das verstellbare Lenkrad war ein wenig beliebtes Extra.

## JOHN F. KENNEDY

Der 61er Lincoln Continental, in dem John F. Kennedy ermordet wurde, ist wohl das berühmteste Auto der Welt und steht heute im Henry Ford Museum. Das verlängerte marineblaue Cabrio enthielt viele vom Geheimdienst konzipierte Sondereinbauten. Das Weiße Haus leaste es von Ford für den symbolischen Jahresbetrag von 500 Dollar. Nach dem Kennedy-Mord wurde der Lincoln bei Ford überholt und später von den Präsidenten Johnson und Nixon genutzt.

Lincoln war der einzige Hersteller, der mit dem 61er Continental ein viertüriges Cabriolet anbot.

# LINCOLN Continental Mk IV

## Ein stolzes Mammut

FERNSEHDETEKTIV FRANK CANNON fuhr einen, der 1972 fast 10 000 Dollar kostete. Der große Mark IV Continental war ein Luxusauto, das gegen die besten von Cadillac bestehen sollte. Er war groß und überraschend schnell. Seine gänzlich neue Karosserie hatte einen Rolls-Royce-ähnlichen Kühlergrill und die unverwechselbare imitierte Ersatzradausbuchtung im Kofferraumdeckel. Autotester lobten übereinstimmend seine Kraft, seinen Komfort und seine Größe, insbesondere die lange Motorhaube, die »so groß wie ein Hubschrauberlandeplatz« war. Die Liste der luxuriösen Merkmale war so lang wie das Telefonbuch von Chicago – Aircondition, sechsfach elektrisch verstellbare Sitze, elektrische Fensterheber, Antenne und Türverriegelung. Und das alles serienmäßig. Die Klimaanlage war so komplex und kräftig wie eine Saturn-Rakete, und um dem Gesetz Genüge zu tun, verliefen unter der Motorhaube unzählige Abgasrohre.

Rolls-Royce war durch den kopierten Kühlergrill tödlich beleidigt, hatte jedoch nicht dagegen prozessiert. Als der Kühlergrill später zu Lincolns Markenzeichen wurde, bereute man es.

Die spursicheren Servobremsen mussten viel leisten, um 2,1 Tonnen zu stoppen.

Mit verstellbarem Lenkrad wurden 77 % aller 72er Continental ausgeliefert, was auf die Körperfülle der Besitzer schließen lässt.

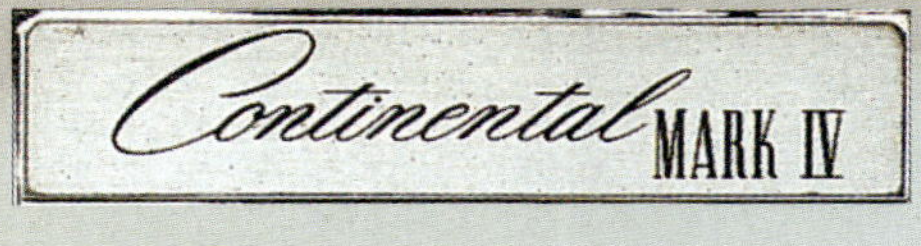

## Continental MARK IV

**Typ** Lincoln Continental Mark IV (1972)

**Produktion** 48 591 (1972)

**Karosserie** zweitüriges Fünfsitzer-Hardtop

**Bauweise** Stahlaufbau und -chassis

**Motor** 7,5-l-V8

**Leistung** 224 PS

**Getriebe** selektives Getriebe mit Dreigang-Automatik

**Fahrwerk** zylindrische Schraubenfedern vorn und hinten

**Bremsen** Servo-Scheibenbremsen vorn, Trommelbremsen hinten

**Höchstgeschwindigkeit** 196 km/h

**0–100 km/h** 18,5 Sek.

**Verbrauch** 28,6 l/100 km

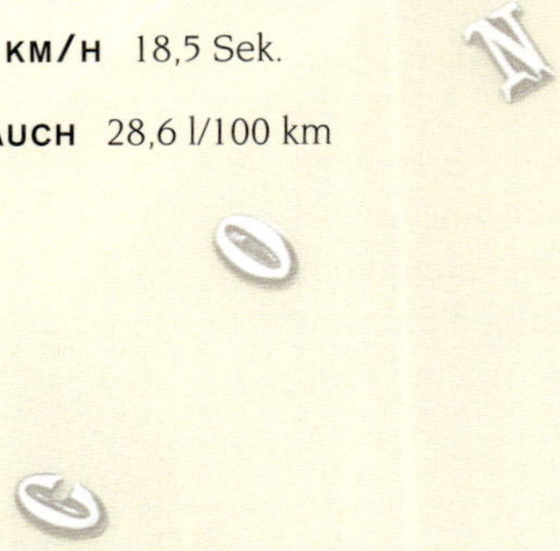

**INNENAUSSTATTUNG** Serienmäßig waren eine elektrische Cartier-Uhr, ein Armaturenbrett aus Holz sowie ein elektrischer Twin-Comfort-Sitz. Dennoch hatte die Ausstattung nicht die Klasse europäischer Importe.

**MOTOR** Im krassen Gegensatz zu den 365 PS des Vorjahres leistete der 7,5-l-Motor von 1972 nur 224 PS. Hierfür waren in erster Linie gesetzliche Einschränkungen verantwortlich.

### VIEL PLATZ

Als Zweitürer bot der Mark IV Continental größere Bein- und Kopffreiheit für insgesamt fünf Fahrgäste. Das barocke Innere war für seine Zeit typisch. Dieser Continental war der erste, der ein »Opern«-Fenster in der Hecksäule besaß, das aber 81,84 Dollar zusätzlich kostete. Mit der Zeit wurde es zu einem Stilmerkmal von Lincoln.

Versteckte Scheinwerfer und schwere, verchromte Stoßstangen prägten die Front.

Das lederartige Vinyldach war bei allen Mark IV serienmäßig.

Die vorgetäuschte Ersatzradabdeckung war schon seit dem Mark I ein Erkennungsmerkmal.

Das Hellgelb war typisch für die 70er, jedoch gab es alle Mark IV auch in Metallic.

Lincoln Continental Mk IV

# LOTUS Elite

## Ein schöner GT mit sehr gutem Handling

FALLS JE EIN Wagen zum Markenzeichen eines Herstellers wurde, dann dieser. Der Elite war der erste echte Straßenwagen von Lotus, er legte den Grundstock für eine ganze Reihe meist sehr fortschrittlicher, faszinierender Sportwagen und GTs. Der erste Elite war eine kleine Revolution. Mit der Glasfaserkonstruktion von Fahrgestell und Karosserie verfolgte Lotus einen sehr kühnen Ansatz, gekoppelt mit vielen anderen Neuerungen kennzeichnet sie den Elite als wahrhaft außergewöhnlich, besonders in Anbetracht der Größe des Unternehmens. In bester Lotus-Tradition besitzt der Elite ein phänomenales Handling und ein einmaliges Leistungsgewicht. Dies brachte ihm unzählige Wettbewerbserfolge ein. Er ist auch eines der schönsten Autos seiner Zeit; kurz gesagt: ein hervorragender GT in Miniatur. Die Rennversion verbuchte zwischen 1959 und 1964 in Le Mans sechs Klassensiege gegen größere GTs.

Der Elite erreichte auch ohne Windkanalversuche in Originalgröße eine bemerkenswerte Aerodynamik.

**Typ** Lotus Elite (1957–63)

**Produktion** 988

**Karosserie** zweitüriges, zweisitziges Sportcoupé

**Bauweise** Glasfasermonocoque

**Motor** 1,2-l-OHC-Vierzylinder

**Leistung** 75–105 PS bei 6100–6800 U/min

**Getriebe** Viergang-MG- oder ZF-Schaltung

**Fahrwerk** Einzelradaufhängung mit Dreieckslenkern und Schraubenfedern vorn, MacPherson-Federbeinen hinten

**Bremsen** Scheibenbremsen

**Höchstgeschwindigkeit** 190 km/h

**0–100 km/h** 11,6 Sek.

**Verbrauch** 8,0 l/100 km

**INNENAUSSTATTUNG** Der Elite eignet sich sogar für große Fahrer. Die Innenausstattung ist mit leichten, modernen Materialien tadellos verarbeitet. Die wichtigsten Instrumente waren der Tacho, der bis 225 km/h ging, sowie der Drehzahlmesser (8000 U/min).

**MOTOR** Der leichte 1,2-l-Vierzylinder wurde von Coventry Climax aus deren erfolgreichen Renneinheiten entwickelt. Aus den ursprünglichen 75 PS wurden in der zweiten Serie 83 PS, er konnte aber auch über 100 PS hergeben.

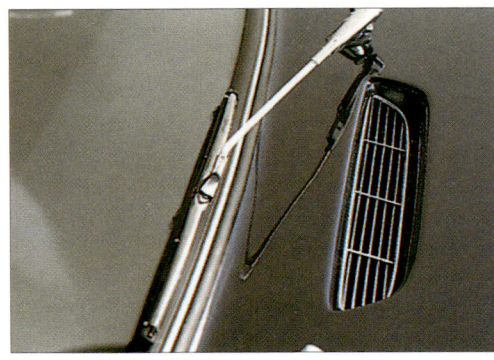

**BELÜFTUNG**
Das Cockpit wurde über einen Einlass im Windlauf belüftet; die Auslässe lagen über dem Heckfenster. Innen gab es viele Ablageflächen, die den kleinen Kofferraum ergänzten.

Die kleine Frontfläche mit dem Lufteinlass unter der Stoßstange ist für die aerodynamischen Eigenschaften des Elite verantwortlich.

Ohne Dach war die Struktur des Elite nicht stabil, daher konnte aus ihm trotz großer Nachfrage kein Cabriolet entwickelt werden.

Die Türgriffe waren eigentlich nur Haken.

## COLIN CHAPMAN

1955 gründete der begabte Rennfahrer Colin Chapman die Firma Lotus. Sein erster großer Erfolg war der herrliche Elite, dem bald der wendige und gut verkäufliche Elan folgen sollte. In den Siebzigern erweiterte Chapman sein Geschäftsfeld und schuf sich ein kompliziertes Netz von Steueroasen. Der gestrenge Chapman war ein brillanter Techniker und ein beinharter Geschäftsmann, der stets bekam, was er wollte.

# LOTUS Elan Sprint

## Hochgelobte Schönheit mit Renn-Stammbaum

DER LOTUS ELAN besitzt mit die besten Fahreigenschaften der Wagen seiner Zeit und ist darüber hinaus auch noch ausgesprochen schön. Colin Chapman hatte ihn entworfen, um den Lotus Seven zu ersetzen. Die glatte Glasfaserkarosserie des Elan sitzt auf einem Zentralrohrrahmen aus Stahl und beherbergt einen 1,6-l-DOHC-Motor von Ford. Trotz seines hohen Preises gilt der Elan mit über 12 000 verkauften Exemplaren als einer der charismatischsten Sportwagen seines Jahrzehnts. Über elf Produktionsjahre hinweg entwickelte er sich zu einem begehrenswerten und schnellen Auto, den Höhepunkt bildete der Elan Sprint mit 193 km/h Höchstgeschwindigkeit. Ein Motorsportmagazin bemerkte treffend: »Der Elan Sprint ist einer der besten Sportwagen der Welt.« Im Zaum gehalten wurde das Kraftpaket von servounterstützten Scheibenbremsen, was zum Fahrkomfort beitrug.

Viele Exemplare trugen eine Plakette, auf der die Grand-Prix-Siege von Lotus aufgelistet waren.

Die zweifarbige, durch den Zierstreifen geteilte Lackierung wurde von vielen Käufern gewählt.

**Typ** Lotus Elan Sprint (1970–73)

**Produktion** 13 530

**Karosserie** zweisitziges Cabriolet

**Bauweise** kastenförmiger Stahl-Zentralrohrrahmen

**Motor** 1,6-l-Vierzylinder

**Leistung** 126 PS bei 6500 U/min

**Getriebe** Viergang-Getriebe

**Fahrwerk** Einzelradaufhängung

**Bremsen** Scheibenbremsen

**Höchstgeschwindigkeit** 195 km/h

**0–100 km/h** 7 Sek.

**Verbrauch** 11,8 l/100 km

**INNENAUSSTATTUNG** Die ganz in schwarz gehaltene Instrumententafel mit Echtholzfurnier und elektrische Fensterheber sorgten für die gehobene Klasse des Innenraums.

**MOTOR** Der Motor des Sprint entwickelte 126 PS und war mit einer wirklich atemberaubenden Leistung gesegnet. Die 40-DCOE-Weber-Doppelvergaser waren schwer abzustimmen.

**VEREWIGT**
Das Leichtmetall-Lenkrad trug Colin Chapmans Unterschrift. Das extrem gute Handling des Elan verdankt sich Chapmans Talent, Rennsport-Technologie für Straßenautos nutzbar zu machen.

Die Pneumatik, die die Scheinwerfer hochklappen sollte, versagte oft.

Die vordere Stoßstange aus Glasfaser mit Schaumkern war eine der ersten nahtlos angebrachten Ausführungen.

Die Rot-Gold-Kombination hat Tradition, es sind die Farben des Gold-Leaf-Rennteams.

## DIANA RIGG

In den späten Sechzigern fuhr Diana Rigg in *Mit Schirm, Charme und Melone* ein Elan-Cabrio. Wie der Jaguar E-Type war der Elan damals groß in Mode. Das Fernsehen trieb die Verkaufszahlen in die Höhe. »Emma Peel« ließ den Elan sexy und verwegen wirken. Ihr Wagen steht heute im Cars of the Stars Museum in Northumbria.

Der Elan war ein beliebter Tourenwagen, weil sein Kofferraumvolumen über dem Durchschnitt lag.

# MASERATI Ghibli

## Einer der besten Dreizackträger

DER GHIBLI GILT bei vielen Fans als der beste aller straßentauglichen Maserati. Auf dem Turiner Salon 1966 war er die Sensation, und auch nach fast 30 Jahren ist diese superbe Mischung aus Luxus, Leistung und gutem Aussehen der beste Straßen-Maserati mit Frontmotor. Diesem Ideal kam unter dem Dreizack kein anderer Wagen mehr nahe. Er wurde als Konkurrent für den Ferrari Daytona (siehe Seite 264) und Lamborghini Miura (siehe Seiten 344–347) konzipiert, übertraf jedoch beide. Sein perfekter Stammbaum, die Kraft des V8-Motors und ein makelloses Ghia-Design wiegen die möglicherweise veraltete Bauweise wieder auf. Er ist ein kompromissloser Renner, aber auch ein kilometerfressender Tourenwagen erster Güte. Muskulös und vielleicht sogar aggressiv mag er sein, aber kein vulgärer Macho – seine Manieren stehen auch Blaublütern gut zu Gesicht.

Von der scharfkantigen Vorderseite bis zu seinem kurzen, stummeligen Heck sieht er schon im Stand schnell aus.

Trotz der großen Frontscheibe kann die lange Schnauze Probleme bereiten.

Die breite Front entwickelt ab 190 km/h zu viel Auftrieb.

**Typ** Maserati Ghibli (1967–73)

**Produktion** 1274

**Karosserie** zweitüriges Sportcoupé, Spider

**Bauweise** separater Rohrrahmen mit Stahlaufbau

**Motor** 90-Grad-V8-DOHC, 4,7 l oder 4,9 l (SS)

**Leistung** 330 PS bei 5000 U/min, 335 PS bei 5500 U/min (SS)

**Getriebe** ZF-Fünfgang-Getriebe oder Borg-Warner-Dreigang-Automatik

**Fahrwerk** Dreieckslenker und Schraubenfedern vorn, Starrachse mit Schubstreben und halbelliptische Blattfedern hinten

**Bremsen** Scheibenbremsen

**Höchstgeschwindigkeit** 248 km/h

**0–100 km/h** 6,9 Sek., 6,5 Sek. (SS)

**Verbrauch** 28,6 l/100 km

**INNENAUSSTATTUNG** Hier sieht es aus wie in einem Flugzeugcockpit. Die hohe Konsole beherbergt die serienmäßige Klimaanlage. Das Lenkrad ist verstellbar; später gab es optionale Servolenkung. Mit 118 cm war der Ghibli ziemlich niedrig.

**MOTOR** Der potente V8 mit vier Nockenwellen ist temperamentvoll, hat in den unteren Drehzahlen ein gutes Drehmoment und beschleunigt ab 500 U/min im fünften Gang. Dieser Ghibli SS von 1971 hat den 4,9-l-Motor.

Der Ghibli ist einer der ersten Entwürfe des jungen Giorgetto Giugiaro von Ghia.

# MASERATI Kyalami

## Der Sportwagen, der keiner war

IN DEN SIEBZIGERJAHREN wurden viele automobile Fehlschläge produziert. Es zählten gefräßige V8-Motoren in großen Autos großer Marken, keiner kümmerte sich um die Fahr- und Bedienbarkeit dieser Ungetüme. Der Kyalami ist ein Denkmal dieser Zeit, eine Kopie des De Tomaso Longchamp mit Maseratis Leichtmetall-V8. Neu beim Kyalami waren die niedrigere Schnauze mit Doppelscheinwerfern, die Haube, die sich über die volle Breite erstreckte, sowie gummibewehrte Stoßstangen mit integrierten Blinkern. Die Vorderansicht war aber keineswegs ausgereift: Kühlergrill und Dreizack sehen aus wie nachträglich anmontiert. Der Kyalami war als Konkurrent zum Jaguar XJS gedacht, scheiterte aber hoffnungslos, weil es ihm an der nötigen Eleganz fehlte. Er plagte sich mit vielen Fehlern, gilt aber wegen des Dreizacks und des V8-Röhrens trotzdem als Sportwagen.

Maserati-Designer Pietro Frua überarbeitete den De-Tomaso-Longchamp-Entwurf und machte daraus den Kyalami.

Die Vorderansicht wirkt schwerfällig und die dreiteilige Stoßstange billig.

## Maserati

| | |
|---|---|
| **Typ** | Maserati Kyalami 4.9 (1976–82) |
| **Produktion** | ca. 250 |
| **Karosserie** | zweitürige 2+2-Sportlimousine |
| **Bauweise** | Stahlmonocoque |
| **Motor** | 4,9-l-Leichtmetall-V8 |
| **Leistung** | 265 PS bei 6000 U/min |
| **Getriebe** | ZF-Fünfgang-Getriebe oder Borg-Warner-Dreigang-Automatik |
| **Fahrwerk** | Einzelradaufhängung; Schraubenfedern und Dreieckslenker vorn, doppelte Schraubenfedern, Querlenker und Schubstreben hinten |
| **Bremsen** | Scheibenbremsen |
| **Höchstgeschwindigkeit** | 237 km/h |
| **0–100 km/h** | 8 Sek. |
| **Verbrauch** | 27,8 l/100 km |

**INNENAUSSTATTUNG** An den Ledersitzen und Alcantara-Verkleidungen lässt sich die Geschmacklosigkeit der Siebziger in Vollendung bewundern. Die Qualitätskontrolle war schlecht; viele Teile, wie die Lenksäule von Ford, wurden von Herstellern in ganz Europa zusammengekauft.

**MOTOR** Der 4,9-l-V8 hat vier Nockenwellen, eine fünffach gelagerte Kurbelwelle und vier 42DCNF Weber-Doppelvergaser und brachte es auf fast 240 km/h. Der große Luftfilter und die Zylinderköpfe sind schwarz, obwohl in Italien eher poliertes Leichtmetall üblich ist.

### MASERATI 300S

Die Rennsportgeschichte von Maserati begann 1930. In diesem Jahr gewann die Firma fünf Grand-Prix-Rennen in Folge. Nach dem Krieg hängte Juan Fangio in dem legendären 250F die Konkurrenz ab; das Rennmodell des 300S errang später den Sieg in Le Mans.

Die Servolenkung lässt das nötige Lenkgefühl vermissen.

Der Kyalami verbrauchte 27,8 l auf 100 km.

Der Kyalami fuhr
auf 205/70-Breitreifen
von Michelin.

Die Rück-
leuchteneinheit
stammt vom zeit-
genössischen Fiat
130 Coupé.

Das Heck
wirkt zu
kantig.

Maserati Kyalami 395

# MAZDA RX7
## Der erste echte Sportwagen mit Wankelmotor

DER RX7 FAND 1978 seinen Weg in die amerikanischen Ausstellungsräume und verkaufte sich sofort extrem gut. Trotz der Einfuhr von 4000 Stück pro Monat konnte Mazda die Nachfrage nicht stillen; die Wartelisten wuchsen rasant. Eine Zeitlang konnte ein RX7 auf dem Schwarzmarkt 3000 Dollar über Neupreis verkauft werden. Bis zum Produktionsstopp 1985 hatte er fast 500 000 dankbare Eigentümer gefunden, somit ist der RX7 der meistgekaufte Wagen mit Wankelmotor aller Zeiten. Der RX7 war auch wegen seiner europäischen Linienführung beliebt. Die Mazda-Techniker hatten den NSU Ro80 sorgfältig studiert und keine Angst davor, beim RX7 die Fehler dieses Wagens zu wiederholen. 1978 beherrschten sie die Wankeltechnik schon perfekt – sie hatten bis dahin schon fast eine Million Autos und Lkw mit Wankelmotor verkauft. Heute entwickelt sich der RX7 zum Klassiker – als erster Wagen mit zuverlässigem Wankelmotor.

Die glatte Karosserie mit ihrem Widerstandsbeiwert von nur 0,36 ermöglichte eine Spitzengeschwindigkeit von 210 km/h.

Heckaufhängung in bester europäischer Sportwagentradition: Dreieckslenker und Watt-Gestänge.

# mazda

**Typ** Mazda RX7 (1978–85)

**Produktion** 474 565 (377 878 in die USA exportiert)

**Karosserie** zweisitziges Ganzstahlcoupé

**Bauweise** einteiliges Monocoque

**Motor** 1,1-l-Wankelmotor

**Leistung** 135 PS bei 6000 U/min

**Getriebe** Fünfgang-Getriebe, optional Automatik

**Fahrwerk** Einzelradaufhängung vorn, Starrachse mit Längslenker und Watt-Gestänge hinten

**Bremsen** innenbelüftete Scheibenbremsen vorn, Trommelbremsen hinten

**Höchstgeschwindigkeit** 210 km/h

**0–100 km/h** 9,3 Sek.

**Verbrauch** 13,3 l/100 km

Mazda RX7 397

Mazda musste dem ursprünglich als Zweisitzer geplanten RX7 eine kleine Sitzbank im Fond mitgeben.

Klappscheinwerfer reduzierten den Widerstand und wirkten flott. Im Gegensatz zu denen des Lotus Esprit und Triumph TR7 funktionieren sie im Mazda immer.

Der sehr kompakte, 142 kg leichte Wankelmotor ermöglichte diese flache Front.

**INNENAUSSTATTUNG** Cockpit und Instrumententafel waren mit Drei-speichen-Lenkrad und fünf Anzeigen geschmackvoll, aber konventionell gestaltet. Die gute Federung gewähr-leistete hohen Fahrkomfort.

**MOTOR** Der zuverlässige, kompakte und einfach einzustellende Wankelmotor mit zwei Kreiskolben lieferte bei relativ hohem Ölverbrauch 135 PS. Es gab auch einen kleinen Stellmotor, der den Choke zurückstellte, wenn er vergessen wurde.

Der Entwurf war von Anfang an perfekt, während der sieben Produktionsjahre wurden nur wenige Änderungen an der schlanken und ausgewogenen Form vorgenommen.

Der Originalentwurf sah eine Heckklappe wie beim Porsche 944 vor, doch das Glasheck war schließlich billiger.

Innenbelüftete Scheibenbremsen vorn und gerippte Trommelbremsen hinten

# MERCEDES 300SL Flügeltüre

## Nur fliegen ist schöner

Wenn seine grossartigen Flügeltüren offen stehen, sieht der Mercedes 300SL aus, als könne er fliegen. Sind sie geschlossen, kann er tatsächlich auf über 225 km/h hochgejagt werden, was kaum einer seiner Zeitgenossen schafft. Abgeleitet von dem Rennwagen, der 1952 in Le Mans gewann, ist dieser mächtige Mercedes ein früher Vorfahre moderner Traumautos wie etwa Jaguar XJ220 und McLaren F1, die Rennsporttechnologie auf die Straße brachten.

In der Tat kann der 300SL den Anspruch erheben, das erste wahre Superauto der Nachkriegszeit zu sein. Über den unbequemen Einstieg sollten nur fortgeschrittene Fahrer im lauten Innenraum Platz nehmen. Der 300SL war der erste Sportwagen von Mercedes nach dem Zweiten Weltkrieg, mit ihm meldete sich dieser Hersteller wieder an der Spitze zurück. Aus dem Flügeltürer wurde später der 300SL Roadster entwickelt.

Als der 300SL bei der New York Motor Show 1954 vorgestellt wurde, war klar, dass die Welt mit Mercedes wieder rechnen musste.

Die Scheibenräder wurden wohl aus Kostengründen verwendet, sahen aber auch sehr kraftvoll aus.

Die Lüftungsöffnung war keine Spielerei: der Motor konnte sehr heiß werden.

**Typ** Mercedes-Benz 300SL (1954–57)

**Produktion** 1400

**Karosserie** zweitüriges Zweisitzercoupé

**Bauweise** Gitterrohrrahmen, Stahl-Leichtmetallaufbau

**Motor** 3,0-l-Reihensechszylinder-OHC

**Leistung** 240 PS bei 6100 U/min

**Getriebe** vollsynchronisiertes Viergang-Getriebe

**Fahrwerk** Schraubenfedern rundum; Doppelquerlenker vorn, Pendelachse hinten

**Bremsen** gerippte Leichtmetall-Trommelbremsen

**Höchstgeschwindigkeit** 217–265 km/h, je nach Getriebe

**0–100 km/h** 9,2 Sek.

**Verbrauch** 15,6 l/100 km

Mercedes 300SL Flügeltürer

401

**INNENAUSSTATTUNG** Die verchromte Instrumententafel wirkte in den Fünfzigern so, als käme sie direkt aus einem Sciencefiction-Film. Das Lenkrad mit zwei Speichen (bei manchen Autos schwenkbar) bot einen guten Blick auf die Anzeigen.

**MOTOR** Der aus der 300er Limousine stammende Motor wurde 1952 für die 300SL-Rennvariante weiterentwickelt und zwei Jahre später in den Flügeltürer übernommen. Die Vergaser wurden durch eine Einspritzanlage ersetzt.

Mit dem 300SL kehrte Mercedes an die Spitze der Qualitätsskala zurück.

Eine der Ausbuchtungen birgt den Luftfilter, die andere wurde der Symmetrie wegen angebracht.

Der massive Stern beherrscht die Front und wird auf der Motorhaube als Emailleschild wiederholt.

## STIRLING MOSS

Der 300SL verdankt seine Existenz dem 300SLR, einem sehr erfolgreichen Rennwagen, den Stirling Moss in Le Mans, bei der Targo Florio sowie der Mille Miglia 1955 fuhr. Sowohl der SLR als auch der SL wurden durch Moss zu Legenden. Auf die Frage nach seinem absoluten Lieblingsauto nannte Moss stets den Mercedes SLR. Seine beiden Rennfahrzeuge existieren noch.

Die glatten, weichen Linien setzen sich bis ins Heck fort.

# MERCEDES 280SL
## Ein Sportwagen von dezenter Eleganz

Der ausgereifte Mercedes 280SL ersetzte 1963 den sportlichen 190SL. Er entwickelte sich vom 230SL über den 250SL schließlich zum 280SL. Das »S« steht für »Sport« oder »super«, das »L« für »Luxus« oder »leicht« – obwohl der 280 SL immerhin 1326 kg wog. Besonders bemerkenswert an ihm ist seine schlichte, glatte Karosserie, es ist schwer zu glauben, dass dieser modern anmutende Wagen nur bis 1971 gebaut wurde. Unter dem zeitlos eleganten, von dem Franzosen Paul Bracq entworfenen Blechkleid befindet sich ein den früheren Limousinen bis zur unsportlichen Kugelumlauflenkung ähnlicher Unterbau. Seine Erscheinung und das zeitlose Design machen diesen Mercedes zu etwas Besonderem. Charakteristisch ist vor allem das so genannte Pagodendach. Aber auch der Fahrspaß kommt bei diesem schönen Auto gewiss nicht zu kurz.

Allgemein wurde der SL nicht als Sportwagen, sondern eher als Gran Turismo empfunden.

Das charakteristischste Merkmal des 280SL ist das auch als Pagodendach bezeichnete abnehmbare Hardtop.

Die Pendelachse hinten verhindert das natürliche Untersteuern.

**Typ** Mercedes Benz 280SL (1968–71)

**Produktion** 23 885

**Karosserie** zweitüriges Zweisitzercabriolet mit abnehmbarem Hardtop

**Bauweise** Stahlmonocoque

**Motor** 2,8-l-OHC-Reihensechszylinder

**Leistung** 170 PS bei 5750 U/min

**Getriebe** Vier- oder Fünfgang-Getriebe, optional Viergang-Automatik

**Fahrwerk** Einzelradaufhängung, Dreieckslenker, Schraubenfedern und Teleskopdämpfer vorn; Pendelachse, Schraubenfedern und Teleskopdämpfer hinten

**Bremsen** Scheibenbremsen vorn, Trommelbremsen hinten

**Höchstgeschwindigkeit** 195 km/h

**0–100 km/h** 9,7 Sek.

**Verbrauch** 14,9 l/100 km

Die Pagode wurde entwickelt, um verhältnismäßig große Seitenfenster und damit eine schöne Seitenansicht zu erhalten.

**INNENAUSSTATTUNG** Großes Lenkrad, lackiertes Instrumentenbrett und eine Fülle von Chromteilen: Im Innenraum zeigt der 280SL sein Alter. Der D-förmige Hupenring gibt die Sicht auf die Instrumente frei.

**MOTOR** Seine stetige Weiterentwicklung begann im Juli 1963 mit 2,3 l und 150 PS im 230SL. Im Dezember 1966 wurden daraus im 250SL 2,5 l. Im Januar 1968 erreichte er 2,8 l und 170 PS.

Die übereinander liegenden Scheinwerfer und Blinker waren damals typisch für Mercedes.

Die breite vordere Stoßstange bietet Platz für jedes Nummernschild.

**Die Automatik war sehr beliebt, das Schaltgetriebe wurde eher selten gewünscht.**

Die Scheibenwischer laufen wie klatschende Hände gegeneinander.

Der SL ist grundsätzlich ein Zweisitzer, es gibt jedoch einen querliegenden Notsitz für den Fond.

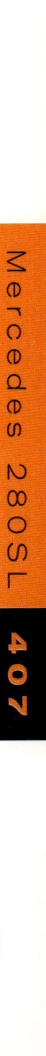

# MERCURY Monterey
## Eine starke Serie mit Hollywood-Glamour

DIE GESCHÄFTE VON Fords exklusivem Aushängeschild Mercury liefen 1954 gut. Der veraltete V8-Flachkopf wurde durch den neuen Y-Block-Antrieb mit 161 PS ersetzt. Das Magazin *Motor Trend* meldete: »Diese Kraft drückt Sie in die Sitze, sobald Sie das Gaspedal durchtreten.« Das Publikum war von der Leistung begeistert und kaufte zigtausend Montereys. Mercury schnellte dadurch auf Platz sieben der Verkaufsrangliste. Der Monterey war schick, sanft und die Erinnerung an James Dean ließ ihn noch immer erstrahlen. Kurzum, der Monterey war die vollkommene Reiselimousine dieser satten, zufriedenen Jahre. Die Arbeitslosigkeit war niedrig, die Löhne üppig und die Wirtschaft boomte. Jeder wollte einen Mercury – »Das Auto, das jede Fahrt einfach macht« – und 1954 liefen 259 300 Einheiten vom Band. Die folgenden Jahre sollten für die Automobilindustrie zu den besten aller Zeiten werden.

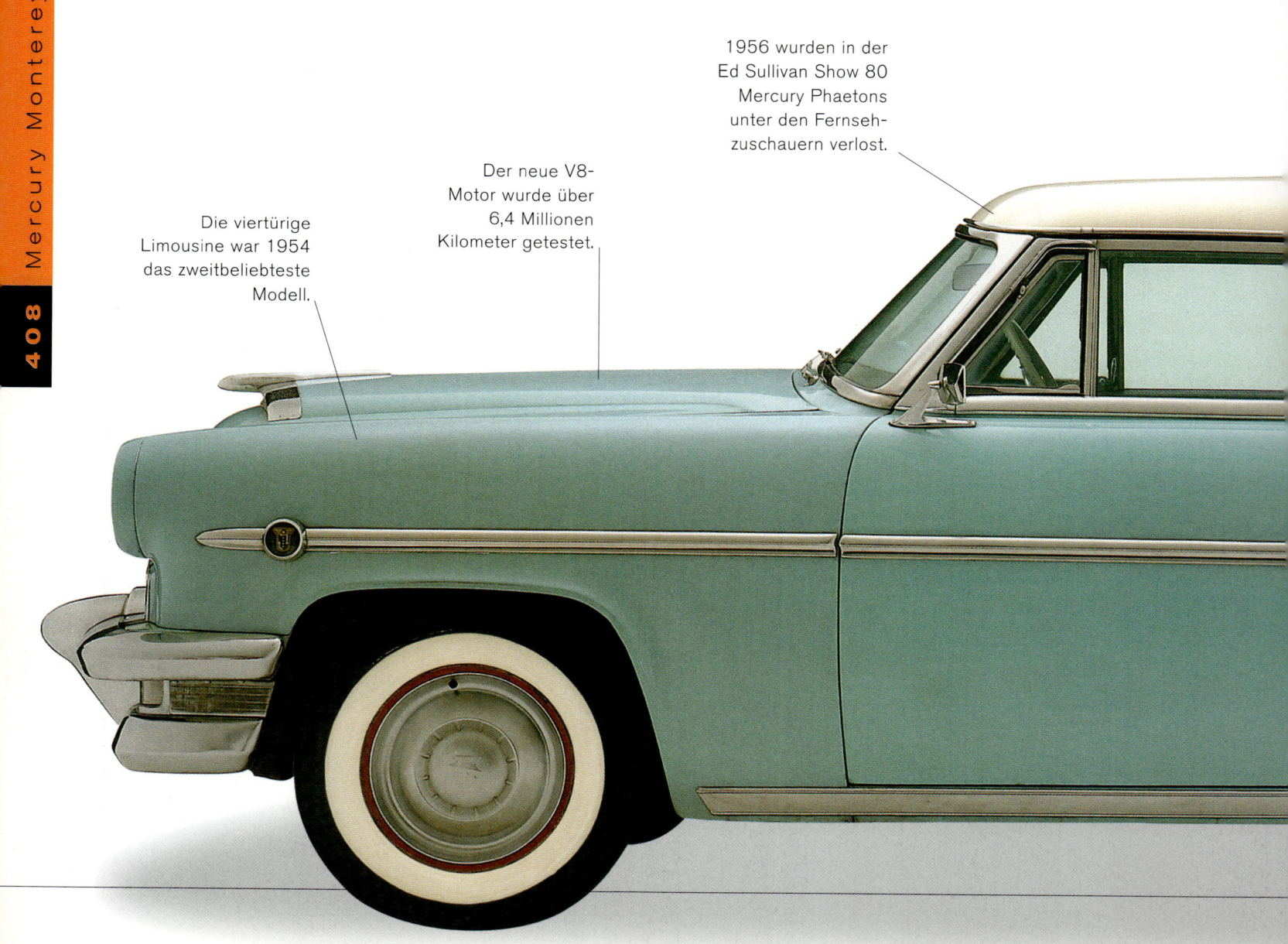

Die viertürige Limousine war 1954 das zweitbeliebteste Modell.

Der neue V8-Motor wurde über 6,4 Millionen Kilometer getestet.

1956 wurden in der Ed Sullivan Show 80 Mercury Phaetons unter den Fernsehzuschauern verlost.

## MERC-O-MATIC

| | |
|---|---|
| **Typ** | Mercury Monterey (1954) |
| **Produktion** | 174 238 (1954) |
| **Karosserie** | zwei- oder viertüriges Hardtop, Kombi und Cabriolet |
| **Bauweise** | Stahlaufbau und -chassis |
| **Motor** | 4,2-l-V8 |
| **Leistung** | 161 PS |
| **Getriebe** | Dreigang-Schaltgetriebe mit optionalem Overdrive, Merc-O-Matic-Drive-Automatik optional |
| **Fahrwerk** | Einzelrad mit Schraubenfedern vorn, Blattfedern hinten |
| **Bremsen** | Trommelbremsen vorn und hinten |
| **Höchstgeschwindigkeit** | 161 km/h |
| **0–100 km/h** | 14,5 Sek. |
| **Verbrauch** | 14,3 l/100 km |

**INNENAUSSTATTUNG** Die 140 Dollar teure, verbesserte Bendix-Servolenkung war ein Sonderzubehör. Einige Autotester hielten sie für die beste auf dem Markt.

**CHROM** Alle Karosserien mit Ausnahme der Kombis hießen Monterey Customs und besaßen breite verchromte Scheibenfassungen. Medaillons und Chromleisten zierten die vorderen Kotflügel.

### CABRIOLET-OPTION

Diese Anzeige von 1954 zeigt das attraktive, 2554 Dollar teure Cabriolet. Weitere 28 Dollar kostete der Monterey Sun Valley mit Amerikas erstem durchsichtigem Dach. Dessen vordere Hälfte bestand aus getöntem Plexiglas, das die Innentemperatur um zehn Grad ansteigen ließ.

Die neue Kugelgelenk-Federung stammt vom 53er Lincoln.

Der massige Kühlergrill, die klobige Kühlerfigur und das »böse Gesicht« ließen die Front des Monterey mehr als nur ernst aussehen.

Neben James Dean war Gary Cooper ein weiterer Filmstar, der einen Monterey besaß.

Das gehobene Image des Autos zeigte sich in Farbbezeichnungen wie »Park-Lane-Grün«, »Yosemite-Gelb« oder »Country-Club-Braun«.

Die Verkleidung gab es in vielen ein- und zweifarbigen Stoffen, Kunststoffen oder Leder.

Mercury Monterey

411

# MERCURY Cougar
## Ein erfolgreicher Luxussportwagen

DER DURCHSCHLAGENDE ERFOLG des Cougar ist der Beweis dafür, dass der »Pony Car«-Markt Mitte der Sechziger wirklich Potenzial hatte. Er war immerhin nur ein größerer, gestreckter Mustang, und niemand glaubte, dass die wenigen Lincoln-Mercury-Händler große Stückzahlen absetzen würden. Doch sie schafften es und verkauften 150 000 Modelle im ersten Verkaufsjahr 1967 und 110 000 im folgenden Jahr. Amerika sehnte sich nach Leistung und wollte an Mercurys »ungezähmtem Luxus« teilhaben. Mercury brachte 1967 drei Cougars heraus: das Basismodell, den GT und den XR-7. GTs waren mit dem ungezügelten 6,4-l-V8 und XR-7 mit dem 4,7-l-V8 und feudaler Ausstattung versehen. Der Cougar erhielt vom Magazin *Motor Trend* die Auszeichnung »Auto des Jahres 1967« und Lincoln-Mercury prahlte mit dem »am besten ausgestatteten Luxussportwagen, der zur Zeit auf dem Markt ist«.

Mit einem Kühlergrill wie ein Rasierapparat, verborgenen Scheinwerfern und glatten Stoßstangen sah der Cougar ansprechend aus.

Der Cougar besaß alle typischen »Pony Car«-Merkmale wie Schalensitze, Walnusslenkrad, Mittelkonsole und -schaltung.

Die Begrenzungslichter unterschieden sich bei den 67er und 68er Modellen.

## COUGAR

**Typ** Mercury Cougar (1968)

**Produktion** 113 726 (1968)

**Karosserie** zweitüriges Viersitzer-Coupé

**Bauweise** Einheitsaufbau aus Stahl

**Motor** 4,9-l-, 6,4-l-, 7,0-l-V8

**Leistung** 210–335 PS

**Getriebe** Dreigang-Schaltgetriebe, Viergang-Schaltgetriebe und Merc-O-Matic-Dreigang-Automatik optional

**Fahrwerk** Schraubenfedern vorn, Blattfedern hinten

**Bremsen** Trommelbremsen vorn und hinten, Scheibenbremsen vorn optional

**Höchstgeschwindigkeit** 169–209 km/h

**0–100 km/h** 7,6–10,6 Sek.

**Verbrauch** 17,5 l/100 km

Mercury Cougar 413

## MASKULINER MERCURY

»Die Beziehung zwischen einem Mann und seinem Auto ist eine ganz besondere Sache«, befand der Werbeprospekt von Mercury – kein Wunder, denn Mercury baute »das Auto des Mannes«.

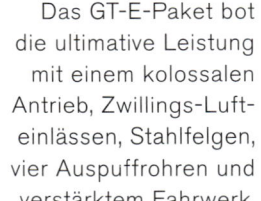

Das GT-E-Paket bot die ultimative Leistung mit einem kolossalen Antrieb, Zwillings-Lufteinlässen, Stahlfelgen, vier Auspuffrohren und verstärktem Fahrwerk.

Das hydraulische System aus vorderem und hinterem Bremskreis garantierte »noch mehr Bremssicherheit«.

Wie der Mustang bot der Cougar zahlreiche Extras an. Das verrückteste war das »Paisley«-Vinyldach.

**SCHEINWERFER** Die Scheinwerfer saßen hinter einer vakuumbetriebenen Klappe, die sich beim Einschalten automatisch öffnete. Dadurch erhielt die Front ein »gefährliches« Aussehen.

**MOTOR** Der 210 PS starke 4,9-l-V8 war das Basismodell. Etwas mehr Leistung zeigten die Version mit 230 PS sowie weitere Aggregate bis zum 7,0-l-V8 GT-E mit 335 PS.

Einzelne Rückleuchten wie beim Thunderbird waren inzwischen zum Markenzeichen von Ford geworden.

# MG TC Midget

## Der MG, mit dem alles begann

Der MG TC war schon bei seiner Vorstellung im September 1945 nicht mehr neu. Er zeigt deutlich, dass er seine Wurzeln in der Vorkriegszeit hat. Beim Anblick des Wagens könnte einem sogar das Wort »altmodisch« in den Sinn kommen. Er war ein Wegbereiter, nicht hinsichtlich der Leistung, sondern weil er neue Exportmärkte erschloss. Angeblich war der Wagen bei den in England stationierten GIs so populär geworden, dass sie ihn als Andenken mit nach Hause nehmen wollten. Tatsächlich begann mit ihm der große Exporterfolg von MG. Natürlich hatte jede beliebige amerikanische Familienkutsche dieser Zeit mehr PS, aber in den Staaten wurden einfach nicht annähernd solche Autos gebaut wie der TC. Er hatte ein enges Cockpit, eine harte Federung und entbehrte fast jeden Komforts, auf engen und kurvigen Straßen zog er jedoch an den weich gefederten Wohnzimmerautos vorbei.

Ob mit oder ohne Verdeck: Der TC sah flotter aus, als er fuhr.

Der satte Auspuffklang war Musik für die Ohren.

Vom TD wurden dreimal so viele Exemplare verkauft wie vom TC – die Erfolgsgeschichte ging weiter.

**Typ** MG TC Midget (1947–49)

**Produktion** 10 000

**Karosserie** zweitüriger Sportzweisitzer

**Bauweise** Hohlprofil-Leiterrahmen, Stahlaufbau auf Eschenholzrahmen

**Motor** 1,2-l-OHV-Vierzylinder; SU Doppel-Vergaser

**Leistung** 54 PS bei 5200 U/min

**Getriebe** Viergang-Getriebe, obere drei Gänge synchronisiert

**Fahrwerk** Starrachsen mit halbelliptischen Blattfedern und Hebelarmdämpfern

**Bremsen** hydraulische Lockheed-Trommelbremsen

**Höchstgeschwindigkeit** 117 km/h

**0–100 km/h** 23,6 Sek.

**Verbrauch** 10,1 l/100 km

**INNENAUSSTATTUNG** Große Jaeger-Instrumente in typisch britischem Sportwagen-Stil: vor dem Fahrer der Drehzahlmesser und beim Beifahrer der Tacho. Links davon sitzt die Warnlampe, die bei 30 mph (48 km/h) aufleuchtet – dem Tempolimit in englischen Städten.

**MOTOR** Der einfache Zugang zum Motor ist ein wichtiges Merkmal des TC. Der XPAG-Motor wurde 1939 zum erstenmal in einigen TB Midget verwendet und war dann bis 1955 der Standardmotor bei MG.

Der TC war besonders in den USA ein populärer Rennwagen – der Weltmeister Phil Hill lernte auf ihm das Fahren.

Oft wurde der TC mit Shorrock-Vorverdichtern nachgerüstet.

Mit seinem starren Leiterrahmen und dem Eschenholzgerippe der Karosserie wurde der TC ein echter Klassiker.

Der TC wurde durch den TD ersetzt, der schmalere Scheibenräder mit Chromradkappen und Chromstoßstangen hat.

FBT 112

## Cecil Kimber

Der Schöpfer der Marke MG wurde 1922 Geschäftsführer von Morris Garages in Oxford. Ein von ihm getunter Morris Oxford gewann 1923 das Rennen von London nach Land's End – der erste von vielen Rennsporterfolgen der Firma. Kimber war besessen davon, immer neue Rekorde zu brechen und machte MG zum Inbegriff von Motorenleistung. 1945 starb er bei einem Zugunglück. Im selben Jahr wurde mit dem TC einer der faszinierendsten MGs vorgestellt.

Über 2000 Exemplare wurden in die USA verkauft, sämtlich Rechtslenker.

Die Kabine ist geräumiger als die früherer Midgets, aber dennoch relativ beengt.

Beim TC kamen Lockheed-Trommelbremsen zum Einsatz.

# MG A

## Das Auto, das eine Million Dollar einbrachte

DER IM SEPTEMBER 1955 vorgestellte MGA war der erste Vertreter der modernen, sportlichen MGs. Das Fahrgestell, der Motor und das Getriebe waren neu, ebenso die Karosserie, die im Hinblick auf das Le-Mans-Rennen entworfen worden war. Ein früher Prototyp hatte die beachtliche Höchstgeschwindigkeit von 187 km/h erreicht. Verglichen mit seinem Vorgänger – dem TF, der immer noch die altmodischen Trittbretter trug – wirkte der MGA äußerst futuristisch. Das fanden auch die Käufer, und da er auch noch billiger war als seine direkten Konkurrenten Triumph TR3 und Austin Healey 100, wurden vom MG im ersten Jahr 13 000 Wagen verkauft. Die kleine Fabrik bei Abingdon in der Nähe von Oxford konnte ungefähr 81 000 MGA nach Amerika exportieren. Der Wagen hatte, besonders in der Twin-Cam-Version, auch bei Wettbewerben einen guten Ruf.

Der B-Serie-OHV-Motor lief gut und hielt sich sehr lange. Die Heizungsanlage vor dem Spritzblech war ein Sonderzubehör.

Die 1,6-l-Version leistete bis zu 80 PS und hatte vorn Scheibenbremsen.

# MG B

## Der meistverkaufte Sportwagen aller Zeiten

DER MGB SCHLUG 1962 ein wie eine Bombe. Der Werbeslogan »Ihre Mutter wird ihn bestimmt nicht mögen« traf nicht zu – wahrscheinlich wäre sie von der Zuverlässigkeit, dem guten Benehmen des Wagens und seiner Sparsamkeit äußerst angetan gewesen. 1965 kam der MGB GT mit Blechdach auf den Markt, der noch praktischer war als sein Vorgänger. Mit Chromstoßstangen, Ledersitzen und Speichenrädern erlebte der MGB damals seine Blütezeit. Im Jahr 1974 wurde er modernisiert und wegen der amerikanischen Sicherheitsvorschriften mit voluminösen, gummibelegten Stoßfängern und abscheulichen Nylonsitzen ausgerüstet. Dadurch mutierte der Wagen zu einem langsamen, hässlichen »Gummiboot«. Trotzdem wurde der MGB mit über 512 000 dankbaren Eigentümern in der ganzen Welt zum meistgekauften Sportwagen aller Zeiten.

Der MGB wurde wunderbar kompakt entworfen. Das einteilige Stahlmonocoque ist steif und geräumig.

# MORGAN Plus Four
## Ein Sportwagen mit langer Tradition

DIESER WAGEN WIRD bemerkenswerterweise immer noch gebaut und hat viele dankbare Anhänger. Abgeleitet wurde er aus dem ersten vierrädrigen Morgan von 1936, dieser Wagen brachte Morgan nach dem Krieg wieder hoch, während viele alteingesessene Marken der britischen Automobilindustrie untergingen. Der Plus Four ist so englisch, wie ein schottisches Moor neblig ist. Er findet seine Fans weltweit und ist das Rückgrat der eigenartigen, in Malvern beheimateten Firma. Veraltet und altmodisch mag er sein, die Warteliste für den Morgan ist allerdings auch heute noch sehr lang. Der 1951 eingeführte Plus Four mit Standard-Vanguard- oder Triumph-TR-Motor legte den Grundstein für das Wunder der Morgan Motor Company. Auch der heutige Morgan-Vierzylinder wird so gebaut wie seine Vorgänger: Das Fahrwerk besteht aus z-förmigen Stahlträgern, darauf sitzt ein Holzrahmen, an dem die Bleche befestigt werden.

Dieser Träger ist wegen des begrenzten Gepäckraumes sehr beliebt.

Anders als bei den meisten Cabriolets kann man das Verdeck ganz oder teilweise öffnen.

Die ersten Zweisitzer hatten noch die hinten angeschlagenen »Selbstmördertüren«; später waren die Türen vorn aufgehängt.

**Typ** Morgan Plus Four (1951–69)

**Produktion** 3737

**Karosserie** zwei- und viersitziges Sportcabriolet

**Bauweise** Stahlfederwerk, Eschenholzrahmen, Stahl- und Leichtmetallbleche

**Motor** 2,1-l-OHV-Vierzylinder (Vanguard); 2,0-l- oder 2,1-l-OHV-Vierzylinder (TR)

**Leistung** 105 PS bei 4700 U/min (TR)

**Getriebe** Viergang-Getriebe

**Fahrwerk** Hülsenführungsachse, Schraubenfedern und Teleskopdämpfer vorn; Starrachse, halbelliptische Blattfedern und Hebelarmdämpfer hinten

**Bremsen** Trommelbremsen, ab 1960 Scheibenbremsen vorn

**Höchstgeschwindigkeit** 161 km/h

**0–100 km/h** 12,5 Sek.

**Verbrauch** 12,8–14,3 l/100 km

Morgan Plus Four

423

Der Plus Four der zweiten Generation wird allgemein als der erste »moderne« Morgan angesehen.

**INNENAUSSTATTUNG** Ab 1958 hatten alle Plus Four einen etwas breiteren Innenraum mit einem neuen Instrumentenbrett. Tacho, Instrumente und Schalter befinden sich auf einer Tafel in der Mitte.

**MOTOR** Der hier abgebildete 2,1-l-Motor aus dem Triumph TR3A bringt mehr Drehmoment. Der 2,1-l-Motor war ab dem Sommer 1957 erhältlich, der bisherige Triumph-Motor mit 2,0 l blieb weiterhin im Programm.

Ein Hauptunterschied zur ersten Generation sind u.a. die Lüftungsschlitze in der Motorhaube.

Die Scheinwerfer sind groß und gut platziert, während die Begrenzungsleuchten an Glühwürmchen erinnern.

## HENRY MORGAN

Ein Nachfahre des Eisenbahnpioniers George Stephenson regte den perfektionistischen Ingenieur Henry Morgan 1910 an, sein erstes dreirädriges Auto zu bauen. Er vertrieb es über das Londoner Kaufhaus Harrods. 1920 baute seine Firma in Malvern bereits 30 Autos pro Woche. Morgan starb 1959 im Alter von 77 Jahren.

326 EPW

# MORRIS Minor MM Cabriolet

## »Der beste Kleinwagen der Welt«

DER MORRIS MINOR ist ein Meilenstein. Er war das erste Auto, von dem in Großbritannien eine Million Stück verkauft wurden, ein Transportmittel für jeden, von der Hebamme bis zum Immobilienmakler. Entworfen wurde er von dem genialen Alec Issigonis, aus dessen Feder auch der Austin Mini (*siehe Seiten 50–53*) stammt. Die neue Serie MM von 1948 folgte einem neuen Konstruktionsprinzip, bei dem Aufbau und Fahrwerk eine Einheit bildeten. Der 918-cm³-Seitenventilmotor des MM dagegen war ziemlich antik, ein Überbleibsel aus dem Morris 8. Die Fahreigenschaften des MM versöhnten seine Besitzer mit der mangelnden Leistung. Mit einer Einzelradaufhängung vorn und der knackigen Zahnstangenlenkung beschämte er seine Rivalen und verführte den jungen Stirling Moss zu rasanten Kurven-Manövern. Minor-Cabriolets waren vergleichsweise selten.

Eine Broschüre nannte ihn den »besten Kleinwagen der Welt«.

Das Original-MM-Cabriolet hatte Steckfenster, die 1952 durch Glas ersetzt wurden.

Die Cabrios sind so begehrt, dass in den letzten Jahren Limousinen mit abgetrenntem Dach als Original-Cabriolets verkauft werden.

**Typ** Morris Minor (1948–71)

**Produktion** 1 620 000

**Karosserie** zwei- oder viertüriger Kombi, Kastenwagen und Pick-up

**Bauweise** Fahrwerk und Stahlaufbau aus einer Einheit

**Motor** Reihenvierzylinder, 918 cm³, 803 cm³, 948 cm³ und 1098 cm³

**Leistung** 28 PS (918 cm³); 48 PS (1098 cm³)

**Getriebe** Viergang-Getriebe

**Fahrwerk** Einzelradaufhängung mit Drehstabfedern vorn, Starrachse mit Blattfedern hinten

**Bremsen** Trommelbremsen

**Höchstgeschwindigkeit** 100–121 km/h

**0–100 km/h** über 50 Sek. (918 cm³), 25,8 Sek. (1098 cm³)

**Verbrauch** 6,6–7,9 l/100 km

**INNENAUSSTATTUNG** Das einfache Instrumentenbrett wurde nie richtig überarbeitet, lediglich der Tacho wurde später in die Mittelkonsole versetzt. Die Zahnstangenlenkung vermittelt ein knackiges und leichtes Gefühl.

**MOTOR** Der originale 918-cm³-Seitenventilmotor wurde zwischen 1952 und 1953 durch den 803-cm³-A-Serien-OHC-Motor von Austin, dann durch den 948-cm³ und schließlich den 1098 cm³ ersetzt.

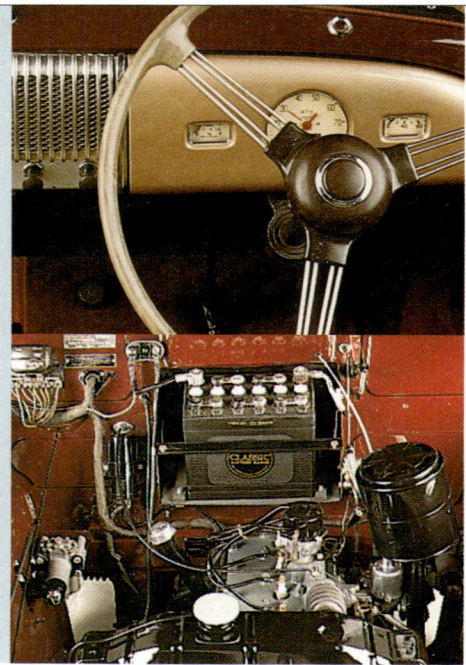

**SIGNALE**
Wegen der fehlenden B-Säule wurden die Winker beim Cabriolet weiter unten angebracht; sie wurden teilweise 1961 durch Blinker ersetzt. Die geteilte Scheibe wurde 1956 durch eine gewölbte ersetzt.

Der geräumige Motorraum bietet großzügigen Zugang zum Motor.

1950 wurden die Scheinwerfer des Minor nach oben in die Kotflügel versetzt. Frühere Modelle wie das hier gezeigte tragen sie noch unten.

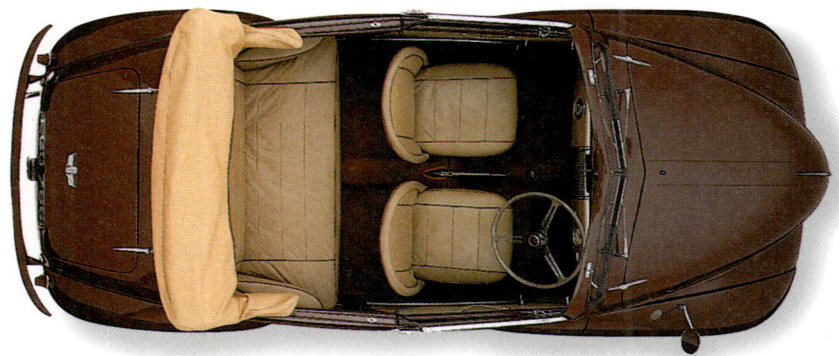

## Sir Alec Issigonis

Der Sohn eines griechischen Marine-Ingenieurs gehört zu den einflussreichsten Autokonstrukteuren der Welt. Nach dem Millionenerfolg des Morris Minor konnte er 1959 eine revolutionäre technische Neuerung verwirklichen: Sein Mini war das erste Auto mit Quermotor. Jedes moderne Auto mit Vorderradantrieb verdankt somit seine Existenz dem Genie von Sir Alec.

Mit 155 cm war der Serienwagen 10 cm breiter als der Prototyp.

**Morris Minor MM Convertible 429**

# NSU Sport Prinz

## Minidynamo mit deutscher Gründlichkeit

Man sollte den kleinen Sport Prinz nicht als gesichtslosen Pseudo-GT abtun. Abgesehen vom noblen Bertone-Design, bereitete das Fahren mit dem charmanten Coupé großes Vergnügen, es war gut verarbeitet und liebenswert bescheiden. Der Sport Prinz war als Produkt des nüchternen Nachkriegsdeutschlands ein überraschend wirtschaftliches Miniaturauto von noch überraschenderer Eleganz. Im Vergleich zu den damaligen Kabinenrollern war er ein Mini-Mercedes. Er war auch so innovativ wie ein Mercedes und mit obenliegender Nockenwelle, hemisphärischen Brennräumen, einfachem Getriebe, Heckantrieb sowie rundum unabhängiger Federung ausgestattet. Seine ruckfreie Schaltung, der sanft schnurrende Motor, eine fast neutrale Handhabung und exakte Lenkung sorgten für ein geradezu berückendes Fahrerlebnis. Er war verdientermaßen berühmt und verkaufte sich zwischen 1959 und 1967 über 20 000-mal.

Das Design von Bertone war klar, nüchtern und glich fast dem Bauhaus-Stil. Die Werbung betonte diese Tugend.

Der Kofferraum befand sich vorn, da der Prinz einen Heckmotor besaß.

Der Heckmotor sorgte für eine fast perfekt austarierte Gewichtsverteilung und extrem ausgeglichenes Fahrverhalten.

## NSU Sport Prinz

**Typ** NSU Sport Prinz (1967)

**Produktion** 20 831 (1959–67)

**Karosserie** Zweisitzer-Coupé

**Bauweise** Ganzstahl-Monocoque

**Motor** 583-cm³-Zweizylinder, luftgekühlt

**Leistung** 36 PS bei 5500 U/min

**Getriebe** Viergang-Schaltgetriebe, vollsynchronisiert

**Fahrwerk** unabhängige Federung vorn und hinten

**Bremsen** Scheibenbremsen vorn, Trommelbremsen hinten

**Höchstgeschwindigkeit** 130 km/h

**0–100 km/h** 28,9 Sek.

**Verbrauch** 6,7 l/100 km

Der Prinz war sehr hochwertig verarbeitet; unter den Verchromungen befanden sich Kupferbleche.

Durch den niedrigen Kofferraumdeckel war der Prinz nur 124 cm hoch, dennoch wirkte der Innenraum großzügig.

**INNENAUSSTATTUNG** Der Innenraum war zwar spartanisch, aber ausreichend ausgestattet mit einem Armaturenbrett aus farbigem Blech, stark verchromten Türverkleidungen und Hupenring, modischer Uhr und zwei Kartentaschen. Trotz der geringen Höhe war die Kopffreiheit erstaunlich gut.

**SCHEINWERFER** Bertones ökonomisches Design überzeugte durch die geschickte Anordnung von Lichtern, Haube und Stoßstange sowie die dekorativen Luftschlitze und die breiten Lampenfassungen. Die montierten Nebelscheinwerfer waren zeittypisches Zubehör, störten aber die Linien.

Der Zweizylinder-Viertakter mit 583 cm³ leistete 36 PS und beschleunigte den Prinz auf Schwindel erregende 130 km/h.

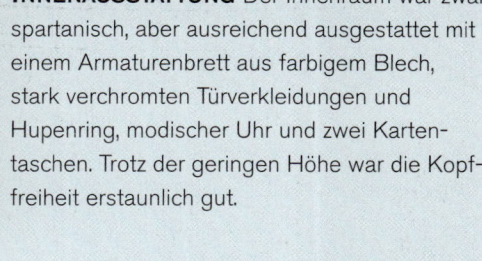

# OLDSMOBILE Starfire

## Komfortabel, schnell und sehr durstig

IM JAHR 1964 unterzeichnete Lyndon B. Johnson ein Steuersenkungsgesetz, *Peyton Place* war eine beliebte TV-Serie und Coca-Cola brachte eine neue kalorienarme Limonade auf den Markt. Amerika ging es gut, und die Automobilindustrie versuchte ihre Kunden zu überzeugen, dass Schalensitze und Mittelkonsolen ihr Leben bereichern würden. Oldsmobile warb mit der Aussage, sein sportliches Starfire Coupé biete »ein Abenteuer, das gleich hier beginnt«. Werbung hin oder her, der Starfire von 1961 war schnell und mit dem stärksten Motor von Oldsmobile ausgerüstet, dem 6,5-l-V8 mit fast 193 km/h Spitzengeschwindigkeit. Ein unglaublicher Benzinverbrauch schreckte in den ersten Jahren niemanden ab, insbesondere, weil der Starfire ein großer, weich gefederter Langstreckenwagen war und allen Komfort als Zubehör anbot. Der Starfire war elegant, wenig verziert und zählte zu den neuen Lieblingen des Mittelstands.

Das einfache Aussehen des Starfire war typisch für seine Zeit; nur wenig erinnerte an die Styling-Exzesse der Fünfziger.

Wie beim Dynamic 88 betrug der Radstand 312 cm.

Das verstellbare Lenkrad konnte in sieben Positionen gebracht werden.

**Typ**  Oldsmobile Starfire (1964)

**Produktion**  25 890 (1964)

**Karosserie**  zweitüriges Fünfsitzer-Coupé und Cabriolet

**Bauweise**  Stahlaufbau und -chassis

**Motor**  6,5-l-V8

**Leistung**  345 PS

**Getriebe**  Hydra-Matic-Dreigang-Automatik

**Fahrwerk**  Schraubenfedern vorn und hinten

**Bremsen**  Trommelbremsen vorn und hinten

**Höchstgeschwindigkeit**  193 km/h

**0–100 km/h**  9,4 Sek.

**Verbrauch**  23,8 l/100 km

## Oldsmobile Starfire

### OFFENE VERSION
Der Starfire war dank der Elektrik leicht zu bedienen. Man erkannte die zunehmende Bedeutung der Hausfrauen bei Kaufentscheidungen und versuchte Autos zu bauen, die sich auch für Großeinkäufe eigneten. Zuerst gab es ihn nur als Cabriolet.

Der 61er Starfire war erfreulich spritzig, doch nach drei Modelljahren führten alle komfortablen Extras und zusätzliches Gewicht dazu, dass der Starfire nicht mehr so schnell war.

Die Guide-Matic-Scheinwerfer blendeten bei Gegenverkehr automatisch ab.

Die Linienführung war klar und anspruchsvoll und entsprach der neu entdeckten Kultur der Reichen.

**INNENAUSSTATTUNG** Oldsmobile stattete den Starfire serienmäßig mit viel Komfort aus, wie Automatik, Schalensitze, gepolstertes Armaturenbrett, Mittelkonsole, Drehzahlmesser, Lederausstattung sowie Servolenkung, -bremsen und elektrische Fensterheber.

**MOTOR** Coupé und Cabriolet waren serienmäßig mit dem mächtigen, gusseisernen 6,5-l-V8 mit Rochester-Vierfachvergasern ausgerüstet. Verglichen mit dem 61er Modell war das eine gewöhnliche Leistung. Auch der Verbrauch konnte nicht beeindrucken.

Eine Heckachse mit positiver Traktion war Zubehör.

Der Starfire war kein Leichtgewicht; mit allen luxuriösen Extras wog er fast zwei Tonnen.

Die Flossen wurden bis 1964 kleiner und 1965 waren sie vollständig verschwunden.

Oldsmobile Starfire

**437**

# OLDSMOBILE 4-4-2

## Von der Leistungsoption zur eigenen Serie

DIE GLORREICHEN JAHRE des 4-4-2 gingen 1971 zu Ende. Er war ein Kraftpaket par excellence und GMs langlebigstes »Muscle Car«. Seine Wurzeln reichen zurück in das wilde Jahr 1964, als ein 4-4-2-Paket für den Oldsmobile Cutless F-85 eingeführt wurde. Der 4-4-2 war wahrscheinlich einer der am häufigsten verbesserten Sportwagen, der jemals in einer Abteilung von GM gebaut wurde. Er sah gut aus, besaß viel Charisma und Kraft. Der Name 4-4-2 deutete auf einen Vierfachvergaser, ein Viergang-Schaltgetriebe und zwei Auspuffrohre hin. Oldsmobile versorgte die Autohändler mit Tuningteilen, die sie vorher nur der Polizei verkauft hatten. Das Geschäft lief gut, und die Geräusche auf der Straße waren unüberhörbar. Das superschnelle Hardtop Coupé mit 7,5-l-V8, Rallye-Fahrwerk, Strato-Schalensitzen und 201 km/h Spitzengeschwindigkeit kostete 3551 Dollar. Die Ölkrise machte den 4-4-2 zum Auslaufmodell.

Oldsmobile wurde nicht müde zu betonen, dass ihr 7,5-l-Motor der größte V8 aller Zeiten in einem Serienauto war.

Obwohl die Leistung durch Gesetze gedrosselt wurde, die nach 1971 zur Einstellung der Serie führten, setzte der 4-4-2 Zeichen und stand für Oldsmobile auf der Liste der »Muscle Cars«.

# 442

| | |
|---|---|
| **Typ** | Oldsmobile 4-4-2 (1971) |
| **Produktion** | 7589 (1971) |
| **Karosserie** | zweitüriges Cabriolet und Coupé |
| **Bauweise** | Stahlaufbau und -chassis |
| **Motor** | 7,5-l-V8 |
| **Leistung** | 340–350 PS |
| **Getriebe** | Dreigang-Schaltgetriebe, Viergang-Schaltgetriebe optional, Turbo-Hydra-Matic-Dreigang-Automatik |
| **Fahrwerk** | Schraubenfedern vorn, Blattfedern hinten |
| **Bremsen** | Scheibenbremsen vorn, Trommelbremsen hinten |
| **Höchstgeschwindigkeit** | 201 km/h |
| **0–100 km/h** | 6,7 Sek. |
| **Verbrauch** | 20,0–28,6 l/100 km |

**Oldsmobile 4-4-2**

**INNENAUSSTATTUNG** Die Kabine des 4-4-2 wirkte trotz des Holzimitats wie ein Rennwagen. Schalensitze, spezialgefertigtes Lenkrad und Hurst-Competition-Schalthebel waren serienmäßig.

**MOTOR** Der massive 7,5-l-V8 war 1971 Standard für alle 4-4-2, es war jedoch sein letztes Jahr und die Leistungen sollten bald geringer werden. In den späten Siebzigern wurde das 4-4-2 Leistungspaket deutlich reduziert.

Werbetexte lobten das Drehmoment des 4-4-2: »Eine neue, heiße Nummer. Die Polizei brauchte ihn, Oldsmobile baute ihn, in Verfolgungsjagden bewies er sich.«

Außer diesem »Viking-Blau« bot Oldsmobile ab 1971 »Bittersweet« (Bittersüß), Lindgrün und Saturngold an.

Die Doppelauspuffrohre lassen die Kraft unter der Haube erahnen.

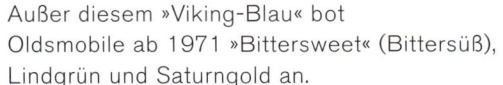

# PACKARD Hawk

## Der letzte Packard

DER HAWK AHMTE europäisches Styling nach und sah unverwechselbar, bizarr und sehr unamerikanisch aus. Angeregt von Vorbildern wie Ferrari und Mercedes, glänzte er mit brauner Lederverkleidung, schwarzen Instrumenten mit weißer Schrift, Ausstellfenstern wie beim Jaguar, Metallarmaturenbrett, einem sonderbaren Lufteinlass auf der Motorhaube sowie mit einer breiten Glasfaserschnauze, die stark an einen Maserati erinnerte. Und sein Motor war überkomprimiert. Doch Packards Versuch, sich vom traditionellen amerikanischen Look zu distanzieren, schlug fehl. Der Hawk kostete 4000 Dollar; er war zu teuer, zu wenig kultiviert und zu stark verziert. Packard hatte 1954 mit Studebaker fusioniert, und obwohl sie anfangs eine erfolgreiche Allianz bildeten, entstanden Probleme mit Zulieferern. Ein weiterer Verkauf besiegelte 1954 das Schicksal des Unternehmens. Packard baute bis Juli 1958 nur 588 Hawks.

Die meisten Käufer fanden die Front des Hawk sogar für die 50er übertrieben und bevorzugten eher den traditionellen Kühlergrill.

Die Lüftung war von den Jaguar-Modellen Mark IX und XK abgekupfert.

Der Hawk hatte ein einzigartiges Vinyl-Armpolster an der Außenseite des Fensters.

| | |
|---|---|
| **Typ** | Packard Hawk (1958) |
| **Produktion** | 588 (1958) |
| **Karosserie** | zweitüriges Viersitzer-Coupé |
| **Bauweise** | Stahlaufbau und -chassis |
| **Motor** | 4,7-l-V8 |
| **Leistung** | 275 PS |
| **Getriebe** | Flight-O-Matic-Dreigang-Automatik, Overdrive optional |
| **Fahrwerk** | Einzelrad mit Schraubenfedern vorn, Blattfedern hinten |
| **Bremsen** | Trommelbremsen vorn und hinten |
| **Höchstgeschwindigkeit** | 201 km/h |
| **0–100 km/h** | 8,3 Sek. |
| **Verbrauch** | 18,9 l/100 km |

Packard Hawk

443

**INNENAUSSTATTUNG** Das weiche Leder und die Instrumente sollten dem Hawk ein sportliches Flair verleihen. Servolenkung war eines der zahlreichen Extras.

**MOTOR** Serienmäßig waren Flight-O-Matic-Automatik und ein 4,7-l-V8. Als Vorverdichter diente ein McCullach-Kompressor.

## Das Styling des Hawk war schlimm – und genau deshalb verkaufte er sich nicht.

Die optionale Servolenkung kostete 70 Dollar.

Die Lufthutze und die runde Stoßstange unterscheiden den Hawk grundlegend von anderen US-Autos seiner Zeit.

Als einer von wenigen Packards hatte der Hawk einzelne Scheinwerfer.

Das angedeutete Reserverad war umstritten.

Dachlinie und Dacheinfassung erinnern an ein Flugzeug.

Alle amerikanischen Autos hatten Heckflossen, und trotz seines europäischen Aussehens hat dieses Auto zwei sehr schöne davon.

# PANHARD PL17 Tigre
## Französisches Flair mit bescheidener Leistung

PANHARD IST EINER der ältesten Namen in der Automobil-Branche, die Tradition reicht zurück bis ins Jahr 1872. 1955 war von dem früheren Nobel-Image nicht mehr viel übrig, Citroën musste eingreifen und übernahm die Firma 1965 schließlich ganz. Der Dyna aus den Nachkriegsjahren war die Antwort auf die Bedürfnisse der Zeit. Gefragt war eine kleine, praktische und ökonomische Maschine. Rahmen und Stehwand bestanden aus Aluminium, für den Antrieb sorgte ein luftgekühlter Zweizylinder-Boxermotor. 1954 wurde der Dyna mit Vorderradantrieb und einer neuen, stromlinienförmigeren Karosserie ausgestattet. Der 848-cm³-Boxermotor erreichte 1961 in der Tigre-Version 60 PS, er gab 145 km/h her und war somit auch schnell genug, um die Rallye Monte Carlo zu gewinnen. Der PL17 war leicht, schnell, sparsam und seiner Zeit um Jahre voraus, obwohl er auf ältere Entwürfe zurückgreift.

Mit seiner aerodynamisch geformten Karosserie hatte der Panhard 1956 den niedrigsten Widerstandskoeffizienten eines Serienwagens.

Die Windschutzscheibe war aus einem Stück gearbeitet – 1961 noch eine Seltenheit.

Der Tigre hatte an allen Rädern Trommelbremsen. Bei maximal 145 km/h genügte das auch.

**Typ** Panhard PL17 Tigre (1961–64)

**Produktion** 130 000 (alle Versionen)

**Karosserie** viertürige, viersitzige Sportlimousine mit Frontantrieb

**Bauweise** separates Fahrwerk mit Stahl-Aluminiumaufbau

**Motor** luftgekühlter 848-cm$^3$-Zweizylinder-Boxer

**Leistung** 60 PS bei 5800 U/min

**Getriebe** Viergang-Getriebe

**Fahrwerk** Einzelradaufhängung mit Querblattfeder vorn, Drehstabfeder hinten

**Bremsen** Trommelbremsen

**Höchstgeschwindigkeit** 145 km/h

**0–100 km/h** 24 Sek.

**Verbrauch** 7,4 l/100 km

**448 Panhard PL17 Tigre**

Der Vorderradantrieb sorgte für Stabilität und Sicherheit.

Das Fehlen eines Schalttunnels sorgte im Inneren für erhöhte Beinfreiheit.

Die Zahnstangenlenkung benötigte nur zwei Umdrehungen von Anschlag zu Anschlag.

Trotz der extravaganten Form war der PL17 sehr effizient.

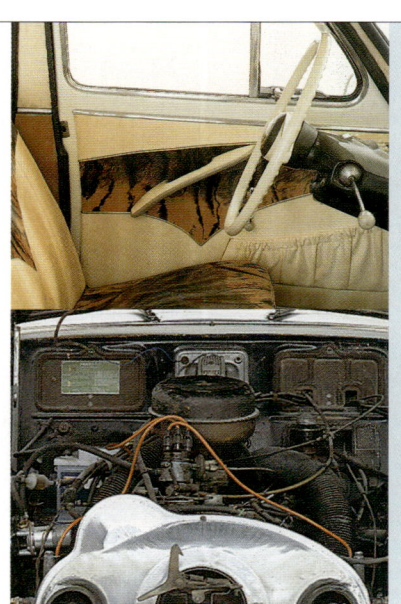

**INNENAUSSTATTUNG** Der ungewöhnliche Innenraum mit ovalen Pedalen und Lenkradschaltung zeigte sich als misslungene Kopie amerikanischen Designs. Die Zahnstangenlenkung war sehr innovativ.

**MOTOR** Der Entwurf des Motors stammt von 1940. Zylinder und Kopf wurden aus Leichtmetall in einem Stück gegossen und mit Kühlrippen und Grauguss-Zylinderlaufbuchsen versehen.

Ein einfacher Entwurf bedeutet weniger bewegliche Teile, mehr Leistung und weniger Verbrauch.

Beim Entwurf wurde auch großer Wert auf Gewichtseinsparung gelegt.

# PEUGEOT 203

## Ein fortschrittlicher französischer Bestseller

IM VERGLEICH ZU all den hochaufragenden Nachkriegslimousinen, die an fahrbare Kirchenbänke erinnerten, wirkt der Peugeot 203 erfrischend anders. Die selbsttragende Karosserie und der revolutionäre Motor trugen mit dazu bei, dass der 203 mit einer der erfolgreichsten Peugeots wurde. Das 1,3-l-OHV-Kraftpaket war mit einem Aluminium-Zylinderkopf und hemisphärischem Brennraum seinerzeit auf dem neuesten Stand der Technik und diente angeblich sogar Chrysler als Inspiration. Sicher ist, dass der Motorblock in den Achtzigerjahren die Grundlage für den Motor des Peugeot 505 bildete. Die Palette umfasste zwei- und viertürige Cabriolets, Familien-Kombi und Zweitürer-Coupé – die Franzosen mochten ihren 203. Bis zum Produktionsstopp im Jahr 1960 hatte Peugeot mit fast 700 000 verkauften Exemplaren seinen eigenen Rekord für das meistverkaufte Modell gebrochen.

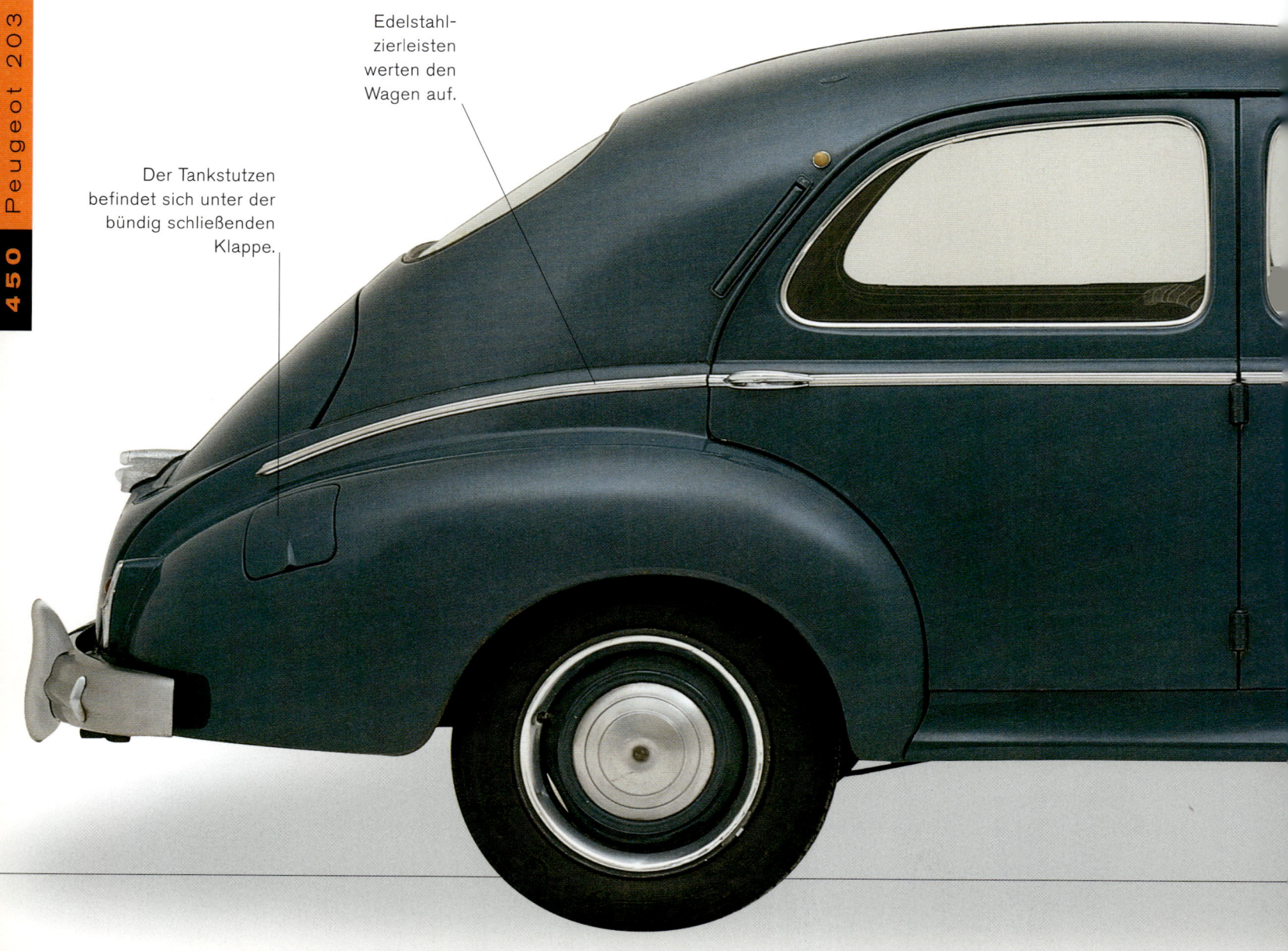

Edelstahlzierleisten werten den Wagen auf.

Der Tankstutzen befindet sich unter der bündig schließenden Klappe.

Die eleganten Kurven sind vom 46er Chevrolet beeinflusst.

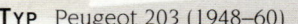

**Typ** Peugeot 203 (1948–60)

**Produktion** 685 828

**Karosserie** zweitüriges Coupé, zwei- oder viertüriges Cabriolet, Kombi

**Bauweise** Ganzstahlmonocoque, starrer einteiliger Aufbau

**Motor** 1,3-l-OHV-Vierzylinder

**Leistung** 42–49 PS bei 3500 U/min

**Getriebe** Viergang-Lenkradschaltung mit Overdrive

**Fahrwerk** Einzelradaufhängung; Querblattfeder vorn, Schraubenfedern mit Panhardstab hinten

**Bremsen** Trommelbremsen

**Höchstgeschwindigkeit** 117 km/h

**0–100 km/h** 20,8 Sek.

**Verbrauch** 8,1–14,3 l/100 km

**INNENAUSSTATTUNG** Da Stahl in der Nachkriegszeit sehr selten war, wurde für den Handbremshebel und den Schalthebel Aluminium verwendet. Die schöne Fließheckausführung ist sehr geräumig.

**MOTOR** Der 49 PS starke OHV-Motor mit Stößelstangen war das herausragende Merkmal des 203. Er hat nasse Laufbuchsen, niedrige Verdichtung und einen Leichtmetallkopf, war drehfreudig, kultiviert und haltbar.

### SCHEIBENWISCHER

Diese Scheibenwischer wirken aus heutiger Sicht altmodisch, ihr Motor jedoch ist so robust, dass er auch 43 Jahre später im Heckwischer des 504 eingesetzt wurde. Die Ausstattung war dagegen mit Gummimatten und Stoffsitzen recht sparsam.

Auf dem Pariser Autosalon 1948 wurde der 203 mit seiner glatten, im Windkanal getesteten Form bejubelt. Angeblich lag der Luftwiderstandsbeiwert bei 0,36.

Das Viergang-Getriebe war eigentlich ein Dreigang mit Overdrive.

1953 wurde der 203 modifiziert und bekam eine gekrümmte Windschutzscheibe, ein umgestaltetes Instrumentenbrett sowie andere Scheinwerfer. Der hier abgebildete Wagen wurde 1955 zugelassen.

Die Motorhaube wird von Federn gehalten, der Kühlergrill lässt sich nach vorn aufklappen.

Der große Kofferraum machte den 203 zu einem idealen Familienauto.

Die integrierte Dachträgerbefestigung war eine praktische Idee.

# PEUGEOT 504

## Modernes Cabriolet mit italienischem Flair

Bis vor gut 30 Jahren baute Peugeot trostlose und langweilige Autos. Der 504 war zwar zuverlässig, praktisch und robust, ihm fehlte jedoch jegliches Charisma. Nach herber Kritik beauftragte Peugeot 1969 den Designer Pininfarina, der aus der 504-Limousine ein bezauberndes Coupé und Cabriolet entwickelte. Die neuen Modelle wurden 1974 mit einem ziemlich guten 2,6-l-V6-Motor ausgestattet. Mit einem Schlag hatte Peugeot ein sehr begehrtes Produkt anzubieten, das flott, schön und anspruchsvoll war. Das 504-V6-Cabriolet war zwar nicht so gut wie der zeitgenössische Mercedes 350SL, es kostete jedoch nur die Hälfte, hatte vier Sitze und sah dennoch sehr teuer aus. Die Karosserien wurden im Turiner Werk von Pininfarina gefertigt und dann zur Endmontage nach Frankreich transportiert. Das V6-Cabriolet war kein Verkaufsschlager und fand nur knapp 1000 Käufer.

Den Cabriolets fehlte die Torsionssteifigkeit der Coupés mit Stahldach; auf rauen Straßen zeigten sie deutliche Vibrationen.

Der italienische Stahl der 70er Jahre enthielt hohe Recyclinganteile und rostete alarmierend schnell.

Die 504-V6-Cabriolets waren ausschließlich mit Linkssteuerung erhältlich.

| | |
|---|---|
| **Typ** | Peugeot 504 V6-Cabriolet (1975) |
| **Produktion** | 977 (gesamt) |
| **Karosserie** | zweitüriges Viersitzer-Cabriolet |
| **Bauweise** | Stahl-Monocoque |
| **Motor** | 2,6-l-Sechszylinder |
| **Leistung** | 136 PS bei 5750 U/min |
| **Getriebe** | Viergang-Schaltgetriebe |
| **Fahrwerk** | unabhängige Federung vorn und hinten |
| **Bremsen** | Scheibenbremsen vorn und hinten |
| **Höchstgeschwindigkeit** | 185 km/h |
| **0–100 km/h** | 11,5 Sek. |
| **Verbrauch** | 11,8 l/100 km |

**INNENAUSSTATTUNG** Spätere Modelle waren feudaler ausgestattet – mit Leder, Drehzahlmesser und elektrischen Fensterhebern, nur das Holzlenkrad von Nardi ist Zubehör. Der viersitzige Peugeot 504 Cabriolet konkurrierte mit dem Triumph Stag, dem Reliant Scimitar GTC und dem BMW 2002 Cabriolet.

**MOTOR** Der legierte Block des V6-Motors bot eine passable Leistung und hatte einen Doppelvergaser, erst spätere Modelle kamen mit Einspritzung. Diese PRV-Einheit (Peugeot/Renault/Volvo) wurde auch im Peugeot 604, 505 und 605 sowie im Renault 30, Volvo 264, Citroën XM, Renault-Alpine und sogar im DeLorean DMC 12 eingesetzt.

Der V6-Motor aus Leichtmetall leistete beeindruckende 136 PS und wurde von Peugeot, Renault und Volvo gemeinsam entwickelt.

Die V6-Cabriolets sind inzwischen sehr selten, weil so wenige produziert wurden und sie zu rostanfällig waren.

Auch mit geschlossenem
Verdeck sah der 504 aufregend
aus – gar nicht mehr
wie eine spießige Limousine.

Die Versorgung mit neuen Karosserieteilen geht zunehmend zurück, so dass eine Restauration teuer und schwierig wird.

Das Stoffverdeck sah nicht nur gut aus, sondern war auch überraschend einfach in nur wenigen Sekunden hochzuklappen.

Peugeot 504 **457**

# PLYMOUTH Fury

## Brachiale Kraft für brave Leute

DER 59ER FURY sollte erstaunlicherweise die Mittelschicht Amerikas erobern. Erstaunlich deshalb, weil der Fury so lautstark war wie Little Richard und so sexy wie Jayne Mansfield. Als eines der stilistisch gewagtesten Straßenautos verkörperte der futuristische Fury die »Forward Look«-Maxime in Reinkultur. Das 59er Modell war das schrillste von allen. Dieses messerscharfe Profil verschaffte Plymouth einen Nimbus, für den es sich zu sterben lohnte, insbesondere bei dem Topmodell Sport Fury, der mit einem persönlichen Aluminiumschild versehen war, auf dem »Exklusiv angefertigt für . . . « stand. Dieses Schmuckstück der Vorstädte verkaufte sich 1959 ausgezeichnet, die 89 114 Furys brachten Plymouth auf Platz drei der Rangliste. Das elfmillionste Auto des Unternehmens wurde verkauft. Das gottesfürchtige Amerika war von der Kraft und vom Aussehen des Fury hingerissen.

Zusammen mit einigen Modellen von Chrysler ist der 59er Fury eines von Virgil Exners unerreichten Meisterwerken.

Der Sport Fury hatte 260 PS, feste Nocken und einen Carter-AFB-Vierfachvergaser.

Auf der Zubehörliste standen Servobremsen, der Golden-Commando-V8 und vieles mehr.

# Fury

**Typ** Plymouth Fury (1959)

**Produktion** 105 887 (1959, alle Karosserien inkl. Sport Fury)

**Karosserie** zweitürige Hardtop-Limousine

**Bauweise** Stahlaufbau und -chassis

**Motor** 5,2-l-V8 (5,9-l-V8 für Sport Fury optional)

**Leistung** 230 PS (Sport Fury 260 PS oder 305 PS mit 5,9-l-V8)

**Getriebe** Dreigang-Schaltgetriebe mit Overdrive optional, TorqueFlite-Dreigang-Automatik und PowerFlite-Automatik optional

**Fahrwerk** Drehstabfedern vorn, Blattfedern hinten

**Bremsen** Trommelbremsen vorn und hinten, Servobremsen optional

**Höchstgeschwindigkeit** 169–177 km/h

**0–100 km/h** 11,5 Sek.

**Verbrauch** 16,7 l/100 km

**INNENAUSSTATTUNG** Das Innere mit seinen zahlreichen Druckknöpfen glich einem Raumschiff aus einem Comic-Heft. Drehbare Front- und Rücksitze beim Sport Fury sollten korpulentere Käufer locken. Der automatische Abblendspiegel war ein 14 Dollar teures Zubehör.

**MOTOR** Der 5,2-l-V8 leistete 230 PS, Chrysler wollte jedoch noch wesentlich mehr Leistung anbieten. Mit lebhafter Beschleunigung erreichte er ausgezeichnete Spitzengeschwindigkeiten, bei der das Fahren wegen seiner Größe und der schmalen Reifen leicht unheimlich wurde.

**»GUTER GESCHMACK…**
…ist nie extrem.« Ist das ein ironischer Spruch? Plymouth verkaufte den Fury als perfektes Beispiel für Geschmack. Fairerweise muss man aber sagen: 1959 hatte jeder Flossen, doch diese hatten wirklich Klasse.

Der gitterförmige Kühlergrill war 1959 neu; die Front sah so aus, als ob sie zubeißen könnte.

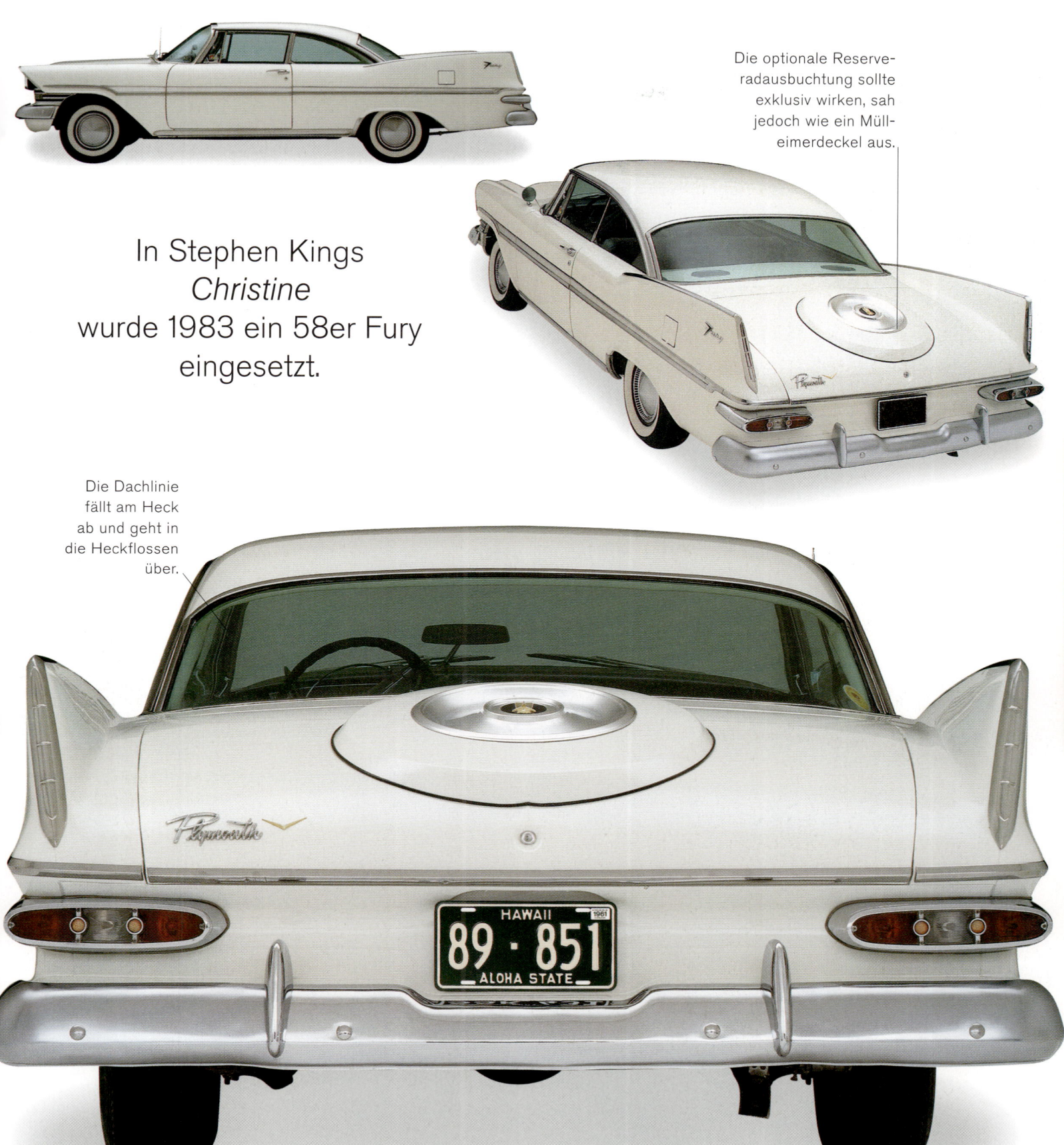

In Stephen Kings *Christine* wurde 1983 ein 58er Fury eingesetzt.

Die optionale Reserveradausbuchtung sollte exklusiv wirken, sah jedoch wie ein Mülleimerdeckel aus.

Die Dachlinie fällt am Heck ab und geht in die Heckflossen über.

# PLYMOUTH Barracuda (1964)

## Der Herausforderer des Mustang

DIE GROSSEN AUTOKONZERNE der USA wollten alle vom Jugendboom der Sechziger profitieren. Ford konnte sein Mustang-Projekt nicht geheim halten, worauf Chrysler verzweifelt versuchte, ein Stück vom Kuchen zu bekommen. Sie mussten sich jedoch beeilen. Die Front ihres vorhandenen Kompaktwagens Plymouth Valiant wurde verbessert und eine riesige Rundum-Heckscheibe eingesetzt – so entstand der Barracuda. Bereits im April 1964 stand er in den Ausstellungsräumen, 14 Tage vor dem Mustang. Er war eine entwaffnende Mischung aus Leistung, Sicherheit und Eleganz. Plymouth hatte zum eigenen Vorteil ein Wunder geschaffen – der Barracuda war schnell, dennoch ließ er sich gut handhaben und fuhr weich. Mit dem 4,5-l-V8 war er schneller als der Mustang, jedoch veraltete die bizarre Heckscheibe sehr schnell, und der Mustang verkaufte sich zehn Mal besser. Das Fließheck kam einfach nicht so gut an.

Das Magazin *Road and Track* schrieb, »in Leistung und Handhabung ist der Barracuda perfekt«.

Servobremssystem und Trommelbremsen waren serienmäßig.

# Barracuda

**Typ** Plymouth Barracuda (1964)

**Produktion** 23 443 (1964)

**Karosserie** zweitüriges Fließheck

**Bauweise** Stahlaufbau und -chassis

**Motor** 2,8-l-, 3,7-l-Sechszylinder, 4,5-l-V8

**Leistung** 101–235 PS

**Getriebe** Dreigang-Schaltgetriebe, Viergang-Schaltgetriebe optional, TorqueFlite-Dreigang-Automatik

**Fahrwerk** Drehstabfedern vorn, Blattfedern hinten

**Bremsen** Trommelbremsen vorn und hinten, Scheibenbremsen vorn optional

**Höchstgeschwindigkeit** 161–177 km/h

**0–100 km/h** 8,3–13,5 Sek.

**Verbrauch** 12,8–17,5 l/100 km

Plymouth Barracuda (1964)

463

**INNENAUSSTATTUNG** Die Instrumente waren silbermatt mit verchromten Deckringen. Das gepolsterte Armaturenbrett war wie das Holzlenkrad Zubehör. Chryslers neues Hurst-Schaltgetriebe war ein Sonderzubehör, ebenso der von innen verstellbare Außenspiegel.

**MOTOR** Das Basismodell hatte einen 2,8-l-Sechszylinder, zusätzlich gab es den 3,7-l-Sechszylinder und den 4,5-l-V8. Obwohl die Formel-S-Version den V8 samt Renntuning anbot, war sie relativ langsam. Der 61er Fury hatte z.B. einen 5,2-l-V8, der 230 PS leistete.

### HEISSER INNENRAUM

Der Innenraum wurde im Sommer sehr heiß, war aber praktisch und gut verarbeitet. Er besaß serienmäßig Schalensitze und eine Rücksitzbank.

Der Prisma-Spiegel konnte verstellt werden, um nachts störende Scheinwerfer abzublenden.

Verglichen mit dem Mustang war die Front des Barracuda asymmetrisch und etwas überladen, aber dennoch ein kühner Entwurf.

### FORMEL S
Diese Option bot einen V8-Block mit Rennausstattung, der aber für die Verhältnisse von Plymouth noch relativ zahm war.

Die Scheibe zog sich bis zu den Kotflügeln hinunter; es war die größte Glasfläche, die jemals in einem Serienwagen eingesetzt wurde.

Das neue Sure-Grip-Differenzial wurde Käufern als Extra angeboten.

Bei nach vorn geklappten Rücksitzen war der Kofferraum unglaubliche 2,14 m tief.

Plymouth Barracuda (1964) **465**

# PLYMOUTH 'Cuda (1970)

## Das letzte Aufbäumen des Pony Car

DER HART KLINGENDE 70er 'Cuda war eine der letzten Blüten von Amerikas PS-Hysterie. Er war extrem schnell und sollte als völlig neue Version des ersten 64er Barracuda die unverbesserlichen Raser ansprechen. Den 70er Barracuda gab es in drei Versionen – der 'Cuda war die stärkste Version – mit neun Motoren, angeführt von einem 7,0-l-V8 mit hemisphärischem Brennraum. Die Werbetexter von Chrysler tönten, dieser Motor sei so stark »wie der gute alte King Kong in Stahlverpackung«. Steigende Versicherungsbeiträge und neue Abgasvorschriften ließen das »Muscle Car« jedoch zu einer bedrohten Spezies werden. In einem Prospekt zeigte Plymouth 1973 einen 'Cuda mit einem jung vermählten Paar und ein Baby im Arm der lächelnden Mutter. Die wilden Partys der 60er waren nun endgültig vorüber – das machte sich auch im Straßenverkehr bemerkbar.

Durch die bevorstehende Energiekrise waren seine Tage gezählt.

Ungedämpfte Luftfilter waren in Kalifornien durch Lärmschutzverordnungen verboten.

Der 70er 'Cuda teilte sich das forsche, straffe Design mit dem Dodge Challenger, der mit langer Schnauze und kurzem Heck zweifellos ein »Pony Car« war.

# 'cuda 440-6

**Typ** Plymouth 'Cuda (1970)

**Produktion** 30 267 (1970)

**Karosserie** zweitüriges Viersitzer-Coupé und Cabriolet

**Bauweise** Einheitsaufbau aus Stahl

**Motor** 6,3-l-, 7,0-l-, 7,2-l-V8

**Leistung** 335–425 PS

**Getriebe** Dreigang-Schaltgetriebe, Viergang-Schaltgetriebe optional, TorqueFlite-Dreigang-Automatik

**Fahrwerk** Drehstabfedern vorn, Blattfedern mit Antriebsachse hinten

**Bremsen** Scheibenbremsen vorn, Trommelbremsen hinten

**Höchstgeschwindigkeit** 220–241 km/h

**0–100 km/h** 6,1–7,2 Sek.

**Verbrauch** 16,7–23,8 l/100 km

Plymouth 'Cuda (1970)

**INNENAUSSTATTUNG** Im farbenprächtigen Innenraum gab es große, tiefe Schalensitze, Schalthebel mit Hurst-Pistolengriff und ein Holzlenkrad. Dieses Modell besaß die Rallyeinstrumente mit Drehzahl- und Öldruckmesser.

**MOTOR** Der 7,2-l-V8 Magnum mit drei Holley-Zweifachvergasern (daher der Spitzname »Sechserpack«) leistete 385 PS. Mit ihm schaffte der 'Cuda die Viertelmeile in 14,44 Sekunden. Im Basismodell saß der 6,3-l-V8 mit 335 PS.

Seit dem ersten Barracuda Mitte der 60er hatte der 'Cuda immer größere Ausmaße angenommen und verlor nun wie der Mustang seine Existenzberechtigung.

Die Scheibenwischer waren sauber unter der hinteren Kante der Haube untergebracht.

Der Luftfilter vibrierte durch die Motorhaube, ein Standardmerkmal des 'Cuda.

Die Designer schufen eine klare Form mit sich verjüngenden Stoßstangen, versteckten Wischern, bündigen Türgriffen, glatten Überhängen sowie angedeuteten Radkästen.

Den 'Cuda gab es in 18 schrillen Farben wie »In Violet«, »Lemon Twist« und »Vitamin C«.

Plymouth 'Cuda (1970)

# PONTIAC Chieftain

## Ein stilvolles Nachkriegscabrio

Bis 1949 sahen Pontiacs wie übrig gebliebene Vorkriegsmodelle aus und fuhren sich auch so. Sie waren sicherlich zuverlässig und solide, jedoch genossen sie den Ruf von mittelmäßigen Autos, die sich Angehörige der Mittelklasse im mittleren Alter kauften. Pontiac konnte mit dem glamourösen Boom der Nachkriegszeit nicht mithalten. 1949 kam die Wende – die ersten Nachkriegsmodelle wurden enthüllt, mit neuen, von Harley Earl entworfenen Karosserien, die als »die vornehmsten neuen Automodelle« angepriesen wurden. Tatsächlich war das Styling mit Silberstreifen ein alter Hut, dessen Ursprünge bis in die Dreißiger zurückreichten. Obwohl es mit seinen alten Flachkopf-Sechs- und Achtzylindern nicht viel Leistung brachte, markierte das 49er Chieftain-Cabriolet den Übergang vom biederen Design der Vorkriegszeit zum Chromglitzer der Nachkriegszeit.

Der Rücksitz lag vor Hinterachse und Kotflügeln, um, wie Pontiac es nannte, eine »wiegende Fahrt« zu garantieren.

Die Windschutzscheibe wurde »Safe-T-View« genannt. Andere ungewöhnliche Namen waren »Carry-More«-Kofferraum, »Tru-Arc Safety«-Lenkrad und »Easy-Access«-Türen.

**Typ** Pontiac Chieftain Cabriolet (1949)

**Produktion** nicht verfügbar

**Karosserie** zweitüriges Cabriolet

**Bauweise** Stahlaufbau und -chassis

**Motor** 3,9-l-Sechszylinder-Reihenmotor, 4,1-l-Achtzylinder-Reihenmotor

**Leistung** 90–103 PS

**Getriebe** Dreigang-Schaltgetriebe, Hydra-Matic-Viergang-Automatik optional

**Fahrwerk** Schraubenfedern vorn, Blattfedern hinten

**Bremsen** Trommelbremsen vorn und hinten

**Höchstgeschwindigkeit** 129–153 km/h

**0-100 km/h** 13,5–15,6 Sek.

**Verbrauch** 18,9 l/100 km

Pontiac Chieftain

471

**INNENAUSSTATTUNG** Im Innenraum fanden fünf Personen Platz, jedoch wurden weder Servolenkung noch -bremsen angeboten. Das synchronisierte Dreigang-Getriebe mit Knüppelschaltung war serienmäßig, und erst im zweiten Halbjahr 1949 gab es die neumodische Hydra-Matic-Viergang-Automatik als Extra.

**MOTOR** Die Sechszylinder-Motoren aus Gusseisen besaßen vier Lager, feste Ventilstößel und einen schwachen Carter-Einfachvergaser. Der Achtzylinder-Reihenmotor, der jedoch nur 13 PS mehr leistete, kostete 23 Dollar zusätzlich. Pontiac bot bis 1955 keinen V8 für seine Modelle an.

Die Silberstreifen aus fünf parallelen Chromleisten waren das Markenzeichen und wurden von dem britischen Austin Atlantic nachgeahmt.

Tuchspender, Kompass, elektrische Uhr, Handschuhfachbeleuchtung und sogar eine Jalousie waren Extras.

Der Motor saß weit vorn in einem starren, freitragenden Kastenträgerrahmen.

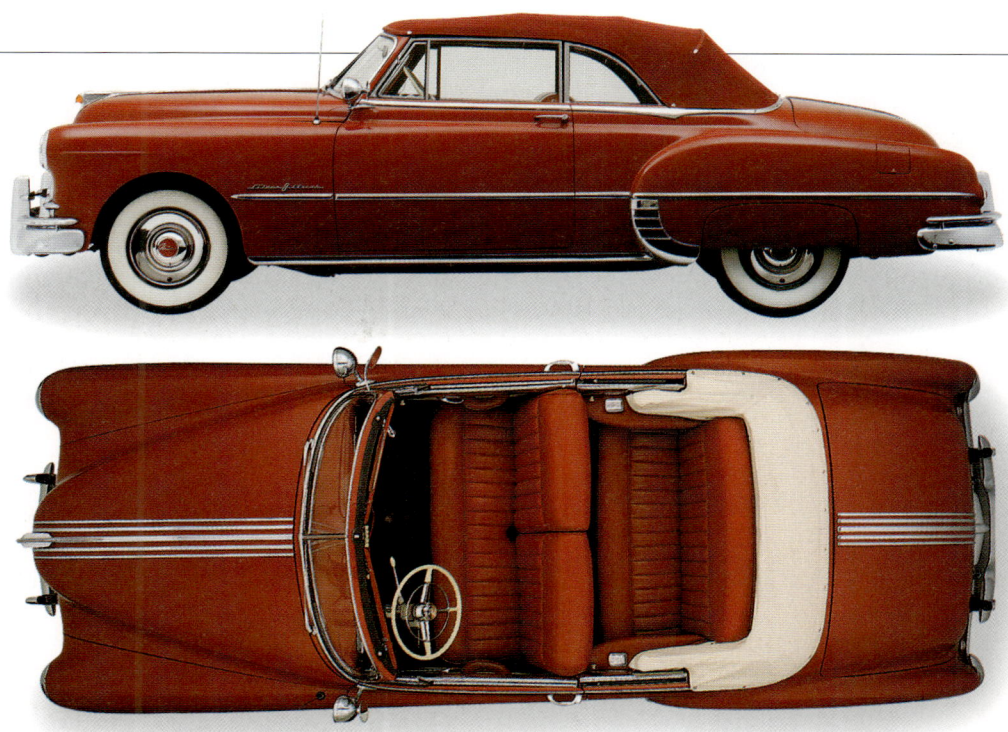

**CHIEFTAIN-ORNAMENT**
Ein Indianerhäuptling auf der Motorhaube diente der Dekoration. Er lächelte nie, aber der Kopf war nachts durch eine 2-Watt-Birne beleuchtet.

Die auffällige Stoßstange sollte verhindern, dass sich die weiten Röcke junger Frauen beim Öffnen des Kofferraumes in den Stoßstangen verfangen.

Beide Suchscheinwerfer wurden mit Hebel bedient.

Pontiac Chieftain 473

# PONTIAC Bonneville

## Ein Riesen-Coupé mit dem gewissen Etwas

In den späten Fünfzigern suchte man in der amerikanischen Autmobilindustrie verzweifelt nach Neuerungen, mit denen man die Kaufkraft der aufstrebenden Mittdreißiger abschöpfen konnte – ein Riesenaufgebot an Leistung, Substanz und Stil musste her. Pontiacs »Wide Track« (breite Spur) Bonneville von 1959 war eine Sensation. Generaldirektor Bunkie Knudsen verlieh der Baureihe ein Image von Jugendlichkeit und Kraft und der Wide Track wurde große Mode. Steigende Verkäufe machten Pontiac 1960 zum dritterfolgreichsten Unternehmen der Industrie. Der angesehene Bonneville fuhr sich auch traumhaft. Der 6,4-l-V8 leistete 345 PS und erreichte mit dem eingesetzten Tri-Power-Antrieb 201 km/h Spitzengeschwindigkeit. Mit seinen 1,93 m Breite passte er in keine Waschanlage, was jedoch niemanden störte. In die amerikanische Konsum-Idylle der späten 50er passte er umso besser.

Der sehr sparsame Tempest 420E mit speziellen Nocken und Zweifachvergaser war ohne Aufpreis erhältlich; er fand jedoch nur wenige Käufer.

Überwältigt vom Erfolg, beanspruchte Pontiac, dass sie »Amerikas Auto Nummer eins« bauten.

Das Magazin *Motor Trend* wählte den 59er Pontiac zum »Auto des Jahres«.

# Bonneville

**Typ** Pontiac Bonneville Sport Coupé (1959)

**Produktion** 27 769 (1959)

**Karosserie** zweitüriges Sechssitzer-Coupé

**Bauweise** Stahlaufbau und -chassis

**Motor** 6,4-l-V8

**Leistung** 260–345 PS

**Getriebe** Dreigang-Schaltgetriebe, Super-Hydra-Matic-Viergang-Automatik optional

**Fahrwerk** Schraubenfedern vorn und hinten

**Bremsen** Trommelbremsen vorn und hinten

**Höchstgeschwindigkeit** 177–201 km/h

**0–100 km/h** 9,4–12,0 Sek.

**Verbrauch** 18,9 l/100 km

**INNENAUSSTATTUNG** Innen war so viel Chrom wie außen. Radio, elektrische Antenne, getöntes Glas, gepolstertes Armaturenbrett und Tuchspender waren Zubehör. Die Aircondition unter dem Armaturenbrett ist ein nachträglich eingebautes Zubehör.

**POLSTERUNG** Mit der grellen, dreifarbig gestreiften Polsterung strahlte der Bonneville fesche Sorglosigkeit und Anziehungskraft für Junggebliebene aus. Im riesigen Innenraum fanden tatsächlich sechs Personen Platz.

Weil sich die Kunden individuellere Autos wünschten, erhielt der Bonneville nicht zwei, sondern vier Heckflossen.

Trotz ihrer Bedeutung für die Sicherheit wurden die Blinklichter in die vorderen Stoßstangen eingefügt.

Der geteilte Kühlergrill war 1959 neu. In den frühen Sechzigern wurde er zum Markenzeichen von Pontiac und ersetzte den einteiligen Kühlergrill.

Die breitschultrige Erscheinung war machohaft, hart und kam gut an.

Das Spread-Tread-Chassis sorgte für besseres Kurvenverhalten als vorherige Modelle.

Pontiac Bonneville

# PONTIAC GTO

## Das erste echte »Muscle Car«

DIESER WAGEN STELLTE einen gezielten Versuch dar, die Kaufkraft einer jungen Zielgruppe abzuschöpfen. Auch an der Jugendrebellion ließ sich verdienen, indem man den jungen Leuten Autos verkaufte, mit denen sie sich auf der Straße abreagieren konnten. 1964 baute Pontiac-Chefingenieur John DeLorean den größten verfügbaren V8-Motor in den kompakten Tempest ein. Das Ergebnis war erstaunlich. Nachdem er Bremsen und Fahrwerk aufgemöbelt und drei Doppelvergaser eingebaut hatte, garnierte er das Resultat mit dem von Ferrari abgekupferten Namen GTO (»Gran Turismo Omologato«). Ab 1966 wurde er als eigenständiges Modell verkauft – das erste »Muscle Car« war geboren. Kenner halten die GTOs aus dieser zweiten Generation für die schönsten. Bis 1967 waren die Verkaufszahlen aber schon wieder um 15 Prozent zurückgegangen. Die Ära der »Muscle Cars« war nur von kurzer Dauer.

John DeLoreans Idee, einen starken Motor in eine Standardkarosserie einzubauen, begründete einen ganz neuen Autotyp.

Pontiac war der erste große Hersteller, der einen Sportwagen-Motor mit einem leichten Aufbau kombinierte.

Als Extra konnte unter anderem ein mit Walnussholz-Maserung verziertes Instrumentenbrett bestellt werden.

## GTO 6·5 LITRE

**Typ** Pontiac GTO-Cabriolet (1966)

**Produktion** 96 946 (total 1966)

**Karosserie** zweitüriges Fünfsitzercoupé, Hardtop oder Cabriolet

**Bauweise** selbsttragende Stahlkonstruktion

**Motor** 6,4-l-V8

**Leistung** 335–360 PS

**Getriebe** Dreigang-Getriebe, optional Viergang-Getriebe und Hydra-Matic-Dreigang-Automatik

**Fahrwerk** Schraubenfedern vorn und hinten

**Bremsen** Trommelbremsen, optional Scheibenbremsen

**Höchstgeschwindigkeit** 201 km/h

**0–100 km/h** 7,1–9,9 Sek.

**Verbrauch** 18,9 l/100 km

Pontiac GTO 479

**INNENAUSSTATTUNG** Der Innenraum erinnert an ein Rennboot. Der Tempest war ein Sechssitzer mit Vorderbank; der Tempest Le Mans, auf dem der GTO basiert, war ein Fünfsitzer mit separaten Vordersitzen.

**MOTOR** Der 6,4-l-Serienmotor mit seinen 335 PS hatte noch einen großen Bruder, der für einen Aufpreis von 116 Dollar sogar 360 PS leisten konnte. Mehr Leistung brachten auch die 1967 zusätzlich eingeführten Motoren nicht mehr auf.

### JUNGSPUND
Im Rekordjahr 1966 wurden mehr als 95 000 Stück verkauft. Das Durchschnittsalter der Käufer lag bei 25 Jahren.

Die Position der Blinker imitierte die Front bestimmter europäischer Autos.

Die Doppelscheinwerfer waren 1965 eine Neuerung; sie wurden bis Ende der Sechziger beibehalten.

Das Plagiat der Ferrari-Bezeichnung »GTO« wurde in der Fachpresse massiv kritisiert.

Der GTO war serienmäßig mit robuster Federung und starken Stoßdämpfern ausgestattet.

Er sieht lang aus, war aber noch 38 cm kürzer als der längste Pontiac.

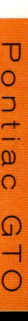

Pontiac GTO **481**

# PONTIAC Trans Am

## Der letzte amerikanische Renner

IN DEN SIEBZIGERJAHREN griff die amerikanische Regierung zum ersten Mal in der Geschichte des Landes in die Autoproduktion ein. Angesichts der Ölkrise von 1973 wurden die »großen Drei« (Ford, General Motors und Chrysler) aufgefordert, den Gürtel enger zu schnallen. Die technische Entwicklung stagnierte, und so wurde der Trans Am zu einem der letzten wirklich schnellen US-Autos. Der muskulöse Firebird war bereits seit 1969 auf dem Markt, aber mit dem 73er Trans Am vervierfachten sich die Verkaufszahlen – Ölkrise hin oder her. Der 7,5-l-V8-Motor leistete 310 PS. Pontiac bemühte sich, die gesetzlichen Einschränkungen zu unterlaufen, aber als laut wurde, dass der Motor der größte sei, der jemals in einem Pony Car angeboten wurde, war das Spiel gelaufen. Innerhalb weniger Monate wurde die Leistung im Einklang mit den Emissionsrichtlinien auf 290 PS reduziert.

Das Dekor von John Schinella geht auf die Feuervogellegende der Indianer zurück. Manche nannten es auch »screaming chicken« (kreischendes Huhn).

Radzierkappen in Silber gab es für 36 Dollar.

Der Außenspiegel auf der Fahrerseite ist elektrisch verstellbar.

## TRANS AM

**Typ** Pontiac Firebird Trans Am (1973)

**Produktion** 4802 (1973)

**Karosserie** zweitüriges, viersitziges Sportcoupé

**Bauweise** selbsttragende Stahlkonstruktion

**Motor** 7,5-l-V8

**Leistung** 250–310 PS

**Getriebe** Viergang-Schaltgetriebe oder Dreigang-Automatik

**Fahrwerk** Schraubenfedern vorn, Starrachse auf halbelliptischen Blattfedern hinten

**Bremsen** Scheibenbremsen vorn, Trommelbremsen hinten

**Höchstgeschwindigkeit** 217 km/h

**0–100 km/h** 5,6 Sek.

**Verbrauch** 16,7 l/100 km

Pontiac Trans Am

PONTIAC

**INNENAUSSTATTUNG** Die zweite Generation des Trans Am hatte Schalensitze, ein Rennlenkrad und Rallye-Instrumente. Der Tacho ging bis 160 mph (257 km/h), der Drehzahlmesser bis 8000.

**MOTOR** Der riesige Trans-Am-Motor mit seinen 7,5 l konnte in weniger als sechs Sekunden auf 100 km/h beschleunigen. Die Spitzengeschwindigkeit lag bei 217 km/h.

Die Frontpartie wurde 1973 umgestaltet.

Die Lufthutze deutet auf die gewaltigen Kräfte des Trans Am hin.

# PORSCHE 356

## Das Auto, das James Dean zum Motorsport brachte

VOM PRACHTVOLLEN PORSCHE 356 sind nur ca. 50 Exemplare erhalten, die zeigen, wie viel Volkswagen in ihnen steckt. Als Motor diente der 1,1-l-Block vom VW Käfer, auf dem Getriebegehäuse war noch »KdF« (Kraft durch Freude) eingraviert, die Hebelarmdämpfer stammten wie die Bremsen ebenfalls vom Käfer. Trotz des nüchternen technischen Vorbilds hatte der ursprüngliche 356 eine exotische Ausstrahlung, die vielleicht auf die glatte, tränenartige Form, das weiße Lenkrad oder die minimalistischen, an das Bauhaus gemahnenden Chromdetails zurückzuführen war. Doch seit seinem ersten Erscheinen wussten alle, dass dies ein ganz besonderes Auto war. Der 356 war etwas so Besonderes, dass sich bereits 1951 trendbewusste New Yorker einen kauften. Diese schöne, schlichte Perle von einem Auto ist der Urahn aller modernen Porsches und ein wunderbares Stück Automobilgeschichte.

> Das Magazin *Autocar* schrieb 1951, der 356 biete »so viel Komfort, Leistung und Wirtschaftlichkeit, dass auch ein hoher Preis gern bezahlt wird«.

Porsche war der riesigen Nachfrage nach dem 356 nicht gewachsen, so dass der Karosseriebauer Reutter die Aufbauten herstellte.

Die ersten Modelle hatten noch eine zweigeteilte Frontscheibe wie der Käfer.

Der 356 wurde mit rationalen Argumenten vermarktet – eine Tradition, die bei Porsche bis heute fortlebt.

**Typ** Porsche 356 (1950)

**Produktion** 298 (1950)

**Karosserie** zweitüriges Zweisitzer-Coupé

**Bauweise** Stahlaufbau und selbsttragendes Stahlchassis

**Motor** Luftgekühlter 1,1-l-Vierzylinder-Boxermotor

**Leistung** 40 PS bei 4000 U/min

**Getriebe** Viergang-Schaltgetriebe, nicht synchronisiert

**Fahrwerk** unabhängige Längslenker vorn, Heckantrieb mit Hebelarmdämpfer hinten

**Bremsen** Hydraulik-Trommelbremsen vorn und hinten

**Höchstgeschwindigkeit** 137 km/h

**0–100 km/h** 15,6 Sek.

**Verbrauch** 8,1 l/100 km

**INNENAUSSTATTUNG** Trotz des hohen Spritzbretts und der winzigen Fenster bot der Innenraum reichlich Kopf- und Fußfreiheit, und das Gepäck passte hinter den Rücksitz. Das weiße Plastiklenkrad ist ein wunderbares Stilelement, die Kontrollleuchten sind jedoch wahllos verteilt.

**MOTOR** Der luftgekühlte Vierzylinder-Boxermotor leistete 40 PS und besaß Solex-Doppelvergaser. Der Standardmotor entwickelte nur 25 PS, doch größere Einlassventile und Einlassöffnungen steigerten die Leistung und erhöhten die Kompression von 5,8:1 auf 7,0:1.

**WERBEBROSCHÜRE**
Die Werbung betonte die unübertroffene Technik des 356. Statt den Fahrspaß in den Vordergrund zu stellen, wurden »exakte Straßenlage«, »fehlerfreies Lenken« sowie »absolute Kontrolle und Sicherheit« angepriesen.

Die Karosserien wurden bei Reutter von Hand gebaut. Sie waren jedoch sehr rostanfällig, weshalb nur wenige 356er erhalten blieben.

Der 356 war nicht billig und kostete mehr als der schnellere und schönere Jaguar XK 120 (s. S. 320–323).

Die auffällige bucklige Silhouette wurde von Erwin Komenda entworfen und erzielte einen niedrigen Luftwiderstand von nur 0,29.

## JAMES DEAN

James Dean, der berühmteste Porsche-Liebhaber der Welt, starb zwar am Steuer eines silbernen 550 Spyder, er besaß vorher jedoch einen weißen 356 1500 Speedster, der ihn zum Motorsport brachte. Er kaufte ihn bei einem Testverkauf von 200 Wagen und nutzte ihn an Wochenenden bei Rennen des Sports Car Club of America.

Der Heckmotor ist seit 50 Jahren ein Markenzeichen von Porsche, doch unerfahrenen Fahrern bereitet er bei hohen Geschwindigkeiten Probleme.

# PORSCHE 356B

## Ein sportlicher Nachfahre des Käfers

Zu Beginn der Sechzigerjahre hatte sich der Porsche 356 von einem hochgerüsteten VW zu einem eleganten und technisch ausgereiften GT entwickelt. Der 356B von 1963 war schneller, leiser, schöner und weitaus komfortabler als sein spartanischer Vorgänger. Die Karosserie wurde dezent geglättet, es gab mehr Kopffreiheit auf den Rücksitzen, das Getriebe war besser synchronisiert, und auch die Bremsen wurden wesentlich verbessert. Die wichtigste Neuerung aber war der Super-90-Motor, der mit seinen 90 PS eine Spitzengeschwindigkeit von 177 km/h ermöglichte. Das Lob der internationalen Fachpresse für den weltläufigen 356 war einhellig. T*he Motor* schrieb: »Es ist erstaunlich, dass er noch immer so wenig Konkurrenz hat und auch kaum Nachahmer findet.« Die für einen Sportwagen untypischen runden Formen machten den 356 zu einem einzigartigen Auto, das seine Fans faszinierte und seine Kritiker verstörte.

Sein Klang ist sehr charakteristisch und trug sicherlich zu seinem Erfolg bei.

Der Gepäckträger ergänzte den begrenzten Gepäckraum vorn.

Unter der Abdeckung befand sich der Befestigungspunkt für die Drehstabfeder.

# PORSCHE

**Typ** Porsche 356B (1959-63)

**Produktion** 30 963

**Karosserie** 2+2-Festdachcoupé, Cabriolet und Speedster

**Bauweise** Stahlaufbau mit integriertem Stahl-Plattformrahmen

**Motor** luftgekühlter 1,6-l-Vierzylinder-Boxer mit zwei Vergasern

**Leistung** 90 PS bei 5500 U/min (Super 90)

**Getriebe** vollsynchronisiertes Viergang-Getriebe, Heckantrieb

**Fahrwerk** Einzelradaufhängung; Längs-lenker mit Querdrehstab und Stabilisator vorn, Pendelachse, Schubstrebe, Quer-drehstab und Teleskopstoßdämpfer hinten

**Bremsen** Trommelbremsen

**Höchstgeschwindigkeit** 177 km/h

**0–100 km/h** 10,4 Sek.

**Verbrauch** 8-9,4 l/100 km

Porsche 356B  491

**INNENAUSSTATTUNG** Der Innenraum ist funktionell, großzügig, unkompliziert und deshalb auch so zeitlos. Er besitzt die typischen schwarzen Instrumente mit grünen Ziffern. Die Sitze waren breit und flach, das Lenkrad leichtgängig. Für den Beifahrer gab es einen Haltegriff.

**MOTOR** Wegen der Verwendung von Bauteilen und Getriebe des VW Käfer war der Heckmotor Pflicht. Der Vierzylinder-Boxermotor stammt nicht direkt vom Käfer, er ist eine Weiterentwicklung. Der Motor wuchs von 1,1 l auf 2,0 l.

### RENNERFOLGE

Der 356 zeichnete sich schon früh durch einen Klassensieg und einen 20. Platz in der Gesamtwertung 1951 in Le Mans aus. Seither ist Porsche ein Synonym für Leistung. Hier sieht man ein Porsche-Oldtimer-Rennen im amerikanischen Palm Springs.

Beim 356B sitzen Scheinwerfer und Stoßstangen weiter oben.

Bei den Cabriolets ist der Spiegel an einer dünnen Chromstange angebracht, dadurch sieht die Scheibe von vorn wie geteilt aus.

Der hier abgebildete Wagen
ist ein 356B Super 90 von 1962.
Sogar der Porsche 911
ist letztlich eine Weiterentwicklung
der ursprünglichen Form.

## FERDINAND PORSCHE

In sechs Jahrzehnten wirkte Porsche unter anderem am Mercedes SSK, den Auto-Union-Rennwagen und dem VW Käfer mit. Obwohl er unbestritten ein technisches Genie war, kam er nicht nur mit seinem Freund Henry Ford, sondern auch mit Hitler gut aus. Er bekam für jeden verkauften VW eine Tantieme von 5,- DM. Damit gründete er nach dem Zweiten Weltkrieg die Firma Porsche.

Beim 356 B versteckt sich der doppelte Auspuff hinter den Stoßstangenhörnern.

# PORSCHE Carrera 911 RS

## Einer der besten Straßenrenner

Der Carrera RS ist der klassische 911er und gilt als einer der großartigsten Straßenwagen aller Zeiten. Leichtere Karosserieblech und abgespeckte Innenausstattung machen den RS zu einem leichtfüßigen Rennfahrzeug. Der klassische Sechszylinder-Boxermotor wurde auf 2,7 Liter modifiziert und erhielt eine verfeinerte Kraftstoffeinspritzung und geschmiedete Flachkolben – diese Änderungen verhalfen ihm zu elektrisierenden 210 PS. Porsche hatte mit dem RS keine Absatzprobleme, die insgesamt 1580 Exemplare wurden in nur zwölf Monaten gebaut und verkauft. Serienelfer werden oft wegen ihres Handlings kritisiert, der Carrera RS aber ist eine höchst ausgewogene Fahrmaschine. Mit einem der besten Motoren, einem hervorragenden Fahrwerk und einer Spitzengeschwindigkeit von 243 km/h kann der RS mit den Besten konkurrieren. Sammler und Porscheanhänger haben dem 911 RS längst Kultstatus verliehen.

Die Polyesterstoßstangen, die dünne Stahlkarosserie und das leichte »Glaverbell«-Glas verhelfen dem RS zu einem Gewicht von knapp über 900 kg. Bei einem Standardporsche zeigt die Waage 995 kg.

Der aufgebohrte, luftgekühlte 2,7-l-Boxermotor birgt große Kraftreserven. Äußerlich ist er nur an den zusätzlichen Kühlrippen zu erkennen.

Der flache Anstellwinkel der Windschutzscheibe verhilft dem 911er zur guten Aerodynamik.

**Typ** Porsche Carrera 911 RS (1972-73)

**Produktion** 1580

**Karosserie** zweitüriges zweisitziges Coupé

**Bauweise** Beplankung aus dünnen Stahlblechen

**Motor** 2,7-l-Sechszylinder-Boxer

**Leistung** 210 PS bei 5100 U/min

**Getriebe** eng abgestuftes Fünfgang-Getriebe

**Fahrwerk** Drehstabfedern vorn und hinten

**Bremsen** innenbelüftete Scheibenbremsen mit Aluminium-Bremssattel

**Höchstgeschwindigkeit** 243 km/h

**0–100 km/h** 5,8 Sek.

**Verbrauch** 12,3 l/100 km

Porsche Carrera 911 RS

495

# RAMBLER Ambassador

## Sparsam, vernünftig und unbeliebt

WÄHREND DIE REGIERUNG an die Konsumenten appellierte, doch mehr Autos zu kaufen, teilte der Direktor von American Motors, George Romney, dem Präsidenten mit, dass »sich Konsumenten gegen die Größe, Leistung und das exzessive Styling amerikanischer Autos auflehnen«. Die Rambler von Romney waren der einzige Erfolg der Industrie im Rezessionsjahr 1958, als zum ersten Mal überhaupt mehr Autos importiert als exportiert wurden. Der Ambassador war der sparsamste Rambler. Autotester lobten seine Geschwindigkeit, das Platzangebot, Komfort, Sparsamkeit und den hohen Wiederverkaufswert. Sein Preis war ziemlich günstig, und er bot als Zubehör ein Sicherheitspaket, Rostschutzgrundierung sowie ein topmodernes Monocoque. Allerdings fand er keine Käufer. Autofahrer wollten vielleicht sparsame und technisch gute Autos, dennoch sollten sie cool aussehen. Der praktische Ambassador war ein hässliches Auto für Spießer mittleren Alters.

Durch seine maßvollen Heckflossen und den einfachen Rumpf glich er eher einem Taxi als einer Limousine, was seiner Popularität schadete.

Die Verzierung lockerte zumindest die Flanke etwas auf.

Der Designer Ed Anderson leistete beim Ambassador gute Arbeit. Er gab den 58er Modellen eine längere Motorhaube und einen anderen Kühlergrill.

## AMERICAN MOTORS CORP.
### DETROIT   MICHIGAN

**TYP** Rambler Ambassador (1958)

**PRODUKTION** 14 570 (1958, alle Karosserien)

**KAROSSERIE** viertürige Sechssitzer-Limousine

**BAUWEISE** Stahlmonocoque

**MOTOR** 5,4-l-V8

**LEISTUNG** 270 PS

**GETRIEBE** Dreigang-Schaltgetriebe mit optionalem Overdrive, Flash-O-Matic-Dreigang-Automatik optional

**FAHRWERK** Einzelrad mit Schraubenfedern vorn, Schraubenfedern hinten, Luftfederung optional

**BREMSEN** Trommelbremsen vorn und hinten

**HÖCHSTGESCHWINDIGKEIT** 169 km/h

**0–100 KM/H** 10,4 Sek.

**VERBRAUCH** 15,6 l/100 km

**INNENAUSSTATTUNG** Das maßangefertigte Lenkrad war wie die 89,50 Dollar teuere Servolenkung Zubehör. Die Flash-O-Matic-Dreigang-Automatik konnte mit Schalthebeln oder mit Druckknöpfen am Armaturenbrett geschaltet werden.

**MOTOR** Der gusseiserne 5,4-l-V8 Motor leistete 270 PS und beschleunigte trotz eines Einfachvergasers in 10,4 Sek. auf 100 km/h. Der gleiche Antrieb saß bereits im Rambler Rebel.

### WAS, KEIN CHASSIS?
Selbsttragende Chassis waren eine Tradition bei Nash/AMC sowie bei vielen europäischen Firmen wie Jaguar. Nur wenige amerikanische Hersteller wollten dem folgen. Trotz seiner bescheidenen Ausmaße war der Ambassador geräumig; dank seiner hohen Dachlinie fanden sechs Personen Platz.

Durch das sargartige Dach und rechteckige Fenster sah er nicht gerade vorteilhaft aus.

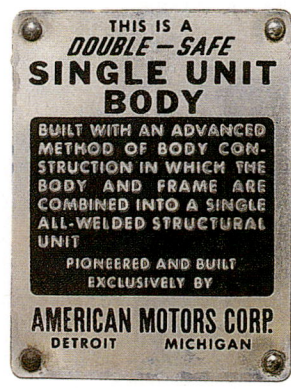

## Quietschfrei

Bolzen wurden bei dem neuartigen Aufbau durch 9000 Schweißstellen ersetzt.

Der Verkaufsprospekt pries die »vernünftige Flossenhöhe« als Hilfe für sicheres Fahren, weil die Rücksicht nicht eingeschränkt wurde.

Durch die große Heckscheibe hatte der Fahrer eine gute Rücksicht.

# RENAULT 4CV

## Die Limousine, die allen Widrigkeiten trotzte

DER RENAULT 4CV war ein Kriegskind. Er wurde während des Krieges entworfen und kam 1946 auf den Markt, als die Welt der Nachkriegszeit Optimismus und Mobilität gut brauchen konnte. Sein wassergekühlter Heckmotor, der Einheitsaufbau, die unabhängige Aufhängung, die Hydraulikbremsen und die überraschend schöne Karosserie machten ihn zu einem echten Juwel. Doch Renaults erfolgreichstes Auto hatte einen schweren Start. Das Management lehnte den neuen Kleinwagen ab, und die wenigen Prototypen, die bereits existierten, waren größtenteils von alliierten Bomben zerstört worden. Auf dem Pariser Autosalon wurde er in Sandgelb präsentiert, dem einzigen Farbton, der aus den Vorräten an Tarnfarben verfügbar war. Doch trotz aller Schwierigkeiten wurde der 4CV sofort ein Erfolg. Die Nachfrage war so hoch, dass Renault das erste Fließband zur Produktion einführen musste.

Beim Mille-Miglia-Rennen (1610 km) erreichte 1956 ein 4CV eine Durchschnittsgeschwindigkeit von 110,69 km/h. Über 50 % der Teilnehmer gaben vorher auf.

Das winzige Licht an der Seite war eine Parkleuchte. Einige dieser Leuchten wurden zu Blinkern umgebaut.

**Typ** Renault 4CV (1956)

**Produktion** 1 105 543 (gesamt)

**Karosserie** viertürige Viersitzer-Limousine

**Bauweise** Einheitsaufbau aus Stahl

**Motor** 747-cm3-Vierzylinder-Heckmotor

**Leistung** 21 PS bei 5000 U/min

**Getriebe** synchronisiertes Dreigang-Schaltgetriebe

**Fahrwerk** unabhängige Schraubenfederung vorn und hinten

**Bremsen** Hydraulik-Trommelbremsen vorn und hinten

**Höchstgeschwindigkeit** 95 km/h

**0–100 km/h** nicht verfügbar

**Verbrauch** 8,1 l/100 km

Renault 4CV 501

**INNENRAUM** Der Innenraum des 4CV war sehr zweckmäßig ausgestattet und besaß Heizung/Gebläse, Karten- und Innenlicht, Sonnenblenden, farbechte Polster, Handschuhfach, Anlasser und Schiebedach.

**MOTOR** Der 747-cm³-Motor mit obenliegender Ventilsteuerung wurde längs eingebaut und leistete 21 PS. Er brauchte fast 30 Sekunden auf 80 km/h und schaffte nur 95 km/h Spitzengeschwindigkeit.

Der vorgetäuschte Kühler sollte verschleiern, dass der 4CV mit Heckmotor ausgerüstet war.

Die vorderen Türen des 4CV waren an der Mittelsäule angebracht und öffneten sich nach vorn – so genannte »Selbstmördertüren«.

Der Einheitsaufbau besaß kein separates Chassis. Die Seite bestand aus 7/10-mm-, der Boden aus 95/100-mm-Stahlblech.

Das Magazin *Autocar* schwärmte 1950, der Renault sei für viele »die praktischste Form des Autofahrens«.

Dieser extravagante Aluminiumdeckel führte zur Wasserkühlung, die sich hinter dem Motor befand.

Die hinteren Kotflügel waren abnehmbar und konnten nach einem Unfall schnell ersetzt werden.

# RENAULT - Alpine A110

## Eines der erfolgreichsten Rallye-Autos

Der verdiente Ruf des Renault-Alpine A110 steht vor allem in seiner Heimat Frankreich umgekehrt proportional zu seiner Größe. Obwohl er das Renault-Logo trägt, verdanken wir diese Straßenrakete den Bemühungen eines einzelnen Mannes – Jean Redélé, ein leidenschaftlicher Motorsport-Enthusiast und Sohn einen Renault-Händlers aus Dieppe. Als er die Werkstatt seines Vaters übernahm begann er, Renaults für den Wettbewerb zu modifizieren. Er entwickelte seine eigene, auf Motoren und Bauteile von Renault basierende Konstruktion. Der A110 bildet mit seinem Glasfaseraufbau und dem Zentralrohrrahmen den Höhepunkt seiner Arbeit und feierte sofort nach dem Erscheinen 1963 viele Siege bei den schwierigsten Rallyes der Welt. Auf der Straße erweckt er den Eindruck eines verkappten Rennwagens und bietet, abgesehen vom Lancia Stratos (*siehe Seiten 356–359*), den meisten Spaß in seiner Klasse.

Kompakt, wendig, mit den breiten Reifen etwas plattfüßig, wirkt der Alpine aus allen Winkeln dynamisch.

Die Lenkung läuft leicht und die Bodenhaftung ist die einer Klette – aber wenn das Heck ausbricht, dann richtig.

Obwohl nur gut 8000 Stück gebaut wurden, gab es Standorte in Frankreich, Spanien, Mexiko, Brasilien und Bulgarien!

**Typ** Renault-Alpine A100 Berlinette (1963–77)

**Produktion** 8203

**Karosserie** zweisitziges Sportcoupé

**Bauweise** integrierter Glasfaseraufbau mit Stahl-Zentralrohrrahmen

**Motor** Vierzylinder von 956 cm³ bis 1,8 l

**Leistung** 51-66 PS (956 cm³) bis 170 PS (1,8 l)

**Getriebe** Vier- und Fünfgang-Getriebe, Heckantrieb

**Fahrwerk** Schraubenfedern; Ober und Unterlenker vorn, Längsschubstrebe und Pendelachse hinten

**Bremsen** Scheibenbremsen

**Höchstgeschwindigkeit** 212 km/h (1,6 l)

**0–100 km/h** 9,0 Sek. (1,3 l), 10,4 Sek. (1,4 l)

**Verbrauch** 13,2 l/100 km

**INNENAUSSTATTUNG** Die Anordnung der Instrumente war typisch für einen Sportwagen seiner Zeit, der kurze Schalthebel war günstig platziert und leicht bedienbar. Der Ein- und Ausstieg gestaltete sich wegen des niedrigen Daches und der hohen Türschwellen nicht einfach. Die Straßenversion verfügte über andere Sitze und bessere Ausstattung.

**MOTOR** Der Renault-Motor bot unzählige Optionen, aber erst das Alpine-Tuning von Gordini oder Mignotet gibt ihm wahre Kraft. Die ersten Modelle benutzten Dauphine-Motoren, die auch im R8, R16 und R12 eingesetzt wurden. Dieser Wagen von 1967 hat eine 1,4-l-Einheit. Der Motor liegt hinter der Achse, davor das Getriebe.

### RALLYE-ERFOLGE
Der Alpine gewann alle wichtigen Rallye-Titel, unter anderem 1971 die ersten drei Plätze (!) bei der Rallye Monte Carlo. Der hier abgebildete Wagen ist gerade auf dem Weg zu seinem Sieg bei der Millers Oils RAC Rally Britannia 1994.

Klettert man in das enge Cockpit, dann fühlt man sich bald wie ein Teil des Wagens.

Schade für die Briten: Rechtslenker wurden nicht gebaut.

Der Alpine ist ein kompaktes Paket, nur 1,16 m hoch, 1,5 m breit und 3,85 m lang.

Bei der Fahrt klingt der Motor so, als würde ein wütendes Insekt am Schwanz des Alpine hängen.

### SICHERHEITSSCHALTER
Die externen Ausschalter für den Motor wurden von den Rennsportverbänden vorgeschrieben. Mit ihnen konnten bei einem Unfall auch Außenstehende den Motor abschalten, um Brände zu verhindern.

Zuerst hieß er Alpine-Renault. Als der Renault-Einfluss wuchs, änderte man die Reihenfolge.

Das Getriebe lag vor der Hinterachse.

# ROLLS-ROYCE Silver Cloud

## Eine englische Institution

1965 KONNTE MAN für 5500 Pfund ein Haus mit sieben Zimmern, elf Austin Mini oder einen Rolls-Royce Silver Cloud kaufen. Der Rolls war das ultimative Transportmittel für Landadel und Großindustrielle. Doch in den frühen 60er Jahren befand sich Großbritanniens Sozialstruktur im Wandel. Prinzessin Margaret gab bekannt, dass sie einen geschiedenen Mann heiraten würde. Die Adeligen waren knapp bei Kasse und mussten ihre zerfallenden Landhäuser an Prominente und Unternehmer verkaufen. Gegen diese soziale Revolution wirkte der Cloud wie ein provozierender Anachronismus. Er hatte eine Bauzeit von drei Monaten, wog zwei Tonnen und hatte zwölf Lackschichten. Wegen des vulgären Quietschens von Scheibenbremsen wurden nur Trommelbremsen eingebaut. Unter der Haube schlummerte ein Reihensechszylinder oder V8-Motor, dessen Leistung der Hersteller nur mit »ausreichend« angab.

Vorgänger waren der Cloud I von 1955 und der überarbeitete Cloud II von 1962.

Die Dachlinie liegt traditionell sehr hoch – man kann im Auto einen Zylinderhut tragen.

Rolls behauptete, die Verchromung sei dicker als bei allen anderen Autos.

Ende der Sechziger wurde der Cloud als so antiquiert empfunden, dass er für wenige tausend Pfund zu haben war.

**TYP** Rolls-Royce Silver Cloud III (1962–65)

**PRODUKTION** 2044 (Stahl)

**KAROSSERIE** fünfsitzige, viertürige Limousine

**BAUWEISE** Trägerfahrwerk, Stahlaufbau

**MOTOR** fünffach gelagerter 6,2-l-V8

**LEISTUNG** ca. 220 PS

**GETRIEBE** Viergang-Automatik

**FAHRWERK** Einzelradaufhängung mit Schraubenfedern und Dreieckslenker vorn, Blattfedern und Hydraulikdämpfer hinten

**BREMSEN** mechanisch unterstützte Trommelbremsen

**HÖCHSTGESCHWINDIGKEIT** 187 km/h

**0–100 KM/H** 11,2 Sek.

**VERBRAUCH** 22,7 l/100 km

**INNENRAUM** Ein Hort der Ruhe in der hektischen Welt: Nussbaumholz, Leder und Wilton-Teppiche zieren den Innenraum des Silver Cloud.

**MOTOR** In den Cloud II und III wurde ein 6,2-l-V8 gepackt, weil die Modelle für den US-Markt konzipiert waren.

**LEDER-AUSSTATTUNG**
Die hintere Sitzreihe sieht sehr einladend aus, der kleine Austin 1100 bietet jedoch mehr Fußraum als der Cloud. Die Nussbaum-Klapptische eignen sich für Champagner- und Kaviarpicknicks.

Amerikanische Sicherheitsbestimmungen schrieben 150-Watt starke und 14 cm große Lucas-Doppelscheinwerfer vor.

Alles am Styling des Cloud wirkt antik, er erinnert an ein altes Bauwerk.

## ROLLS AND ROYCE

Der Adelige Charles Stewart Rolls fuhr Auto-, Rad- und Ballonrennen und war Pilot. 1903 eröffnete er ein Autogeschäft in der Londoner Conduit Street, später der Sitz der Rolls-Royce Ltd. Sir Henry Royce stellte in Manchester Elektrogeräte her. 1903 kaufte er sein erstes Auto. Er fand es so unzuverlässig, dass er sich lieber seinen eigenen Royce mit 10 PS baute. Später tat er sich mit Rolls zusammen.

Die Türen haben Türschlösser von Yale.

# SAAB Sonett

## Eine herbe Enttäuschung

MIT DER IDEE, einen Sportwagen zu bauen, hatte man bei der schwedischen Firma Saab schon seit den 50er Jahren gespielt. Nach mehreren Fehlstarts wurde 1966 der Sonett II vorgestellt. Er hatte einen Zweitakter-Motor mit drei Zylindern und verkaufte sich auf dem amerikanischen Markt, für den er eigentlich konzipiert war, so gut wie gar nicht. Mit dem V4-Motor von 1968 besserte sich die Lage etwas, aber seinen Ruf als hässliches, teures und schwächliches Auto hatte Saabs GT schon weg, weshalb 1968 nur 899 und 1969 nur 639 Exemplare verkauft wurden. Der Sonett hatte einen schlecht verarbeiteten Glasfaseraufbau, eine unzuverlässige Schaltung, eine Höchstgeschwindigkeit von nur 161 km/h und war für einen GT recht unansehnlich. Aus all diesen Gründen gilt er als einer von Saabs wenigen schwerwiegenden Fehlern. Von 1970 bis 1974 wurde der Sonett III gebaut, bis die amerikanischen Emissionsbeschränkungen dem Spuk ein Ende machten.

Das Magazin *Sports Car Graphic* nannte den Sonett »grotesk, laut und unbequem« und fragte seine Leser: »Würden Sie für so etwas 3695 Dollar ausgeben?«

Wegen der schlechten Verarbeitung des Glasfaseraufbaus mussten bei den ersten Exemplaren die Plastikteile nachträglich verstärkt werden.

Unter dem Plastikgehäuse verbarg sich ein Stahl-Monocoque.

1968 schrieb *Road & Track* über den V4: »Das Design ist mangelhaft, die Schaltung schwerfällig und die Sitze zu eng.«

**Typ** Saab Sonett V4 (1968)

**Produktion** 10 249 (alle Modelle)

**Karosserie** zweitüriger Zweisitzer

**Bauweise** Glasfiber über Stahlmonocoque

**Motor** 1,5-l-Vierzylinder-V4

**Leistung** 65 PS

**Getriebe** Viergang-Getriebe

**Fahrwerk** Einzelradaufhängung vorn, Blattfedern hinten

**Bremsen** Scheibenbremsen vorn, Trommelbremsen hinten

**Höchstgeschwindigkeit** 161 km/h

**0–100 km/h** 12,5 Sek.

**Verbrauch** 8,1 l/100 km

Saab Sonett | 513

**INNENAUSSTATTUNG** Die ausgesprochen nüchterne, um nicht zu sagen karge Innenausstattung war typisch Saab. Neben der unpraktischen Schaltung waren auch die Instrumente, die sich nachts in der Windschutzscheibe spiegelten, ein echtes Ärgernis.

**MOTOR** Der Motor war sehr einfach, wies aber einige gute Designmerkmale auf wie z.B. die horizontal verlaufenden galvanisierten Stahlrohre. Wegen des auffallenden Luftfilters brauchte der Sonett eine große Lufthutze.

Unter der Haube saß der in Köln gebaute 1,5-l-Motor des Ford Taunus mit nur 65 PS.

Die Motorhaube konnte mitsamt der ganzen Vorderfront aufgeklappt werden.

### SONETT III
Der überarbeitete Sonett III von 1970 hatte einen Kofferraumdeckel und eine verbesserte Schaltung, sah schöner aus, verkaufte sich aber nur wenig besser. Die Leistung wuchs auf 1,7 l und 75 PS, aber er wurde nicht schneller und beschleunigte sogar langsamer (in 15 Sek. von 0 auf 100 km/h).

Durch diese hässlichen Schlitze wurde der Passagierraum belüftet.

Die Heckansicht des Sonett war besonders unvorteilhaft und wirkte billig.

# SAAB 99 Turbo
## Eine kräftige Familienkutsche

Etwa einmal alle zehn Jahre erscheint ein Auto, das den Stand der Automobiltechnik in Frage stellt. Das britische Magazin *Autocar* schrieb 1978: »Der Saab versetzte sogar unsere abgebrühten Tester in Aufruhr.« Sie hatten gerade Fahrtests mit einem Saab 99 Turbo durchgeführt. Saab überraschte alle anderen Automobilhersteller, indem sie das weltweit erste Familienauto mit Turbolader ankündigten, das auch eine Rallye-Weltmeisterschaft gewinnen konnte. Er wurde aus dem mit Kraftstoffeinspritzung versehenen EMS-Modell entwickelt. Der Turbo besitzt eine Bosch K-Jetronic-Einspritzanlage, ein verstärktes Getriebe und einen Garrett-Turbolader. Für die Entwicklung waren hundert Prototypen und 4,8 Millionen gefahrene Testkilometer nötig. Saab war zufrieden mit seinem Wunder. Selten, esoterisch und historisch bedeutungsvoll: Der bahnbrechende 99 Turbo ist unbestritten ein Mitglied der Klassikerzunft.

Frontspoiler und Stahlschiebedach waren serienmäßig.

Von der Stufenheck-Version wurden nur etwa 1000 gebaut. Das Schrägheck war viel beliebter.

Der starre Aufbau war leicht und dank Hohlraumversiegelung sehr haltbar.

Der Turbo arbeitet konstant, aber nicht ohne das berühmte Turboloch.

**Typ** Saab 99 Turbo (1978–80)

**Produktion** 10 607

**Karosserie** zwei-, drei- oder fünftürige, viersitzige Sportlimousine

**Bauweise** Stahlmonocoque

**Motor** 2,0-l-Vierzylinder mit Turbolader

**Leistung** 145 PS bei 5000 U/min

**Getriebe** Vier- oder Fünfgang-Getriebe, optional Automatik, Frontantrieb

**Fahrwerk** Einzelradaufhängung; Doppelquerlenkerachse und Schraubenfedern vorn, Starrachse, Schraubenfedern und Bilstein-Stoßdämpfer hinten

**Bremsen** Scheibenbremsen

**Höchstgeschwindigkeit** 196 km/h

**0–100 km/h** 8,6 Sek.

**Verbrauch** 10,8 l/100 km

**INNENAUSSTATTUNG** Das Design war im typischen Stil der Siebziger gehalten und wirkt heute reichlich unzeitgemäß: rote Velours-Sitze und Holzimitat, dazu Lederlenkrad und beheizter Fahrersitz.

**MOTOR** Der wassergekühlte Vierzylinder mit 2,0 l hat eine fünffach gelagerte Kurbelwelle, eine kettengetriebene obenliegende Nockenwelle, acht Ventile und eine niedrige Verdichtung.

**RALLYE-SPEKTAKEL**
1977 gewann Stig Blomquist die Swedish Rally. Im Jahr darauf machte er den 99 Turbo bei der ersten im Fernsehen übertragenen Rallye durch einen spektakulären Sprint mit einem platten Reifen berühmt.

# SIMCA Aronde Plein Ciel

## Ein französischer Millionenseller

DURCH DIE NACHAHMUNG amerikanischer Trends der Fünfziger und deren beständige Änderung verwandelte sich Simca von einer Fiat-Lizenzgesellschaft zu Frankreichs größtem in Privatbesitz befindlichen Automobilhersteller. Der Grund dafür war der von Henri-Théodore Pigozzi entworfene Aronde. Der anmutige Aronde war ein Wagen mit amerikanischen Linien, der in Frankreich für ein Massenpublikum konzipiert wurde. In zwölf Jahren Bauzeit wurden 1,3 Millionen Exemplare verkauft, 1955 hatte Simca sowohl Peugeot als auch Citroën überholt. Der Aufbau wurde von Facel – berühmt durch den Facel Vega (*siehe Seiten 244–247*) – gefertigt. Der Aronde stand für erschwingliche Eleganz und durchschnittliche Mechanik. 1958 fand eine amerikanisch beeinflusste, komplette Überarbeitung statt, wobei die Motoren Namen wie »Flash Special« erhielten.

Weil der Aronde nicht das für viele französische Autos typische puddingartige Fahrgefühl vermittelt, fiel er bei der französischen Fachpresse durch.

Bremsen und Chassis waren für sportliches Fahren ausgelegt.

Plein Ciel bedeutet »freier Himmel« und passt zu den großzügigen Fenstern.

Die polierten Chromnabenkappen und Felgenringe imitierten den amerikanischen Stil.

### Records du Monde

**Typ** Simca Aronde Plein Ciel (1957–62)

**Produktion** 170 070 (Facel-Aufbau)

**Karosserie** Cabriolet oder Sportcoupé

**Bauweise** Stahlaufbau auf separatem Stahlrahmen

**Motor** 1,3-l-OHV-Vierzylinder

**Leistung** 57 PS bei 4800 U/min (Flash Special)

**Getriebe** Viergang-Getriebe

**Fahrwerk** Einzelradaufhängung mit Schraubenfedern und Dreieckslenker vorn, halbelliptische Blattfedern hinten

**Bremsen** Trommelbremsen

**Höchstgeschwindigkeit** 140 km/h

**0–100 km/h** 16,2 Sek.

**Verbrauch** 10,1 l/100 km

**INNENRAUM** Der Innenraum des Aronde erinnert sehr an einen Pontiac, nicht weniger als sechs verschiedene Kunststoffe wurden verarbeitet – eine zweifarbige Orgie.

**MOTOR** Der Flash Special ist ein OHV-Vierzylinder mit 1,3 l und Solex-Vergaser, er liefert 57 PS. Das Viergang-Getriebe wird über die Lenkradschaltung bedient.

Der Aronde war in 22 Zweifarben-Kombinationen erhältlich.

Der Flash-Special-Motor besitzt mehr Drehmoment, eine stärkere Kurbelwelle und ein verbessertes Schmiersystem.

Der Kühlergrill verlieh dem Aronde einen Hauch von Klasse und Qualität.

## SIMCA OCEAN

Der Ocean von 1957 war bewusst dem Ford Thunderbird *(siehe Seiten 278–281)* nachempfunden. Er war ein überarbeiteter Aronde, der bis 1963 gebaut und dann von den Modellen 1300 und 1500 abgelöst wurde.

Trotz des abfallenden Daches ist der Aronde ein Viersitzer.

Wegen des verlängerten Hecks ist der Gepäckraum erstaunlich üppig.

# SKODA Felicia

## Ein schönes Cabriolet unerwarteter Herkunft

SPIONAGEFILME WAREN IN den 60ern die einzige Möglichkeit, im Westen einen Skoda zu sehen. In der Tschechoslowakei jedoch war der Skoda Felicia das Gegenstück zum Jaguar E-Type. Die Käufer mussten oft viele Jahre auf ihr Auto warten. Das Viersitzer-Cabriolet basierte auf der Octavia-Limousine. Mit 53 PS war es nicht sehr sportlich, und die Handhabung war auch nicht der Rede wert. Der getrennte Aufbau, die Aufhängung der Antriebsachse sowie die großen, dünnen Reifen ließen ihn auf nasser Straße unsicher werden. Er war jedoch robust, widerstandsfähig und preiswert. Erst 1961 wurde er nach Großbritannien importiert, aber nur wenige Briten waren abgebrüht genug, sich einen Felicia zu kaufen. Trotzdem gehört dieser niedliche Wagen zum Erbteil einer Firma, die heute als Teil des VW-Konzerns weltweit aktiv ist. Der Felicia war vielleicht kein großartiges Auto, aber er stand am Beginn einer erstaunlichen Entwicklung.

Das Lob des Magazins *Motorsport* war verhalten, aber ehrlich: »Wer etwas Ungewöhnliches zu einem maßvollen Preis sucht, wird am Felicia Cabriolet interessiert sein.«

Die winzigen Heckflossen erinnerten an amerikanische Wagen der damaligen Zeit.

Als echter Viersitzer konnte der Felicia auch mit einem Hardtop nachgerüstet werden.

Zwei Werksversionen des Skoda Octavia belegten 1961 in ihrer Klasse bei der Rallye Monte Carlo die ersten beiden Plätze.

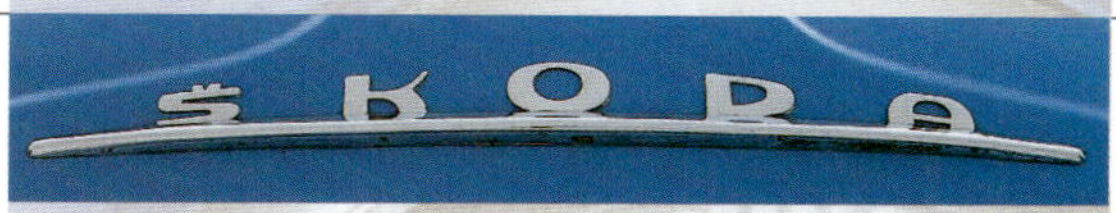

**Typ** Skoda Felicia Cabriolet (1963)

**Produktion** 15 864 (gesamt)

**Karosserie** zweitüriges Viersitzer-Cabriolet

**Bauweise** getrennter Stahlaufbau, Stahlchassis

**Motor** 1,2-l-Vierzylinder

**Leistung** 53 PS bei 5000 U/min

**Getriebe** Viergang-Schaltgetriebe

**Fahrwerk** unabhängige Federung vorn und hinten

**Bremsen** Trommelbremsen vorn und hinten

**Höchstgeschwindigkeit** 135 km/h

**0–100 km/h** 28,6 Sek.

**Verbrauch** 9,4 l/100 km

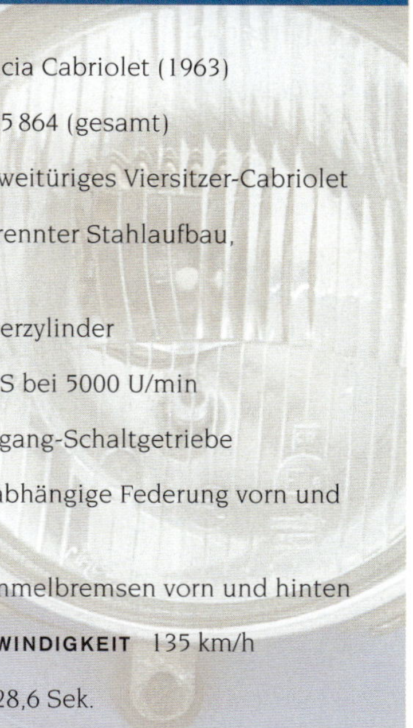

Skoda Felicia

525

**VERKAUFSPROSPEKT**
»Kennen Sie den Felicia?«, begann die Werbung damals und betonte, dass dieses Auto für »den Individualisten« entworfen wurde. Nach den Rennerfolgen wurde anschließend der Komfort gelobt, der dem einer Limousine entsprach.

Der Felicia war mehr ein Touren- als ein Sportwagen. Bei Vollgas erreichte er nur 135 km/h.

Die Scheinwerfer und der Kühlergrill ahmten verschiedene Stile amerikanischer Autos der 50er und 60er nach.

Der zahme 1,2-l-Vierzylinder fuhr mit Normalbenzin und verbrauchte nur 9,4 l auf 100 km.

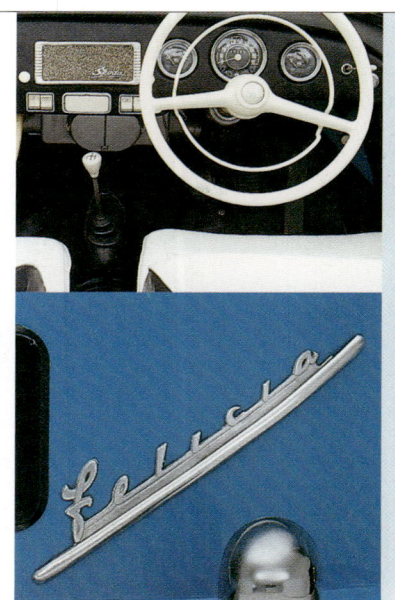

**INNENAUSSTATTUNG** Das Innere war mit Gummimatten und Plastikpolstern zweckmäßig gestaltet. Heizung, Kühlerabdeckung und Sonnenblenden waren Standard. Die Tankanzeige zeigte bei laufendem Motor weniger an als bei abgeschaltetem.

**SCHRIFTZUG** Der Name Felicia stammt aus dem Lateinischen und bedeutet »Glück«. Ab 1959 änderte Skoda die Modellbezeichnungen mit Ziffern in Namen um, was der Öffentlichkeit besser gefiel. Der Skoda 450 Cabriolet wurde zum Skoda Felicia.

Tester lobten damals den geräumigen Kofferraum, in dem drei Koffer und das Reserverad Platz fanden.

Das Segeltuchverdeck konnte auch zum Schutz über die Sitze gezogen werden, wenn der Wagen mit offenem Verdeck geparkt wurde.

# STUDEBAKER Avanti

## Ein durch und durch moderner Klassiker

DER AVANTI WAR für Studebaker ein großes Geschäft und die erste komplett neue Karosserieform seit 1953. Die Karosserie – die letzte, die der legendäre Designer Raymond Loewy entwarf – saß auf einem verkürzten Lark-Chassis mit einem Studey-4,7-l-V8. Die auffallend einfache Form war nur eine von Loewys viel beachteten Entwürfen. Wie alle Kreationen von Loewy, vom Coca-Cola-Automaten bis zur Lucky-Strike-Zigarettenpackung, war auch der brillante Avanti ein Geniestreich. Mit seiner Glasfaserkarosserie, den Querstabilisatoren und hoher Aerodynamik war er auch technisch ziemlich kühn. Die Händler konnten die vielen Vorbestellungen nicht bewältigen und so wurden die Kunden, auch wegen anderer Beschwerden, wie z.B. Rissen im Glasfaseraufbau, ungeduldig und wanderten stattdessen zum Corvette-Händler ab. Bis Dezember 1963 wurden nicht einmal 4650 Avanti gebaut.

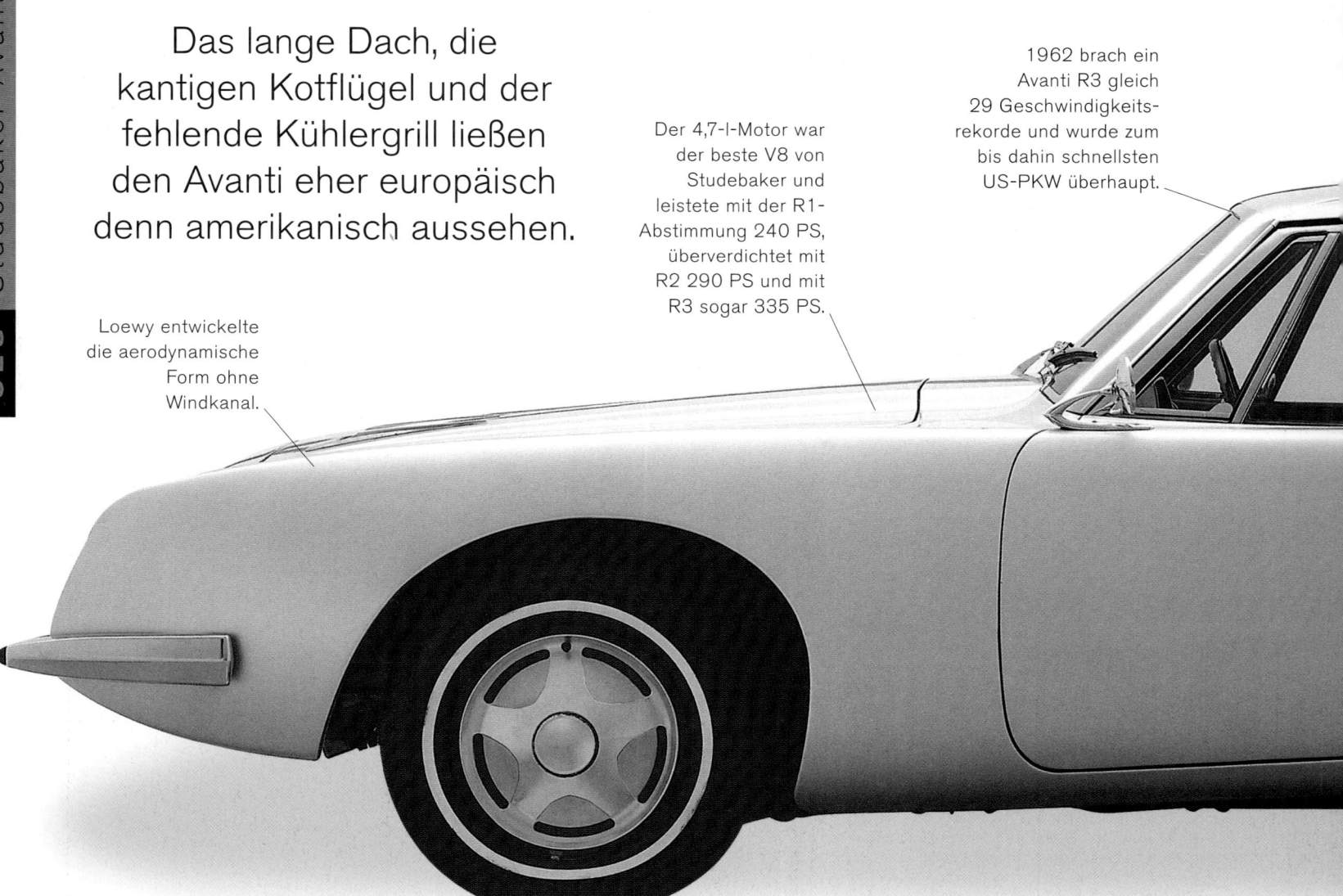

Das lange Dach, die kantigen Kotflügel und der fehlende Kühlergrill ließen den Avanti eher europäisch denn amerikanisch aussehen.

Der 4,7-l-Motor war der beste V8 von Studebaker und leistete mit der R1-Abstimmung 240 PS, überverdichtet mit R2 290 PS und mit R3 sogar 335 PS.

1962 brach ein Avanti R3 gleich 29 Geschwindigkeitsrekorde und wurde zum bis dahin schnellsten US-PKW überhaupt.

Loewy entwickelte die aerodynamische Form ohne Windkanal.

# Avanti

**Typ** Studebaker Avanti (1963)

**Produktion** 3834 (1963)

**Karosserie** zweitüriges Viersitzer-Coupé

**Bauweise** Glasfaser-Karosserie, Stahlchassis

**Motor** 4,7-l-, 5,0-l-V8

**Leistung** 240–575 PS (R5 5,0-l-V8-Einspritzer).

**Getriebe** Dreigang-Schaltgetriebe, Power-Shift-Automatik optional

**Fahrwerk** oberer und untere Dreiecklenker mit Schraubenfedern vorn, Blattfedern hinten

**Bremsen** Scheibenbremsen vorn, Trommelbremsen hinten

**Höchstgeschwindigkeit** 193 km/h

**0–100 km/h** 7,8 Sek.

**Verbrauch** 16,7 l/100 km

Studebaker Avanti

**INNENAUSSTATTUNG** Mit Instrumenten im Mercedes-Stil und ganz wenig Chrom sah das Instrumentenbrett extrem nüchtern aus. Das Lenkrad erinnert an ein Flugzeug. Serienmäßig gab es innen Motor- und Heckklappenentriegelungen und Schalensitze aus Kunststoff.

**DESIGN** Die ersten Avantis von 1963 hatten runde Scheinwerfer, bei den 1964 gebauten Exemplaren waren sie meistens eckig. Im Jahr 2000 brachte die Avanti Motor Corporation einen neuen Avanti heraus, der eher dem Original mit den runden Lichtern ähnelt.

Unter den ersten Skizzen von Loewy stand verräterisch »wie Jaguar, Ferrari, Aston Martin, Mercedes«.

Der Avanti war der erste viertürige US-PKW mit serienmäßigen Scheibenbremsen vorn.

Getönte Frontscheiben waren Standard, getönte Seitenscheiben kosteten extra.

## RAYMOND LOEWY

Loewy ging 1922 von Frankreich in die USA. Ende der Vierziger leitete er eine der größten Designagenturen von New York. Viele seiner Entwürfe wurden Klassiker – von der Lucky-Strike-Schachtel über Coca-Cola-Automaten bis zu Kühlschränken. Sein Einfluss auf das amerikanische Design war sehr weit reichend.

# SUNBEAM Tiger

## Ein Tiger auf den Spuren des Cobra

EINEN AMERIKANISCHEN V8 in ein kesses englisches Fahrgestell zu packen, war nichts Neues. Nichts anderes hatte Carroll Shelby schließlich mit dem AC Ace gemacht, um den mächtigen Cobra (*siehe Seiten 24–27*) zu schaffen. Als sich Rootes in Großbritannien entschied, mit seinem Sunbeam Alpine den gleichen Weg zu gehen, beauftragte man Shelby, einen Prototyp zu bauen, und obwohl Rootes Verbindungen zu Chrysler hatte, entschied sich der Amerikaner erneut für einen V8-Motor von Ford – in späteren Exemplaren verwendete man den berühmten 289. Um dem 4,2-l-V8 beizukommen, wurden das Fahrgestell und die Aufhängung des Alpine verstärkt, daraus entstand Ende 1964 der wilde Tiger. 1967 kam das kurze Gastspiel des Tiger MkII mit einem 4,7-l-Ford-V8 – als Chrysler die Kontrolle bei Rootes übernahm, fiel der Wagen aus dem Programm.

### MODIFIKATIONEN

Alpine-Chassis und Aufhängung mussten verstärkt werden, um mit dem Gewicht und der Leistung des V8 zurechtzukommen. Der Tiger besitzt eine Zahnstangen-Lenkung, weil die Kugelumlauflenkung des normalen Alpine nicht zu dem V8-Motor gepasst hätte.

Der MkII Tiger besitzt einen Wabengrill, damit man ihn vom Alpine unterscheiden kann.

# TOYOTA 2000GT

## Eine verpasste Chance

DER TOYOTA 2000GT hätte angesichts seiner Qualität wahrlich einen größeren Erfolg verdient. Das hübsche Coupé mit einer nicht minder ansprechenden Ausstattung und Leistung erschien vor dem Rivalen Datsun 240 Z (*siehe Seiten 212–215*), der ein weltweiter Verkaufserfolg wurde. Der Entwurf des 2000GT basiert auf einem Prototyp von Albrecht Goertz. Der Toyota erreichte nur eine Stückzahl knapp über 300, teilweise wegen zu geringer Kapazitäten, vor allem aber, weil der Wagen vorgestellt wurde, bevor Japan zu exportieren begann. Daher blieb nur der Binnenmarkt, der weitgehend unempfänglich für die Qualitäten eines guten Sportwagens war. Als Designstudie bewies der 2000GT, dass die japanische Automobilindustrie internationales Niveau erreicht hatte. Leider war es nur Wenigen vergönnt, diesen Wagen neu zu kaufen.

Der Sechszylinder-Yamaha hat drei Vergaser und liefert 150 PS, die Wettbewerbs-Ausführung sogar 200 PS.

# TRIUMPH TR2

## Der Beginn einer großen Sportkarriere

EIN BRITISCHERES AUTO als den Triumph TR2 kann man sich kaum vorstellen. Obwohl er aus der Blütezeit der britischen Sportwagen stammt, war er für den profitträchtigen amerikanischen Markt bestimmt. Auf der Earl's Court Motor Show 1952 in London war der Healey 100 über Nacht in den Austin-Healey umgewandelt worden, das Debüt des Triumph-Sport-Prototyps auf der gleichen Ausstellung verlief jedoch weit weniger Erfolg versprechend. Ken Richardson urteilte nach einer Testfahrt: »Eine Todesfalle«. Ein neues Fahrgestell, ein überarbeitetes Heck und andere Modifikationen führten zum neuen Triumph TR2, der auf dem Genfer Autosalon im März 1953 die Gunst des Publikums gewann. Der TR2 belegte bei der RAC-Rallye des Jahres 1954 den ersten und den zweiten Platz und etablierte Triumph auch als Rennsportmarke.

Der Entwurf von Walter Belgrove war weit entfernt von den scharfkantigen Triumph Renown- und Mayflower-Limousinen, die er vorher gestaltet hatte.

Die ersten TR2 hatten Stahlscheibenräder und Chromradkappen, die meisten Besitzer bevorzugten aber Speichenräder.

Der TR2 hatte ein Verdeck; den TR3 gab es auch mit Dach.

**Typ** Triumph TR2 (1953–55)

**Produktion** 8628

**Karosserie** zweitüriger, zweisitziger Sportwagen

**Bauweise** Stahlrahmen, separater Stahlaufbau

**Motor** 2,0-l-OHV-Vierzylinder mit SU-Doppelvergaser

**Leistung** 90 PS bei 4800 U/min

**Getriebe** Viergang-Getriebe, optional mit Laycock-Overdrive – anfangs im obersten, dann in den obersten drei Gängen (1955)

**Fahrwerk** Schraubenfedern und Dreieckslenker vorn, Starrachse mit halbelliptischen Blattfedern hinten

**Bremsen** Lockheed-Hydraulik-Trommelbremsen

**Höchstgeschwindigkeit** 169 km/h

**0–100 km/h** 12,5 Sek.

**Verbrauch** 9,4 l/100 km

Triumph TR2  535

**INNENAUSSTATTUNG** Der kurze Schaltknüppel und die gute Instrumentierung geben dem Wagen eine sportliche Erscheinung; das Lenkrad ist sehr groß, die Türen tief ausgeschnitten.

**MOTOR** Der TR2-Motor wurde aus einem Standard-Vanguard-Motor entwickelt. Für den TR2 wurde er auf etwas unter zwei Liter verkleinert. Mit ihm waren 169 km/h zu schaffen.

**SPORTLERDYNASTIE**

Das Auto auf diesen Seiten war früher ein Rennwagen – hier zu sehen mit seinem Fahrer Kenn Richardson. Die Renntradition der TRs fand erst in den Siebzigern mit dem umstrittenen keilförmigen TR7 ein Ende.

Der tiefe Kühlergrill ließ ihn mürrisch erscheinen.

Die Windschutzscheibe ist leicht gekrümmt, damit sie sich nicht im Wind verbiegt.

## Von der Stange

Der einfache Leiterrahmen aus Stahl mit Kreuzstreben bietet nichts Revolutionäres.

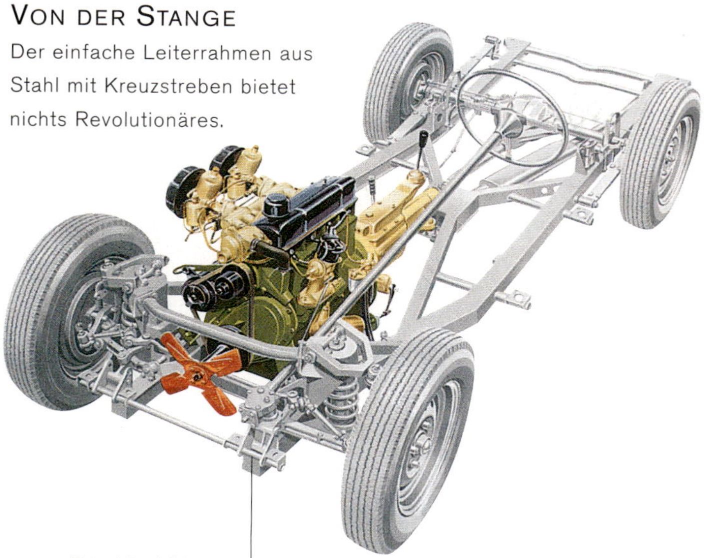

Die Modifikation von Heck und Fahrwerk war in erster Linie für den Erfolg in Genf 1953 verantwortlich.

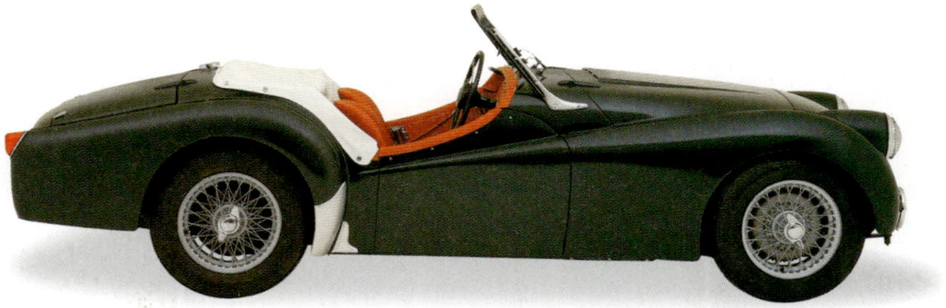

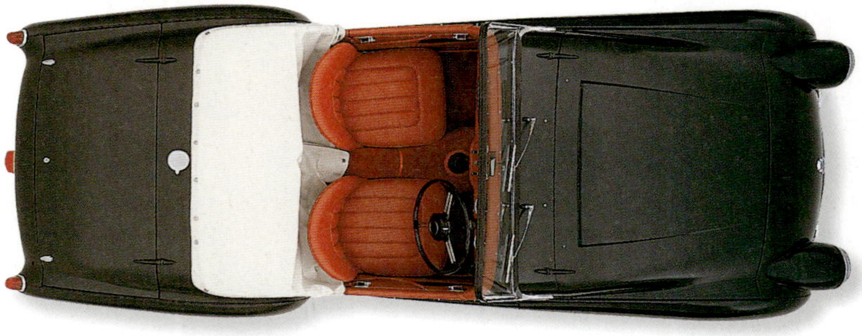

Der Prototyp hatte ein kurzes Heck mit aufliegendem Reserverad, das Serien-Modell dagegen einen echten Kofferraum.

# TRIUMPH TR6

## Das bestverkaufte Modell der TR-Serie

FÜR DIE MEISTEN TR-Anhänger stellt dieses Modell den letzten »echten« TR dar, bevor der TR7 die bewundernswerte Tradition zunichte machte. Mitte der Sechziger war die TR-Reihe so richtig in Fahrt. Der TR6 verstärkte diesen Trend noch – er wurde öfter verkauft als alle früheren Modelle. Er besitzt ein knackiges Design, ein markantes Kinn und den 2,5-l-Sechszylindermotor des TR5. In der frühen Form mit Kraftstoffeinspritzung hat er 150 PS. Kritiker behaupten, seine Erscheinung bleibe hinter seiner Kraft – das ändert jedoch nichts am Fahrspaß. Es gab jedoch einen offensichtlichen Unterschied zwischen dem TR4 bzw. dem TR5 und dem später durch Karmann überarbeiteten TR6: Dessen schärfere, klarere Linien sahen nicht nur moderner aus, sie ergaben auch einen größeren Kofferraum. Mehr als ein Satz Golfschläger passte trotzdem nicht hinein.

Große, weit öffnende Türen machen es leicht, in einem TR6 Platz zu nehmen.

Der TR6 erhielt breitere Räder und vorn einen Stabilisator.

Als Sonderausstattung gab es ein einteiliges Hardtop. Es war praktischer als das zweiteilige der früheren Modelle.

# TR6

**Typ** Triumph TR6 (1969–76)

**Produktion** 94619

**Karosserie** zweisitziges Cabriolet

**Bauweise** Leiterrahmen mit Stahlaufbau

**Motor** 2,5-l-Reihensechszylinder, Einspritzung (in den USA Vergaser)

**Leistung** 152 PS bei 5500 U/min (1969–1973), 125 PS bei 5250 U/min (1973–1975), 104 PS bei 4500 U/min (USA)

**Getriebe** Viergang-Getriebe, optional mit Overdrive im 3. und 4. Gang

**Fahrwerk** Einzelrad mit Schraubenfedern; Dreieckslenker vorn, Pendelachse und Schräglenker hinten

**Bremsen** Scheibenbremsen vorn, Trommelbremsen hinten

**Höchstgeschwindigkeit** 191 km/h (150 PS), 172 km/h (USA)

**0–100 km/h** 8,5 Sek. (150 PS); 9,4 Sek. (125 PS); 11,0 Sek. (104 PS).

**Verbrauch** 11,4 l/100 km

Sein gutes Aussehen und die lange Produktionsphase machten den TR6 zum bestverkauften TR-Modell.

### FUSION
Der TR6 wurde kurz nach dem Zusammenschluss von Leyland und BMC 1968 vorgestellt, daher findet sich auch das Leyland-Logo auf dem Wagen.

Im Zuge anderer Änderungen wurde 1973 auch das Lenkrad verkleinert.

So gut wie alle kurvigen Linien der Vorläufer wurden beim TR6 geglättet.

**Triumph TR6**

YHR 687K

Das Heck war länger als bei früheren TRs, doch der Kofferraum war trotzdem winzig.

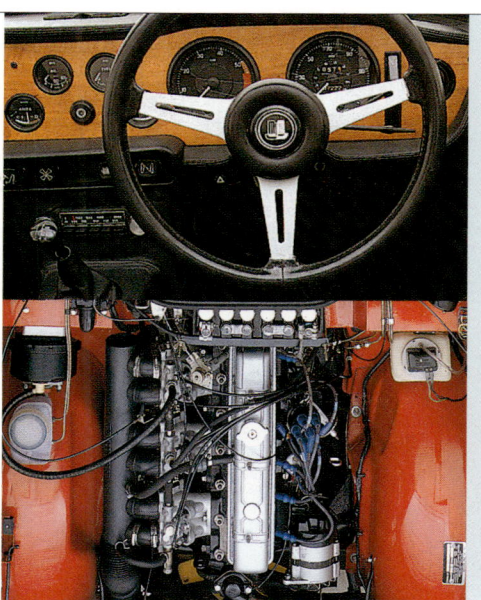

**INNENAUSSTATTUNG** Der Innenraum ist immer noch traditionell, aber besser als bei früheren TR. Große Instrumente, Holzkonsole und kurzer Schaltknüppel wirken sportlich.

**MOTOR** Der erste Motor von 1972 produziert 150 PS. Die Forderung nach einer etwas zivilisierteren Maschine führte schließlich zur 125-PS-Version von 1973.

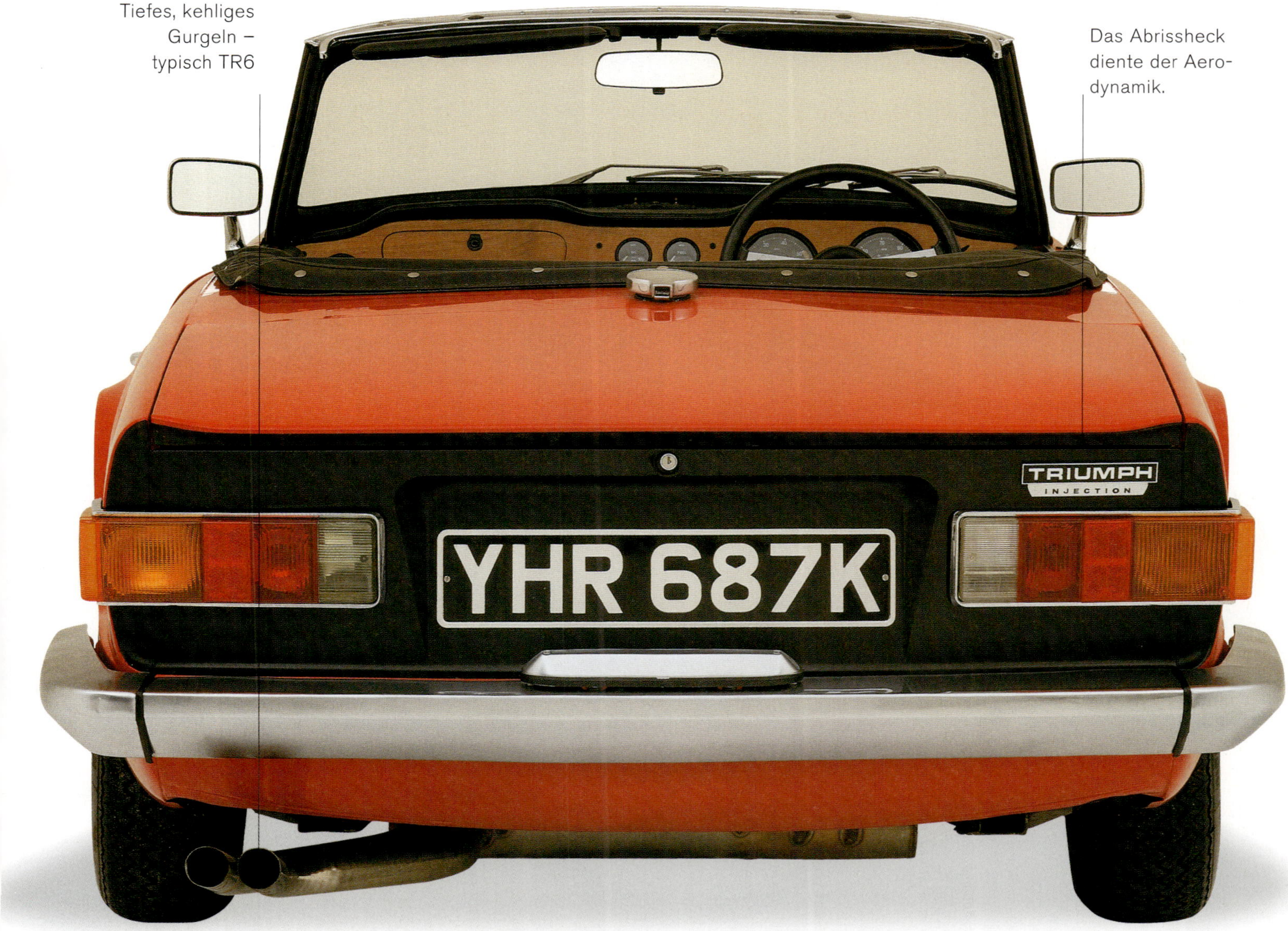
Tiefes, kehliges Gurgeln – typisch TR6
Das Abrissheck diente der Aerodynamik.
TRIUMPH
INJECTION
YHR 687K

# TUCKER Torpedo

## Ein kühner Plan, der leider scheiterte

KEIN ANDERES NACHKRIEGSAUTO war so Aufsehen erregend oder fortschrittlich wie Preston Tuckers futuristischer 48er Torpedo. Er besaß Einzelradaufhängung an allen Rädern, einen am Heck sitzenden Hubschraubermotor von Bell, Sicherheitsglas und -fahrgastzelle und war seiner Zeit 20 Jahre voraus. »Sie betreten ein neues Zeitalter der Automobile, sobald Sie den 48er Tucker fahren«, schwärmte die Werbung. Dieses Versprechen veranlasste 300 000 Menschen, den Tucker zu bestellen. Ihre Träume wurden jedoch nie Wirklichkeit. Probleme mit dem Motor und dem Tuckermatic-Getriebe sowie eine ernsthafte Liquiditätskrise führten dazu, dass nur 51 Torpedos das Werk in Chicago verließen. Noch schlimmer war, dass Tucker und fünf seiner Teilhaber von der Börsenaufsicht wegen Betruges angeklagt wurden. Der Freispruch kam zu spät, um sein kühnes Projekt noch zu retten.

Der Tucker wurde nicht nur wegen seines Komforts, seiner Kraft und Sicherheit geliebt, sondern auch wegen seines erfrischend neuen Stylings.

Die Lüftungen kühlten die beträchtliche Hitze des Motors.

Das Dach verjüngte sich, um Auftrieb zu reduzieren, und der Luftwiderstand betrug nur 0,30.

**Typ** Tucker Torpedo (1948)

**Produktion** 51 (insgesamt)

**Karosserie** viertürige Limousine

**Bauweise** Stahlaufbau und -chassis

**Motor** 5,5-l-Sechszylinder Boxermotor

**Leistung** 166 PS

**Getriebe** Tuckermatic-Dreigang-Automatik, Viergang-Schaltgetriebe optional

**Fahrwerk** Einzelrad rundum

**Bremsen** Trommelbremsen vorn und hinten

**Höchstgeschwindigkeit** 193 km/h

**0–100 km/h** 10,5 Sek.

**Verbrauch** 9,4 l/100 km

Tucker Torpedo 543

**INNENAUSSTATTUNG** Das Lenkrad, das von Ford freundlicherweise zur Verfügung gestellt wurde, stammte vom Lincoln Zephyr. Obwohl der Torpedo sehr viele Sicherheitseinrichtungen besaß, hielt ihn die Verkaufsabteilung von Tucker für zu karg ausgestattet.

**MOTOR** Der erste Motor von Tucker war ein gewaltiger 9,6-l-Sechszylinder aus Aluminium, der schwierig zu starten war und schnell heiß lief. Er wurde durch einen 6ALV-5,5-l-Sechszylinder ersetzt, der von Air-Cooled Motors entwickelt wurde.

Audrey Moore, die mit Raymond Loewy für Studebaker gearbeitet hatte, entwarf das Interieur.

Es gab nur vier Extras, u.a. eine Scheibenheizung.

Kein anderes US-Auto hatte einen runden Scheinwerfer, der sich mit der Lenkung drehte, und eine solche Front.

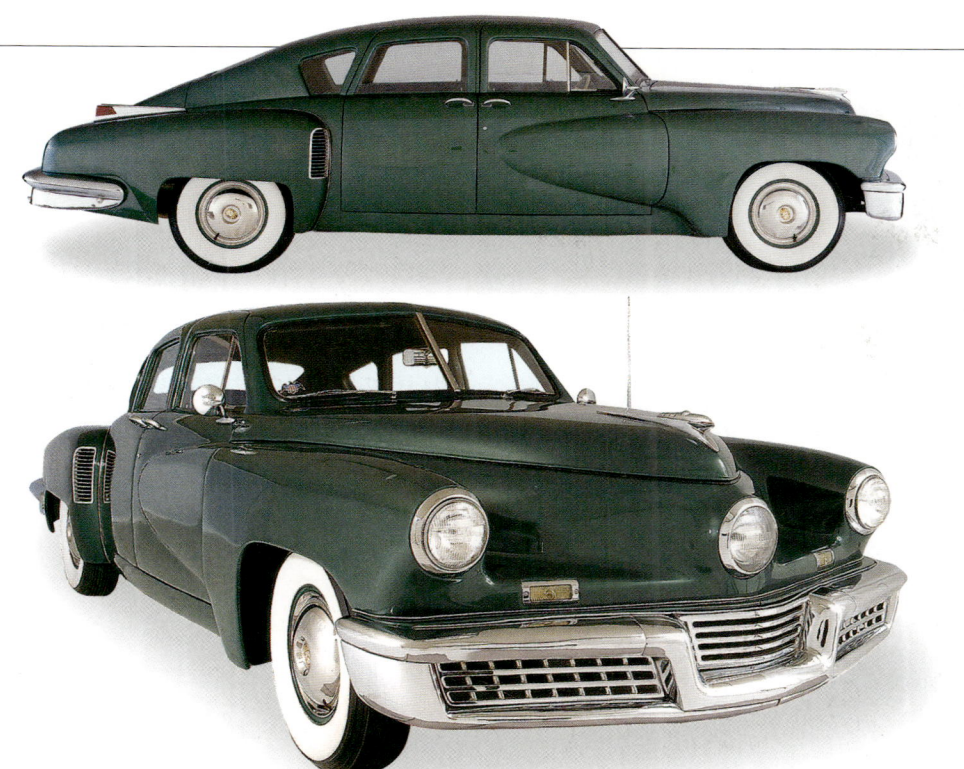

## PRESTON TUCKER

Preston Tucker forderte die großen Autokonzerne heraus – und verlor. Der kühne Visionär überredete die US-Regierung, ihm eine alte Flugzeugmotorenfabrik zu vermieten. Außerdem brachte er Tucker-Händler in spe dazu, acht Millionen Dollar zu investieren, bevor er einen funktionierenden Prototyp vorweisen konnte. 1949 wurde er (durch eine Intrige der Autokonzerne?) wegen Betruges angeklagt, weil das Auto nicht der Beschreibung in den Unterlagen für die Aktionäre entsprach. Obwohl er freigesprochen wurde, trat die Firma in Liquidation.

Der Motor lag tiefer als die Rückbank, um Geräusche, Hitze und Abgase zu verringern.

# VOLKSWAGEN Käfer-Cabriolet

## Der Volkswagen-Klassiker schlechthin

KÄFER-PURISTEN SCHWÄRMEN ZWAR von der Reinheit der ersten Modelle mit den geteilten Heckscheiben und den Brezelfenster-Versionen von 1953 bis 1957, aber der Käfer, den jeder haben will, ist und bleibt das von Karmann gebaute Cabriolet. Er durchlief seinerzeit ebenso viele verwirrende Entwicklungsstufen wie die zeitgenössischen Limousinen, hatte jedoch immer etwas Eigenes. Die letzte Stufe des Karmann-Cabriolets basiert auf der höchsten Entwicklungsstufe des Käfer-Themas, mit dem spritzigsten Motor, einer verbesserten Aufhängung und optimiertem Handling. Das abgebildete Modell stammt aus dem letzten Produktionsjahr, zeigt sich dem ursprünglichen Konzept aber immer noch treu. Der Käfer wurde zu dem, was der Name Volkswagen jenseits der unerfreulichen Nazi-Assoziationen versprach: Ein Auto für jedermann und ein Symbol individueller Freiheit.

Der Raddurchmesser wurde 1952 von 40 auf 38 cm verkleinert. Ab 1966 gab es vorn Scheibenbremsen.

Die ersten Wagen hatten Winker, dann kamen die Blinker auf den Kotflügeln.

Der Käfer wird seit 1945 gebaut – heute aber nur noch in Mexiko und Brasilien.

**Typ** VW Käfer Cabriolet (1972–1980)

**Produktion** 331 847 (Karmann-Cabriolets von 1949 bis 1980)

**Karosserie** viersitziges Cabriolet

**Bauweise** Plattformrahmen, Stahlaufbau

**Motor** luftgekühlter 1,6-l-Vierzylinderboxer im Heck

**Leistung** 50 PS bei 4000 U/min.

**Getriebe** Viergang-Getriebe

**Fahrwerk** Einzelradaufhängung; MacPherson-Federbeine vorn, Längslenker und doppelte Drehstabfedern hinten

**Bremsen** Scheibenbremsen vorn, Trommelbremsen hinten

**Höchstgeschwindigkeit** 133 km/h

**0–100 km/h** 18,75 Sek.

**Verbrauch** 9,4–11,8 l/100 km

Volkswagen Käfer-Cabriolet

**INNENAUSSTATTUNG** Die Instrumententafel des Käfers wirkt nackt, ein Instrument beherrscht die Szene – bei diesem Modell ist im Tacho eine Tankuhr eingebaut. Die gesamte Instrumententafel ist gepolstert.

**MOTOR** Er steht in dem Ruf, äußerst robust und haltbar zu sein. Sein Hubraum wuchs von 1,1 l auf 1,6 l. Das markante Geräusch des luftgekühlten Vierzylinder-Boxermotors macht den Käfer weithin hörbar.

**HITLER UND FERDINAND PORSCHE**
Hitler setzte seine Pläne für die Motorisierung Deutschlands um, indem er Porsche mit dem Volkswagen-Projekt betraute. Beide hatten ein Faible für die stromlinienförmigen tschechischen Tatras. Der Käfer hat starke Ähnlichkeit mit frühen Tatra-Modellen.

1972 wurde die gerade Scheibe durch eine gekrümmte ersetzt.

Die Rücksicht bei geschlossenem Verdeck ist nicht viel besser als bei alten Modellen mit geteilten Scheiben.

Bei geschlossenem Verdeck
wirkt er recht eng,
ist es erst einmal zurückgeschlagen,
wird er zum einmaligen
Frischlufterlebnis.

## HEINZ NORDHOFF

Ohne Heinz Nordhoff gäbe es den Käfer nicht, obwohl er das meistverkaufte Auto der Welt einmal als »hässliches Ding« bezeichnete, in dem sich mehr Fehler versteckten als Flöhe auf einem Hund. Der Ingenieur und Verkäufer wurde 1948 von den Briten als Leiter des VW-Werks eingesetzt. Er führte die Firma zum Welterfolg und kann als geistiger Vater des Käfers gelten.

Wie viele spätere Änderungen sind auch die großen Rücklichter durch US-Vorschriften bedingt.

Volkswagen Käfer-Cabriolet

# VOLKSWAGEN Golf GTi

## Ein heißes Eisen für den Mittelstand

JEDES JAHRZEHNT HAT seine großen Autos. In den 70er Jahren war der Golf eines davon. Wie schon der Käfer, wurde der Golf im Hinblick auf den Weltmarkt entworfen. Der Käfer hatte sich zum perfekten Verbraucher-Produkt entwickelt und der Golf sollte den gleichen Weg einschlagen. Eine Sportversion war ursprünglich nicht geplant, aber eine Gruppe begeisterter Volkswagen-Ingenieure war überzeugt von der Idee. Sie opferten so lange ihren Feierabend und ihre Wochenenden, bis ein Konzept stand, das das Management so beeindruckte, dass der Golf GTi im Mai 1975 zum offiziellen Produkt wurde. Trotz seiner Jugend ist der GTi ebenso ein Klassiker wie jeder Ferrari, allein schon wegen der großen Zahl seiner Nachahmer. Er war eine erschwingliche Synthese aus Leistung, Handling und Zuverlässigkeit für ein breites Publikum und wurde zum Lebensbestandteil einer ganzen Generation.

Die BBS-Leichtmetallfelgen waren eine aufpreispflichtige Sonderausstattung.

**Typ** Volkswagen Golf GTi (1976–83)

**Produktion** 400 000

**Karosserie** dreitüriges, fünfsitziges Schrägheckcoupé

**Bauweise** Ganzstahl, selbsttragender Aufbau

**Motor** 1,6-l- oder 1,8-l-Vierzylinder

**Leistung** 110–112 PS bei 6100 U/min

**Getriebe** Vier- oder Fünfgang-Getriebe

**Fahrwerk** Einzelradaufhängung vorn, Verbundlenkerachse hinten

**Bremsen** Scheibenbremsen vorn, Trommelbremsen hinten

**Höchstgeschwindigkeit** 179 km/h

**0–100 km/h** 9,0 Sek.

**Verbrauch** 9,7 l/100 km

Volkswagen Golf GTi 551

**552** Volkswagen Golf GTi

Dank des Andruckflügels wird der Wischer bei höherem Tempo fester gegen die Scheibe gedrückt.

Der Serien-GTi ist nur am Typenschild und dem roten Rand um den Kühlergrill zu erkennen.

**INNENAUSSTATTUNG** Die Nüchternheit des Armaturenbretts wird durch witzige Details wie den Schaltgriff in Golfballform ausgeglichen.

**MOTOR** Der 1,6-l-Vierzylinder mit Bosch K-Jetronic-Einspritzung lieferte 110 PS und hatte eine Laufleistung von 240 000 km.

Zunächst wurden nur aus Homologationszwecken 5000 GTis gebaut, aber schon bald explodierten die Verkaufszahlen.

Der GTi liegt tiefer, ist straffer gefedert und hat breitere Reifen und Felgen als der Standard-Golf.

Volkswagen Golf GTi

# VOLVO P544
## Erfolg in den USA für die konservativen Schweden

Vielleicht verkaufte sich der Volvo P544 in Amerika so gut, weil er wie ein amerikanischer Ford aus den 40er Jahren aussah. Als direkter Nachfolger des P444 wurde er zu einem der profitabelsten Autos aus Göteborg und eroberte den amerikanischen Markt. Der 544 war lebhaft, gut verarbeitet und ließ sich überraschend sicher fahren. Der Fünfsitzer besaß ein Viergang-Getriebe und bot für die Sportversion einen Doppelvergaser an. Ein neuer Motor mit fünffach gelagerter Kurbelwelle erhöhte ab 1961 die Spitzengeschwindigkeit auf 161 km/h. Viele Amerikaner entschieden sich gegen die Giganten aus Detroit und für den aufrechten Schweden, der in Kalifornien, ähnlich wie der VW Käfer, bald zum Kultobjekt wurde. Bis 1959 wurden 30 000 P544 in die USA exportiert. Diese Zahlen sind bemerkenswert, weil Volvos altes Schlachtross gegenüber anderen Wagen seiner Zeit keine technische Neuerung enthielt.

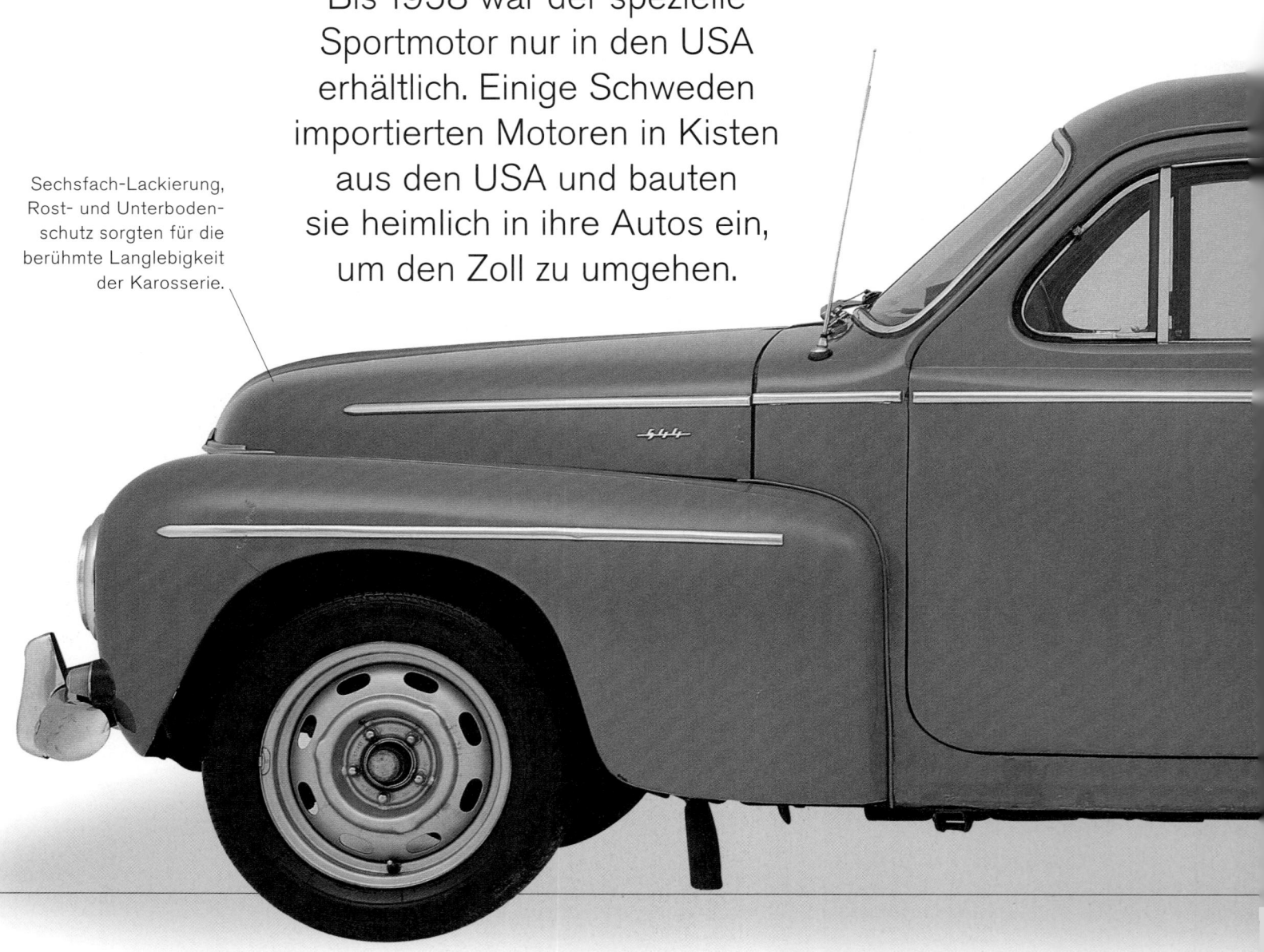

Bis 1958 war der spezielle Sportmotor nur in den USA erhältlich. Einige Schweden importierten Motoren in Kisten aus den USA und bauten sie heimlich in ihre Autos ein, um den Zoll zu umgehen.

Sechsfach-Lackierung, Rost- und Unterbodenschutz sorgten für die berühmte Langlebigkeit der Karosserie.

Seltsamerweise war eine Scheibenwasch-anlage Standard, die Pumpe jedoch Zubehör.

# Volvo 544

| | |
|---|---|
| **Typ** | Volvo P544 (1961) |
| **Produktion** | 243 995 (gesamt) |
| **Karosserie** | zweitürige Fünfsitzer-Limousine |
| **Bauweise** | Ganzstahl-Monocoque |
| **Motor** | 1,8-l-Vierzylinder |
| **Leistung** | 90 PS bei 5000 U/min |
| **Getriebe** | Viergang-Schaltgetriebe |
| **Fahrwerk** | unabhängige Federung vorn, Antriebsachse hinten |
| **Bremsen** | Hydraulik-Trommelbremsen mit Servounterstützung |
| **Höchstgeschwindigkeit** | 161 km/h |
| **0–100 km/h** | 14,8 Sek. |
| **Verbrauch** | 10,1 l/100 km |

Volvo P544 555

**INNENAUSSTATTUNG** Das Armaturenbrett und der verchromte Hupenring wirkten im Gegensatz zur übrigen Ausstattung amerikanisch. Der horizontale Tachometer zeigte bis zu 180 km/h an, und ein zweistufiger Ventilator war Standard.

**SICHERHEIT** Volvo bot lange vor allen anderen vorn und hinten Sicherheitsgurte, eine Polsterung für Sonnenblenden und Armaturentafel, Servobremsen und ein Sicherheitslenkrad an. Auch ein blendfreier Rückspiegel war Standard.

**SCHRIFTZUG**
Er verweist auf die bedeutendste Änderung beim P544, den B18-Motor aus dem Jahr 1961. Der B18A mit Einfachvergaser leistete 75 PS, der B18D mit SU-Doppelvergaser erreichte 90 PS.

Die neue, gewölbte Scheibe war um 22% größer als beim P444.

Der B18-Motor mit 90 PS besaß eine fünffach gelagerte Kurbelwelle, hochverdichtende Zylinderköpfe und Doppelvergaser.

556 Volvo P544

»Eine neue Schönheit betritt das Parkett«, lautete eine schwedische Zeitungsschlagzeile zur Einführung des P544.

Die Rücksicht im P544 war nicht sehr gut, der Kofferraum war jedoch geräumig und bot Platz für drei Koffer.

Schieferblau war 1960 ein neuer Farbton. Den P544 gab es nur in fünf Farben, wobei Rubinrot die beliebteste war.

# VOLVO P1800

## Der erste elegante Volvo

SEIT DEM P1800 gab es bei Volvo nie wieder einen solch einmaligen Höhenflug der Phantasie, vollbracht von nüchternen Schweden, die sonst eher für vernünftige Limousinen bekannt sind. Der P1800 sieht betörend aus, jede seiner sinnlichen Kurven und Linien zeugte von seinem athletischen Können. Kein Wunder: Der Designer Pelle Petterson hatte bei Ghia in Italien gerlernt. Die Technik unter der Karosserie stammt allerdings vom Volvo Amazon, einem ehrwürdigen Arbeitspferd. Folglich ist der P1800 kein Straßenrenner, auf einer Geraden erreicht er gerade die Werte des MGB (siehe Seite 421). Ein anderer Konkurrent, der E-Type (siehe Seiten 330–333), stammt ebenfalls von 1961 und war für den gleichen Preis erhältlich, damit erschöpfen sich jedoch die Gemeinsamkeiten. Der P1800 besitzt auch Verve, seine Tugenden sind aber typisch Volvo – Stabilität, Haltbarkeit und Zuverlässigkeit.

Für einen Sportwagen war der Kofferraum recht großzügig.

Auf dem Rücksitz hatten zwei Kleinkinder oder ein quer sitzender Erwachsener Platz.

**Typ** Volvo P1800 (1961–73)

**Produktion** 47 707 (alle Modelle)

**Karosserie** 2+2-Festdachcoupé; Sportkombi (P1800ES)

**Bauweise** selbsttragend

**Motor** OHV-Reihenvierzylinder, 1,8 l, ab 1968 2,0 l

**Leistung** 100 PS bei 5500 U/min (P1800), 124 PS bei 6000 U/min (P1800E, P1800ES)

**Getriebe** Viergang-Getriebe mit Overdrive, optional Automatik

**Fahrwerk** Einzelradaufhängung mit Schraubenfedern und Dreieckslenker vorn, Starrachse, Schraubenfedern und Panhardstab hinten

**Bremsen** Scheibenbremsen vorn, Trommelbremsen hinten

**Höchstgeschwindigkeit** 169 km/h (P1800), 185 km/h (P1800E/ES)

**0–100 km/h** 10,1–13,7 Sek.

**Verbrauch** 10–14,3 l/100 km

Volvo P1800 559

# WILLYS Jeep MB
## Der Geländewagen, der Geschichte schrieb

EIN KORRESPONDENT SAGTE über ihn: »Er ist treu wie ein Hund, stark wie ein Maultier und flink wie eine Bergziege.« Der Willys Jeep mit seinen schmalen Kotflügeln gehört zu den Autos, die sofort auffallen. Jeder amerikanische Schauspieler von Actionfilmen, der nicht auf einem Pferd saß, nutzte den Jeep. Sogar General Eisenhower sagte beeindruckt, »die drei Dinge, die uns in Europa siegen ließen, waren die Dakota, die Landungsboote und der Jeep«. Das amerikanische Verteidigungsministerium veröffentlichte 1940 eine Ausschreibung für ein Militärfahrzeug. Viele Unternehmen waren nach nur einem Blick in die scheinbar unmöglichen Unterlagen und die Frist von 49 Tagen wie vor den Kopf gestoßen. Der siegreiche Entwurf, der in die Produktion und in die Geschichtsbücher einging, war das Resultat einer Kooperation von Ford, Bantam und Willys-Overland. Der Jeep gewann nicht nur den Krieg, sondern wurde zum Kult.

Der Kastenrahmen war hart und dennoch flexibel genug, um sich bei maximaler Geländegängigkeit zu biegen.

Blattfedern und Hydraulikstoßdämpfer sorgten für weiche Fahrt.

Der Jeep ist das Vorbild für Geländewagen von Nissan über Isuzu bis zu Discovery und Range Rover.

**Typ** Willys Jeep MB (1943)

**Produktion** 586 000 (während des zweiten Weltkrieges)

**Karosserie** offenes Nutzfahrzeug

**Bauweise** Stahlaufbau und -chassis

**Motor** 2,2-l-Vierzylinder-Reihenmotor

**Leistung** 60 PS

**Getriebe** Dreigang-Schaltgetriebe, Vierradantrieb

**Fahrwerk** Blattfedern vorn und hinten

**Bremsen** Trommelbremsen vorn und hinten

**Höchstgeschwindigkeit** 105 km/h

**0–100 km/h** 22,9 Sek.

**Verbrauch** 17,5 l/100 km

Weil Türen mehr Gewicht bedeutet hätten, wurden sie durch Riemen ersetzt.

Willys Jeep MB **561**

**SPARTANISCH** Nur Generäle führten Krieg mit Komfort, im Jeep dagegen fehlte jede Verzierung. Die ersten Jeeps besaßen kein Handschuhfach. Viele GIs wurden, sogar bei Unfällen mit niedriger Geschwindigkeit, vom Lenkrad aufgespießt.

**MOTOR** Ein Vierzylinder-Reihenmotor von Ford beschleunigte den Jeep auf 105 km/h, womit er das Tempolimit der Armee überschritt. Das Dreigang-Schaltgetriebe von Warner unterstützte Zwei- und Vierradantrieb mit unterschiedlicher Übersetzung.

Der Kühlergrill früherer Jeeps besaß waagerechte statt senkrechter Pressblechstreben.

Der Wagen könnte nach Eugene the Jeep benannt sein, einer Figur, die 1936 in einem Popeye-Comic auftrat.

Benzinkanister, Schaufel und Axt durften nicht fehlen.

## GENERAL EISENHOWER

Auch als Oberbefehlshaber der alliierten Truppen in Europa fuhr General Dwight D. Eisenhower seinen Jeep selbst, wann immer es ging. Als er 1953 Präsident wurde, wünschte er sich aus Nostalgie einen Jeep für den Fuhrpark des Weißen Hauses, was der Geheimdienst aber aufgrund von Sicherheitsbedenken ablehnte.

# REGISTER

## A

A110, Renault-Alpine *504–07*

AC
  427 *31*
  428 *28–31*
  Ace-Bristol *13, 20–23*
  Autocarrier *31*
  Cobra 427 *24–27*
  Tojeiro *20*

Alfa Romeo
  Duetto *32–33*
  Spider *32–33*

Alpine-Renault A110 *507*

Alternative Brennstoffe *11*

Ambassador, Rambler *496–99*

AMC
  Gremlin *34*
  Pacer *34–37*

Anderson, Ed *497*

Armaturenbrett
  »Astra-Dome«-Instrumente *179*
  Kontrollleuchten *314*

Jaeger-Instrumente *418*
Stewart-Warner-Instrumente *418*

Aronde Plein Ciel, Simca *520–23*

Aston Martin
  DB4 *38–41*
  DB5 *38*
  DBS V8 *42–45*
  V8 *42–45*
  Vantage *42*
  Volante *42, 44*

Audi, Quattro Sport *46–49*

Aufbau
  Chassis, selbsttragendes *498*
  Spread-Tread-Chassis *477*
  Superleggera *20, 38*

Aurelia B24 Spider, Lancia *352–55*

Austin Mini Cooper *50–53*

Austin-Healey
  100 *58*
  3000 *17, 58–61*
  Sprite Mk1 *547*

Avanti, Studebaker *528–31*

## B

Barracuda (1964), Plymouth *462–65*

Barthes, Roland und Citroën DS Décapotable *195*

Batmobil, BMW *76*

Baur-Karosserie *46*

Bel Air
  Chevrolet *126–29*
  Nomad, Chevrolet *130–33*

Belgrove, Walter *534*

Bell-Hubschraubermotor *542, 544*

Bentley
  Flying Spur *66–67*
  R-Type Continental *62–65*
  W.O. *65*

Benz, Karl *8*

Berlinetta Boxer, Ferrari *260–63*

Berlinette, Renault-Alpine A110 *504–07*

Bermuda, Edsel *236–09*

Bertone-Design
  Citroën DS Décapotable *192, 194*
  Lancia Stratos *356*
  NSU Sport *430*

Big Bird, Ford *278*

Blomqvist, Stig und Saab 99 Turbo *518*

Blue-Flame-Motor *siehe Motor*

BMC, Austin Mini Cooper *50–53*

BMC-A-Serie-Motor *55*

BMW
  3.0 CSL *76–79*
  507 *72–75*
  »Batmobil« *76–79*
  Isetta *68–71*
  M1 *80–81*

Bolster, John *24*

*Bond, James* und Aston Martin *38, 44*

Bonneville, Pontiac *474–77*

Bootsheck, Buick *98–101*

Boulanger, Pierre *188*

**Boxer,** Ferrari Berlinetta
260–63

**Boxermotor**
*siehe* Motor

**Boyer,** Bill  294

**Bracq,** Paul  404

**Bremsen**
 Alfin  72
 Ausco-Lambert  168
 Bendix  410
 Dunlop  245, 325, 329
 Girling  29, 67, 205,
  335
 Lockheed  51, 417, 419,
  535

**Bristol-100D2-Motor**
20, 22

**British Leyland**
Triumph TR6  538–41

**Brock,** Pete  24

**Brown,** David  38

**Brownlie,** Bill  232

**Buick**
 Bootsheck  98–101
 Limited Riviera  90–93
 Riviera (1964)  94–97
 Riviera (1971)  98–101
 Roadmaster (1949)
  82–85
 Roadmaster (1957)
  86–89

*Bullitt*
 und Dodge Charger R/T
  234
 und Ford Mustang  301

# C

**C-Type,** Jaguar  324–27

**Cabriolet,** Cadillac
110–13

**Cadillac**
 Cabriolet  13, 110–13
 Eldorado (1953)
  106–09
 Eldorado (1976)
  114–17
 Series 62  102–05
 Seville  118–21

**Caine,** Michael und
Aston Martin DB4  41

**Camaro RS,** Chevrolet
148–51

**Camaro SS396,** Chevrolet
164–67

**Camus,** Albert  247
 und Facel Vega II  244

*Cannon, Frank* und Lincoln
Continental Mark IV  376

**Capri,** Lincoln  368–71

**Carrera 911 RS,** Porsche
494–95

**Chapman,** Colin  383, 384

**Chapron,** Henri  192

**Charger R/T,** Dodge
232–35

**Charles,** Prince of Wales
und Aston Martin  45

*Charlie staubt Millionen ab*
41

**Chassis,** selbsttragendes
498

**Chevrolet**
 3100 Stepside  134–35
 Bel Air  126–29
 Bel Air Nomad
  130–33
 Camaro RS  148–51
 Camaro SS396
  164–67
 Corvair Monza  144–47
 Corvette  122–25
 Corvette Sting Ray
  140–43
 Corvette Stingray
  152–55

 Impala  136–39
 Mako Shark  154
 Monte Carlo  156–59
 Nova SS  160–63
 Panther  148–51

**Chieftain,** Pontiac
470–73

*Christine* und
Plymouth Fury  461

**Chrysler**
 300F  176–79
 300L  180–83
 Imperial  168–71
 »Letter Cars«  180
 New Yorker  172–75
 Plymouth *siehe* Plymouth
 V8-Motor  246

**Citroën**
 2CV  188–91
 André  191
 DS Décapotable  192–95
 und Panhard  446
 SM  196–99
 Traction Avant  184–87
 *siehe auch* Panhard

**Cloud,** Rolls-Royce Silver
508–11

**Cobra 427,** AC  24–27

**Cole,** Ed  126

**Columbo,** Gioacchino  251

Continental
  Bentley Flying Spur 66–67
  Bentley R-Type 62–65
  Lincoln 372–75
  Mark II 200–03
  Mark IV, Lincoln 376–79

Cooper, John 50, 53

Corsair
  Edsel 240–43
  Kaiser Henry J. 340–43

Corvair Monza, Chevrolet 144–47

Corvette
  Chevrolet 122–25
  Sting Ray, Chevrolet 140–43
  Stingray, Chevrolet 152–55

Cougar, Mercury 412–15

Countach, Lamborghini 348–51

Coventry-Climax-Motor 381, 382

CSL, BMW 3.0 76–79

'Cuda (1970), Plymouth 466–69

Curtis, Tony
  und Facel Vega II 244
  und Ferrari Dino 246 GT 256, 259

Custom Royal Lancer, Dodge 228–31

Custom, Desoto 220–23

Cutlass F-85, Oldsmobile 438

## D

D-Type, Jaguar 324

Dagmars 109

Daimler SP250 Dart 204–07

Dallara, Giampaolo
  De Tomaso Pantera GT5 224
  Lamborghini Miura 347, 348

Danino, Jean 246

Darrin, Kaiser 336–39

Dart, Daimler SP 250 204–07

Datsun
  240Z 212–15
  Fairlady 208–11

Daytona
  Ferrari 12–13, 264
  Flying-Mile-Rennen 176

DB4, Aston Martin 38–41

DB5, Aston Martin 38

DBS, Aston Martin 42–5

de Gaulle, Charles und Citroën DS Décapotable 195

De Tomaso Pantera GT5 224–27

Dean, James
  und Mercury Monterey 408, 411
  und Porsche 489

DeLorean
  DMC 12 216–19
  John 218, 478

Delta HF Integrale, Lancia 360–63

Derham Body Company 168

DeSoto Custom 220–23

Differenzial
  Sure-Grip 464
  Torsen 48

Dino 246 GT, Ferrari 256–59

DMC 12, Delorean 216–19

Dodge
  Charger R/T 232–35
  Custom Royal Lancer 228–31

DS Décapotable, Citroën 192–95

Duetto, Alfa Romeo 32–33

Dunlop
  Bremsen siehe Bremsen
  Reifen siehe Reifen

## E

E-Type, Jaguar 12, 330–33

Earl, Harley
  Buick Roadmaster (1949) 82
  Cadillac Serie 62 102, 105
  Chevrolet Corvette 122
  Pontiac Chieftain 470

Edsel
  Bermuda 236–39
  Corsair 240–43

Einheitsaufbau 180

Eisenhower, Dwight und Cadillac Eldorado 106

und Ford Fairlane 500
    Skyliner 282
    und Willys Jeep MB 563
Ekberg, Anita und Jaguar
    XK150 328
Elan Sprint, Lotus 384–87
Eldorado (1953), Cadillac
    106–09
Eldorado (1976), Cadillac
    114–17
Elite, Lotus 380–83
»Ente«, Citroën 188–191
EV1, GM 11
Evoluzione, Lancia 360
Exner, Virgil
    Chrysler 300F 176
    Chrysler New Yorker 175
    Plymouth Fury 458

# F

Facel
    Karrosserie 520
    Vega II 244–47
Fairlady, Datsun 208–11
Fairlane 500 Skyliner, Ford
    282–85

Faith, Adam und
    Jaguar E-Type 333
Falcon, Ford 286–89
Fangio, Juan und Maserati
    Kyalami 394
Federung
    Aston Martin V8 43
    BMW M1 81
    Buick Limited Riviera
        (1958) 90
    Chrysler New Yorker 172
    Dodge Custom Royal
        Lancer 228
    Gordon Keeble GT 307
    Lancia Aurelia B24 Spider
        353
    Lincoln Continental Mk IV
        377
    Lotus Elite 381
    Oldsmobile 4-4-2 438
    Porsche 356B 491
Felicia, Skoda 524-7
Ferrari
    250 GT SWB 248–51
    275 GTB/4 252–53
    308 GTB 254–55
    400 GT 265
    Berlinetta Boxer
        260–63
    Daytona 12–13, 264
    Dino 246 GT 256–59

Dino-V6-Motor
    356, 358
Enzo 248, 251
Testarossa 266–69
Fiat
    500D 270–73
    Giardiniera 270
    Lancia siehe Lancia
    Nuova 270–73
    Topolino 273
Fire-Power-Motor 172
Fireball-Motor 84
Firedome-V8-Motor 220
»Flash Special«-Motor
    520, 522
»Floating Power«-Motor 186
Flügeltüren 216, 218
Flügeltürer, Mercedes
    300SL 12, 14, 400–03
Flying Spur, Bentley
    66–67
Flying-Mile-Rennen,
    Daytona 176
Fontaine, Joan und
    Facel Vega II 244
Ford
    Big Bird 278

Continental Mark II
    200–203
und De Tomaso Pantera
    GT5 224–27
Edsel Bermuda 236–39
Edsel Corsair 240–43
Fairlane 500 Skyliner
    282–85
Falcon 286–89
Galaxie 500XL Sunliner
    290–93
Galaxie-Motor 29
GT40 274–77
Lincoln siehe Lincoln
Little Bird 278
Mercury siehe Mercury
Motor 24
Mustang 298–301
Shelby Mustang GT500
    302–05
Taunus-Motor 514
Thunderbird (1955)
    278–81
Thunderbird (1963)
    294–97
William 200
Zephyr 20

»Froschauge«, Austin-
    Healey 54–57
Frua, Pietro 392
Fury, Plymouth 458–61
FX, Holden 310–11

# G

Gable, Clark und Jaguar XK120 *320*

Galaxie 500XL Sunliner, Ford *290–93*

Gandini, Marcello *348*

Gardner, Ava und Facel Vega II *244*

General Motors Chevrolet siehe Chevrolet

Gesetzliche Bestimmungen *16–17*

Getriebe
 Borg Warner *197, 205, 290, 329, 389, 392, 393*
 Bristol *21*
 Cardin-Antriebswelle *186*
 Cruise-O-Matic *283, 291, 295*
 Dynaflow *82, 83, 87, 88*
 Flash-O-Matic-Automatik *497, 498*
 Flight-O-Matic *443, 444*
 Flight-Pitch-Dynaflow-Automatik *91*
 Ford-O-Matic *279, 287*
 Gyrol-Flüssigkeitsgetriebe *220*
 Hurst *233, 440, 464, 469*
 Hydra-Matic *99, 103, 107, 109, 111, 115, 119, 317, 341, 435, 437, 475, 510*
 Laycock-Overdrive *535*
 Merc-O-Matic *409, 413*
 MG *381*
 Mile-O-Matic-Automatik *241, 242*
 Pont-A-Mousson *176, 245*
 PowerFlite-Automatik *459*
 Powerglide *123, 131, 137, 141, 145, 157*
 Power-Shift *529*
 Prestomatic *168, 169, 170*
 Schneckengetriebe *191*
 Select-Shift *377*
 Teletouch-Automatik *237, 238*
 Tip-Toe-Hydraulik *220*
 Torque-Command *35*
 TorqueFlite *44, 172, 229, 233, 245, 335, 463, 459, 467*
 Tuckermatic-Automatik *543*
 Turbo Hydra-Matic *99, 119, 153, 157, 265, 439, 483*
 Turbo-Drive *369*
 Turboglide *127, 131, 137*
 Warner *562*
 ZF *381, 389, 393*

Ghia-Design *390*

Ghibli, Maserati *388–91*

Giacosa, Dante *270, 273*

Giardiniera, Fiat *270*

Giugiaro, Giorgio
 Gordon Keeble GT *306, 309*
 Maserati Ghibli *390*

GM
 Chevrolet *siehe* Chevrolet
 EV1 *11*
 Oldsmobile *siehe* Oldsmobile

Goertz, Albrecht *533*
 BMW 507 *72, 74*

Golden Commando V8 Motor *458*

*Goldfinger* und Aston Martin *44*

Golf GTi, Volkswagen *550–53*

Gordini-Design *506*

Gordon Keeble GT *306–09*

Gordon, John F. *102*

Grand Prix und Maserati Kyalami *394*

Gremlin, AMC *34*

GT40, Ford *274–77*

GTO, Pontiac *478–81*

# H

Hassan, Wally *322*

*Hauch des Todes, Der* und Aston Martin *44*

Hawk, Packard *442–45*

Hawthorn, Mike und Jaguar XK150 *328*

Healey Hundred *58*

Healey, Donald *57, 58*

Henry J. Corsair, Kaiser *340–43*

Heynes, Bill *322*

Hill, Phil und MG TC Midget *418*

Hitler, Adolf und Volkswagen Käfer *548*

Hoffman, Dustin und Alfa Romeo Spider *32*

Holden FX *310–11*

Honda Insight 11

Hudson
Hornet 316–19
Step-Down 316–19
Super Six 312–15

Hussein von Jordanien, König und Aston Martin 45

## I

Iacocca, Lee 305
Ford Galaxie 500XL Sunliner 290
Ford Mustang 298

Impala, Chevrolet 136–39

Imperial, Chrysler 168–71

Industrial Designer Institute und Chrysler New Yorker 174

Insight, Honda 11

Instrumente
Jaeger 418
Stewart-Warner 304

Integrale, Lancia Delta HF 360–63

Interceptor, Jensen 334–35

Isetta, BMW 68–71

Issigonis, Alec
Austin Mini Cooper 50
Morris Minor MM Cabriolet 426, 429

## J

Jaguar
C-Type 324–27
D-Type 324
und Daimler SP250 Dart 204–07
E-Type 11, 330–33
Super Sports 320–23
XK120 320–23
XK150 328–29

Jano, Vittorio 352

Jeep MB, Willys 560–63

Jensen Interceptor 334–35

## K

Käfer-Cabriolet, Volkswagen 546–49

Kaiser
Darrin 336–39
Henry J. Corsair 340–43
Kaiser, Henry J. 343

Karmann, Volkswagen Käfer 546–49

Karmann-Design 538

Karosserie *siehe* Aufbau

Kaye, Danny und Facel Vega II 244

Keeble GT, Gordon 306–09

Kennedy, John F. und Lincoln Continental 372, 375

Kimber, Cecil 419

King, Stephen und Plymouth Fury 461

Knudsen, Bunkie 474

Komenda, Erwin 489

Kühlergrill
25-zähnig 82
Fashion-Aire Dynastar 92
Mammutzahn 222
Rasierapparat 412
Wabengrill 532

Kyalami, Maserati 392–95

## L

Lamborghini
5000S 348–51
Countach 348–51

Ferruccio 347
Miura 344–47

Lancer, Dodge Custom Royal 228–31

Lancia
Aurelia B24 Spider 352–55
Delta HF Integrale 360–63
Evoluzione 360
Stratos 356–59

Land Rover Serie 1 364–67

Le Mans
AC Ace-Bristol 23
Ford GT40 274
Jaguar C-Type 324
Maserati Kyalami 394
Mercedes 300SL 403
Porsche 356B 492
Shelby, Carroll 27

Lenkrad
Buick Riviera (1971) 100
Cadillac Seville 118
Chevrolet Camaro RS 148
Chevrolet Camaro SS396 166
Citroën DS Décapotable 194
Ford Thunderbird (1963) 296

Lancia Aurelia B24 Spider *354*
Lincoln Continental Mk IV *376*
Mercedes 300SL *402*
Oldsmobile Starfire *434*
Pontiac Trans Am *484*

»Letter Car«, Chrysler *180*

Lexus LS 400 *15*

Lichter
 Edsel Bermuda *238*
 Tucker Torpedo *544*
 Volkswagen Käfer-Cabriolet *549*
 siehe auch Scheinwerfer

Limited Riviera, Buick *90–93*

Lincoln
 Capri *368–71*
 Continental *372–75*
 Continental Mark IV *376–79*
 V8-Motor *202*

Loewy, Raymond *528, 531*

Lord, Leonard *57, 58*

Lotus
 Elan Sprint *384–87*
 Elite *380–83*

Lotus Elan und *Mit Schirm, Charme und Melone 387*

Luftfilter, offener
 Plymouth 'Cuda *468*
 Pontiac Trans Am *484*

Lyons, William *204*
 Jaguar C-Type *324*
 Jaguar E-Type *330*
 Jaguar XK120 *322*

# M

M1, BMW *80–81*

MacKichen, Claire *133*

*Magnum* und Ferrari 308 GTB *254*

Mako Shark, Chevrolet *154*

Mansfield, Jayne und Continental Mk II *202*

Maranello-Design *265*

Marek, Tadek *40*

Maserati
 De Tomaso Pantera GT5 *224–27*
 Ghibli *388–91*
 Kyalami *392–95*
 V6-Motor *196*

Mazda RX7 *396–99*

McLaren F1 *14–15*

McNamara, Robert *282, 286*

McQueen, Steve
 und Dodge Charger R/T *235*
 und Ford Mustang *301*

Mercedes
 280SL *404–07*
 300SL *12, 14, 400–03*
 Smart *10–11*

Mercury
 Cougar *412–15*
 Monterey *408–11*
 Phaeton *408*
 Sun Valley *410*

MG
 A *420*
 B *421*
 TC Midget *416–19*
 TD *418*

MGM-Studios und Chrysler Imperial *169*

*Miami Vice* und Ferrari Testarossa *266*

Michelin
 und Citroën *184*
 Pilote-Räder (Citroën Traction Avant) *187*
 Reifen (BMW 3.0 CSL) *76*

Michelotti-Design *538*

Midget, MG TC *416–19*

Mignotet *506*

Mille Miglia
 BMW Isetta *70*
 Mercedes 300SL *403*
 Renault 4CV *500*

Millers Oils RAC Rally Britannia und Renault-Alpine A110 *506*

Mini Cooper, Austin *50–53*

*Mit Schirm, Charme und Melone* und Lotus Elan *387*

Mitchell, Bill *154*
 Buick Riviera *(1964) 94, 97*
 Buick Riviera *(1978) 98, 101*
 Chevrolet Corvette *140*

Miura, Lamborghini *344–47*

MM Cabriolet, Morris Minor *426–29*

Monroe, Marilyn
 und Cadillac Eldorado *106*

und Ford Thunderbird *281*

Monte Carlo, Chevrolet *156–59*

Monte Carlo, Rallye
  Kaiser Henry J. Corsair *342*
  Lancia Stratos *358*
  Panhard PL17 Tigre *446*
  Peugeot 203 *450*
  Renault-Alpine A110 *506*
  Skoda Felicia *525*

Monterey, Mercury *408–11*

Moore, Audrey *544*

Morgan Plus Four *422–25*

Morgan, Henry *425*

Morris Minor MM Cabriolet *426–29*

Moss, Stirling
  und Mercedes 300SL *403*
  und Morris Minor MM *426*

Motor
  Bell-Hubschrauber- *542, 544*
  Blue Flame Six *124, 138*
  BMC A-Serie *55, 56*
  Bosch K-Jetronic *218, 254, 516, 553*
  Bosch LH-Jetronic *48*
  Boxer *262, 492, 494*
  Bristol *20, 22*
  Chrysler V8 *246*
  Coventry Climax *381, 382*
  Dino V6 *356, 359*
  Fire Power *172*
  Fireball *84*
  Firedome V8 *220*
  »Flash Special« *520, 522*
  Ford *20, 24, 31, 514*
  Golden Commando V8 *458*
  Lincoln V8 *202*
  Magnum *234, 466, 468*
  Maserati V6 *196*
  PRV *456*
  Ram-Air *480*
  Ramfire *230*
  Sting Ray *308*
  Tempest *474*
  Tri-Power *480*
  Triumph TR3A *424*
  Vanguard *423*
  Vantage *40*
  Wankel- *396, 399*
  Wildcat V8 *96*
  Willys-F-Kopf *338*
  XPAG *418*
  Yamaha *533*

Mulliner, H.J. *66*

Mustang GT500, Ford Shelby *302–05*

Mustang, Ford *298–301*

# NO

Nader, Ralph
  Chevrolet Corvair Monza *144, 147*
  Chrysler 300F *179*

New Yorker, Chrysler *172–75*

Nickles, Ned *82*

Nordhoff, Heinz *549*

Nova SS, Chevrolet *160–63*

NSU Sport Prinz *430–33*

Nuova, Fiat *270–73*

Ocean, Simca *523*

Oldsmobile
  4-4-2 *438–41*
  Cutlass F-85 *438*
  Starfire *434–37*

# PQ

Pacer, AMC *34-7*

Packard Hawk *442–45*

Panhard PL17 Tigre *446–49*

Pantera GT5, De Tomaso *224–27*

Panther, Chevroet *148–51*

Peugeot
  203 *450–53*
  504 *454–57*

Phaeton, Mercury *408*

Picasso, Pablo und Facel Vega II *244*

Pigozzi, Théodore *520*

Pininfarina, Battista *355*
  Ferrari
    250 GT SWB *248*
    275 GTB/4 *252*
    308 GTB *254*
    Berlinetta Boxer *260*
    Dino 246GT *256*
    Testarossa *269*
  Lancia Aurelia B24 Spider *352*
  Peugeot 504 *454*

PL17 Tigre, Panhard *446–49*

Plus Four, Morgan *422–25*

Plymouth
  Barracuda *(1964)* 462–65
  'Cuda *(1970)* 466–69
  Fury 458–61

Pontiac
  Bonneville 474–77
  Chieftain 470–73
  GTO 478–81
  Speedster 489
  Trans Am 482–85

Porsche
  356 486–89
  356B 490–93
  Carrera 911 RS 494–95
  Ferdinand 493, 548
  Ferry 490

Presley, Elvis
  und Continental Mark II 202
  und De Tomaso Pantera GT5 227

Prinz, NSU Sport 430–33

Prius, Toyota 11

PRV-Motor 456

Quattro Sport, Audi 46–49

Querfield, Art 296

# R

R-Type Continental, Bentley 62–65

Rabe, Karl 490

Räder
  BBS-Leichtmetallfelgen 550
  Formel-V-Stahlräder 94
  Halibrand-Magnesium-Leichtmetallräder 24
  Kelsey-Hayes-Speichenräder 294
  Pilote-Räder 187
  Sportmag-Fünfspeichen-Felgen 160
  Starburst-Felgen 24

Rallye-Weltmeister
  Audi Quattro Sport 46
  Lancia Delta HF Integrale 360
  Lancia Stratos 356, 358

Ram-Air-Motor 480

Rambler Ambassador 496–99

Ramfire-Motor 230

Redélé, Jean 504

Reifen
  Captive-Aire 174
  Gleitschutz-Spray 167
  Michelin 76
  Pirelli P7 226
  schlauchlose (Dunlop) 70

*Reifeprüfung, Die* und Alfa Romeo Spider 32

Renault
  4CV 500–03
  Alpine A110 504–07

Renner, Carl 133

Reutter-Karosserie 486

Richardson, Ken und Triumph TR2 536

Rigg, Diana und Lotus Elan 387

Riviera
  *(1964)*, Buick 94–97
  *(1971)*, Buick 98–101
  Buick Limited 90–93
  Roadmaster *(1949)*, Buick 82–85
  Roadmaster *(1957)*, Buick 86–89

Rolls, Charles Stewart 511

Rolls-Royce
  Bentley Flying Spur 66–67
  Bentley R-Type Continental 62–65
  Silver Cloud 508–11

Romney, George 496

Rootes Sunbeam, Tiger 532

Rover, Land, Series 1 364–67

Royal Lancer, Dodge Custom 228–31

Royce, Sir Henry 511

RX7, Mazda 396–99

# S

Saab
  99 Turbo 516–19
  Sonett 512–15

Sainturat, Maurice 186

Sayer, Malcolm 324

Scaglietti-Design 248, 252, 254, 260

Scheibenwischer 407, 452

Scheinwerfer
  Austin Mini Cooper 53
  Cadillac Eldorado *(1976)* 116

Lincoln Continental 374

Mercedes 280SL *406, 480*

Morris Minor MM Cabriolet *428*

Oldsmobile Starfire *436*

Tucker Torpedo *544*
siehe auch Lichter

Schneckengetriebe *191*

Schraubenfedern, zylindrische *377*

Schweden-Rallye und Saab 99 Turbo *518*

»Selbstmörder-Türen« siehe Türen

Selleck, Tom und Ferrari 308 GTB *254*

Sellers, Peter und Aston Martin *45*

Serie 62, Cadillac *102–05*

Seville, Cadillac *118–21*

Shark, Chevrolet siehe Chevrolet Corvette Stingray

Shelby
  Carroll *24, 302*
  Mustang GT500, Ford *302–05*
  Sunbeam Tiger *532*

Silver Cloud, Rolls-Royce *508–11*

Simca
  Aronde Plein Ciel *520–23*
  Ocean *523*

Sitze
  BMW 3.0 CSL *78*
  Cadillac Eldorado (1976) *116*
  Chevrolet Camaro RS *151*
  Chrysler 300F *176*
  Lincoln Continental Mk IV *376*
  Oldsmobile 4-4-2 *438*

Skoda Felicia *524–27*

Skyliner, Ford Fairlane 500 *282–85*

SM, Citroën *196–99*

Smart, Mercedes *10–11*

Solex
  Vergaser
    siehe Vergaser
  Scheiben, getönte *178*

Sonett, Saab *512–15*

SP250 Dart, Daimler *204–07*

Speedster, Porsche *489*

Spider
  Alfa Romeo *32–33*

Lancia B24 Aurelia *352–55*

Sport Prinz, NSU *430–33*

Spread-Tread-Chassis *477*

Spring, Frank *312, 314*

Sprint, Lotus Elan *384–87*

Sprite Mk 1, Austin-Healey *54–57*

Starfire, Oldsmobile *434–37*

Starr, Ringo und Facel Vega II *244*

Step-Down, Hudson *316–19*

Stepside, Chevrolet 3100 *134–35*

Sting Ray, Chevrolet Corvette *140–43*

Sting-Ray-Motor *308*

Stingray, Chevrolet Corvette *152–55*

Stock-Car-Rennen und Hudson Hornet *318*

Stratos, Lancia *356–59*

Studebaker
  Avanti *528–31*
  und Packard *442*

Sun Valley, Mercury Monterey *410*

Sunbeam Tiger *532*

Sunliner, Ford Galaxie 500 XL *290–93*

Super Six, Hudson *312–15*

Super Sports, Jaguar *320–23*

Superleggera-Aufbau siehe Aufbau

Sure-Grip-Differenzial *464*

# TU

Tachometer
  Dodge Custom Royal Lancer *230*
  Buick Roadmaster (1957) *88*

Targo Floria und Mercedes 300SL *403*

TC Midget, MG *416–19*

TD, MG *418*

Teague, Richard 36

Teletouch-Automatik 237, 238

Tempest-Motor 474

Testarossa, Ferrari 266–69

Thunderbird (1955), Ford 278–81

Thunderbird (1963), Ford 294–97

Tiger, Sunbeam 532

Tigre, Panhard PL17 446–49

Tjaarda-Design 227

Tojeiro, AC 20

Topolino, Fiat 273

Torpedo, Tucker 542–45

Toyota
 2000GT 533
 Prius 11

TR2, Triumph 534–37

TR6, Triumph 538–41

Traction Avant, Citroën 184–87

Trans Am, Pontiac 482–85

Tri-Power-Motor 480

Triumph
 TR2 534–37
 TR3A-Motor 424
 TR6 538–41

Truffaut, François und Facel Vega II 244

Tucker Torpedo 542–45

Tucker, Preston 545

Türen
 Easy-Access 470
 Flügeltüren 216, 218
 »Selbstmörder-Türen« 273, 372, 422, 502

Turner, Edward 206

Twitty, Conway und Buick Riviera 96

umweltfreundliche Autos 11

*Unsafe at Any Speed*
 Chevrolet Corvair Monza 144, 147
 Chrysler 300F 179

## V

V8, Aston Martin 42–45

Vanguard-Motor 423

Vantage-Motor 40

Vega II, Facel 244–47

Ventiports
 Buick Roadmaster 82, 84, 86
 Chevrolet Bel Air 126

Vergaser
 Carter 84, 132, 179, 319, 472
 Hitachi 210
 Holley 142, 280, 296, 304, 468
 Rochester 132, 146, 437, Solex 22, 488
 Stromberg 84, 311
 Weber 44, 250, 254, 258, 394
 Zenith 74

Volante, Aston Martin 42, 44

Volkswagen
 Golf GTi 550–53
 Käfer-Cabriolet 546–49

Volvo
 P544 554–57
 P1800 558–59

## W

Wagner, James 372

Wankel, Frank 396, 399

Wankelmotor 396, 399

Warner-Getriebe 562

»Wide Track«, Pontiac 474–77

Wildcat-V8-Motor 96

Wilks, Maurice 367

Willys
 F-Kopf-Motor 338
 Jeep MB 560–63

Windschutzscheibe
 Buick Riviera (1971) 98
 Chrysler 300F 178
 Pontiac Chieftain 470
 Porsche Carrera 911 RS 494

## XYZ

XK120, Jaguar 320–23

XK150, Jaguar 328–29

XPAG-Motor 418

Yamaha-Motor 533

*Zurück in die Zukunft* und Delorean DMC 12 216

*Zwei, Die* und Ferrari Dino 246 GT 256, 259

# DANK

**Dorling Kindersley dankt folgenden Personen und Organisationen:**
Georgina Lowin und Richard Dabb für Bildrecherchen; John Dinsdale für die Umschlaggestaltung; Margaret McCormack für die Zusammenstellung des Registers; Acorn Studios PLC; dem Fuhrpark der Shepperton-Filmstudios; Sarah Ashun; Philip Blythe für die Lieferung von Nummernschildern; Bob und Ricky von D.J. Motors; Andy Brown; Geoff Browne bei Classic Car Weekly; Silvia Bucher; Phillip Bush bei Reader's Digest, Australien, für die Aufsicht bei der Lieferung des Holden; Paul Charlton; Terry Clarke; der Redaktion von Classic American; Cobra Studios, Manchester; Coulsdon Mark; Cricket; Barry Cunlisse vom AAC (NW); Al Deane; Michael Farrington; Derek Fisher; Jenny Glanville und Kirstie Ashton Bell von den Plough Studios; Rosie Good vom TR Owners Club; Andy Greenfield vom Classic Corvette Club (UK); Peter Grist vom Chrysler Corp. Club (UK); William (Bill) Greenwood vom Cadillac Owners Club of Great Britain; Rockin' Roy Hunt; Louie Joseph; Kilian und Alistar Konig von Konig Car Transport für Wagentransporte und unschätzbare Hilfe bei der Suche nach Autos; Dave King; Michel Labat; Bill McGarth; Ken McMahon von Pelican Graphics; Bill Medcalf; Ben, Dan und Rob Milton; Geoff Mitchell; DeVoe Moore, Jeff Moyes von AFN Ltd.; Colin Murphy; Terry Newbury; Colin Nolson; Garry Ombler; John Orsler; Paul Osborn; Ben Pardon; Tony Paton; Derek Pearson; der Fachbuchhandlung Pooks sowie Cars and Stripes für Originalwerbematerial und -broschüren; Tony Powell von Powell Performance Cars; Antony Pozner von Hendon Way Motors für hilfreiche Ratschläge und Lieferung von neun Autos; Kevin O'Rourke von Moto-technique; Dave Rushby; Peter Rutt; Ian Shipp; David und Christine Smith; Ian Smith; George Solomonides für seine Hilfe bei der Bildbeschaffung; John Stark; Richard Stephenson; Steve von Trident Recovery; Straight Eight Ltd.; Ashley Straw; Dave und Rita Sword vom AAC; Tallahassee Car Museum, Tallahassee, Florida; Gary Townsend; Marc Tulpin (belgischer Vertreter des AAC); John Weeks von Europlate für Nummernschilder; Rob Wells.

**Dorling Kindersley dankt folgenden Personen für die Erlaubnis, ihre Autos abzubilden:**
Seite 20 mit freundlicher Genehmigung von Anthony Morpeth; S. 24 A. J. Pozner (Hendon Way Motors); S. 28 Louis Davidson; S. 32 Richard Norris; S. 34 Valerie Pratt; S. 38 Brian Smail; S. 42 Desmond J. Smail; S. 46 David und John Maughan; S. 50 Tom Turkington (Hendon Way Motors); S. 54 restauriert und im Besitz von Julian Aubanel; S. 58 mit freundlicher Genehmigung von Austin-Healey Associates Ltd., Beech Cottage, North Looe, Reigate Road, Ewell, Surrey, KT17 3DH; S. 62 mit freundlicher Genehmigung von Willem van Aalst; S. 66 A. J. Pozner (Hendon Way Motors); S. 68 Isetta (Plus-Modell) restauriert und im Besitz von Dave Watson; S. 76 Terence P. J. Halliday; S. 80 L & C BMW Tunbridge Wells; S. 82 The Rt. Hon. Greg Knight; S. 86 »57th Heaven«, Steve Wests 1957er Buick Roadmaster; S. 90 Geoff Cook; S. 94 Tony Powell von Powell Performance Cars; S. 99 Tony Powell; S. 102 Liam Kavanagh; S. 106 Stewart Homan, Dream Cars; S. 110 Garry Darby, American 50's Car Hire; S. 114 Tim Buller; S. 118 William (Bill) Greenwood (COC of GB); S. 122 Alfie Orkin; S. 126 Dream Cars; S. 130 Mike und Margaret Collins; S. 134 Phil Townend; S. 136 Mark Surman; S. 140 Benjamin Pollard vom Classic Corvette Club UK (Präparation der Wagen mit freundlicher Unterstützung der Corvette-Spezialisten von D.A.R.T. Services, Kent, GB); S. 144 Colin Nolson; S. 148 restauriert und im Besitz von Bill Leonard; S. 152 Rick und Rachel Bufton; S. 156 Alex Gunn; S. 160 Tallahassee Car Museum; S. 164 Mike Webb; S. 168 Colin Nolson; S. 172 Geoff Mitchell; S. 176 Alex Greatwood; S. 180 Geoff Mitchell; S. 184 Classic Restorations; S. 188 leihweise von Le Tout Petit Musée/Nick Thompson, Direktor der Sussex 2CV Ltd; S. 192 Classic Restorations; S. 196 Derek E. J. Fisher; S. 200 Steve Rogers; S. 204 Daimler SP 205 im Besitz von Claude Kearley; S. 208 Steve Gamage; S. 212 Kevin Kay; S. 216 D. Howarth; S. 220 Nando Rossi; S. 224 Lewis Strong; S. 228 David Gough; S. 232 Neil Crozier; S. 236 Gavin und Robert Garrow; S. 240 Charles Booth; S. 244 im Besitz und zur Verfügung gestellt von Straight Eight Ltd. (London); S. 256 A. J. Pozner (Hendon Way Motors); S. 260 A. J. Pozner (Hendon Way Motors); S. 264 A. J. Pozner (Hendon Way Motors); S. 265 Dr. Ismond Rosen; S. 266 mit freundlicher Erlaubnis von J.A.M. Meyer; S. 270 Janet und Roger Westcott; S. 274 Bell & Colvill PLC, Epsom Road, West Horsley, Surrey KT24 6DG, GB; S. 278 Dream Cars; S. 282 Rockin' Roy Hunt – der '50s-Fan; S. 286 David Stone; S. 290 M. Fenwick; S. 294 Teddy Turner Collection; S. 298 Max & Beverly Floyd; S. 302 Roy Hamilton; S. 306 Gordon Keeble mit freundlicher Genehmigung von Charles Giles; S. 312 David Selby; S. 316 Mike und Margaret Collins; S. 320 Jeff Hine; S. 328 c/o Hendon Way Motors; S. 330 im Besitz von Phil Hester; S. 334 John F. Edwins; S. 336 Tallahassee Car Museum; S. 340 John Skelton; S. 344 im Privatbesitz; S. 348 A.R.J. Dyas; S. 352 mit freundlicher Genehmigung von Ian Fraser, restauriert von Omicron Engineering, Norwich; S. 356 mit freundlicher Genehmigung von Martin Cliff; S. 360 Lancia Delta HF Integrale 8V mit freundlicher Genehmigung von Rickie Short; S. 364 Andrew Stevens (Mitbegründer und Vorsitzender des Land Rover Series One Club); S. 368 John Gardner; S. 372 Michael Farrington; S. 376 Ian Hebditch und Jane Shepherd; S. 380 Geoff Tompkins; S. 384 im Besitz von Phillip Collier, nachgebaut von Daytune; S. 388 Alexander Fyshe; S. 392 Edwin J. Faulkner; S. 396 Irene Turner; S. 404 Joan Williams; S. 408 Dream Cars; S. 412 Lee Birmingham (Bob Richards von Newport Pagnell gewidmet); S. 416 mit freundlicher Genehmigung von Chris Alderson; S. 420 John Venables; S. 421 John Watson, Abingdon-on-Thames; S. 422 Martin Garvey; S. 426 E. J. Warrilow fand diesen Wagen 1974 auf einem Schrottplatz; vom

Besitzer 1990 restauriert, enthält alle Originalschalttafeln und Mechanikteile, Gewinner vieler Trophäen; S. 430 Peggie Pollard; S. 434 A & M Motors; S. 438 gepflegt und gefahren von Mark Phillips; S. 442 Peter Morey; S. 446 Panhard PL17 im Besitz von Anthony T. C. Bond, Oxfordshire, Herausgeber von »Panoramique« (Mitgliederzeitschrift des Panhard Club); S. 450 Nick O'Hara; S. 454 Peter Vaughan (Vorsitzender des Club Peugeot, UK); S. 458 Steve Friend; S. 462 Maurice Harvey; S. 466 Alan Tansley; S. 470 Tony Paton; S. 474 Rockin' Roy Hunt – der '50s-Fan; S. 478 mit freundlicher Genehmigung von Peter Rutt; S. 482 Roger Wait; S. 486 Simon Bowrey; S. 490 im Besitz von P.G.K. Lloyd; S. 494 c/o Hendon Way Motors; S. 496 Bob und Kath Silver; S. 500 John E. Pigeon; S. 504 Richard Tyzacks historischer Rallye-Alpine; S. 508 im Besitz von Ian Shanks aus Northamptonshire; S. 512 Chris Day; S. 516 David C. Baughan; S. 520 Julie A. Lambert (ehemals Julie A. Goldbert); S. 524 Skoda UK; S. 528 Dream Cars; S. 532 Peter Matthews; S. 533 Lord Raynham aus Norfolk; S. 534 E.A.W. Holden; S. 538 Brian Burgess; S. 542 DeVoe Moore, Tallahassee Car Museum, Tallahassee, Florida; S. 546 Nick Hughes & Tim Smith; S. 550 Roy E. Craig; S. 554 Tony Miles; S. 558 Kevin Price, Volvo Enthusiasts' Club; S. 560 Peter Barber-Lomax.

# BILDNACHWEIS

**Der Verlag dankt folgenden Organisationen und Personen für die Genehmigung zum Abdruck ihres Bildmaterials:**
(Abkürzungen: o = oben, u = unten, r = rechts, l = links, m = Mitte)

**Midsummer Books Ltd/Aerospace Images:** 72u, 73om, 73or, 73m, 74om, 74m, 74u, 75or, 75mr, 75u, 196u, 197om, 197m, 198om, 198m, 198u, 199ol, 199ml, 199u, 224om, 224m, 224u, 225or, 226om, 226m, 226u, 227om, 227m, 227u, 244u, 245om, 245or, 245m, 246om, 246m, 246u, 246u, 247om, 247m, 247u, 252mr, 252umr, 253ol, 253or, 253ml, 254ml, 254umr, 255om, 255or, 255m, 324u, 325ol, 325or, 326om, 326m, 326u, 327om, 327m, 327u, 348u, 349om, 349or, 349m, 350om, 350or, 350u, 351m, 401om, 401or, 401m, 402u, 403om, 403m, 403u. 533or, 533u, 568ul, 568-569om, 569or.
**AKG London:** 493or.
**Auto Express:** 15ur.
**Bell & Colville:** 276or.
**British Motor Industry Heritage Trust:** 367or.
**Neill Bruce Motoring Photolibrary:** 262or, 263m, 268or.
**Peter Roberts Collection:** 60ol.
**Bruce Coleman Ltd:** 154or.
**Corbis:** 8or, 9ol, 9ur, 563or, 219or, 227or, 247or, 259or, 281or, 305or, 309or, 338or, 355or, 375or.
**Corbis-Bettmann/UPI:** 545or.
**Fiat:** 273or.
**Ford Motor Company Ltd:** 293mr.
**Fraser Photos:** 288or.
**Ronald Grant Archive:** 41or, 301or.
**Hulton Getty:** 147or, 195or, 251or, 285or, 333or, 387or, 511or, 511orm.
**Kobal Collection:** 235m (1968 Warner Brothers).
**Lamborghini:** 347or.
**Lexus:** 15or.
**Ludvigsen Library:** 143or.
**Magnum Photos Ltd:** 549or (Heinz Nordhoff).
**Mercedes Benz:** 10o, 16ol.
**Morgan Motor Company:** 425or.
**Motoring Picture Library/National Motor Museum:** 8u, 27or, 53or, 57or, 191or, 207or, 327or, 342or, 358ol, 400u, 401or, 419or, 429or.
**Peter Newark's American Pictures:** 297or.
**Poole Collection:** 26or.
**Quadrant Picture Library:** 198ol, 226or, 383or.
**Reader's Digest:** 310u, 311ol, 311or, 311ml, 311u.
**Science Photo Library:** 11mr (Martin Bond).

**Alle anderen Abbildungen © Dorling Kindersley.**

Nähere Informationen finden Sie unter:
**www.dkimages.com**